山村は災害をどう乗り越えてきたか

山梨県早川町の古文書・民俗・景観を読み解く

中央大学山村研究会 編
白水 智 編集代表
SHIROUZU Satoshi

小さ子社

災害の爪痕

水害により道路が崩落して消失した現場（2020年3月21日／雨畑地区）

埋まった奥沢橋
1967年のダム竣工頃には深い谷であった地点が、現在は台風などによる土砂の流入でほとんど埋まっている
（上：2020年3月21日　下：上杉庄作氏写真／雨畑地区）

口絵iiiページの地図とキャプションに誤りがありました。以下のように訂正します。

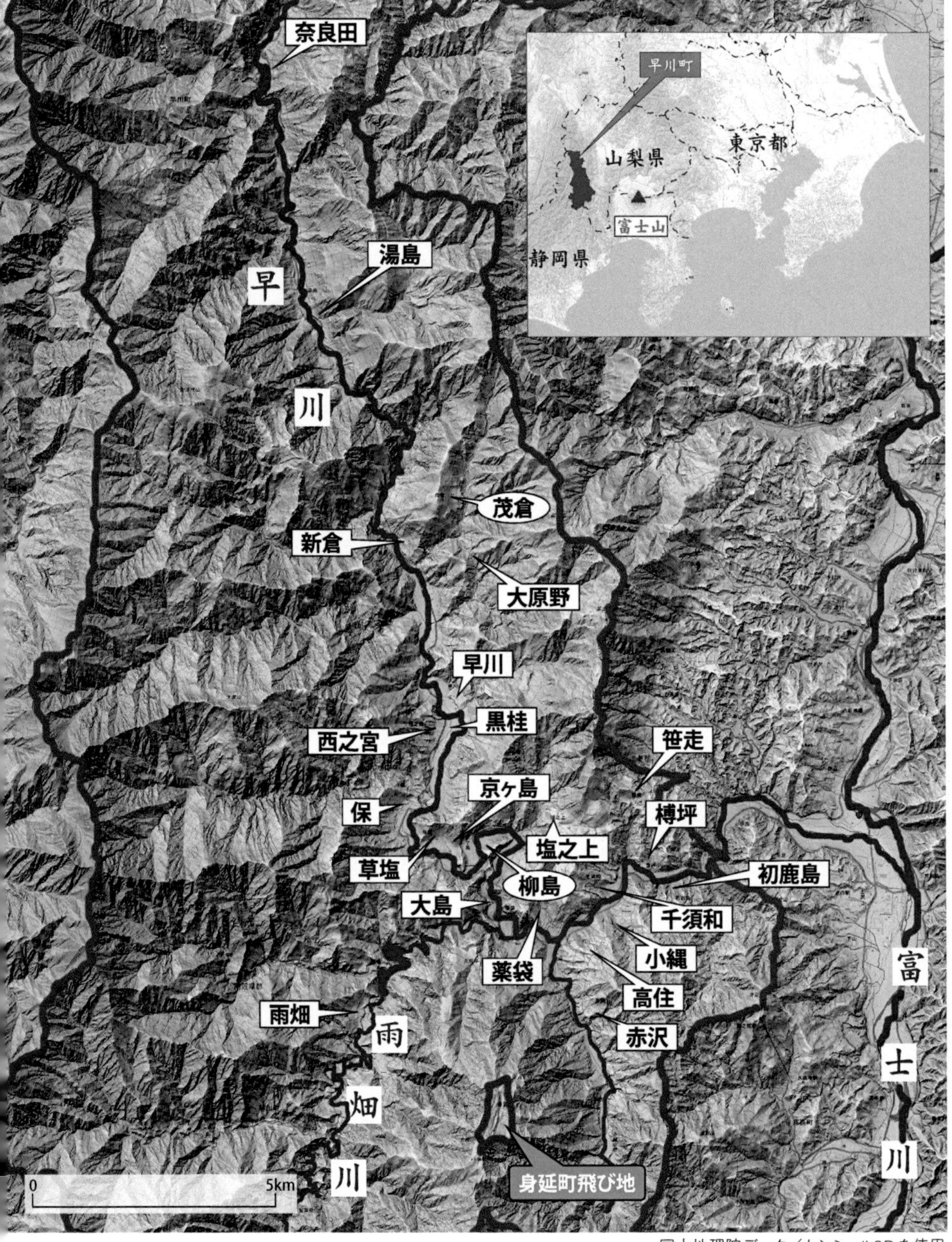

国土地理院データ／カシミール3Dを使用

早川主要部の地図

□囲みで示したのは江戸時代の早川流域の村名。

○囲みは他村に属する「枝村」とされた集落名。枝村は多数あるが、ここでは表示しきれないので茂倉と柳島のみ掲げた。赤線は現在の早川町域。

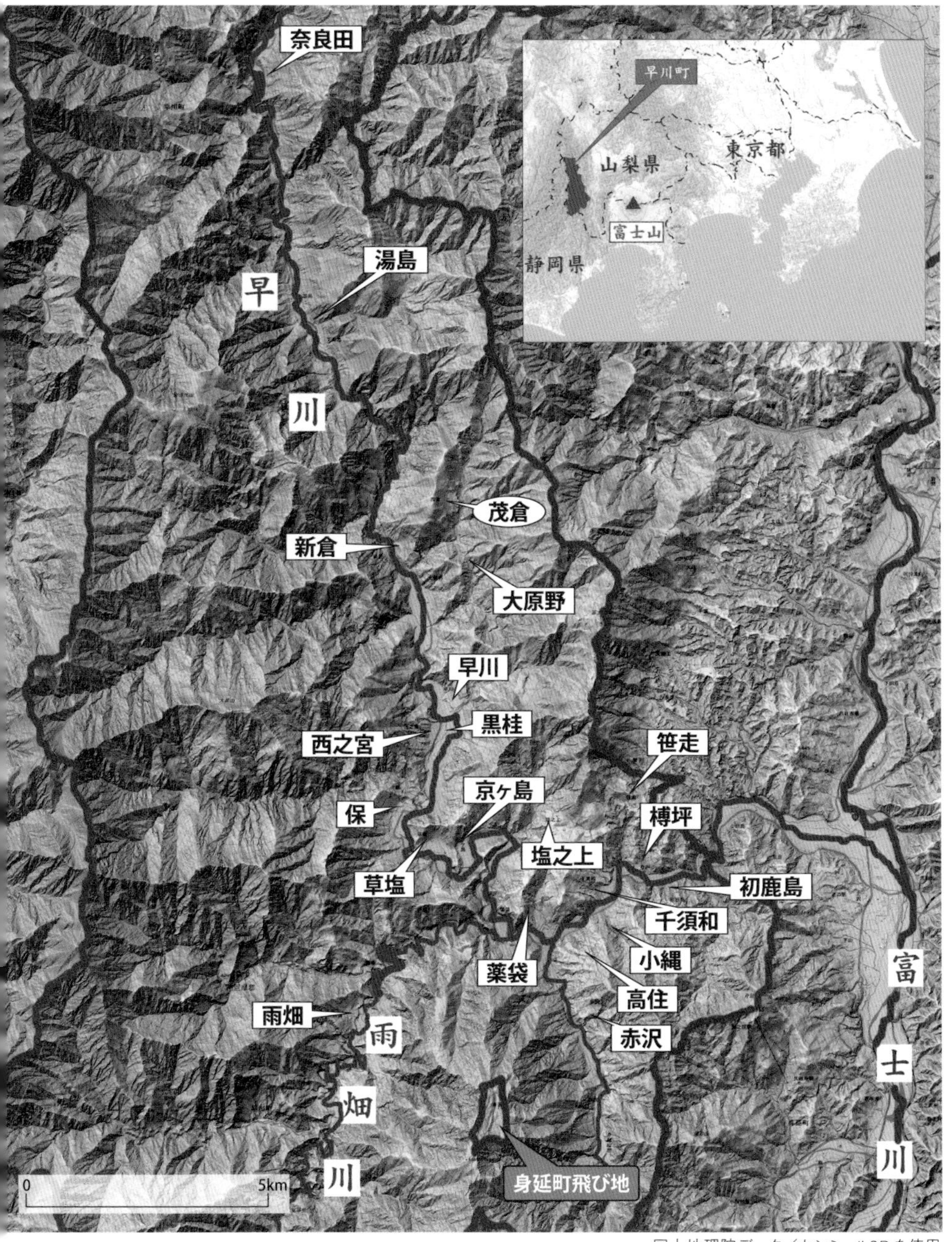

国土地理院データ／カシミール3Dを使用

早川主要部の地図

□囲みの集落名は「早川入十八ヶ村」とされた集落（ただし、小縄・高住・赤沢は3地区で1村の扱い）

○囲みの集落名は「早川入十八ヶ村」の枝村とされた集落

早川町の景観

深い山並みの連なる早川町（2008年2月24日／雨畑地区）

早川沿いの集落（2020年3月21日／千須和地区）

早川町内最上流の奈良田地区は、ダム建設により集落上方に移転したが、
現在では土砂流入によりダム湖の大半が埋まっている（2013年3月16日）

身延山・七面山に登拝する参詣者向けの講宿集落として特異な景観を示す
赤沢地区は、重要伝統的建造物群保存地区に指定されている
（2020年3月21日）

早川町内で最も標高の高い茂倉地区。傾斜地の畑が広がり山村らしい景観を呈している
（1996年8月10日）

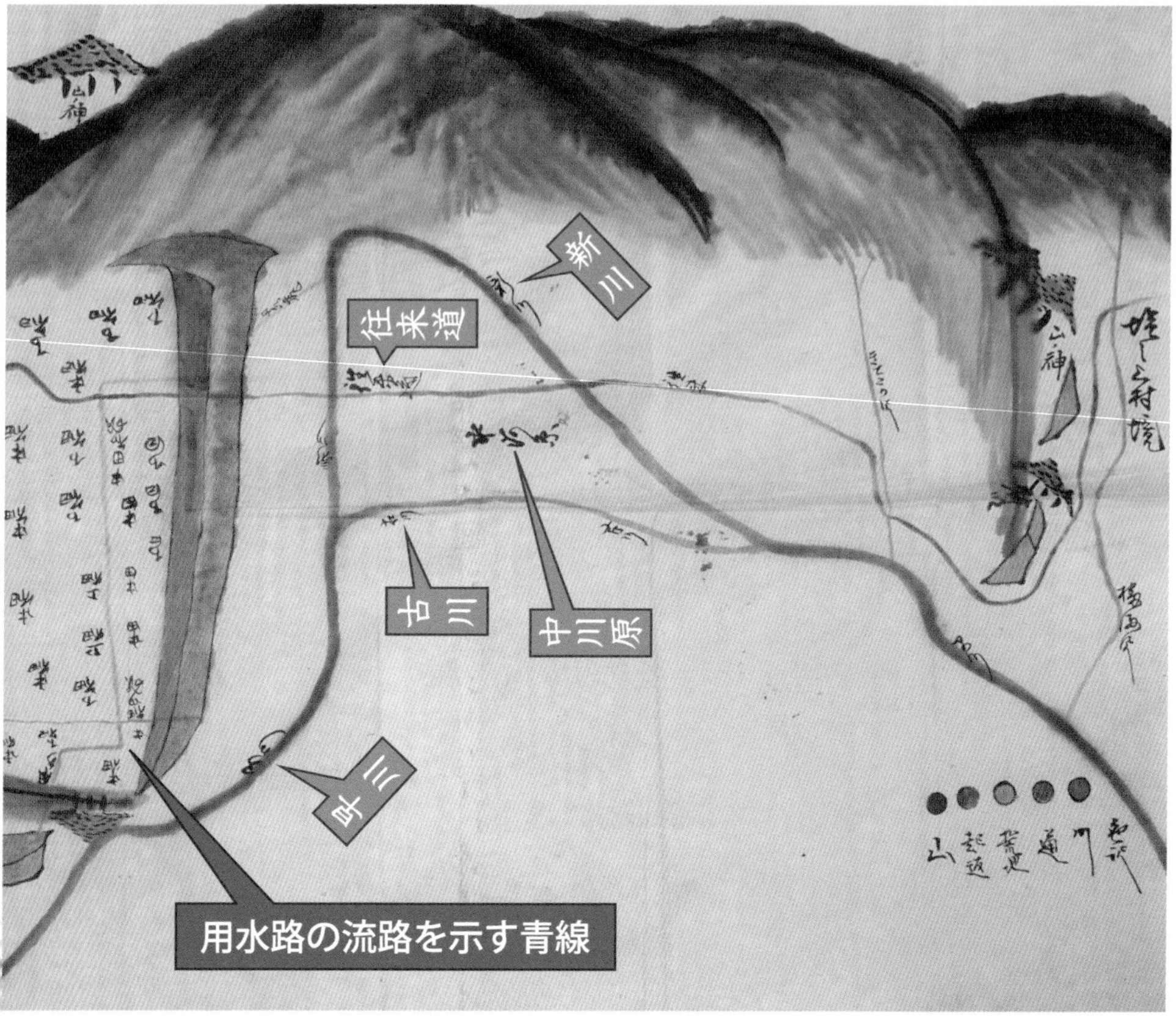

上：京ヶ島村絵図（斎藤義直家文書A-h-③-12、山梨県立博物館現蔵）　下：同地点を示す現在の地形図

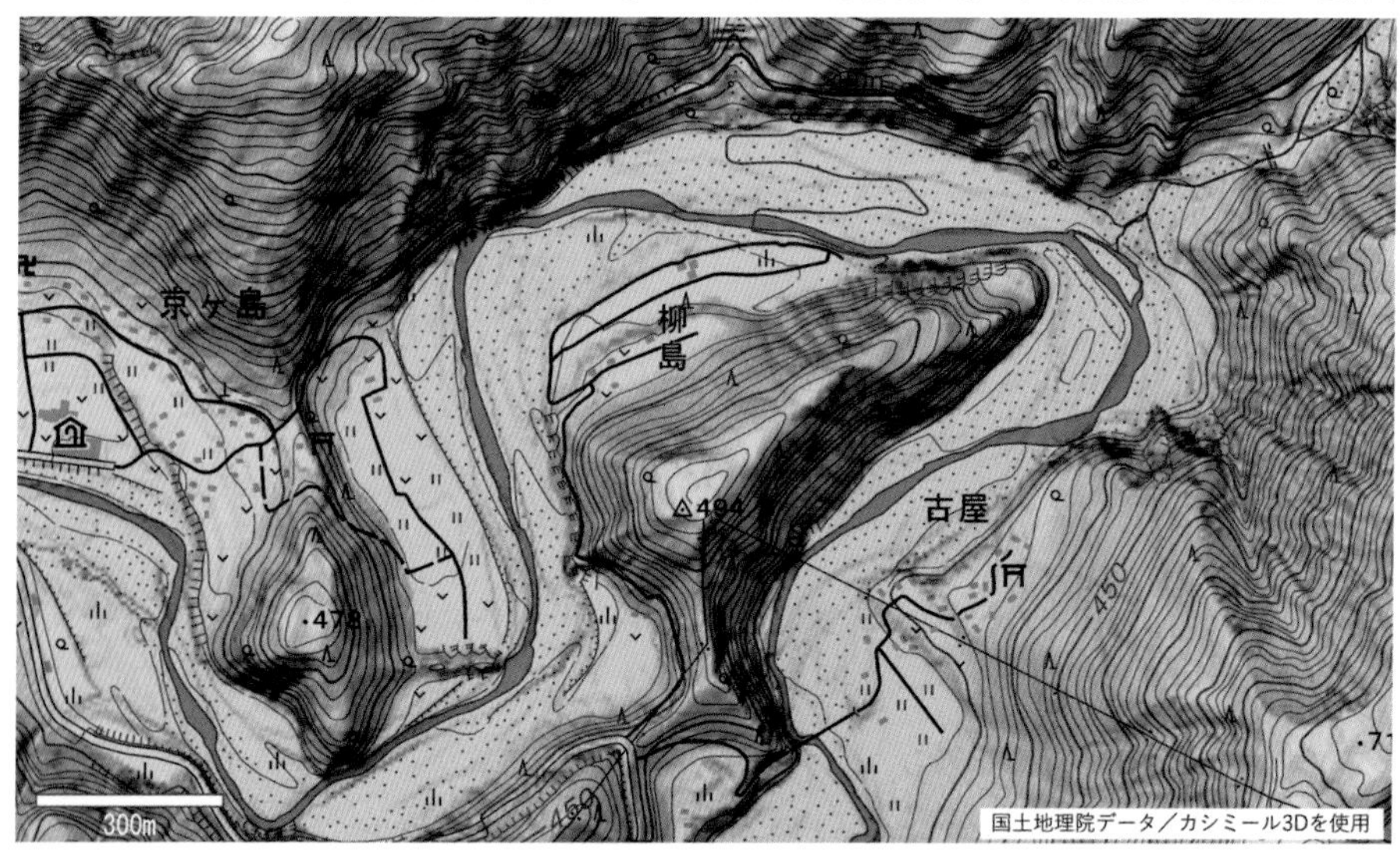

古文書の調査・整理と研究活動

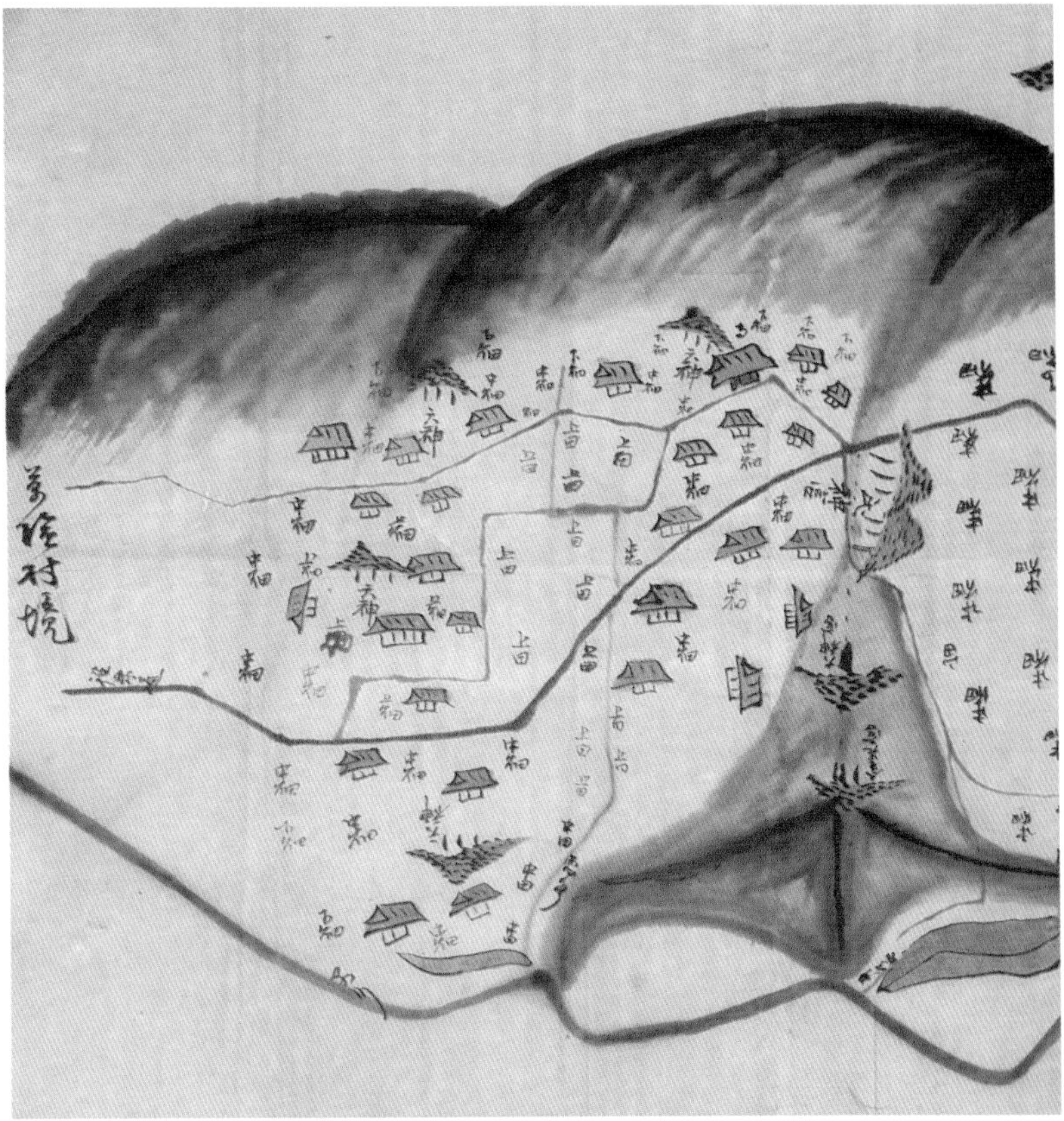

古文書の整理
整理後に元の容器に戻すため、嵩張らないように記号・番号を記入した短冊を挟み込んで整理した
（1995年8月／京ヶ島地区）

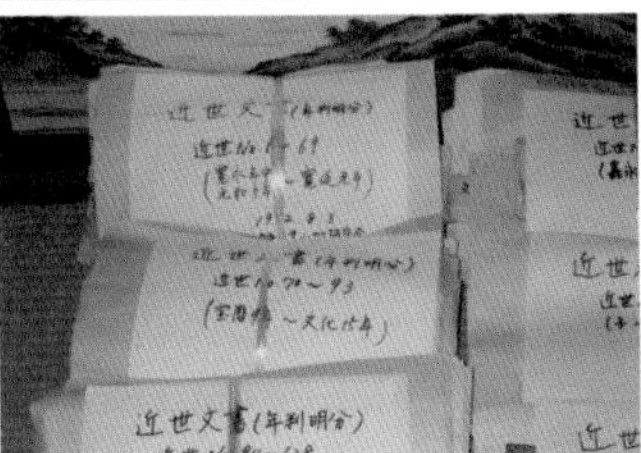

古文書の封筒整理
現在では古文書に影響を与えない中性紙の封筒を用いるが、当時は会の資金もなく、普通の茶封筒を使っていた
（1992年8月3日／薬袋地区）

現状記録を取りながらの古文書整理
（2010年8月25日／夏秋地区）

調査の最終日になって、地区のお堂から大量の区有文書が発見された（1992年8月4日／椽坪地区）

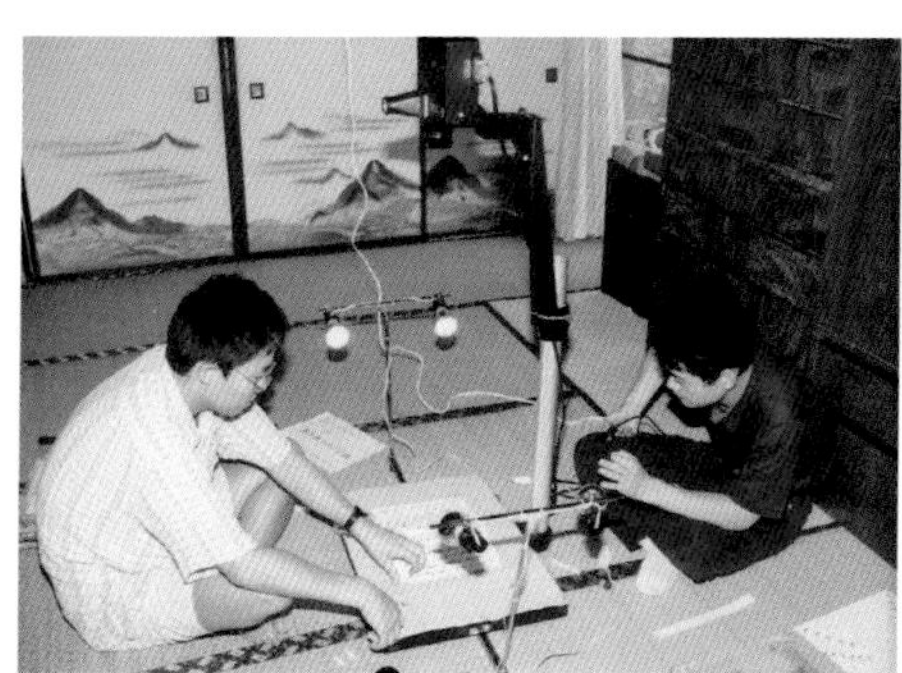

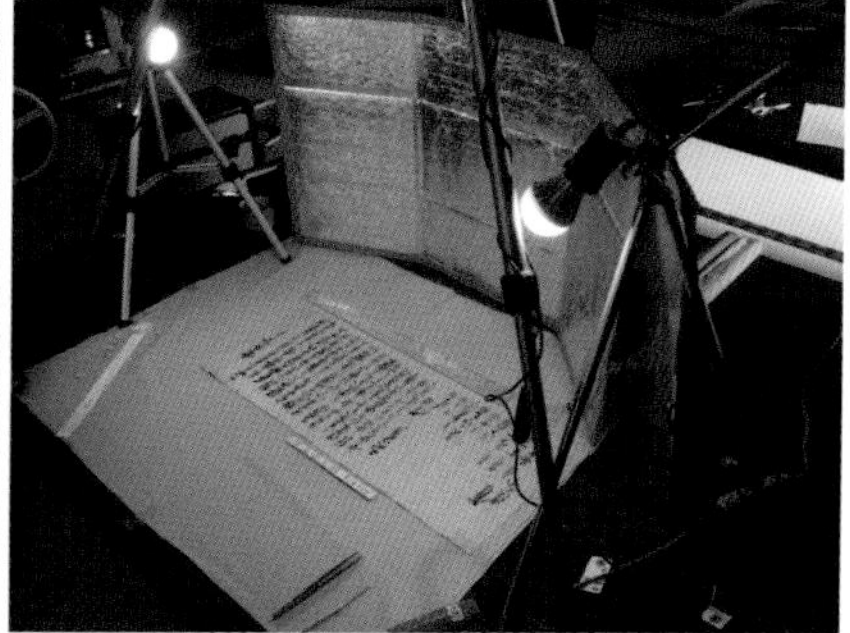

古文書撮影は10年ほどはマイクロフィルムを使用していたが（左：1997年8月10日／塩之上地区）、2000年頃からはデジタルカメラでの撮影に移行していった（2015年12月7日／笹走地区）

掛軸・石碑など地域に残るものは隔てなく調べた（左：2012年3月11日／大島地区　右：1994年7月29日／赤沢地区）

地形や地名など多様な情報を
地元の方から教わった
（1994年7月30日／薬袋地区）

災害跡地の巡検
（2015年8月10日／笹走地区）

地元の皆さんと巡検
（2013年8月27日／京ヶ島地区）

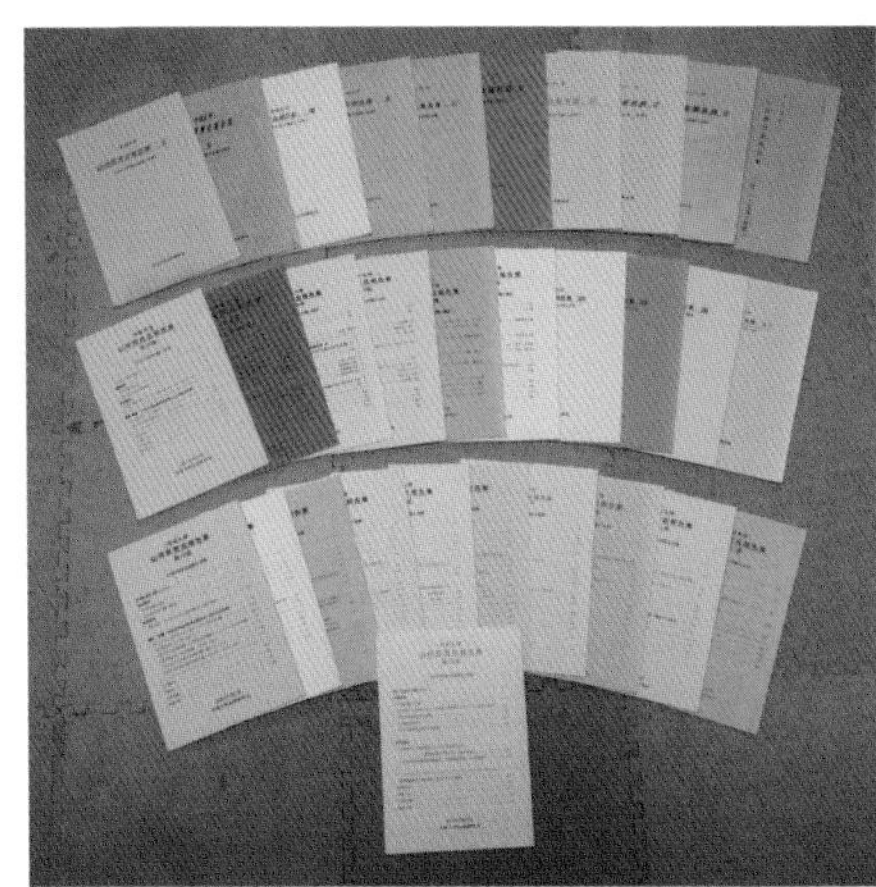

毎週開かれている研究会の例会。現在ではオンライン
に移行している
（2008年12月23日／中央大学）

これまでに発行してきた年次報告集1～31集

研究成果の地元への還元

早川町内の各地区を巡廻して開いてきた古文書講読会
（上：2013年8月27日／京ヶ島地区
右：2014年9月20日／笹走地区）

早川町内で研究成果の報告会も開催した
（2009年2月21日／薬袋地区）

はじめに

■本書のねらい　巨大化する台風、激烈な集中豪雨、耐えがたい熱波。今や人間生活にまつわる諸活動が、温暖化というかたちでこの巨大な地球の気候に影響を与えるまでになった。さらに、人間が記録を残すよりはるかに長いスパンで発生しつづけてきた巨大な地震や噴火も、現代の世界を脅かしている。人間は、長い歴史を、こうしたさまざまな自然の脅威にさらされながら生きぬいて来た。それは必ずしも人間がそれらの脅威を圧伏し克服したのではなく、たいていの場合は頭を低くして災厄を何とかやり過ごすようなやり方が普通であったが、しかし、そこで受けたダメージからの回復には精力を傾け、また次に襲い来る災厄の影響を小さくすべく、知恵を絞った。

日本の歴史を考えてみよう。日本の歴史では、田を耕してきた農民が主役と思われがちである。しかし、周囲をすべて海に囲まれ、豊かな山に覆われているのが日本列島である。平地で稲作をしてきた「農民」ばかりが庶民の姿ではない。とりわけ山間地には今では想像できないほどの活気があり、精力的に生きる人々が暮らしていた。今まであまり描かれることのなかったそれら山村に生きた人々の姿を、災害という自然の脅威の中を生きぬく姿を通して知って欲しいというのが、本書の意図するところである。

■中央大学山村研究会　本書は中央大学山村研究会という小さな有志の会が編集したものである。当会は三〇年前の一九九一年に中央大学に関係する大学院生・学部生の有志で始めた研究会で、その名の通り当初から一貫して山村地域を対象とした歴史研究を続けている。名称に中央大学と冠してはいるが、それは単に呼びかけ人の出身と集まりの場が中央大学にあったからというに過ぎず、初期から他大学の院生・学生なども加わっており、後には他大学の教員や一般の社会人も会員となってきた。それは、当会が「古文書を中心とする歴史史料を通して昔日の山村の姿を知りたい」というその一点を共通項として成り立っているからであり、会員の専門分野、関心をもつ分野も、歴史学のみならず民俗学など隣接する人文科学分野のほか、理系の自然地理学、林学、地震学など幅広い分野にわたっている。本書は、そのような多様な専門分野の会員による文理の枠を超えた総合的な成果を表すものとなっている。

当会には、創設当初から長く守っている二つの原則がある。一つは古文書などの史料を丹念に読解し、きちんと意味をとり理解する、ということであり、もう一つはフィールド調査をもとに地に足の付いた研究を行う、ということである。前者については、会の調査で撮影してきた古文書写真を毎週の例会でひたすら丹念に読み進めているし、後者については、活動初年度から山梨県に所在する早川町（山梨県南巨摩郡早川町）をフィールドとして調査・研究・発表を続けてきている。

当会の活動には、大きく①例会、②現地調査、③現地講読会または報告会、④出張山ゼミ、という四種類がある。基本となるのが例会で、大学の授業期間中の毎週火曜日夜に二時間半から三時間程度の会合を開いている（現在ではオンライン開催）。例会では、写真版古文書の講読、会員による発表、古文書目録作成などの作業を行う。②も当会の基幹的な活動で、主に早川町を訪問し、各集落の旧家や地区が所有している古文書など歴史史料の調査や整理・撮影を行ってきた。併せて歴史に関する聞き取り調査や景観観察なども行っている。③は調査現地への成果還元で、二〇〇八年・二〇〇九年には報告会という形で会員が研究成果の発表を行っていたが、二〇一一年以後は地元住民の方にもより身近な歴史を感じていただけるようにと、それぞれの地区ごとの古文書を地元の方と一緒に読解していくスタイルで年一回の講読会を開いてきた。④は普段の例会に集まりづらい会員との交流や親睦を図る目的で二〇一四年から始めた企画である。年二回程度、都心を主な会場に古文書講読や研究会外部からのゲストスピーカーを招いての報告会などを行ってきた。この会合はオープン企画として開かれており、会員以外の参加も可能となっている（なお、新型コロナウィルスCOVID-19の感染拡大以降は、②から④の一部の活動を縮小あるいは休止していた）。

当会の成果物としては、活動初年度から毎年の活動内容をまとめてきた『中央大学山村研究会報告集』（一～三一号）と、二〇〇三年に刊行した『中央大学山村研究会古文書調査報告書Ⅰ　山村史料の調査と成果――山梨県南巨摩郡早川町薬袋・榑坪・千須和――』がある。当会ではこれまで特段の周年行事や記念刊行は行ってこなかったが、創設三〇年という節目にあたり、これまでの成果の一端を形にすることになり、本書を発刊することになったものである。

■早川町というフィールド　次に、本書の主要な舞台となる早川町の紹介をしておきたい。

早川町は山梨県の南西部、三千メートル峰が屹立する南アルプスの東隣に位置し、面積の九六％が山林という山中の町である（口絵地図参照）。町域は広大で、東西一五・五㎞、南北三八㎞に及び、県内二位の三六九・九六㎢の面積を誇る。一方、人口は二〇二二年四月一日現在の推計人口で一〇一一人と、全国の町の中で最少レベルとなっている（以下、統計情報は山梨県統計調査課ＨＰ「やまなしの統計」による）。当会が初めて調査に訪れた一九九一年八月当時、町の人口はまだ二二〇〇人を超えていたから、ここ三〇年で半分以下になったことになる。山間地で高齢化も進行しており、六五歳以上の割合は四七・一％と県内一位である（二〇二〇年度）。町内の中心部を南アルプスに源を発する早川が貫流しており、途中で支流の雨畑（あめはた）川を合流して、日本三大急流として名高い富士川に注いでいる。町内には約三五の集落があり、早川や雨畑川沿いの低地から山の上の尾根筋に開けたものまで町内に広く分散している。最高地点の集落は茂倉（もぐら）地区で、標高は約九〇〇ｍに位置している。

早川町の南東に隣接する身延（みのぶ）町には、鎌倉時代に開祖日蓮が開創したことで知られる日蓮宗総本山の身延山久遠寺（くおんじ）があり、早川町内にも日蓮宗寺院が多い。また、久遠寺と並んで参拝の対象となっている日蓮宗の聖地七面山（しちめんざん）は、山頂部が早川町の地内に身延町の飛び地として存在しており、身延山と七面山の間にある谷の中腹には、両所を参拝する信徒が仮眠・休憩をとった講宿集落が存在している。赤沢（あかさわ）という集落で、重要伝統的建造物群保存地区に指定されている。

早川入（はやかわいり）と称された早川流域をはじめ、富士川の狭隘な谷間の東西に広がる山がちな一帯は河内（かわうち）領と呼ばれ、戦国時代には武田氏親族衆の穴山氏により支配されていた。武田氏滅亡後、穴山氏も滅びると、甲斐国は徳川家康の領有から一時豊臣秀吉支配下の大名により統治されたが、まもなく関ヶ原の合戦での勝利を経て徳川氏の氏配下に入った。幾人かの親藩・譜代大名の統治の後、早川入の地域は享保九年（一七二四）から幕府領（天領）となり、幕末まで代官支配が続いた。近世初期までは金山が稼行していたほか、林業も近世を通して行われ、焼畑などでの自給的な食料生産も続けられて、山村らしい特徴を多分に備えた地域として生きてきた。

本書は以上の関心・観点から、文理融合・学際的な視野に立ち、早川入を具体的なフィールドに、山村史の叙述を試みたものであり、災害といういわば非日常の危機を切り口に、山村の姿をさまざまな側面から検証したものである。本書の各論考を通して明らかになってきたのは、驚くほどに強靱で野太い山村の生活のありようや資源の豊かさである。過疎や少子高齢化で悲惨・貧困・不便という印象の強い山村であるが、少なくも高度成長期に人口が急減するまでは、大きな活力をもった地域であったことが明らかになってきた。そして災害に対する強靱さは今も山村の人々の生活の中に見え隠れしている。日本の山村が災害に直面して見せる強靱な姿を解き明かした成果として、また歴史学をはじめとする諸学問がひとつの町に密着して地域の成り立ちをたどった成果として、本書をお読みいただければ幸いである。

目次

カラー口絵　ii

はじめに　xi

序章　フィールドから探る山村の歴史像
——災害の視点と本書の立ち位置　中央大学山村研究会　3

I　早川の自然条件と災害

第1章　早川の災害と地形　長谷川裕彦・佐々木明彦　15

第2章　古文書に描かれた森林の様相から災害リスクを考える　小山泰弘　32

II　災害と技術

第1章　水害への対応と治水技術　西川広平　53

第2章　災害復旧にみる往還の御普請と利用　高野宏峰　70

Ⅲ　災害と社会

第1章　災害をめぐる山村と領主　白水　智　93

●コラム1　貯穀と早川入の村々　岩橋清美　114

第2章　山村の災害と歴史語り　柴﨑啓太　118

第3章　災害と作物被害　成畑　誠　140

●コラム2　近世山村の飢饉　山本智代　170

第4章　山の地震誌　寺島宏貴　174

●コラム3　山村と地震　加納靖之　193

Ⅳ　災害の幸いと祈り

第1章　災害の幸い　田中悠介　199

●コラム4　現代の早川に暮らす人々の災害の乗り越え方　柴田彩子　221

第2章　御普請世話人斎藤善左衛門の狂歌づきあい　鈴木　努　225

第3章　山村における病とまじない　赤澤春彦　247
第4章　災害と民俗　松本美虹　261
●コラム5　歴史学と民俗学のはざまで　西村敏也　287

V　地域史料をたどって

第1章　山村研究会と早川調査　荒垣恒明　293
●コラム6　中央大学山村研究会創立のころ　福田英一　319
第2章　災害跡地を歩く　中央大学山村研究会　323
●コラム7　獣害への対応　中西　崇　332
終　章　災害から読み解く早川入の山村世界　早田旅人　337
早川災害史年表　近世編　高野宏峰責任編集　353
執筆者紹介　367

山村は災害をどう乗り越えてきたか

——山梨県早川町の古文書・民俗・景観を読み解く——

序章　フィールドから探る山村の歴史像——災害の視点と本書の立ち位置

中央大学山村研究会

はじめに

中央大学山村研究会では、一九九一年の活動開始以来、山梨県早川町をフィールドに、中世末期から現代に至るまでの古文書類を数多く調査・撮影・整理し、それを読解しながら、随時民俗的な情報も取り入れつつ、山村としての当地の歴史を研究してきた〔本書コラム6福田「中央大学山村研究会創立のころ」／コラム5西村「歴史学と民俗学のはざまで」〕。それら古文書の中でも、とくに江戸時代の早川に関する史料の中には、さまざまな種類の災害が記録されている。当会では、二〇一一年の東日本大震災を契機に、早川の史料に現れる災害を一覧表にして、それを毎週の例会で年代の古い順から一点ずつ読み進める取り組みを始めた。この史料講読はときにリストにない関連史料をたどって読むような寄り道もしながら、ゆっくりと着実なペースで続いた。結局、江戸時代の年代未詳分まで含めた約一三〇点の史料を読み終わったのは、二〇二〇年度末のことであった。丸一〇年を費やしたことになる。しかし、この過程を通して、さまざまな事実がわかってきた。その成果をまとめたのが本書である。

そこで、まずは山村の歴史を災害という切り口から研究する意味について改めて述べ、さらに実際に早川で発生していた種々の災害について概観するとともに、それらが本書の中でどのように位置づけられ、明らかにされているかについて全体像を提示してみたい。

1　山村史研究と災害史研究

歴史学において、山村は林業史・鉱業史など主に産業史の個別分野におけるフィールドとして研究されてきた。「山村」それ自体を固有のフィールドとして意識した研究は、稲作農業を基本とした日本史像の克服を意識した一九八〇年代以降の研究に始まるといってよい[1]。そこでは孤立貧困の山村像の克服が当初目指され、従来の村落論・百姓論が「平地の稲作農村の村落論・百姓論」であったことを暴露してきたといえる。近年では「山村史」を意識した研究も少なからずみられるようになったが、材木や炭の生産に注目したものが多く、そこから山の高い生産力や豊かさが評価されるようになってきた。ただ、材木や炭が山村における重要な産業の一つであることは間違いないが、それらへの注目が山村史をかえって林業史・炭業史の個別分野研究へと回帰させはしないかとの懸念もある。山村の歴史を「山村史」としてとらえるならば、林業や炭業だけでなく、やはり採集や狩猟などの様々な諸稼ぎ、山村民の心性や思想、文化、政治をも包括した山村の「生活文化体系[2]」を意識した研究が必要であろう。ただ、山村ではそこで展開される生業の多様性に比べて残された史料が少なかったり偏ったりする特徴があり、研究には困難がともなう。近年の山村史研究で材木や炭の生産が注目されるのは、それらに関連した史料が比較的多く

1　山村史の研究史については、白水智「文献史学と山村研究」(『日本史学集録』一九号、一九九六年)・米家泰作『中・近世山村の景観と構造』第一章「前近代日本の山村研究に向けて―その文化・政治・経済―」(校倉書房、二〇〇二年)・白水智『中近世山村の生業と社会』序章「山村と歴史学―生活文化体系という視座から―」(吉川弘文館、二〇一八年)・関東近世史研究会常任委員会「近世関東山間地域の展開と江戸」(『関東近世史研究』八六号、二〇二〇年)参照。

2　白水智『中近世山村の生業と社会』(吉川弘文館、二〇一八年)。

残されているからであろう。そうした史料的な制約を乗り越えるためには文理融合・学際的な研究と、山村を見つめるための切り口が必要となる。

本書での山村を見つめるための切り口は「災害」である。歴史学における災害研究は[3]、特に一九九五年一月の阪神淡路大震災以降、日本列島における地震や風水害など大規模な自然災害の頻発化と相俟って防災への意識のみならず、歴史資料のレスキュー活動や災害の記録継承などへの関心の高まりとともに、盛んになってきた。本書が災害に着目するのもこうした問題意識や関心の高まり、研究成果を承けてのことである。加えて、「災害はそれが発生した時の社会のある断面を断ち切るような力を持っているので、普段はなかなか見えてこない社会の深部の動きを見透かすことができる」[4]との指摘のように、災害を切り口とすることで山村における社会の特質、または人間と自然・環境との関係を浮き彫りにすることができるというねらいもある。また、日本は山地が多いにもかかわらず、山村をフィールドとした災害史研究はいまだ手薄といえ、そうした状況に一石を投じる意味もある。

近年の学際的な研究は、単に文系内の歴史学・民俗学・地理学などが連携するだけでなく、理系をも融合させて狭い枠に囚われない新たな探究が進んできている点に特徴がある。歴史上の気候変化や自然現象・自然環境・自然災害の復元に文・理双方の研究者が協同して取り組む例も増えており、より精緻な議論が可能になってきている[5]。山村研究会のメンバーも深く関わった総合地球環境学研究所のプロジェクト「日本列島における人間—自然相互関係の歴史的・文化的検討」（二〇〇六～二〇一〇年度）などもその例に挙げられる[6]。最近では、地球科学などの諸学会連合団体「日本地球惑星科学連合」においても、「領域外・複数領域」という枠組の中で文理融合のセッ

3　災害史研究の研究史については、岡崎佑也「近世災害史研究の成果と今日的課題」（『関東近世史研究』八五号、二〇二〇年）・渡辺浩一「江戸災害史研究の現状と課題」（『関東近世史研究』八七号、二〇二一年）・白井哲哉「関東近世史研究と災害」（同上）参照。

4　北原糸子「災害にみる救援の歴史—災害社会史の可能性—」（『歴史学研究』八八四号、二〇一一年）。

5　総合地球環境学研究所プロジェクト『高分解能古気候学と歴史・考古学の連携による気候変動に強い社会システムの探索』による過去数千年の気候変化を年単位で検証したデータをもとに、歴史学や考古学と連携した成果は、その一つといえる。中塚孝監修『気候変動から読みなおす日本史』全六巻（臨川書店・二〇二〇～二〇二一年）。

6　この成果は、湯本貴和編『シリーズ日本列島の三万五千年—人と自然の環境史』全六巻（文一総合出版・二〇一一年）にまとめられている。

ションが毎年開催されるなど、こうした流れは定着しつつあるといってもいい。山村研究会にも地形学・林学・地震学といった理系分野の研究者が加わるようになり、古文書を読み解く際にも理系的な知見の有効性が実感されるようになった。

山村研究は、もはや林業史や鉱業史などの個別研究を寄せ集めた「山村の総合研究」ではなく、文・理の枠を超えて山村に生起する諸事象の関係性を重視した「山村世界」論ともいうべき視点が重要といえる段階に入ってきているのである。

2　山村を襲ったさまざまな災害

早川を襲った災害として史料上に見られるのは、多くが気象災害で、雨による水害、風による風害、日照りによる旱害、大雪による雪害などが挙げられる。気象災害には、現在でも農作物に多大の被害を与える霜害や冷害もあるが、早川の古文書の中には必ずしも明確には現れてきてはいない。もっとも冷害は、本来晴天が続く時期の天候不順という現象の形で発生するので、史料上で「長降り」と表現される場合に冷害も含まれていると見ていい場合がある。また気象災害以外では、大地の活動による地震、そして流行病も広い意味では自然がもたらす災害として数えることができる。その他山村の人々が自然から受けた被害の一つに獣害が挙げられる。一見、災害の範疇に入れることは意外に思えるかもしれないが、自然のもたらす人間生活への驚異としてはごく普通のものであった。とりわけ山間地という野獣の生息域と密接した生活圏にあった早川では、獣害は深刻なものであった〔本書コラム7中西「獣害への対応」〕。また、虫害も記録に残されており、稲や畑作物に被害が出たことが知られる。

これら多種の災害の中で、もっとも史料が多く、頻繁に被害が出たとみられるのは雨に関わる災害である。早川は名前のとおりの急流であり、険しい山間地を蛇行しながら約七五kmにわたって流れ下る。上流域には三〇〇〇m級の山も聳える山深い地域であるから、流域に多くの雨が降ると多量の水が早川に流れ込み、激しい流れとなって早川に面した村々を襲うことになる〔本書I-1長谷川・佐々木「早川の災害と地形」〕。近世早川の災害史料のうち、およそ八割が水災に関わるものである。古文書の中では「大雨」「長降り」「満水」などの用語で説明される。この雨による災害の典型的なものは梅雨時の集中豪雨と夏から秋にかけての台風であり、台風の場合は風害とセットで「大風雨」として現れることもある。元文元年（一七三六）八月の史料では、「当月一六日朝より一七日晩の大雨および一七日の大風」と雨と風の時間帯が明確に書き分けられていて興味深いが、『日本気象史料』(7)にはこの八月一七日に関して「近畿、関東諸国　大風雨、洪水」として立項されており、現在の暦で九月二〇日から二一日という時期的に考えても、おそらく近畿地方から関東地方を縦断した広域の台風被害と推測される。「大風」だけが独立して記載される場合もあるが、ごく少数に留まる。大雨によって水嵩の増した川は、時に流域の村々の田畑を浸した。もちろんこうした災害に対し、住民たちが指をくわえて見ていたわけではない。「川除（かわよけ）」と呼ばれる治水設備を築いて必死に対応していた〔本書II-1西川「水害への対応と治水技術」〕。

次に多いのは旱魃をもたらす日照りである。梅雨時から夏にかけての時期に少雨または全く雨の降らない期間が続くと、農作物に大きな被害が出る。こちらも食料の確保に重大な結果をもたらすため、史料上に現れやすかったといえるだろう。とくに天水に頼る畑作の割合が高かった早

7　中央気象台・海洋気象台編（一九三九年）。

川では、深刻な被害を受けたとみられる〔本書Ⅲ-3成畑「災害と作物被害」〕。

この他、史料点数は少ないが雪害も見られる。江戸時代は全体的には現在より寒冷であったと考えられており、太平洋側の気候区に属する早川の場合、冬季に南岸低気圧が通過すると現在よりも降雪の可能性が高かった可能性がある。古文書には、「大雪」「雪痛」などの語が見られるが、必ずしも関連史料は多くはない。冬季も農業は行われているが、雑穀・芋・蕎麦・米など主食生産の時期からは外れており、麦もまだ大きくは育っていない時期なので、よほどの頻度や量の大雪でなければ被害として上申することがなかったからであろうか。

次に取り上げたいのは地震である〔本書コラム3加納「山村と地震」〕。山間地では、地震によって山崩れによる被害や山道の崩落による交通途絶など生活に直結する被害が起こりうる〔本書Ⅴ-2「災害跡地を歩く」第2節〕。早川の史料では、宝永四年（一七〇七）に発生した宝永地震や幕末の安政元年（一八五四）に発生した安政地震に関する古文書が目につく。また宝永地震か享保三年（一七一八）の伊那北部地震の影響かと考えられる冷水涌出という被害も出ている。この他、直接早川での被害ではないものの、幕末の弘化四年（一八四七）に現在の長野県北部で大きな被害を出した善光寺地震に関係する文書の写しが残されていた。他地域の災害にも広く関心を持っていたのであろうか〔本書Ⅲ-4寺島「山の地震誌」〕。

3　災害は自然と人、人と人の関係を表す

人間不在の世界で川が氾濫しても、土砂崩れが起きても、大地震が起きても、それは災害とは

呼ばない。災害というのは、人がいて起きるものである。すなわち災害とは自然と人との関係の一つ、ということができる。自然の動きがどのように人の世界に影響を与えたのか、歴史学はあくまで人の書き残した史料をもとにたどることしかできないが、自然科学的な知見を援用すれば、自然を観察する中から過去の災害の原因や痕跡を見出すことはある程度可能である〔本書Ⅰ−2小山「古文書に描かれた森林の様相から災害リスクを考える」〕。

同じ災害が発生しても、その後の人間の対応次第で被害状況や復旧状況は大きく変わってくる。現代でも災害時の被災者自身の対応や行政の対応がしばしば問われるが、それは本書で扱っている江戸時代でも同様であった。

被災者自身の対応としては、まず日頃からの食料保存、つまり「貯穀」が挙げられる〔本書コラム1岩橋「貯穀と早川入の村々」〕。災害は農業に打撃を与え、対応を誤ればたちまち食料不足に陥り、飢饉に襲われることもあった。とはいえ、平地に比べて貧しく飢饉に遭いやすかったと思われがちな山村であるが、果たしてそれは事実なのであろうか〔本書コラム2山本「近世山村の飢饉」〕。山村は平野部とは異なったたくましさを備えていたとは言えないであろうか。

山村民自身による災害への対応として、忘れてはならないのが呪術や祈りのもつ意味である。流行病など社会を恐怖に陥れる病という災害に対しても、それは利用された〔本書Ⅳ−3赤澤「山村における病とまじない」〕。それは現在の都市生活の感覚からすれば単なる迷信と思われるかもしれないが、他に生活を守るべき手段が限られていた時代にあっては真剣な願いでもあった。そしてそうした心性は、実はごく近年まで山村では守られてきており、実際にさまざまな祈りや習俗が現代にもつながってきていたのである〔本書Ⅳ−4松本「災害と民俗」〕。また、襲い来る自然災害を感覚としてどのように受け止め、どのように凌いでいくか、その捉え方には都市的な心性とは異なったものが現在も受け継がれている〔本書コラム4柴田「現代の早川に暮らす人々の災害の乗り越え方」〕。それは、たくましく災害の世を生きぬいてきた山村の人々の経験と知恵がもたらしたものとも理解できる。

一方、行政的な対応としては、領主による災害防御設備の施工や食料の支援が挙げられる。とはいえ、これもただ待っていれば与えられるものではない。被災した村からの積極的な要請が不可欠の前提となっていた。江戸時代には、一般的に現代の大字にあたる程度の集落が行政的な「村」として編成されており、この村が日常生活を支える生きた単位となっていたが、この村が領主に対して求める生存のための支援要請は、領主にとって無視することのできない大きな圧力となっていた。村にとっても、大規模な工事となると自力のみでの施工は困難であり、領主の支援がなければ災害に対応することはできなかった。早川の京ヶ島村でも、山間地ならではの交通を維持するためには、災害復旧に領主の力が不可欠であった〔本書II−2高野「災害復旧にみる往還の御普請と利用」／V−2「災害跡地を歩く」第1節〕。同村では、交通路・用水路・耕地を守る治水設備の設置や復旧のために領主への支援要請を頻繁に行ったが、その際に大事なことは、山村ならではの特性を生かしつつ、あえて支配者としてノーと言えないような巧みな要請のしかたをすることであった〔本書III−1白水「災害をめぐる山村と領主」〕。

村からの要請には、中心となって村をリードする人物が不可欠であったが、その役目を果たすのが名主や長百姓・百姓代などの村役人であった。村役人には領主や他の村々とのやりとりが日常的に求められ、文筆の才は必須であり、一定の教養も求められていた。災害後に幕府から指定された藩が「御手伝い普請」という形で水害防止や復旧の作業にやってくる場合があったが、そうした際にも村外の武士との交流に教養が一役買った〔本書Ⅳ-2鈴木「御普請世話人斎藤善左衛門の狂歌づきあい」〕。山深い村でも教養を武器に他領の武士たちと豊かな交流を行える人物がいたのである。

災害を契機としたこのような文化交流は、ある意味で災害がもたらした文化的な豊かさと表現することもできる。そして災害にはこれ以外にも、禍を転じて福となすような一面があった。それが流木の幸である。水害が多発した早川流域では、多くの被害が発生しているが、同時に水が引いたあとに川原に積み上がる流木は、村人にとって山からの贈り物であった〔本書Ⅳ-1田中「災害の幸い」〕。労せずして村の前に運ばれてくる材に見られるように、災害は同時に幸いをもたらす面ももっていたのである。

一方で、流木は川原の両岸の村にとって争いの対象になることもあった。災害は自然との戦いであると同時に、人間どうしの争いを引き起こすきっかけともなっていた。生き残りを賭けた村と領主、村と村の交渉しかり、また村内部での勢力争いしかりである。村内部では必ずしも一枚岩となって対外的な対応をできるとは限らなかったが、名主などの中には、中世に遡る由緒を強調し、場合によっては創作するとともに、災害への対応で実績を積み、村内での地位を確保しようとする動きも見られた〔本書Ⅲ-2柴﨑「山村の災害と歴史語り」〕。しかし、時代とともに次第に古い由緒だけで村役人の地位を維持することは困難となり、年貢負担の公平性や領主から支給される災害工事施工費の役割に応じた配分など、村運営の透明性が求められると同時に、領主との間でも有利な交渉ができる行政能力が求められるようになっていったのである。

おわりに

山村は長らく平野部の農村に比べて悪条件の住みづらいところと認識されてきた。確かに傾斜地に覆われた地形からすれば、災害の面では土砂災害や河川の急な増水が発生しやすい、あるいは獣害が起きやすいなど、平地と異なる環境はあった。しかし一方で山村ならではの有利な条件や山地環境を生かした資源や知恵・技術もあったはずである。果たして山村の住民は、その環境とどのようにつきあい、どのように生きぬいてきたのだろうか。本書を通して、山村の知られざる一面、その強靭な生命力の源が少しでも解明されればと思う。

さらに、序章の最後にもう一つ付け加えておかなければならないことがある。それは本書を作った研究会自体の振り返りである。全くの有志による地域調査団体が日本一小さな町〔早川町は二〇二二年現在、原発避難地区を除けば「町」としては日本一人口規模の小さな自治体である〕に三〇年にわたって通い続け、ひたすら地味に地道に史料整理をし、聞き取り・観察をしてきた結果がここに一つの実を結んだのであるが、果たしてそれはなぜ可能だったのであろうか。また、現代日本の中で当会のような小さな研究会が果たしうる役割とは、あるいは学問が地域社会になしうる貢献とは何であろうか〔本書V-1荒垣「山村研究会と早川調査」〕。これについては、未だ我々自身が総括すべき立場にはない。読者の、そして未来の評価に委ねることにしたい。

本書全体の成果については、終章において集約的に整理するが、まずは本書への入り口として、この序章が各章やコラムを読んでいくための手引きとなれば幸いである。

Ⅰ　早川の自然条件と災害

第1章　早川の災害と地形

長谷川裕彦・佐々木明彦

はじめに

日本は国土の約七割を山地が占める山岳国家である。それは、日本列島が狭まるプレート境界（収束境界）に位置し、強い圧縮の力が加わる変動帯に位置するためである。しかも、日本列島は二枚の海洋プレートが二枚の大陸プレートの下に潜り込むという、世界的にみても稀な立地環境を有している。そのため地質構造は複雑となり、山地を構成する岩盤には多くの割れ目が発達していて非常に崩れやすい。本書のフィールドである南アルプスは、現在も隆起が続きどんどん高くなろうとしているのと同時に、地震や豪雨のたびに斜面崩壊が発生し、山地斜面は極めて急峻である。

同時に日本列島は、中緯度地域の中では年間降水量が多く、しかも短時間に多量の雨が集中して降るという特性を有している。特に本書で扱われる山梨県早川町は、梅雨期・秋雨期・台風通過時の降水に加え、西南日本に台風が襲来する時には数日間に渡って湿った南風の直撃を受け、降水強度の強い雨が長期間降り続く地域となっている。

以上のような地質・地形・気候特性の下、早川町の集落は歴史時代を通じて繰り返し水害・土砂災害に見舞われてきた。本章ではまず、早川町の自然特性の基礎をなす地質・地形条件がどのように発達したのか、そして災害に結び付くような気象現象がどのように生じているのかを概観する。その上で、早川町で生じてきた、また今後生じるであろう自然災害について論じたい。

1　南アルプスの形成と早川町の地質・地形特性

早川町を構成する地質は、その大部分が「付加体」と呼ばれる地層群からなる。「付加体」とは、海洋プレート上に堆積した地層や海底火山の噴出物、火山島に形成されたサンゴ礁（礁石灰岩）が、プレート境界の海溝付近でこそげ落とされ、大陸プレート側に「付加した」岩石のことである。陸から遠い太平洋中央部で放散虫や有孔虫の死骸がゆっくり堆積して形成されたチャートや石灰岩、その上位に海洋プレートが陸域に接近してから堆積した泥岩・砂岩が載り、その中に、海洋プレート本体および火山島起源の玄武岩やその他の火山岩類、礁石灰岩が散在する。それらの物質は、地震発生時に大陸プレート側で生じた海底地すべりの堆積物や、海底土石流によって巻き上げられた土砂が繰り返し堆積して形成されたタービダイト（乱泥流堆積物：数cm〜数m程度の厚さの砂岩・泥岩互層）と共に、付加の過程で激しい褶曲作用や断層作用を受ける。

早川町を構成する付加体は、主に中生代白亜紀後期から新生代新第三紀中新世（およそ一億年前〜五〇〇〇万年前）に付加した岩石からなる。日本列島が形成され始めた（日本海が広がり始めた）のが二〇〇〇万年前頃なので、日本列島形成前の大陸縁辺に付加した地質と日本列島の形成途上で

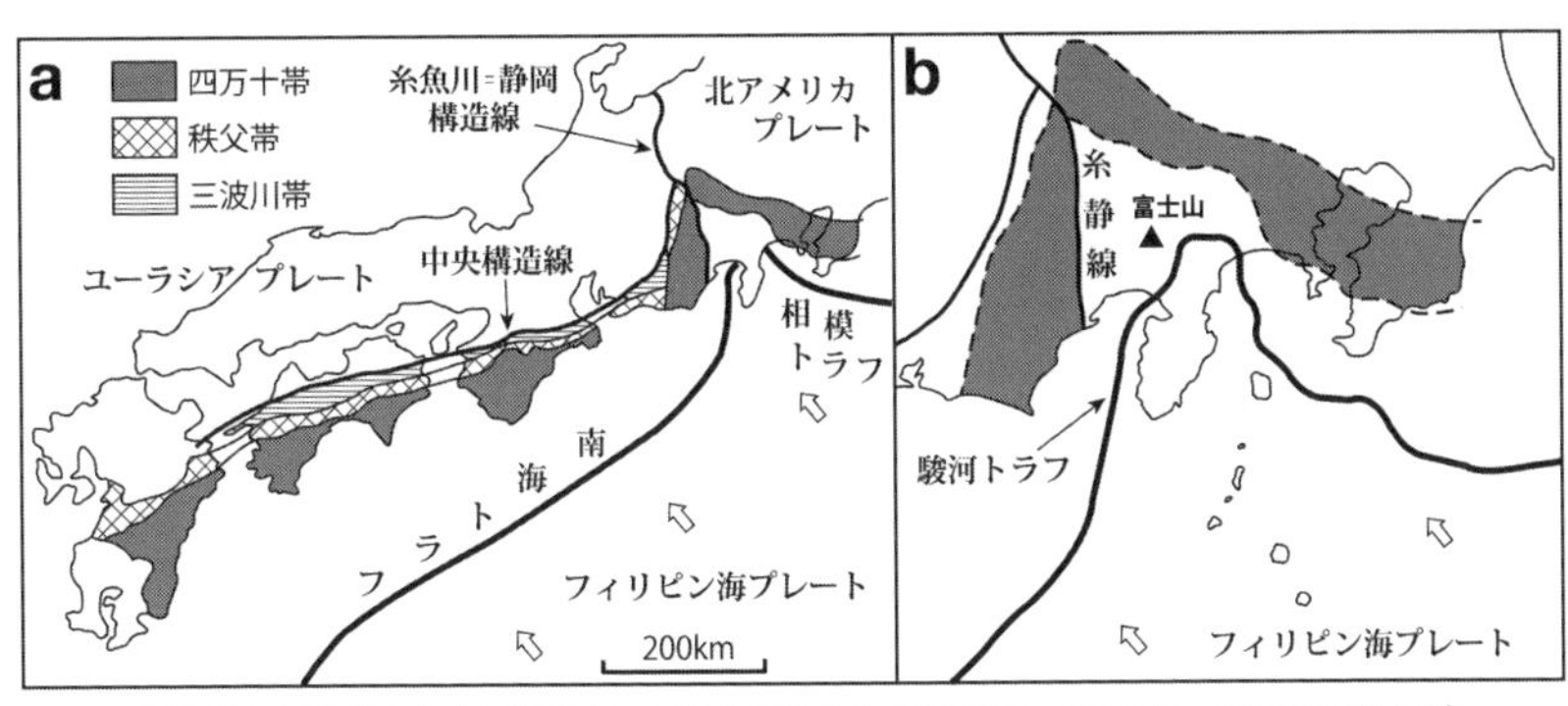

図1　四万十帯と伊豆衝突帯（平朝彦『日本列島の誕生』岩波新書、1990年、236頁を簡略化）

付加した地質からなる、ということである。西南日本の南岸に分布する最新の付加体は東西方向に細長く伸び、四万十帯（四万十層群）と呼ばれる（図1a）。ところが四万十帯は、伊豆半島の北側で「への字」形に大きく折れ曲がっている（図1a・b）。これは、一五〇〇万年前頃から西南日本とフィリピン海プレートとの衝突が生じ、フィリピン海プレートが西南日本の下に潜り込むようになったことに起因する。フィリピン海プレートへの太平洋プレートの沈み込みにより、フィリピン海プレート東縁には古伊豆・小笠原諸島が形成されていたが、それらが次から次へと日本列島に衝突し、激しい付加が生じたのである。その結果、四万十帯は、への字形に大きく押し曲げられ、中心軸の西側に位置する南アルプスでは地層群・断層群がほぼ南北方向に伸びることとなった。

早川町の中央を南北に走る糸魚川＝静岡構造線（以下、糸静線）は、南アルプス北端以北ではユーラシアプレート（西南日本）と北アメリカプレート（東北日本）とのプレート境界となっている。一方、早川町を通過する糸静線南部は、古伊豆＝小笠原諸島が付加し始めた頃のユーラシアプレートとフィリピン海プレートとのプレート境界であり、その後の付加に伴って現在のプレート境界は、駿河トラフ～富士山～相模トラフを繋ぐ位置に南下している（図1b）。

　早川町の地質構造（図2）をもう少し詳しく観てみよう。早川町の中央を南北に貫く糸静線を境に、地質学的には西側が四万十帯、東側が南部フォッサマグナに区分される。糸静線の西側に並行して延びる笹山構造線の西側は、日本列島形成前の大陸縁辺に付加した岩石（四万十主帯）、東側は日本列島が形成され始めた二〇〇〇万年前頃に付加した岩石（瀬戸川帯）からなる。一方、南部フォッサマグナの岩石は、先に述べたフィリピン海プレートの衝突に伴い一五〇〇万年前以降に付加した地層群からなる。そこには、茂倉（もぐら）断層・曙断層・榑坪（くれつぼ）断層・身延断層等の多くの南北方向に伸びる断層が認められ、身延断層はつい最近の地質時代（第四紀後期：一〇万年前以降）に活

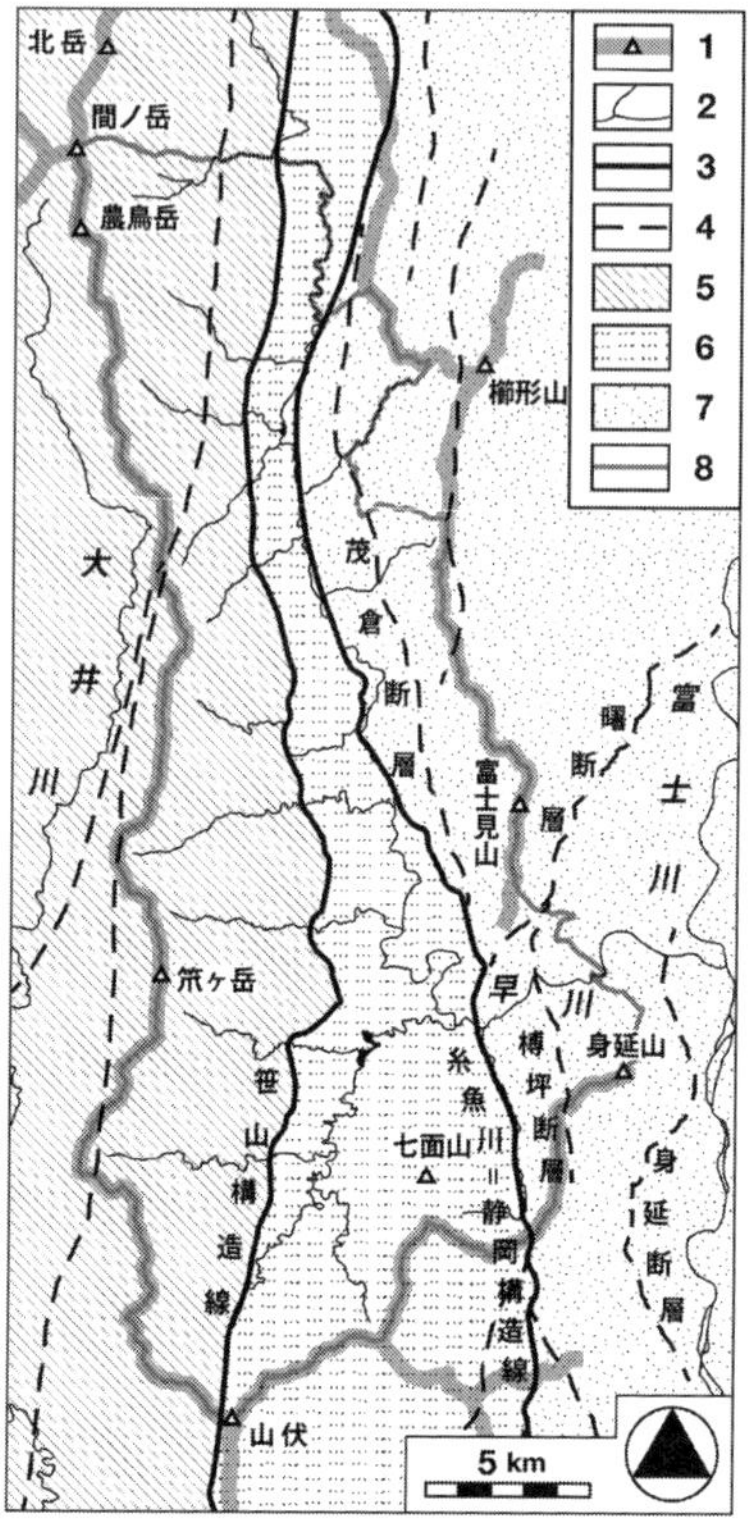

図2　早川町とその周辺の地質
1. 主な山頂と山稜　2. 河川　3. 構造線　4. 主な断層　5・6. 四万十帯（5. 四万十主帯　6. 瀬戸川帯）　7. 南部フォッサマグナ　8. 早川町行政区界
地質は尾崎正紀・杉山雄一『5万分の1地質図幅身延』（地質調査総合センター、2018年）、杉山雄一・松田時彦『地域地質研究報告5万分の1地質図幅 南部地域の地質』（地質調査総合センター、2014年）135頁による。

動した活断層であると考えられている。[1] また、富士見山東麓の曙断層付近には、やはり活断層と考えられる平須(ひらす)断層が報告されている。[2] 以上のように、早川町の基盤地質は、四万十帯とそれよりも新しい古伊豆＝小笠原諸島の付加によって形成された。

それでは、南アルプスは、いつ頃、どのようにして生まれたのだろうか？　今からおよそ一〇〇万年前、現在の伊豆半島（かつての伊豆ヶ島：仮称）が日本列島に衝突した。その結果、南アルプスは急速に隆起を開始した。隆起と同時に侵食作用も強まり、現在では動的平衡状態（隆起速度と侵食速度が拮抗していて、山頂高度がほぼ一定の高度で保たれている状態）に達していると考えられている。現在の山頂高度（約三〇〇〇m）を単純に一〇〇万年で割ると約三mm／年の隆起速度となり、平均的な隆起速度は三〜四mm／年かそれ以上とする研究例が多い。[3] これは、世界的に見てもかなり大きな値である。隆起量は、南アルプス主脈北部、早川町北西端の間ノ岳(あいのだけ)（標高三一九〇m、日本第三位の高峰）周辺で最大となる。

このように、南アルプスは南北方向に伸びる断層群の変位によって隆起し、隆起量が北部で最大となった。その結果、大井川や早川のような北から南に伸びる河川・河谷が形成されることとなった。

2　早川町の気候特性

早川町内では、気象庁による気象観測は行われていないものの、国土交通省関東地方整備局による雨量観測が九か所で実施されている。それらのうち長期にわたって連続的にデータを取得し

1　杉山雄一・松田時彦『地域地質研究報告5万分の1地質図幅 南部地域の地質』（地質調査総合センター、二〇一四年）一三五頁。

2　久保田勲・浅川一郎・平川一臣・今泉俊文「巨摩山地・富士見山東麓の活断層」（『活断層研究』七、四三－四八頁、一九八九年）。

3　狩野謙一・伊藤圭太「南アルプス南部、大井川上流部のジオサイト・ジオツアーガイド」（『静岡大学地球科学研究報告』四二号、八五－一〇七頁、二〇一五年）。
Sueoka, S., Ikeda, Y., Kano, K., Tsutsumi, H., Tagami, T., Kohn, B. P., Hasebe, N., Tamura, A., Arai, S. and Shibata, K. (2017) Uplift and denudation history of the Akaishi Range, a thrust block formed by arc-arc collision in central Japan: Insights from low-temperature thermochronometry and thermokinematic modeling. Journal of Geophysical Research: Solid Earth, 122, doi:10.1002/2017JB014320.

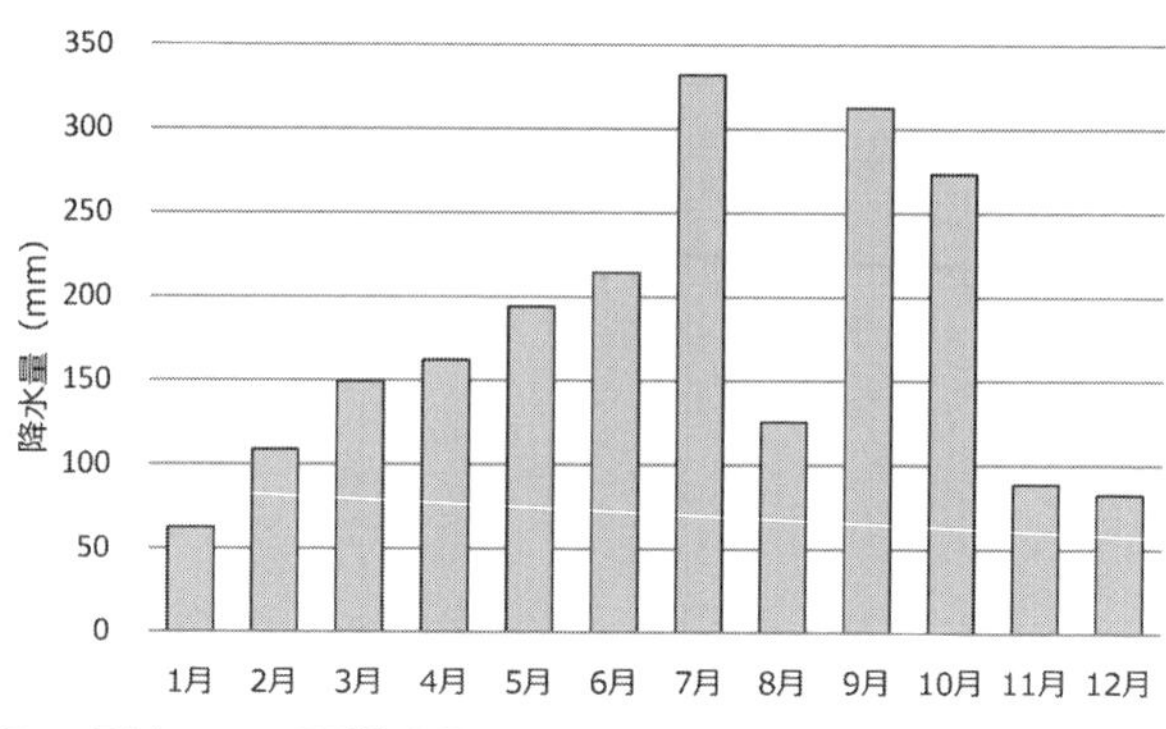

図3　早川における月別降水量
国土交通省富士川砂防事務所早川出張所における2002年、2006年〜2013年、2019年、2020年（合計11年間）の日降水量から月平均降水量を求めた。

ているのは、富士川砂防事務所の早川出張所と雨畑（あめはた）ダムのダムサイトにある甲府河川国道事務所の硯島（すずりしま）観測所である。それら二地点における年平均降水量は約二一〇〇mmであり、気象庁が示す日本の降水量の平年値である一六二一mmに比べ五〇〇mmほど多い。また、早川出張所における月別降水量は、七月と九月・一〇月に多く、一一月〜一月に少ない（図3）。早川町では、日本の平均的な降水量より一・三倍多い降水がみられるが、冬季には降水量は少なく、梅雨期と秋雨期・台風襲来期の降水量が多いことが特徴といえる。

　日本列島の気候区分を行った鈴木秀夫は、早川町が含まれる地域の気候を「中緯度太平洋気候区の小雨地域」と区分した。冬季季節風の影響下での降水がないことがこの気候区の最大の特徴であり、関東以西の太平洋岸地域が広くこの気候区に含まれる[4]。冬季のいわゆる西高東低の冬型気圧配置の際に、大陸から吹き出す北西からの気流が日本海上空で水蒸気をたっぷりと含んで日本列島に到達し、北アルプスなどの脊梁（せきりょう）山脈に遮られることで風上側の日本海側地域に多量の降水（降雪）をもたらし、風下側の太平洋側地域は乾燥してよく晴れる。ただし、そのような気圧配置が一日中

4　鈴木秀夫「日本の気候区分」（『地理学評論』三五、二〇五－二一一頁、一九六六年）。

継続するのは年間の五〇日程度であり、前述したように、早川町では梅雨前線や秋雨前線の停滞、台風の襲来によって降水がもたらされるし、春季と秋季には低気圧が通過する際に降水がみられる。

　早川町を含む甲信・東海地域における年平均降水量の分布（図4）は、早川町の南側の大谷や梅ヶ島などの静岡県北部地域で大きな値となり、年平均降水量は三〇〇〇mmを超すが、早川町付近

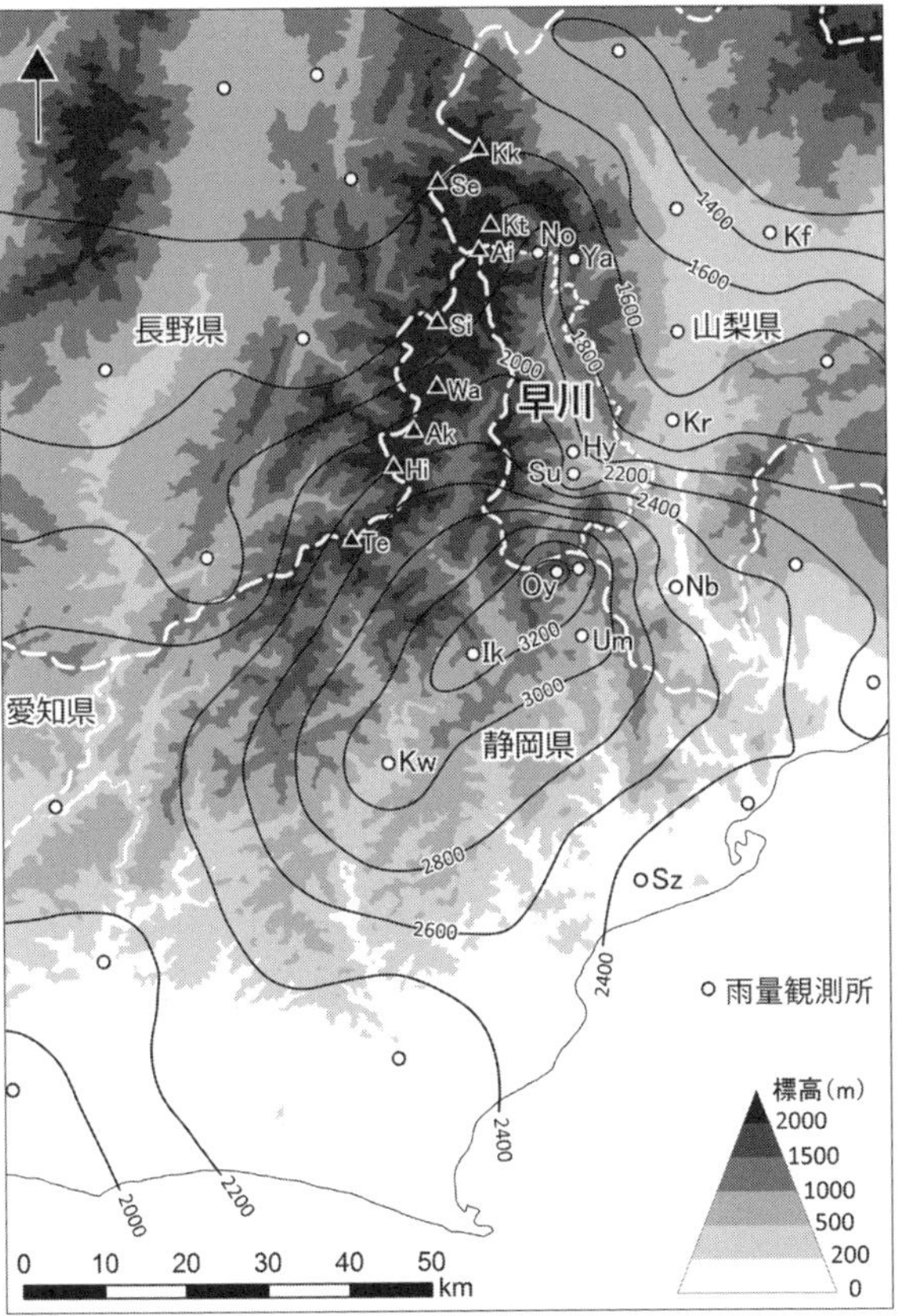

図4　早川町を含む甲信・東海地域の年平均降水量の分布
Hy：早川　Ik：井川　Kf：甲府　Kr：切石　Kw：川根本町　Nb：南部　No：野呂川　Oy：大谷　Sz：静岡　Su：硯島　Um：梅ヶ島　Ya：夜叉神峠
Ai：間ノ岳　Ak：赤石岳　Hi：聖岳　Kk：甲斐駒ヶ岳　Kt：北岳　Se：仙丈ヶ岳　Si：塩見岳　Te：光岳　Wa：悪沢岳
年平均降水量の分布は、気象庁気象官署・アメダスサイトおよび国土交通省地方整備局の2002年～2020年の雨量観測データを用いて作成した。

では二〇〇〇㎜前後に漸減する。これは太平洋からの暖かく湿った空気が流入する際に南アルプスとその前山が空気の流れの障壁になるためである。たとえば、梅雨前線が本州付近に停滞すると、その北側一〇〇〜二〇〇㎞ほどの範囲が北側の冷たく乾いた空気と南側の暖かく湿った空気がぶつかるところとなる。南から大気層の下層に流れ込む水蒸気をたくさん含んだ暖かい空気は、北側の冷たく乾いた空気の上に乗り上げて、そこには高さ三〇〇〇mあまりの積乱雲が形成される。南からの暖かく湿った空気が持続的に供給されるため、前線付近では集中的な降水が生じやすくなるが、積乱雲は標高三〇〇〇mの峰が連なる南アルプスを越えにくいため、南アルプスの南側で集中的な降水となる。一方、早川町の南側には山伏岳や八紘嶺(はっこうみね)など標高二〇〇〇m前後の山々が連なるが、これらの稜線の高さは積乱雲が越えることができる高さであるため、その北側の早川町においては南部の山地を中心に積乱雲による降水が生じることになる。また、台風が日本付近を通過する場合は、太平洋からの暖かく湿った空気が盛んに流入する。とくに、その進路が早川町の西側になると台風に向かって南東〜東寄りの湿った空気が吹き込むことになり、早川町付近では太平洋から流れ込む水蒸気が南アルプスと山伏岳や八紘嶺などの山地において上昇し、集中的な降水がみられることになる。

図5に早川町でみられる典型的な降水発生時の降水量分布を示す。いずれの図も南アルプスの南東側で降水量が多いことが示されている。

a)二〇一四年二月の大雪災害の際の降水量分布：二月一四日から一六日にかけて日本の南岸を低気圧が接近・通過したことによって生じた降水である。冷たく乾いた空気が脊梁山脈を越えて太平洋側に流れ込み、そこに南の温かく湿った空気が乗り上げたことで降雪となった。甲府市で

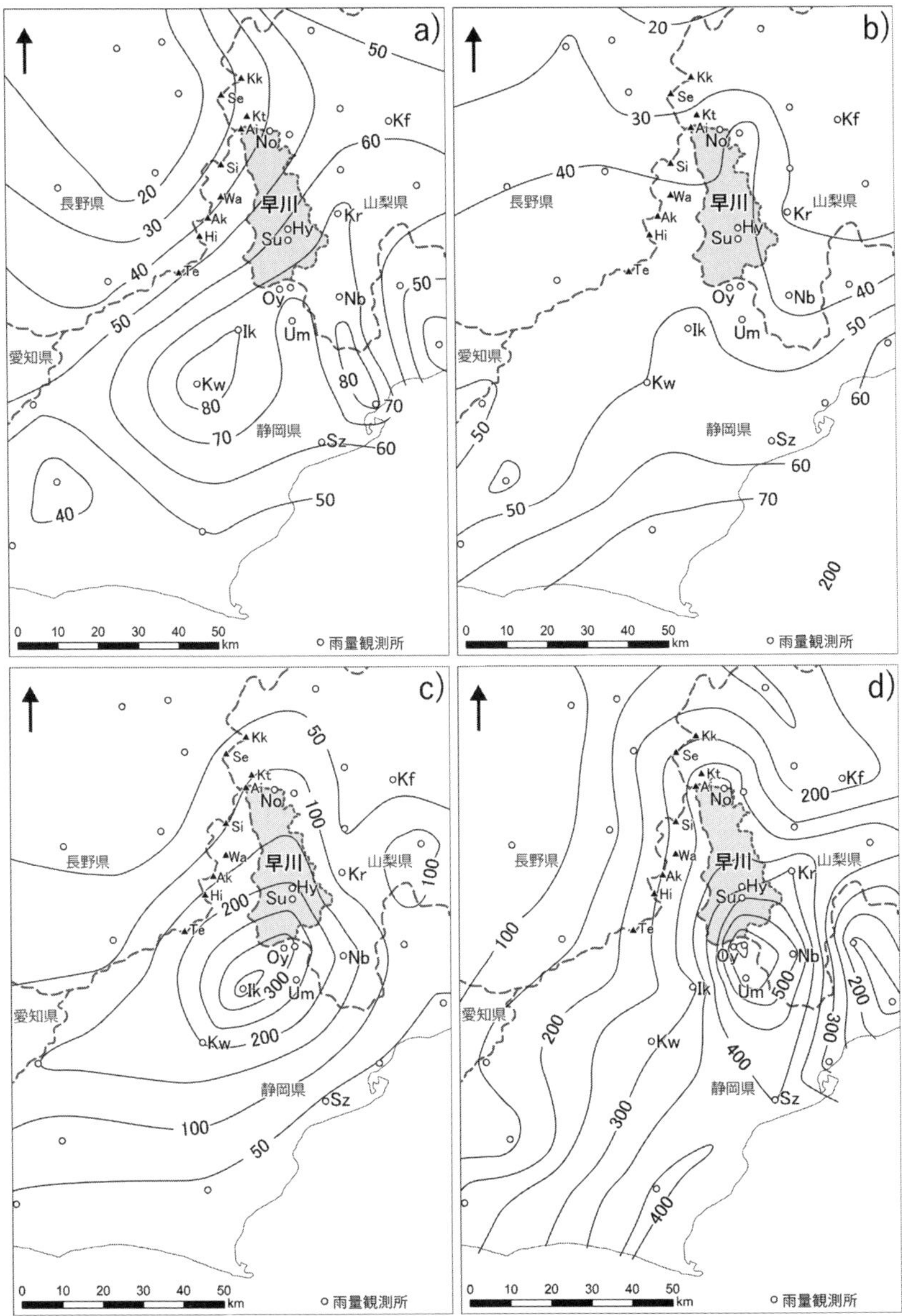

図5 早川町における典型的な降水発生時の降水量分布

a）2014年2月14日（大雪災害発生時） b）2019年6月7日（梅雨期の降水） c）2019年8月14日～16日（2019年台風10号による降水） d）2019年10月12日（2019年台風19号による降水）

降水量の分布は，気象庁気象官署・アメダスサイトおよび国土交通省地方整備局の雨量観測データを用いて作成した。地名や山名の略称は図4を参照。

は既往最大の積雪深の二倍以上となる最深積雪一一四㎝を記録し、早川町を含む甲信地方に多量の降雪をもたらした[5]。

b)二〇一九年の梅雨期の降水量分布：二〇一九年六月七日の降水は、梅雨期の典型的な降水である。停滞する梅雨前線に南側から暖かく湿った空気が流入したことにより、早川町内では日降水量が四〇㎜以上となった。

c)二〇一九年台風一〇号による降水量分布：二〇一九年八月一四日から一六日にかけて台風一〇号が北上し、一五日に広島県に上陸して日本海に抜けた。この際、早川町付近では南東から湿った空気が流入しつづけ、南側の山伏岳や八紘嶺付近では三日間の降水量が三〇〇㎜を超えた。早川町内でも二〇〇㎜を超す大雨となり、洪水被害が生じた。

d)二〇一九年台風一九号による降水量分布：東日本に多大な被害をもたらした台風一九号の通過による降水であり、早川町では硯島観測所において一〇月一二日の日降水量が四四九㎜を記録し、同観測所における一九六六年の観測開始からの最大値となった。南側の山伏岳や八紘嶺付近では五〇〇㎜以上の降水になったとみられる。

集中的な降水がどのような気象状況のもとでどの程度の頻度で生じているかを把握するために、二〇〇二年～二〇二〇年に硯島観測所で記録された一時間降水量三〇㎜以上と日降水量一五〇㎜以上の降水について、その発生時の気象状況との関係をまとめた（表1）。一時間降水量が三〇㎜を超える気象イベントは一四回みられ、そのう

表1　硯島観測所における降水量の極値とその際の気象状況の頻度（回数）

	台風	前線・低気圧	雷雨
1時間降水量	8	5	1
日降水量	14	4	0

2002年～2020年に記録された1時間降水量30 mm以上と日降水量150 mm以上の降水イベントの回数を集計した。

5　伊豫部勉・河島克久・松元高峰・和泉薫「２０１４年2月中旬の大雪に伴う関東甲信地方の詳細積雪深分布図」（『雪氷研究大会講演要旨集』四二、二〇一四年）。

ち台風によるものが八回、前線と低気圧によるものが五回、雷雨によるものが一回であった。日降水量一五〇㎜を超える気象イベントは一八回みられ、台風によるものが一四回、前線と低気圧によるものが四回であった。このように、台風は短時間にまとまった降水をもたらすだけでなく、長時間にわたって多量の降水をもたらす。

以上のように、早川町では、台風の接近・通過や前線停滞時、低気圧の通過の際におもに南側からの暖かく湿った空気の流入によって降水が生じ、山伏岳や八紘嶺などからなる南側の稜線付近において降水の集中が想定される。とくに台風通過時にはまとまった降水量になると考えられ、それが表層崩壊・深層崩壊の誘因になる可能性が高い。また、南側の山地にもたらされる降水は雨畑川に流出するため、流域内での水位上昇が生じやすいと考えられる。

3 早川町における深層崩壊地形・地すべり地形の分布

南アルプスのような大起伏山地では、重力による物質移動（マスムーブメント）が地形形成に重要な役割を果たしている。マスムーブメントとは、地球を構成する物質が重力によって移動する（崩れ落ちる）現象で、その代表として落石・崖崩れ・斜面崩壊・地すべり・雪崩などが挙げられる。

日本列島のような湿潤気候の地域では、同一斜面で数百年~数千年に一度程度の頻度で繰り返し発生する表層崩壊（斜面表層の風化物質が、主として豪雨時に一m~数m程度の厚さで崩れ落ちる現象）が斜面地形の発達にとって普遍的に重要である。表層崩壊の発生要因（誘因）としては豪雨や地

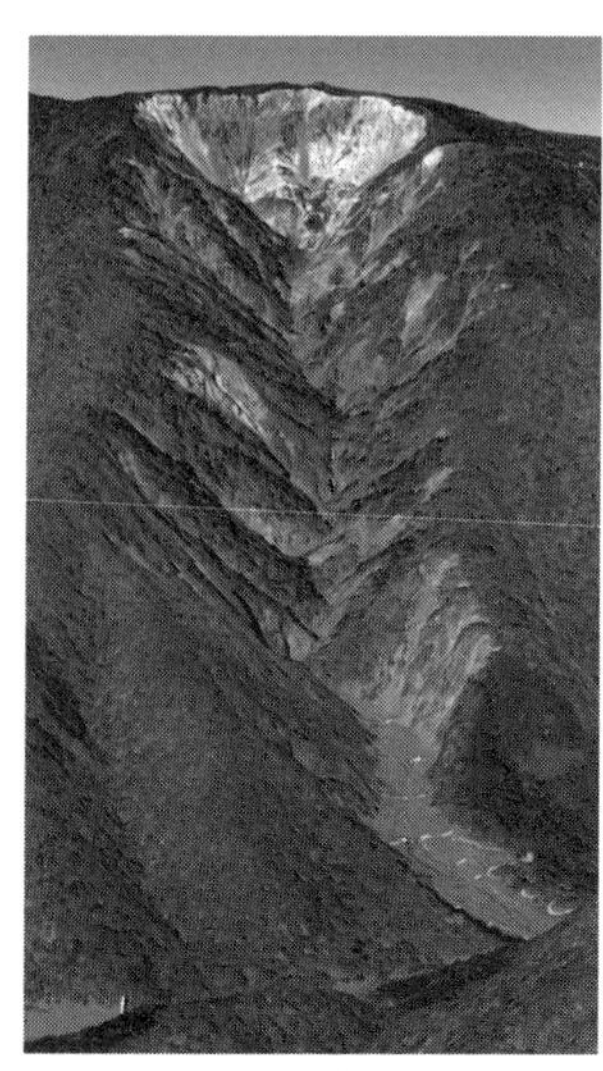

図7　七面山大ガレ（グーグルアースを利用）

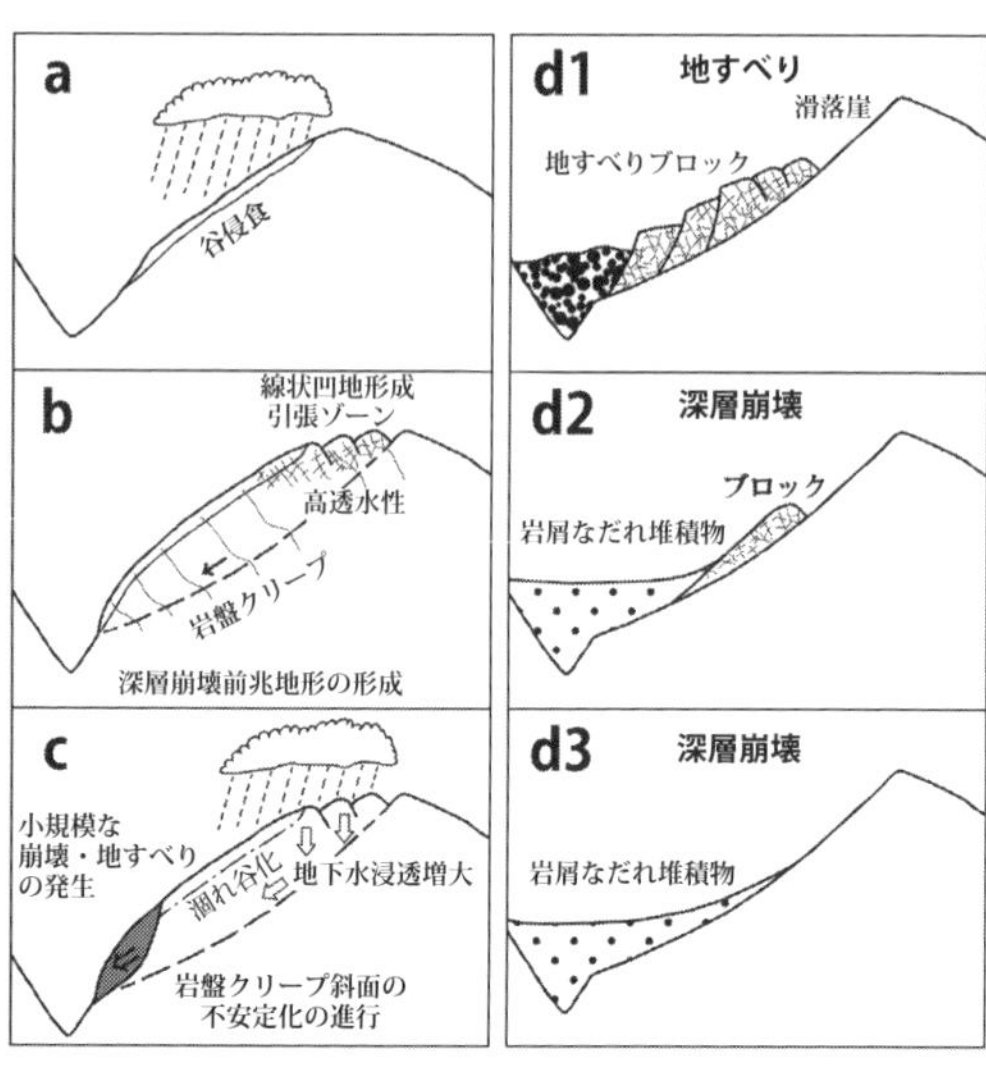

図6　岩盤クリープ・地すべり・深層崩壊と深層崩壊前兆地形
a～cは檜垣大助「水系の発達からみた線状凹地と崩壊・地すべりとの関係」（『季刊地理学』48、33-41頁、1996年）を改変。

震が重要で、表層崩壊一か所の地形変化量（崩壊土砂量）はわずかであるが、同時多発的に発生することも多く、時に大災害を引き起こすこともある。豪雨時には、崩落土砂がそのまま土石流に移行することも多い。

一方、発生頻度は低いものの、一回の崩壊で地形を大きく変化させる深層崩壊（基盤岩の深い位置から崩れ落ちる現象で、規模の大きなものは大規模崩壊・巨大崩壊・山体崩壊とも呼ばれる）や、崩落物質が崩壊地直下に残り、その後も断続的に緩速度で移動する地すべりも重要である（図6）。深層崩壊・地すべりは特定の地質条件下（素因）で発生しやすく、新生代第三紀（六五〇〇万年前～二六〇〇万年前）に堆積した第三紀層分布域や、成層火山（中心火口から噴出した溶岩や火山砕屑物が積み重なり形成された円錐状の火山）、地下深部に風化帯が形成されやすい温泉地域に集中的に分布する。誘因としては、地震や火山噴火、豪雨、融雪が重要となる。二〇一一年の紀伊半島水害では、早川町から続く四万十帯地域で数多くの深層崩壊が発生した。当然、早川町も深層崩壊や地すべりの発生しやすい条件を備えており、七面山大ガレ（図7）のような無植被の深層崩壊地だけでなく、現在では安定して植被された古い時代に形成された深層崩壊地形や地すべり地形も数多く分布している（図8）。

　深層崩壊や地すべりが発生する前には、多くの場合、岩盤クリープと呼ばれる現象が生じている（図6）。将来的に深層崩壊や地すべりの基底（滑り面）となる深度の岩盤が重力で変形し、それ

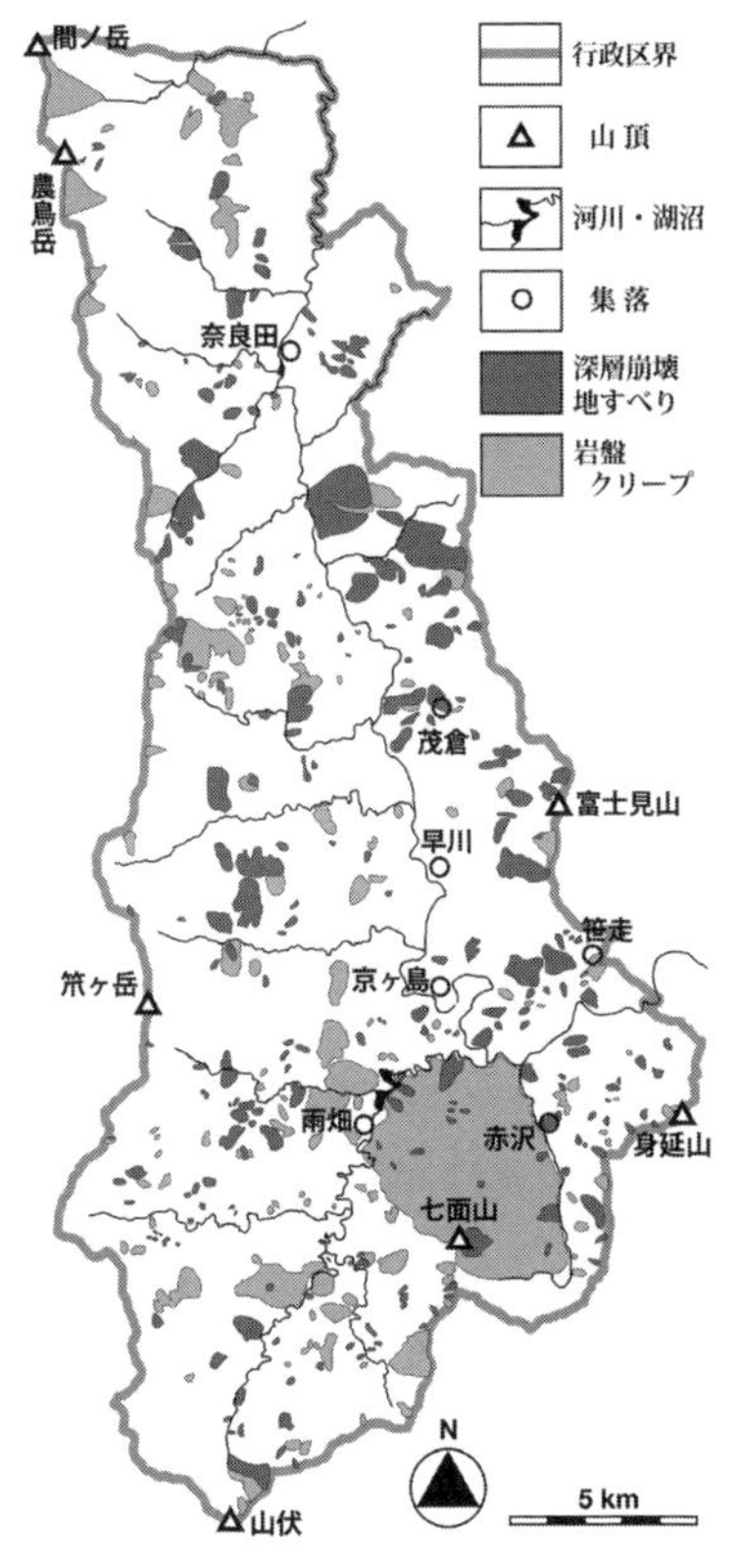

図8　早川町における深層崩壊地形・地すべり地形と岩盤クリープ斜面の分布
防災科学技術研究所発行5万分の1地すべり地形分布図を改変。
出典：清水文健・井口隆・大八木規夫『5万分の1地すべり地形分布図 大河原』（防災科学技術研究所、2001年）。清水文健・八木浩司・井口隆・大八木規夫『5万分の1地すべり地形分布図 南部』（防災科学技術研究所、2002年）。八木浩司・清水文健・井口隆・大八木規夫『5万分の1地すべり地形分布図 身延』（防災科学技術研究所、2001年）。八木浩司・清水文健・井口隆・大八木規夫『5万分の1地すべり地形分布図 鰍沢』（防災科学技術研究所、2001年）。

より上方の山体がたわみ下がるように変動する。その結果、稜線部には陥没する方向の力がかかり、二重山稜・多重山稜が形成される（図6b）。多重山稜の間に形成される直線的な凹地は線状凹地、斜面を断ち切る小断層崖は逆向き小崖・小崖地形などと呼ばれ、時には弧状の割れ目（円弧状クラック：開口割れ目）が形成されることもある。これらの地形群は、合わせて深層崩壊前兆地形と呼ばれており、時には間ノ岳南方（早川町・静岡市境界）や百軒平（赤石岳南西方）、七面山山頂部のような大面積の山頂小起伏面が形成されることもある。

豪雨や地震に伴って深層崩壊が発生すると、山体が砕けて生じた岩屑と空気との混合体が高速で流下する岩屑なだれ（粉体流）が生じる。会津磐梯山（福島県）では、一八八八年の噴火に伴って山体が北側に崩落し、大規模な岩屑なだれが発生した。岩屑なだれは三集落を飲み込み、四七七名の犠牲者を出した。岩屑なだれの堆積域では、砕けきらなかった大きなブロックが小山を形成し（専門用語で「流れ山」と呼ばれる）、凹部には水が溜まって桧原湖・秋元湖・小野川湖や五色沼が出現した。このように、規模の大きな深層崩壊は、発生頻度は低いものの地形を大きく変化させ、大規模な災害を引き起こす危険性を秘めている。

二〇〇四年中越地震では地すべりが、二〇一一年紀伊半島水害では大規模な深層崩壊が、いずれも同時多発的に発生し、地すべりブロック・岩屑なだれ堆積物により多くの箇所で河道閉塞が生じた。河道閉塞地点の上流側では湛水（たんすい）が生じ、天然ダム湖（土砂ダム湖）が形成された。同様の現象は、日本列島においては過去に繰り返し生じてきたことが知られている。[6] 天然ダム湖の形成により、その上流側河川沿いの集落は水没の危機に瀕し、天然ダム湖の決壊が生じると下流域の集落は当然大きな被害を受けることとなる。

6　田畑茂清・水山高久・井上公夫『天然ダムと災害』（古今書院、二〇〇二年）二〇五頁。水山高久監修『日本の天然ダムと対応策』（古今書院、二〇一一年）一八六頁。

4　早川町における河川災害・斜面災害特性

（1）水害

写真1　2019年、台風19号による増水で侵食された県道雨畑大島線（2020年3月21日）

日本に限らず、比較的短期間に繰り返し洪水や土石流が生じる地域では、先人たちは被災しない場所・地形を選んで居住してきた。しかし時として、記録的な豪雨や人為的な自然改変に起因して大規模な水害・土砂災害が発生することもある。日本では、アジア太平洋戦争末期に燃料不足・物資不足から里山での皆伐が行われ、敗戦直後に繰り返し大型台風の直撃に遭ったこともあり、各地で大規模な水害・土砂災害が多発した。また、高度経済成長期には林野庁による奥山での皆伐が行われ、同時に様々な規模のダムが河川上流域に建設されるなど、山岳地域における人工的な大規模自然改変が進んだことにより、それまで被災することの無かった集落でも災害が発生するようになった。例えば早川町では、日本軽金属が建設した雨畑ダムの堆砂、およびダム上流域での河床上昇が進んだため、近年繰り返し水害が発生している（写真1）。河床の掘削や堤防の補強等が行われているが、抜本的な解決を目指すのであれば、欧米では普通に行われ、日本でも一事例だが先行事例のあるダムの撤去が望まれよう。

（2）斜面災害・土砂災害

早川町の東西を限る山稜上（西：間ノ岳〜笊ヶ岳〜山伏に至る山稜、東：富士見山、身延山の山稜）、およびそこから派生する支尾根上には、大小様々な規模の小起伏面や多重山稜（深層崩壊前兆地形）が分布しており、数千年から数十万年という地球史的な時間感覚でみれば、いつどこで深層崩壊が発生してもおかしくない環境にある。二〇一一年紀伊半島水害を見れば明らかなように、居住地域近傍で深層崩壊が発生すれば、大規模な災害に直結する。しかし、深層崩壊前兆地形、特に開口クラックの発生や拡張などを確認できれば、深層崩壊発生の危険性はある程度予測できる。崩壊前兆地形を見いだすために、以前は豊かな経験と能力が必須の垂直空中写真の実体視判読や、時間と労力のかかる現地踏査が必要であった。しかし近年、航空レーザー測量によって得られるDEM（Digital Elevation Model：数値標高モデル）データを利用することで、以前よりも簡単に（短期間の訓練で）前兆地形を読み取ることが可能となった。近年、多くの自治体で災害対応や日常的な住民サービスを目的にドローンパイロットの育成が進んでいるが、それに加え早川町のような山岳面積の広い自治体では、今後、DEMデータを利用した崩壊前兆地形の判読技術者を養成・確保することが望まれよう。

先述したように、深層崩壊によって河道閉塞が生じると、天然ダム湖が形成される。もしも雨期（梅雨期・秋雨期、台風襲来時等）に東海地震が発生した場合には、二〇一一年紀伊半島水害と同様に、早川町内でも同時多発的に深層崩壊が発生する可能性がある。運良く居住地域近傍で深層崩壊が発生しなかったとしても、上流側に多数の天然ダム湖が形成され、決壊洪水に見舞われる可能性もある。上流域で天然ダム湖が形成された時の対応方法や避難場所について、事前に検討しておく必要がある。

早川町に残る古文書には、数多くの水害が記録されている。その中には天然ダム湖の形成とその決壊に伴って生じた災害が含まれる可能性がある。例えば、本書巻末「早川災害史年表　近世編」に記載されている安政東南海地震（一八五四年）時の薬袋（みない）村付近の記録はまさにその事例であり、宝永地震（一七〇七年：東海・東南海・南海三連動地震）後の京ヶ島（きょうがしま）における河床上昇の事例も深層崩壊・岩屑なだれの発生とそれに伴って生じた天然ダム湖の形成に関連した現象である可能性が指摘できる。今後さらに詳細な解析が進められ、歴史時代の水害メカニズムが解明されることを期待したい。過去は未来を解く鍵であるのだから。

第2章　古文書に描かれた森林の様相から災害リスクを考える

小山泰弘

はじめに――森林率九六％の町――

三万五千haという広大な森林を有する早川町は、標高三、一九〇mの間ノ岳（あいのだけ）から農鳥岳（のうとりだけ）、上河内（かみこうち）岳（たけ）、笊ヶ岳（ざるがたけ）へと連なる南アルプスの東に位置し、森林率が九六％と町そのものが森林に囲まれている。これらを源流とした早川は町内を貫通しながら、標高三〇〇m以下まで下ってから町外へと流れ、富士川と合流して駿河湾へ注いでいる。急峻で奥深い南アルプスや、信仰の場として保存されてきた七面山（しちめんざん）などがあり、豊かな自然に囲まれたイメージがある。そのことを裏付けるように早川町の人工林率は二八％と、全国的平均の四一％に比べて非常に低い。先人が植栽した人工林が少ないとなると、やはり豊かな森林に囲まれていると思える。

早川町には、原生自然環境保全地域と呼ばれる全国的にも有数の原生林が広がることで知られる南アルプス国立公園がある。しかし、町内で国立公園区域に指定されている範囲は、間ノ岳から笹山（ささやま）に至る町北部の稜線沿いと奈良田（ならだ）の奥の一部で、笹山から南の主稜線は指定範囲から外れている。また、国立公園の周囲は、山梨県が指定する南アルプス巨摩（こま）県立自然公園になっているが、

写真1　赤沢から望む早川の森林（2020年3月21日）

これも早川町内では西山温泉以北のみで、町の中南部はこうした自然公園区域は存在しない。県で指定している自然環境保全地域まで含めてみれば、笊ヶ岳周辺と七面山周辺が県の自然保存地区に指定され、雨畑湖（あめはたこ）周辺と保川（ほうがわ）渓谷、湯島（ゆじま）から新倉（あらくら）の早川渓谷と三か所が景観保全地区指定を受けている。しかし、これらの自然保全地区や景観保全地区は、広大な南アルプスを考えてみれば、そのごく一部に留まっていて、狭い印象である。

　では、実際の森林はどのような状況であるのだろうか。まずは現地の森林を訪ね歩いた記憶からさかのぼってみることにしよう。

1　ブナを求めて

　私は、山村研究会の活動とは別の目的で、ブナを探しに早川町内を歩き回ったことがある。ブナと聞くと、秋田県と青森県にまたがる世界自然遺産の白神山地が余りにも有名であり、雪国に多いイメージがあることから、雪深い地域の樹木であると思われている。しかし、実際には沖縄県と千葉県を除く全国四五都道府県に分布しており、雪国の樹種ではない。ではなぜ沖縄県と千葉県にブナが無いのかといえば、他でもない。亜熱帯の沖縄県と、高い山がないため落葉広葉樹林帯が発達しない千葉県にはブナがそもそも生きていくことが出来ないだけである。

確かに山梨県でも、富士五湖の周囲や南アルプスの麓など標高一、〇〇〇～一、五〇〇ｍの範囲にある天然林を歩けばブナを見つけるのはさほど大変ではない。ところが、早川町でブナを探してみると、思いのほかブナが見つからなかった。この時の調査では、出来るだけ広い範囲で林道を走りブナを探してみたのだが、見つけることが出来たのは新倉の御殿山（ごてんやま）周辺と行田山（ぎょうだやま）の山頂直下だけだった。この時は、二か所を見つけて調査の目的は果たすことができたのであるが、人工林が少ない割にはブナを見つけにくかった。

写真2　数が少ないブナ（2007年8月21日／行田山付近）

早川町のような太平洋側では、ブナだけでなく様々な広葉樹が混生し、日本海側のようにブナだけの純林にはなりにくい。そのため、太平洋側などの積雪が少ない地域では、ブナを含む森林を伐採してしまうと他の樹木が優占してしまうため、ブナ林がなくなってしまうことがよくある。というのも、ブナは種子をつけるまでにおよそ四〇年はかかることが多く、加えて毎年種子をつけない。運が悪いと一〇年近く花が咲かないこともある。つまり、簡単に次世代を育てることができない樹種である。それだけではない。ブナなどの広葉樹の多くは、仮に木を伐採しても根元から新しい芽を出す「萌芽更新」を行うことが一般的であるが、この能力も低い。里山に多いコナラやクヌギなどは根元の直径が三〇cmを超えても芽を出してくれることが多いが、ブナの場合は二〇cmを超えるとほとんど芽が出ない。

このように、ブナという木は、次世代への更新のことだけを考えると不利な樹木である。

こうしたことから、ブナは過去に伐られてしまったのではないかと考え、改めて町内の現存植生図を眺めてみた。すると、植生図を見ても、ブナが広く分布するのは、南アルプスの中腹にあたる雨池山（あまいけやま）の周囲や、別当代山（べっとうしろやま）から白剥山（しらはぎさん）の中腹、青笹山（あおざさやま）中腹にあり、林道や登山道からはかなり離れている場所だけだった。一方の身延（みのぶ）山地側を見ると、私が確認できた御殿山周辺と七面山周辺に見られるだけで、歩き回った感覚のとおり多くない。改めて植生図を確認して、本来ブナがありそうな場所を見直すと、目立つのはカラマツ人工林と、もともと薪や炭などのために人々が利用してきたあとに再生したクリ・ミズナラの二次林。さらには崩壊地に成立するイヌブナ林。確かに、御殿山ではブナ林の直下に急な斜面が拡がり、そこはイヌブナの林だった。人工林と二次林が多いということは、ブナが伐られたという証拠ともいえるのだが、イヌブナが多いということは山の中腹に崩壊地が多いということだろうか。もう一度植生図を見直してみると、イヌブナ林の直下には崩壊した斜面の下部によく見ることができるケヤキ林が拡がっている。ケヤキ林は斜面下部の肥沃な土壌を好むが、時には崩壊して不安定な斜面でも卓越する。

原生的な環境で普通に生育しているブナが少なく、ケヤキやイヌブナのような崩壊地を好む樹木が広い面積で分布しているとすれば、ブナが伐られた後に植生の回復が遅く、斜面が崩壊したことでイヌブナやケヤキが発達してしまったのではないだろうか。

このような想いから、森林伐採が災害を引き起こしているのではないかと不安になり、早川町の林業に注目してみた。

2　早川町の林業

森林に囲まれた山村地域では、林業というのは地域の主要産業であることが多い。早川町で林業が盛んに行われていたとしたら、現在でもそれなりに地域の生活に重要な存在となっていると思われる。そこで、現在の早川町における林業の現況を確認[1]してみた。平成三一年現在、早川町には森林組合ともう一社が林業を営んでいるようであるが、従事者はすべて森林組合職員となっており、その数も二〇人以下と多くは無かった。さらに製材所などの木材業者も無かった。加えて、計画的な森林管理を行うために編成されている市町村森林整備計画[2]を見ても、積極的な森林経営をすすめるための森林経営計画を作成している地域は、令和二年度の計画には町内一六か所が指定されていたものの、うち一五か所は山梨県が管理する県有林と周辺森林とが一体となって立てられた計画だった。すなわち、個人や集落等が所有する森林だけで立てられた経営計画は一か所だけだった。このようなことを反映するように、平成二七年度の早川町における林業関係の総生産額[3]は、町内の総生産額の六・六％にとどまり主要な産業にはなっていなかった。

しかし、昭和五五年に編纂された『早川町誌』（全一、六六九頁）を見ると、町を支える産業が農業、林業、商業の三つに大別され、林業が三大産業として意識されていた。『早川町誌』の林業

1　「2020年農林業センサス　農林業経営体調査結果確報―山梨県の概要（確定値）―」（山梨県県民生活部統計調査課、二〇二一年六月一一日）。

2　「早川町森林整備計画」（早川町、二〇二〇年）。

3　「平成27年度　市町村民経済計算報告」（山梨県、二〇一八年）。

は九七頁にわたって記載されているが、江戸時代の林業と木材産業に多くのページが割かれている。そこで、町誌をひもときながら林業の実態から江戸時代の早川町の森林に迫ってみることとした。

3 江戸時代の林業を垣間見る

江戸時代の森林を知る手がかりとして、まずは、宝暦一二年（一七六二）に雨畑村の御林（おはやし）（領主（幕府）の直轄林）と百姓山の材木を伐出する際、雨畑村の役人から当時の御林奉行に提出した「差上申一札之事」[4]及び、「御吟味ニ付書付を以奉申上候」[5]を紹介する。

「差上申一札之事」によれば、雨畑村の御林と百姓山で杣（そま）のような専門業者が入って伐採を行うことが示されている。この時に御用木として伐採予定だった樹種は、ツガ、モミ、アカマツ、白栂（しらつが）、カラマツ、ヒノキ、クリだった。さらに、山奥で伐採した御用木を、川まで落とす必要がある。このために丸太をすべり台のような形で並べる「修羅（しゅら）」などと呼ばれる装置を置くことがある。このためには別に丸太を伐る必要があり、そのために「敷木（しきぎ）」も伐採したようだ。このときには、御用木と同じ種類だけでなく、ヒメコマツやシオジも伐採すると書かれている。

ここで注目したいのは、カラマツや白栂である。白栂は、シラビソやコメツガ、トウヒの別名であるが、この記録だけではこの三種類のどれかは判らない。しかしいずれの種類も標高二、〇〇〇m以上の亜高山帯針葉樹林に自生する樹木で、雨畑村では、主に南アルプス側に分布する。この点はカラマツも同様である。カラマツと言えば、山梨県全域で植栽されている人工林の主要樹種

4 『早川町誌』九七五〜九七六頁資料22。
5 『早川町誌』九七六〜九七七頁資料23。

写真3　このような森を伐採したのであろうか（モミのある森林）（2007年8月／早川町内）

であるが、宝暦年間に植栽していた可能性は低い。確かに、長野県川上村で江戸初期に植栽したという記録はあるものの、全国でカラマツを植えるようになったのは江戸末期から明治時代である。

つまり、宝暦一二年に行われた伐採は、南アルプスの標高二、〇〇〇m以上という高標高地の天然林に手をつけていたようである。しかも、伐採範囲はそれだけに留まらない。里山にも見られるクリやヒノキ、アカマツを含んでいる以上、集落近くから南アルプスに及ぶ広範囲で伐っていたことが読み取れる。

さらに「御吟味ニ付書付を以奉申上候」を読むと、宝暦一二年から二年間にわたり、雨畑村の御林四か所と百姓山で、用材として一八、〇〇〇本を伐り出す他に、搬出に伴う敷木も別に伐るとしているのである。敷木を何本伐ったのかは不明としても、二万本程度の伐採が行われたと考えられる。

二万本の伐採と聞くとものすごく多いと思われがちであるが、戦後の燃料革命前後に植林され、現在では全国的に多くみられる六〇年生前後に育った森林を見ると、過去に丁寧な管理をされた森林でも一ha（一〇〇m四方）あたりで五〇〇本程度は成立している。木の大きさが判らないので何とも言えないが、仮に今見られる程度の森林から伐採したと考えれば、皆伐したとしても二〇

ha程度である。原生林のような巨木の森林でも一haあたり二〇〇本程度は成立しているので、皆伐面積で考えれば多く見積もっても一〇〇ha程度であろう。現在、二〇〜一〇〇haをまとめて皆伐したとなれば、非常に目立って大問題になる。しかし、青薙山から七面山まで東西一〇km、大金山から山伏まで南北一三kmに及ぶ雨畑村での伐採である。しかも高標高地から低地までを含んでいることを考えれば、このうちの仮に一〇〇haが皆伐されたとしてもそれほど広いとは思えない。

加えて言えば、今回の伐採は、樹種の他に長さと太さも決まっていた。つまり現実的には皆伐ではなく、必要な木だけを伐採する択伐であろう。このような形であれば、山が丸裸になるということは考えにくいため、比較的健全な状態で森林を維持してきたとも思える。

4　なぜ南アルプスで木を伐ることにしたのか

早川町の森林整備計画では、一、五〇〇m以上の亜高山帯では森林整備をしないとされる。その理由は、亜高山帯が寒冷環境にあるため微生物の分解速度が遅く、土壌の生成が悪いからであろう。仮にこうした場所で立木を伐採すると、自生種のシラビソやカラマツを植栽したとしても、健全に育つ可能性は低い。そもそも、亜高山帯のような厳しい環境では、巨木と言われるような大径木もほとんど見られない。つまり、木材としての利用価値も低い。

雨畑の集落は、標高四〇〇mに満たない場所に多いことから、一、五〇〇m以上の標高差を越えた山に登ってまで木を伐らなければいけない理由は考えにくい。現在のようにチェーンソーや集材機械などの機械や技術もない今から二五〇年も前に奥山を登り詰めて、南アルプスの稜線まで木を伐採に行ったのであろうか？

その答えは、先ほど紹介した「御吟味ニ付書付を以奉申上候」に書かれている。これによると、雨畑村での伐採は今回が初めてではなく、二七年前の享保二〇年（一七三五）に二年間かけて御林を伐りだしたという。その後寛延四年（一七五一）から宝暦三年（一七五三）には、三年間かけて一尺（約三〇cm）ほどの太さのヒノキやツガ、アカマツなどを伐ったという。つまり、宝暦一二年に伐採する前の三〇年間に二回の伐採を行っていたことになる。

寛延から宝暦にまたがる一七五〇年代前半の伐採では、一尺以上の木を伐り、八寸（約二四cm）角以上の若木は残し、それ以下の小径木は一部敷木に伐っただけと記載されている。この状況から考えれば、前回の伐採から一〇年が経過し、前回伐り残した八寸以上の木が成長したと考え、今回（宝暦一二年）の伐採を、計画したのではないだろうか。しかし、現実には、「前回の伐採場所はヒノキやツガ、アカマツといった有用木は点々としか存在せず、今回伐採を予定した場所も草木が生い茂って森林にはなっていない。」と書かれている。

その結果、今回から始めようとする伐採は、予定していた場所よりもさらに奥の急峻な場所まで入らなければ必要な木が揃わないというのである。それは、御林だけでなく百姓山でも同様だとのこと。百姓山に至っては、これまでに何度も伐りだしていたため、本当に厳しいところに行かなければ木を集めることができないとしている。

宝暦一二年の伐採で求めている木の大きさは定かではないが、この文章からすれば以前に残した木が太っていることを見越して今回の伐採が計画されていたと思われる。しかし、現実には、切り残したはずの木は存在しなかったため、さらに奥山まで登る必要があったと読み解ける。その結果、カラマツや白栂のような亜高山帯の樹種にまで手をつけたということになるのであろう。現在、雨畑湖に立ってみても南アルプスの稜線を拝むことが出来ないほど、南アルプスは遠く離れている。林道も索道もない江戸中期に、そんなに遠くまで木材を求めて歩いたということは、この時点で早川町の森林資源は枯渇しかかっていたとみるのが自然ではないだろうか。

5　その後も伐採は続く

江戸中期の宝暦年間には、資源の枯渇が心配されるような状態であったにもかかわらず、『早川町誌』によれば、宝暦年間（一七五一）から天保年間（一八四四）までの百年間は、早川町内の木材生産は盛況を極めたという。

雨畑村に未知の資源があったのか？　はたまた別の地域では伐採できる木材があったのだろうか。町誌に残された史料を読み解いてみた。

まず紹介するのは明和九年（安永元年一七七二）の覚書である。ここでは、薬袋（みない）村から伐採した雑木の角材九八四本を筏で流したという。[6] さらに文化九年（一八一二）八月には保（ほう）村日影山（ひかげやま）の百姓林で栂、樅、檜、桂、赤松、唐松、塩地、栗、槻（ケヤキ）一、〇〇〇本を伐採したいとの願いが出ている。[7] また同年二月には京ケ島村でも保村の百姓山にある栂、樅、檜、赤松、栗、唐松、槻、塩地、桂を一、〇五三本伐採したいとの願いが出されている。[8] 伐採した樹種を見ると薬袋村は雑木とあるので樹種がわからないものの、残る二件は、雨畑村に隣接する保村の山林と明記され、樹種の中にカラマツが含まれていることから、やはり南アルプスの稜線近くまで伐採してい

6　『早川町誌』資料33。

7　『早川町誌』資料36。

8　『早川町誌』資料37。

たようである。

残念ながらこれらの史料には木の大きさは書かれておらずすべて「小物」とされている。

前述した宝暦一二年の「御吟味ニ付書付を以奉申上候」では、一尺に満たないものを若木、八寸は若木との扱いもしていなかったことを考えれば、小物の伐採は、太くみても一尺（約三〇㎝）に満たない細い木ではないだろうか。文化九年の保村と京が島村の史料は、いずれも雨畑村ではなく保村の山を対象としていることから、雨畑村とは異なる森林となっていた可能性はある。とはいえ、宝暦一二年の雨畑村での伐採から五〇年が経過した文化九年に行われた保村での伐採で、[9]「小物」と呼ばれる木材を亜高山帯で伐採し、筏を組んで下流へ運んだということを考えれば、宝暦の伐採時に残した木に手をつけなければ、資源がなかったと考えるのが妥当であろう。

事実、集落周辺の森林もそれほど大きな木はなかったようである。文化八年（一八一一）に保村から西河内（かわうち）領の福士（ふくし）村の百姓山で出されたヒノキ、アカマツ、クリ、スギ、ツガ、カシ、モミ、マツは、五寸（約一五㎝）角から一尺の木を年貢として払うために筏で流したという。[10]樹種の中にカシがあることから、伐採されたのは標高の低い集落周辺であることは明らかであるが、一五～三〇㎝の木を筏で流し、年貢とするということを考えれば、集落周辺も良い木はなかったと思えてくる。

9　『早川町誌』資料36。

10　『早川町誌』資料33。

6　村明細帳から実態に迫ってみる

改めて早川町内の村明細帳に戻って分析すると、興味深い結果が得られる。比較的低地に位置する笹走（ささばしり）村や大原野（おおはらの）村、早川村には御林はなく、百姓山の明細しかないが、いずれの村でも一五〜四〇cm程度の木が数えられる程度に存在しているだけと報告している。中には、百姓山の記載もないところがあるが、細かく記載されている例で見れば、享保二〇年（一七三五）の笹走村では[11]百姓山に一五〜四〇cmのマツ、スギが合わせて一八〇本、同年の大原野村では[12]一五cmほどのコナラやシデ、マツが六〇七本、安永九年（一七八〇）の早川村で[13]二〇〜三〇cmのマツとモミが四七〇本あると記録されている。この程度の本数であれば、集落内で林業生産ができるほどの十分な森林資源があるとは思えない。

一方、黒桂（つづら）村には御林と百姓林にツガ、モミ、カラマツ、カツラなど一〇〜六〇cmの様々な木があるとだけ書かれ、本数の記載がない村もある。こうした傾向が見られるのは、雨畑村や保村や新倉村のように南アルプスを抱える村々で、御林や百姓林の本数だけでなく面積も広くてわからないとしている。それでも、宝暦一一年の赤沢（あかさわ）村の「御林書上帳」にはそれなりの立木が残されているという記録が残されている[14]。

御林の面積が定かではないので、森林の詳しい状況はわからないけれど、全体として三尺から五尺（約九〇〜一五〇cm）程度の木が六、〇〇〇本生えているとしている。御林に成立している樹種と本数は、ヒノキ一、〇〇〇本、スギ五〇本、モミ一、〇〇〇本、ツガ八〇〇本、ケヤキ二〇本、サクラ三〇本、ミズナラ一、六〇〇本、ブナ一、五〇〇本となっている。用材として価値が高いヒノキとともに、ブナが登場している。やはり江戸時代の早川町には、ブナが成立していたことは間違いない。『早川町誌』などで確認できた御林の樹種を見ると、ブナが成立していた地区はほかに確認できなかったので、この時代にどこまでブナがあったのかはわからない。

11　『山梨県史資料叢書　村明細帳巨摩郡編』（山梨県、一九九六年）資料26。
12　『山梨県史資料叢書　村明細帳巨摩郡編』資料31。
13　『山梨県史資料叢書　村明細帳巨摩郡編』資料30。
14　『早川町誌』資料23。

ただし御林は、領主が必要と認めれば伐採することがあるので、禁伐ではない。江戸時代を通じて伐ることがほとんど出来なかった場所と言えば、領主が鷹狩りを行うための鷹を確保するために保護された巣鷹山である。私がブナを見つけた新倉の御殿山はまさに巣鷹山の一つだった。

このように考えれば、江戸時代中期の早川町では、里山にはほとんど木が無く、奥山でも伐採が可能な場所では木を伐っており、一部の御林と巣鷹山に木が残されていた状況だったと思われる。

広大な面積がある南アルプス沿いの百姓山や御林では、細かい木数を数えることが困難であったという事情もあるが、実態把握はされていなかったようである。しかし、必要に応じて木を伐採していたことは間違いがなさそうで、里から見えないという現実もあり、もしかすると思いの外、山に木が無かったのではなかろうか。

7　再び育ってきた森林

そして、しばらく年月が経ち、江戸末期になった天保一五年（一八四四）五月、江戸城本丸で大火が起きた。この時幕府から、江戸城修復を目的として、雨畑村の御林や百姓山の調査が入ったとされている。

この調査記録には雨畑村などで伐採が可能とした木のリストが示されているので、これを見てみよう[15]。すると、雨畑村の御林には、樹種により伐採できる大きさは異なるが、概ね八寸から尺八寸（約五五cm）までの太さで、ツガ二、〇〇〇本、アカマツ一、五〇〇本、モミ一、五〇〇本があ

15　『早川町誌』資料39。

るという。加えて、百姓山でも、御林と同じように八寸から二尺（約六〇cm）までのサイズのケヤキ、ツガ、モミ、シオジが四、八〇〇本あるとしている。さらに百姓山には、五寸から尺二寸（約三五cm）と少し細いものの、ヒノキが七〇〇本出せるとしている。

ここで示された種類を宝暦一二年の伐採と比較すると、カラマツや白栂の文字はなく、亜高山帯を対象とした伐採にはなっていない。江戸城修復が目的であるので、伐採に手間がかかる距離が遠い亜高山帯を含めなかったということも考えられるが、集落周辺の山林で育つ樹種だけを選択している。特に注目すべきものとして、ヒノキが挙げられる。ヒノキは建築用材として極めて価値が高い樹木であるが、成長が遅いため、一度伐採してしまうと再利用には時間がかかる。宝暦一二年の記録では、伐採樹種のリストにはヒノキが挙がっていたものの、具体的な伐採本数のリストにヒノキが無く、ヒノキの資源が枯渇していたのではないかと考えられる。しかし天保一五年には、ヒノキが七〇〇本あるとしていることをみると、宝暦から天保までの約一〇〇年でヒノキの資源が回復したとみて良いであろう。

実際、ヒノキを植栽した場合、場所や保育方法によって異なるが、一〇〇年経過すれば平均直径で二五cmを超える場合が多いので、この大きさは実現可能なサイズとみて問題ない。同様にアカマツであれば六〇年程度で平均直径三〇cmを超えるため、こちらも妥当な数字といえる。

とはいえ、宝暦一二年に二万本の伐採が可能だった雨畑村でも、御林と百姓山で集めることができたのは少し細いヒノキも含めて一〇、五〇〇本にとどまっていた。そこで、雨畑村だけではなく、新倉村と黒桂村の百姓山の木材も調査し、新倉村には五、〇〇〇本、黒桂村には二、〇〇〇本があるとした。両村ともに雨畑村と同じサイズの木があることを示し、樹種としてはツガ、モミ、アカマツ、シオジと、やはり亜高山帯を除いて木が確保できるとしている。

　これは、雨畑村だけでなく周辺の山林でも三〇㎝を超える立木が育っていることを示しており、江戸末期には、百姓山のような里山地域では、ある程度の資源回復ができたのではないかと推定できる。

　天保一五年の記録にはカラマツや白桧といった亜高山帯の樹木が記録されていないことから、宝暦から文化年間に伐採を続けた亜高山帯の針葉樹林がどこまで回復していたのかはわからない。しかし、百姓山がある集落近くの山地帯に比べれば、条件が厳しいところであるため、森林の回復が遅かった可能性は高い。天保一五年の調査の段階で黒桂村と新倉村から買い上げるとの記載があることを考えると、江戸城本丸の修繕を急ぐために亜高山帯を避けたというよりは、元に戻っていなかったという可能性の方が強いのではなかろうか。

8　災害リスクとして考える

　これまでの結果を整理すれば、広大な森林を抱える早川町でも、森林伐採を繰り返したことで集落周辺の森林を失い、徐々に奥山へと足を運んできたことがわかる。その伐採範囲は、江戸中期には南アルプスの稜線へと達したと見込まれる。さらにその後も伐採する立木のサイズを細くしながらではあるが、伐採を続け、資源の枯渇を招いてきたのではないだろうか。幸い、最初に伐採した里山では、江戸の末期に一定の回復を見せ、再度伐採できるサイズにまで回復したとみられるが、これらの資源も江戸城本丸修復へ利用されたようである。

天然林に手を付けて一度は資源枯渇に近い状態まで達したことを考えれば、早川町内に国立公園などの自然公園面積が少ないことや、町内を歩きまわってもブナが少なかったことも腑に落ちる。

森林を伐採することで、災害リスクが高まるという話は良く聞かれるが、早川町でいつからどのような伐採を行ったのかがわからない中で、木を伐ったから災害が起きたという短絡的な発想は避けるべきである。

それでも、宝暦一二年の文書で書かれたように、残したはずの木が無く、草木が生い茂るだけで、木を伐るためにさらに奥山へ分け入ったとすれば、かなり激しい伐採をしてしまい、簡単に回復できないような荒れ果てた場所があった可能性は高い。もしかすると激しい伐採により山地が荒廃した結果、崩壊地に成立するイヌブナとケヤキが現在の植生図でも目立つことと関係すると思えてくる。

仕事で、イヌブナ林を訪れることもあるが、イヌブナ林に行くときは常に周りを気にしていないと、上方から石が落ちてくることや、石に足を取られて滑ることも多い。こうした山でほっと一息できるような安定した場所にでると、そこにはモミやツガ、時にはブナが生えている。私はこれまでの経験から、本来はモミやツガ、ブナなどが生えている斜面が何らかのことで崩れ始めると、イヌブナに代わってしまうような印象を持っている。改めて、江戸時代に生産された木材を見ると、モミやツガが多い。つまり、モミやツガを数多く伐採したことで崩壊しやすい場所が崩れ、土石が流れることでイヌブナ林に代わってしまったのではないだろうか。

さらにこうした土石が流れ下る沢筋を考えても傍証できるヒントがある。それはシオジである。

シオジという木は、全国的には珍しいと思われるが、太平洋側の渓畔に多い高木性落葉樹であり、南アルプスには多く見られる。沢筋に生える渓畔林としては、カツラやトチ、サワグルミなどが有名であり、カツラは早川町の木にもなるほど一般的な樹種である。

しかし、伐採木の樹種として、カツラ、トチ、クルミの三種が記載されていることは少なく、渓畔植生としてはシオジだけが各地で示されているというのは興味深い。しかも、宝暦一二年の伐採では御用木としての利用ではなく、伐採作業に伴う「敷木」として伐るだけだったので、有用性が高く、積極的に選択して伐採していたとは考えにくい。

写真4　雨畑村の沢筋で見られたシオジ（2020年3月）

となれば、南アルプスに多いとされるように、当地では江戸時代から沢筋にシオジが多かったと考えるのが自然であろう。そのように考えれば、シオジという木の特性が引っかかってくる。実は、シオジは、渓畔林に生える樹木の中で、最も土砂に埋まった時の耐性が強いのである。逆に言えば、土石流などで沢筋に土砂が流れてきて、土に埋もれてしまえば、カツラやトチなどは、根の呼吸が制限されて枯れてしまうことがある。しかし、シオジはある程度まで土砂が堆積した場所で生き続けることができるのである。

江戸時代の早川町でシオジが多く産生されたことは、沢筋に土石が堆積していることが多く、その源は、崩壊によって土石が流れ出すようなイヌブナ林から来ているのではないだろうか。そのイヌブナ林をつくった一つの原因に、モミやツガなどの伐採が寄与しているとすれば、天然林の伐採が、間接的に土石流を引き起こしやすくして、土石が川に流れ込み、渓畔林の優占種をシオジに変えていったのではないかといえよう。

もしかすると、伐ってはいけないような亜高山帯の森林を伐ったことで、そこから流出した土砂が沢筋を埋めたことも、シオジの生育に最適な環境を生み続けてきたのではないだろうか。

おわりに――改めて早川町の森林を考える――

二〇一九年一〇月一二日に伊豆半島に上陸した台風一九号は、非常に強い勢力を保ったまま東日本に甚大な被害を及ぼしたが、早川町でも例外ではなく、雨畑地区と奈良田地区で土砂崩落により集落が孤立するなど甚大な被害が発生した。発生から半年後の雨畑地区を訪ねると、林道が寸断され、雨畑川は土石で埋められていた。

土石で埋められ、通行止めとなった道路脇から山を望むと、奥に見える山肌の一部が大きくえぐられ、急斜面が一気に崩れた大規模な崩壊が発生していた。崩壊地周辺に残る森林を見ても、樹冠の大きな原生林と呼べるような巨木の森林が成立している雰囲気はなく、今回崩壊してしまった急斜面を含めて、過去に伐採を受けた森林ばかりである。

確かに、これだけの大規模な崩壊になれば、たとえ原生林であったとしてもくい止める効果は期待できない。しかし、この山肌を見ると、百姓山や御林と呼ばれるような場所は、今回崩壊し

写真5　2019年台風19号の爪痕（2020年3月21日／雨畑湖南）

たような、歩くだけでも大変な急斜面ではないのだろうか。

本書執筆メンバーが長野県北部の山村地帯である秋山郷について行った調査では、「人の欲は限りないため、限りある資源を伐り尽くしてしまった」と書かれた文書が発見されている。(16) とはいえ、そこで失われたのは針葉樹のみであり、広葉樹は無尽蔵に残されていた。ここからは、人々がとりわけ価値ある「資源」と認識していたのは針葉樹であったことがわかる。早川町での事例を振り返ってみても、山地帯におけるモミやツガなどの過度な伐採や、本来手を付けてはならない亜高山帯の伐採を行っており、人の欲に限りがあったとは考えにくい。

16　白水智「近世山村の変貌と森林保全をめぐる葛藤―秋山の自然はなぜ守られたのか―」（湯本貴和編／池谷和信・白水智責任編集『山と森の環境史』文一総合出版、二〇一一年）八三－八四頁。

それでも、江戸時代の早川町が林業で栄えることが出来たのはどうしてだろうか。改めてその材料を見ると、全国的にも利用価値が高いとされるヒノキやモミ、ツガのような樹種だけでなく、亜高山帯のカラマツから災害によって発生した土石流の脇に生えるシオジまで、環境に適応した多様な樹種を利用している。しかも、その伐採範囲は、里山と呼ばれるような集落裏手の森林から、高標高地の奥山と、範囲が広大であったこと。つまり、江戸時代を通じて早川町で林業が持続していたのは、人の欲を上回るほど山村にある森林資源の許容度が極めて高かったからといえるのではないだろうか。

II　災害と技術

第1章　水害への対応と治水技術

西川広平

はじめに

赤石山脈と巨摩（こま）山地の懐に抱かれた早川入（はやかわいり）は、材木や鉱物等の豊富な資源を有する地域として知られている。このため、これらの資源を利用してきた歴史についても、これまでに高い関心が寄せられてきた。

例えば、戦国時代に早川入を含む河内（かわうち）地域（甲斐国南部の富士川流域）を支配した、武田一族の穴山家による山地の資源の掌握と、それに関わる職人集団の編成に関する研究が進展するとともに、[1]薬袋（みない）地区に居住する佐野家が、穴山家の支配下で、早川入からの資源の調達を調整する役割を果たしたことも注目されている。[2]これらの研究の結果、早川入の人々は、豊かな自然環境がもたらす資源に関わり合いながら生活を営んできた様子が、明らかとなってきている。

この一方、自然環境は人々の生活に災害の脅威をもたらした。早川入に伝来する古文書を読み解くと、江戸時代の早川流域では、急流や脆弱な岩盤の影響を受けて、水害や土砂崩落が多発していた様子が伝わってくる。

1　笹本正治「早川流域地方と穴山氏」（同『戦国大名武田氏の研究』思文閣出版、一九九三年、初出は一九七五年）、須藤茂樹「穴山信友の文書と河内領支配」（同『武田親類衆と武田氏権力』岩田書院、二〇一八年、初出は一九九〇年）。

2　白水智「山地の資源とその掌握」（同『中近世山村の生業と社会』吉川弘文館、二〇一八年、初出は二〇〇六年）、拙稿「東国山間地域における生業の秩序」（拙著『中世後期の開発・環境と地域社会』高志書院、二〇一二年、初出は二〇〇九年）、同「中近世移行期の土豪と地域社会―甲斐国を事例として―」（『人民の歴史学』二二四、東京歴史科学研究会、二〇二〇年）。

すなわち、早川入の自然環境は、人々が利用する資源を産み出すとともに、災害を引き起こして人々の生活を脅かすという両側面を持っていたが、従来の研究では、必ずしもこの両側面を見通しておらず、どちらかのみをクローズアップしていたのではなかろうか。

そこで、本章では、早川入の家々に伝来した古文書群のうち、一六世紀から一八世紀にかけての治水に関する史料を通して、早川入の村々が、水害の影響を受けるとともに、山地の資源を利用して、治水に要する資材や労働力を提供してきた歴史を探っていきたい。

1　水害への対応

まず始めに、戦国時代から江戸時代にかけて、早川入の人々が治水工事に関与した状況について見てみよう。江戸時代、初鹿島（はじかじま）村に居住していた望月家には、永禄五年（一五六二）四月、河内地域を支配していた穴山信君が、望月家の先祖である藤左衛門尉に対して送った次の古文書が伝来していたという。

【史料1】(3)

信君書印

川除材木并びに籠藤等は出すべし、その外野山木草の儀、山神より身延境早河を切り計らいたるべき者なり、よってくだんの如し、

永禄五年卯月十五日　　佐野兵左これを奉る

3　『山梨県史』資料編4中世1（山梨県、一九九九年、以下『山』資4と略す）一〇六四号「穴山信君判物写」旧初鹿島村望月藤左衛門旧蔵文書。

望月藤左衛門尉

史料1によると、信君は家臣の佐野君弘（佐野兵左）を介し、藤左衛門尉に堤防工事の資材となる材木や籠藤（護岸のため設置された籠出を固定する縄に使用した藤の蔓か）等を、穴山家の所領であった甲府盆地中央部の山之神（山梨県中央市）から身延との境界である早川の流路までの地域において調達するよう命じている。(4) 早川入から富士川本流への出入口に位置する初鹿島村の藤左衛門は、治水工事に要する資材を調達するノウハウを持っており、このことを信君から見込まれて、この役を命じられたのであろう。

続いて取り上げるのは、天正一〇年（一五八二）六月の信君没後に家督を継承した子の勝千代が、水野平太夫および横山喜四郎に宛てた古文書である。

【史料2】(5)

内房郷中人足堅く相触れ、川除申し付くべく候、免許の者寺社領共に相出すべく候、ゆめゆめ用捨有るべからざる者なり、よってくだんの如し、

兵左衛門尉これを奉る

三月九日

水野平太夫殿

横山喜四郎殿

4　平山優「戦国期における川除普請の技術と人足動員に関する一考察―甲斐国を事例として―」（『武田氏研究』三一、二〇〇五年）では、史料1により穴山家が山之神郷を起点に身延（早川）までの川除を担当していたことを指摘している。

5　『山』資4　一〇八〇号「穴山勝千代朱印状」水野家文書。

史料2では、勝千代が、史料1と同じく佐野君弘（兵左衛門尉）を介して、水野平太夫と横山喜四郎に、甲斐・駿河両国の境界で駿河側にある内房郷（静岡県富士宮市）から人足を例外なく動員し、治水工事を行うよう命じている。このうち、水野平太夫は、江戸時代には薬袋村に居住していた水野家の先祖にあたる。天正六年（一五七八）三月一九日付で穴山信君が平太夫に宛てた判物[6]によると、信君は平太夫に「河内中之蔵」（山梨県身延町）において、新屋一間（軒）分の棟別諸役と呼ばれる租税を免除しており、戦国時代の水野家は、河内地域の各地に拠点を持ち、活動していたことがうかがわれる。

これらの史料から注目されるのは、史料1の望月藤左衛門および史料2の水野平太夫のように、江戸時代の早川入に居住していた人々の先祖が、戦国時代に穴山家のもとで、自らの居住地への影響と関係なく、広域的に治水工事を担当し、その資材や労働力の手配を行っていたことである。管見の限り、河内地域周辺はおろか甲斐国全域を見渡しても、他に類似した内容の中世文書を確認できず、治水工事の資源と技術が、早川入の自然環境を踏まえて、この地に集められていたのではなかろうか。

こうした状況は、江戸時代になっても確認することができる。早川入が甲府藩柳沢家の支配下にあった宝永八年（一七一一）四月付の古文書を見てみよう。

【史料3】[7]

請け取り申す米の事

6　『山』資4　一〇七七号「穴山信君判物」水野家文書。

7　斎藤義直家文書A-c-②-1-1-9。史料番号は中央大学山村研究会が付した番号を表記した。以下同様。

（割印）一、米弐升五合　人足五人
右は、当村卯春川除御普請人足并びに籠造り御扶持米として御渡し下され、慥かに請け取り銘々割り渡し申し候、よってくだんの如し、
宝永八卯年四月　西河内領
京ヶ嶋村
名主　茂兵衛
長百姓　瀬兵衛
右の通り相違御座無く候、以上、
田中甚兵衛
山崎清兵衛（印）

史料3は、宝永八年（一七一一）春の治水工事の人足、並びに蛇籠（じゃかご）（竹を編んだ中に石を詰め込んだ治水・利水用の製作物）やそれを複数組み合わせた籠出を製作する手当として、京ヶ島村が甲府藩の役人から、米二升五合を請け取ったことを認めた手形である。

京ヶ島（きょうがしま）村では、甲斐国が幕府領となった享保九年（一七二四）七月にも、同村の中川原にて早川の流路が変わり、街道に被害が及ぶ危険性が高まったため、治水工事の実施を願い出ている[8]。また、寛政三年（一七九一）二月には、千須和（せんずわ）、薬袋、塩之上（しおのうえ）、初鹿島、小縄（こなわ）・高住（こうじゅう）・赤沢（あかさわ）の各村が、旱損や水害による困窮のため、治水や道橋の工事を自村の経費で行う「自普請（じふしん）」の実施が困難となり、領主による経費の負担で行われる「御普請（ごふしん）」の実施を、幕府の代官に要請している[9]。

8　斎藤義直家A-i-①-4-9。

9　佐野今朝男家文書31号。史料番号は中央大学山村研究会が付した番号を表記した。以下同様。

江戸時代半ばの一八世紀にも、治水工事に携わる労働力や治水の技術が、早川入に受け継がれていたのである。

2　人足と資材の供給

江戸時代に京ヶ島村の名主（なぬし）や長百姓（おさびゃくしょう）を務めた斎藤家に伝来した古文書群には、早川入やその周辺で行われた治水工事に関わる史料が、まとまって確認されている。ここでは、これらの史料を通して、斎藤家と治水工事との関係について探ってみよう。

史料4は、河内地域の南端、駿河国との境界に位置する万沢（まんざわ）村（山梨県南部町）での治水工事に関わる古文書である。

【史料4】(10)

覚

一、川除御普請所御目論見帳　御渡し成され請け取り申し候、右諸入用竹木并びに人足共に請負人方より指し出し候間、御注文の通り村々にて寸尺相違なく相改め請け取り候て、早速御普請に取り掛り、尤も御普請中は名主・長百姓・平百姓迄も立ち会い、御普請出来方入念に吟味致し、丈夫に仕立て申すべき旨仰せ渡され畏まり奉り候、尤もこの度場所御再改めにて土手石積等も間尺御極め仰せ付けられ候上は、重ねて御改めの節不埒の儀御座候はば、拙者共義如何様とも仰せ付けらるべく候、その為連判証文指し上げ申し候、以上、

10　斎藤義直家A-f-8-14-1。

西川内領　万沢村初

巳三月

本史料によると、領主の作成した「川除御普請所御目論見帳」の内容を踏まえ、請負人が竹木代・人足代といった治水工事の経費を立て替えて、資材や労働力を手配した。この結果、領主の経費負担による「御普請」が、村々により実施されたという。すなわち、「御普請」を現場で実際に主導して実施したのは請負人であり、地元の村役人等は、工事の現場に立ち会い、その出来方を確認する役割を果たしていたのである。史料中に「万沢村初」と記されていることから判断すると、本史料は、仕様通りの工事の遵守を求める幕府の指示を踏まえて、万沢村をはじめとする村方から領主に提出した請書の雛形であると推測される。[11] そして、本史料が京ヶ島村の斎藤家に伝来したことを踏まえると、斎藤家は、請負人として万沢村における「御普請」を実施した当事者であったのではないだろうか。

ここで、宝永二年（一七〇五）の「甲州巨摩郡河内領万沢村諸色明細帳[12]」を見ると、万沢村を流れる富士川支流の万沢川の治水について、「是は年々御普請仰せ付けられ、御入用竹木人足の儀は、他村へ仰せ付けられ候、年により請負人御座候て御普請仕り候儀も御座候、当村之儀は、御関所番相勤め候故、諸役御免に御座候」と記されている。すなわち、甲斐・駿河両国の境界に位置する万沢村は、同村内に設けられた口留番所（「御関所」）の役を負担する見返りに、村方に課された諸役が免除されていたとのことである。

したがって、万沢村は、村内の「御普請」が行われた現場で、治水工事の資材となる竹木や、労

11　白水智氏の指摘による。

12　『富沢町誌』上巻（富沢町、二〇〇二年）第三編第三章五一四頁に収録。

働力となる人足の調達を免除されており、その代わりに、領主の指示により他村が治水工事を負担したほか、請負人に「御普請」を請け負わせる場合もあったのである。このため、万沢村における「御普請」の治水工事では、工事の内容が記された目論見帳を領主が作成し、それを踏まえて請負人（斎藤家）が資材と労働力を手配したのであろう。

こうした過程を経て、請負人が工事を行い、その経費の支払請求が領主に提出された。それに関わるのが、次の史料5である。

【史料5】(13)

覚

御目論見帳の内

名所

一、棚牛何拾間　　何ヶ所

この入用

右は去秋捨て置きがたき場所故、御断り申し上げ、村にて御普請仕上げ候分、御見分の趣、竹木諸色員数書面の通りに御座候、尤も諸色共に御請負直段をもって、代金下し置かれ候様に願い奉り候、以上、

巳三月

何村

13　斎藤義直家A-f-⑧-14-2。

名主
長百姓　印

本史料も、領主に提出する文書の雛形であると判断されるが、これによると、村方が治水工事を要する場所について、領主の了解を得た上で「御普請」を実施し、その後に工事の仕上がりを確認する領主の「御見分」に際して、施工内容の結果を報告するとともに、請負額を踏まえて経費の支払を請求したことがわかる。本史料と史料4とは、斎藤家に伝来した文書群の中で一括して保管されており、両者は対をなす史料であることは間違いない。これらの史料を入手した斎藤家は、治水工事に関わることを通して、史料中に見える「御普請」における一連の過程を把握しておく必要があったのであろう。

それでは、斎藤家は、何故早川入周辺における治水工事に関わることができたのであろうか。次の史料6に注目したい。

【史料6】(14)

口上

幸便に任せ一筆申し上げ候、一昨日は御出成され候処に御目に懸かれず残念の至りに存じ奉り候、然ればその御村に御川除御普請御座候に付、籠作り人足入用に御座候由仰せ付けられ候はば承り申し候間、此方より遣わし申され候、殊にわきわきにて御約束の義御延引下され候共、急の儀に御座候はば早速御知らせ下さるべく候、取り込み申し上げ候、早々以上、

正月十日　（花押）

14　斎藤義直家E-③-4-14。

京ヶ嶋村　　　　栗倉
斎藤善左衛門様　望月与右衛門

史料を読み解くと、粟倉村（身延町）の望月与右衛門が、京ヶ島村の斎藤善左衛門に対して、京ヶ島村において「御普請」で行われる治水工事に際し、「籠作」（蛇籠等の製作）を行う人足が必要であれば、人足の派遣に応じると述べている。また、与右衛門は、善左衛門が結んだ他の契約が延引していた場合でも、至急の要件であれば即座に連絡するよう伝えており、与右衛門は善左衛門に対して便宜を図っている様子がうかがわれる。

ここで与右衛門の立場を推し量ると、彼は人足を派遣した粟倉村の元締めであり、善左衛門は与右衛門との連携により、治水工事に要する技術を有した人足の確保を実現できたのであろう。すなわち、斎藤家が河内地域一帯で治水工事の施工を請け負えたのは、与右衛門等を通して技術を有した職人を確保することが可能であったことによるのではなかろうか。斎藤家は、早川入周辺に居住する人々とのネットワークを踏まえて、治水工事に要する資材の製作に携わる地域社会の人材確保を実現していたと考えられる。

3　治水技術の状況

最後に、江戸時代の早川入では、どのような治水技術が用いられていたのか、その状況について探ってみよう。まずは、史料7として、元文五年（一七四〇）四月付の「申年川除并用水堰御普請仕様帳」から抜粋して取り上げる。

【史料7】[15]

是ハ午年日照にて堰揚げ兼ね田作旱損、未年畑作仕付田御取米にて弁納、これに依り段々願い上げ、申三月の御嶽山大会へ善右衛門参宮仕り帰り候節、上飯田御代官大久保孫兵衛様御吟味請嘆き仕り、初めて下され候堰筋に御座候、三分弐御普請三分一自普請にて仕立申すべき由、達て願い上げ奉り候て、かくの如き御普請所に年々罷り成り、尤も　御普請方内藤幸七殿、上飯田の御役所より御状御遣り取り、またぞろ御普請方への願い彼是にて、在府の間、御普請御役所へも拾一度罷り出候、善右衛門働に付て四月御普請御役所より服部源助様御越し、中三日当村へ御逗留成され御普請仕り候、この節村中は男別女後家等弁びに古や人ふヲも頼み、急ぎ御普請仕上げ申し候、

京ヶ嶋村

早川通

一、沈枠弐組　　壱組内法高五尺・横弐間四方

この石六坪六合

人足弐拾六人四分

是は内壱組は六ノ出し、壱組は八ノ出し

此入用

（省略）

15　斎藤義直家A-e-②-15。なお、史料の解読にあたり鈴木努氏の助言を得た。

同川堰口
一、瀬掘長五拾間　　平均上口弐丈　深　五尺
　　　　　　　　　　　　　　床　五尺
（省略）
同所
一、笈牛八組
（省略）
同所上
一、沈枠壱組　　　内法長　三間　高　五尺
　　　　　　　　　　　　横　弐間
（省略）

本史料は難解な内容であるが、京ヶ島村における堤防と井堰（用水路）の「御普請」に関する仕様帳であることは間違いなかろう。すなわち、京ヶ島村は、午年（元文三年・一七三八）の凶作に際して、上飯田（甲府市）代官の大久保忠隆（孫兵衛）に願い出た結果、「御普請」三分の二、「自普請」三分の一の費用配分により、領主（幕府）の支援を受けて井堰の工事が行われたという。史料中に記された「牛枠類（うしわく）」と呼ばれる、組んだ材木と石を用いて製作された護岸設備の個数をあげると、沈枠（しずめわく）二組、笈牛（おいうし）八組、沈枠一組となっている。

また、薬袋村に居住した佐野家のもとにも、寛政三年（一七九一）一一月に名主平右衛門以下、薬袋村の村役人がともに署名して市川代官所に提出した、「自普請所・御川除ケ所書上帳」と題された文書の写が伝来している。この文書を抜粋した次の史料8を見てみよう。

【史料8】[16]

高七拾六石壱斗三升　　　　巨摩郡　薬袋村

早川通壱ノ出し
一、大枠四組　　　　長三間
　　　　　　　　　　横弐間
　　　　　　　　　　高六尺

同川通二ノ出しゟ三ノ出迄
一、小枠五組　　　　長弐間
　　　　　　　　　　横壱間
　　　　　　　　　　高六尺

農田川通橋上壱ノ出し・堰代
一、欠所腹附　長三拾間　　高八尺
　　　　　　　　　平均　横五尺

同所
一、小枠三組　　　　長弐間
　　　　　　　　　　横壱間
　　　　　　　　　　高六尺

同川通リ屋鋪附
一、同三組　　　　　同断

同所服付立篭
一、蛇篭六拾本　　　長弐間

早川通古屋一ノ出し
一、大枠四組　　　　長三間
　　　　　　　　　　横弐間
　　　　　　　　　　高六尺

16　佐野今朝男家34‐1。なお、史料翻刻中の■は、抹消された文字を表している。

同所欠所　　　　　　高六尺
　一、石積六拾間　　敷壱丈弐尺
　　蛇篭拾弐本但シ石積根篭　高踏六尺

（省略）

右は巨摩郡早川通私ども村方自普請に御座候所、当亥年度々満水にて、当春御入用御普請仰せ付けられ下し置かれ候御普請所々押し流れ、その■外用水道橋通行悪しく罷り成り、百性自力に相叶い難く候に付、先だって御注進申し上げ奉り候所、何とぞ御慈悲をもって、右のか所御普請一同御組み入れ下し置かれ候はば、有り難き仕合わせに存じ奉り候、以上、

史料8によると、薬袋村では同年春の工事箇所が洪水により押し流され、自力では復旧が困難になったとして、同村の治水工事を「御普請」の対象とするよう要請している。この際に報告された牛枠類等の使用状況は、早川本流では大枠八組、小枠五組、石積二か所、蛇篭（蛇籠）三〇本となっている。また、支流の農田川（のんだがわ）では小枠一一組、蛇篭六〇本と記されている。このように、薬袋村では早川本流において大枠・小枠・石積・籠出（蛇籠）、また支流において小枠・籠出が主に使用されていた。

牛枠類は、史料上、戦国時代の甲斐国で使用されていたことが確認されており、江戸時代には急流域が多い甲斐国の特徴的な治水技術として、日本列島各地の河川に普及したと考えられている。[17] 甲府盆地西部を流れる釜無川（かまなしがわ）流域では棚牛・笈牛・菱牛・中聖牛、また盆地東部を流れる笛吹川（ふえふきがわ）流域では棚牛・笈牛・菱牛が、それぞれ主に用いられた一方、河内地域を縦貫する富士川流

17　拙稿「東国山間地域における生業の秩序」（拙著『中世後期の開発・環境と地域社会』高志書院、二〇一二年、初出は二〇〇九年）、拙編『甲斐の治水・利水技術と環境の変化』（山梨県立博物館、二〇一四年）、畑大介『治水技術の歴史　中世と近世の遺跡と文書』（高志書院、二〇一八年）。

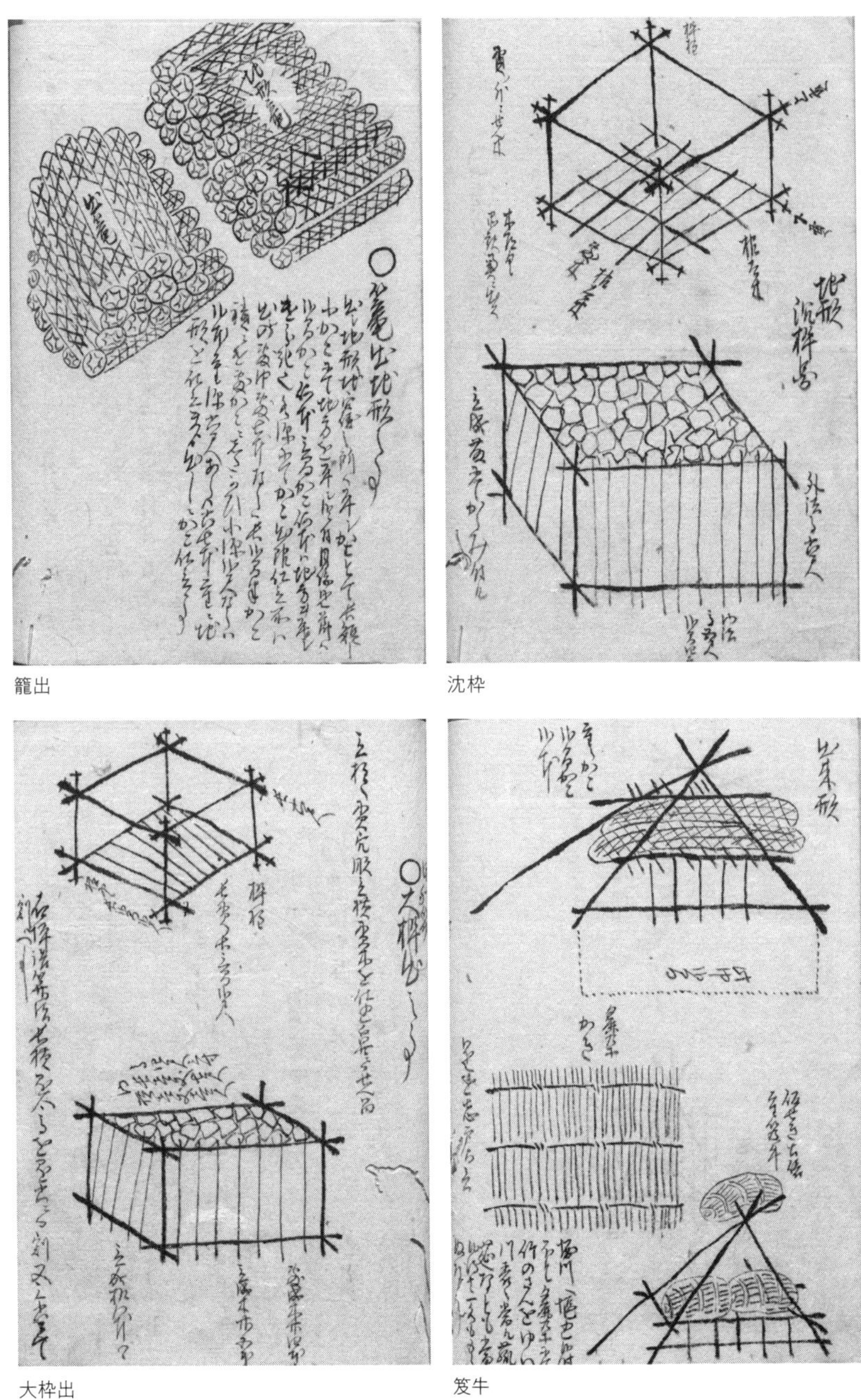

籠出　沈枠

大枠出　笈牛

写真　文政9年（1826）『地方諸普請図解』（国立国会図書館 内閣文庫）に描かれた牛枠類

域では、一七七〇・八〇年代以降、尺木牛・菱牛を中心に棚牛・笈牛・大聖牛・大枠・中枠・小枠等の牛枠類の使用が確認されている。(18)

ここで、江戸時代後期の農政書である『地方凡例録（じかたはんれいろく）』より、早川入の治水工事で見られた牛枠類の特徴を抜粋すると、(19)籠出は「石川・砂川等の水刎（みずはね）（流路を固定するための製作物）なり」、また笈牛は「大河・荒川の川除には益なし、大水にては早速押返すものなり、谷川・小川にては大なる道具は遣ひ難く、欠留なども専ら笈牛を用ゆ」、枠出は「甲州にて専ら用ふる川除なり、堤欠所前又は水刎に仕出す、石出し同様のものにして詰石は成る丈大石を用ひ、（省略）又谷川などの水の強き処に用ひて尤も利益あり」とそれぞれ記されている。

すなわち、京ヶ島村・薬袋村で使用された沈枠・籠出・笈牛・大枠・小枠（前頁写真参照）は、石の採集が容易で、水流の強い早川流域に適した牛枠類であった。早川流域の地形的な特徴を反映した治水技術が育まれていたのである。

18　畑前掲註17著書。

19　大石慎三郎校訂『地方凡例録』下巻（東京堂出版、一九九五年）巻之九上。なお、本文の（　）内は筆者が説明のために加筆した箇所である。

おわりに

以上、本章で論じた内容をまとめると、次のとおりである。

○戦国時代から江戸時代にかけて、水害に対応するための治水工事に要する資材と技術が、森林資源や石材を豊富に産する早川入の自然環境を踏まえて、同地に居住する人々のもとに集められていた。

○江戸時代、京ヶ島村の斎藤家は、早川入を越えて河内地域周辺で実施された治水工事の実施を請け負い、工事に要する資材や労働力を提供する活動を行っていた。それを支えていたのは、実際に治水技術を有する人材を抱える京ヶ島村周辺の人々との間で培われたネットワークであった。

○江戸時代の早川入では、山間の急流域に適した沈枠・籠出・笈牛・大枠・小枠といった牛枠類が使用されており、早川流域の状況を反映した治水技術が広まっていた。

災害への対応と資源の利用。古文書を読み解くと、早川入の人々が自然環境の両側面に向き合いながら、地域ならではの技術やネットワークを育み活動した様子が伝わってこよう。地域の資源を利用しつつ、嶮岨な自然環境に対応した技術やネットワークを生み出して広域的な活動を行ったことに、山村ならではの特質が見られるのではないだろうか。

第2章　災害復旧にみる往還の御普請と利用

高野宏峰

はじめに

江戸時代の村々では「文書による支配」が行われた。すなわち、村には領主が在村しなかったため、領主と村の百姓たちとの意思疎通は基本的に文書のやりとりで行われていた(1)。領主からは宿継（しゅくつぎ）・村継（むらつぎ）で村々へ廻状（かいじょう）が回覧され、廻状は人の手によって村の道を通ることになる。その道は文書送達のほかにも物資の運搬や近隣村々への交通、耕作地への通行など、生活のためにも利用される大切な存在である。地域史においても村の道は重要なものとして注目された(2)。

山村地域においては、道は峻険（しゅんけん）な山中に位置し、平時においても通行は困難であった。早川入（はやかわいり）の主要道の一つである早川往還は、山中に散在し早川の急流に隔てられた沿道各村を結んだが、早川は渓谷の両岸がきり立った岸になっていて道を造成する余地のない箇所が多く、山の背を横断する峠道を利用していた(3)。さらに谷壁をうがち、急斜面に丸太を横たえて棚のように造られた「棚道（たなみち）」で山腹を越え(4)、丸太の一本橋である「投渡橋（なげわたしばし）」で早川やその支流・沢を渡るしかなかった。道はひとたび災害が起これば被害を受け、交通杜絶となる。道の普請は沿道村が担ったが、公私

1　高橋実「近世地域社会における文書の作成と管理」(『国文学研究資料館紀要』第八号　二〇一二年)。

2　木村礎「村の道」(同『村落生活の史的研究』八木書店、一九九四年)。村の道からみた地域史研究を提唱。村の道は、村の成立等の歴史的性格と不可分の関係にあり、交通や流通の方向性等を知ることができるという。溝口常俊「「地域環境史」構想」(溝口常俊・阿部康久編『歴史と環境—歴史地理学の可能性を探る—』花書院、二〇一二年)。「地域環境史構想」の中で、山・川・平野などの空間を繋ぐ道についても重視している。

3　『早川町誌』一三三五頁(早川町、一九八〇年)。

4　『早川町誌』四〇六頁。『早川の谷風土誌』(国土交通省関東地方整備局富士川砂防事務所、二〇〇七年)。

ともに維持すべき重要な課題であった。

本章では災害復旧における道の問題を扱うため、早川入京ヶ島村の中川原往還の御普請について述べてみたい。この往還は川原を通っていたため、その復旧には、出水によって往還をふさいでしまった流路を治水の技術を用いて元にもどすことが必要であった。治水による交通維持と、往還を維持すべき理由やその使用の実態について見ていきたい。

1　早川往還の内中川原往還における瀬堀水留御普請

（1）瀬堀水留御普請の概要

まず、中川原往還の瀬堀水留御普請について概観しておこう[5]。中川原往還は早川往還の一部を構成し、播磨沢（塩之上村）と坂尻道先（京ヶ島村）との間の「中川原」と称される早川の川原を通過している（図2）。早川往還は富士川沿いの駿州往還切石宿から早川入諸村へ通じる道であり（図1）、その中に間遠道（夜子沢―中山）・荒金道（梨子―笹走）・長坂棚道（塩之上）・中川原往還（京ヶ島）など多くの難場を抱えていた。

中川原往還の通行維持のために近世を通じて行われていたのが瀬堀水留御普請である（表1）[6]。早川が暴風雨などで「満水」となると、京ヶ島村対岸の岩（大明神岩と称する）に水がぶつかり、その勢いで中川原北部が掘りこまれる。水が引いたあとも中川原北方にある京ヶ島村分耕地の側へ流路が変わり、中川原往還を二か所で寸断してしまう。図2の「古川」は平時の流路で、「新川」は北側へ流路が移った状態を示す。満水後の流路が古川・新川の二瀬になるか、新川の一瀬にな

5　拙稿「山村地域における交通の維持―甲斐国京ヶ島村中川原往還の「瀬堀水留御普請」を中心として」（『中央史学』第四一号、二〇一八年）。

6　斎藤義直家文書A-h-①-25。「道除急破御普請」「〆切水留御普請」などの名称も見られるが、「瀬堀水留御普請」と同様のものと思われる。

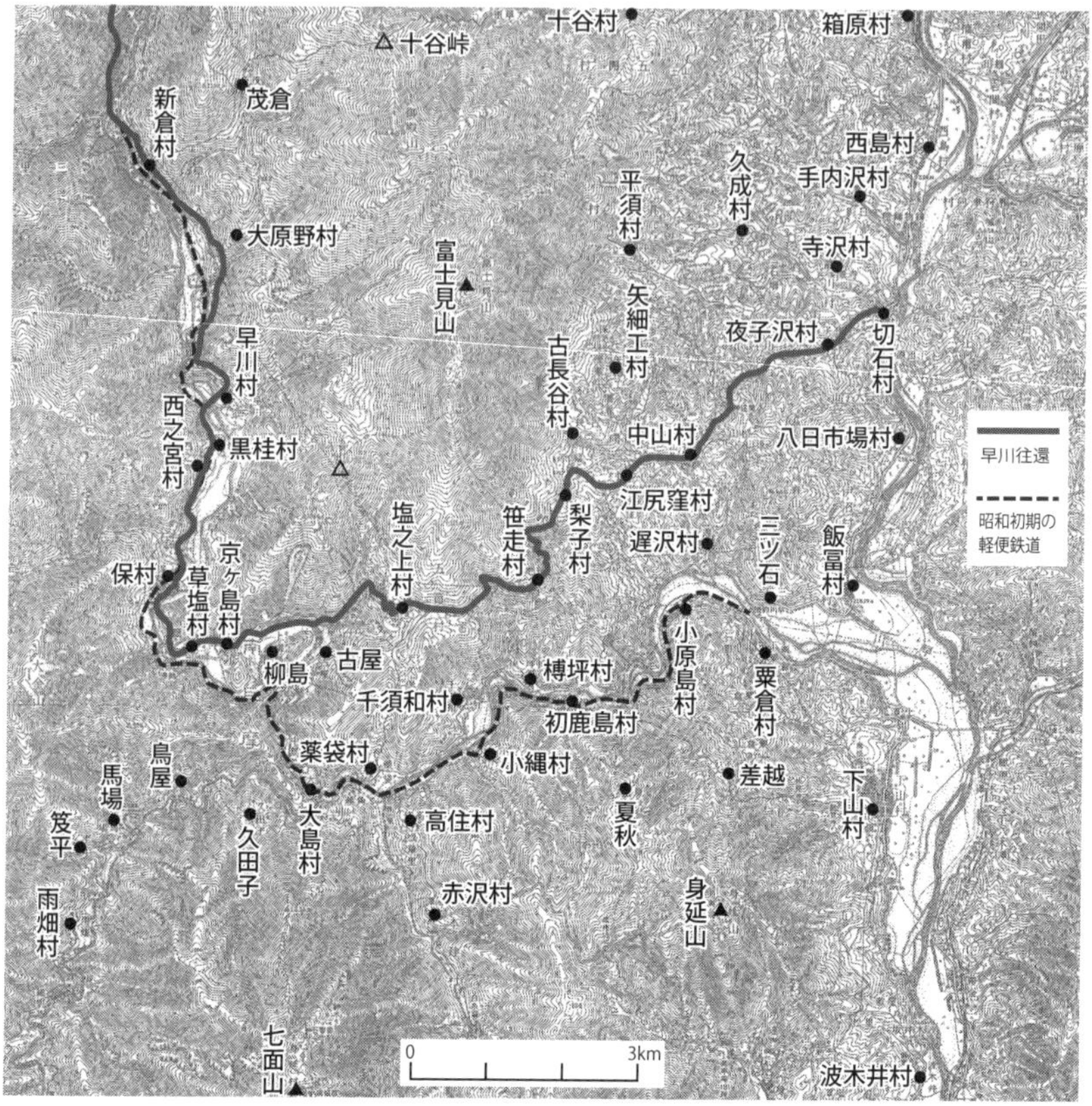

図1　早川往還と周辺諸村　国土地理院旧版地形図5万分1　昭和7年「身延」を加工

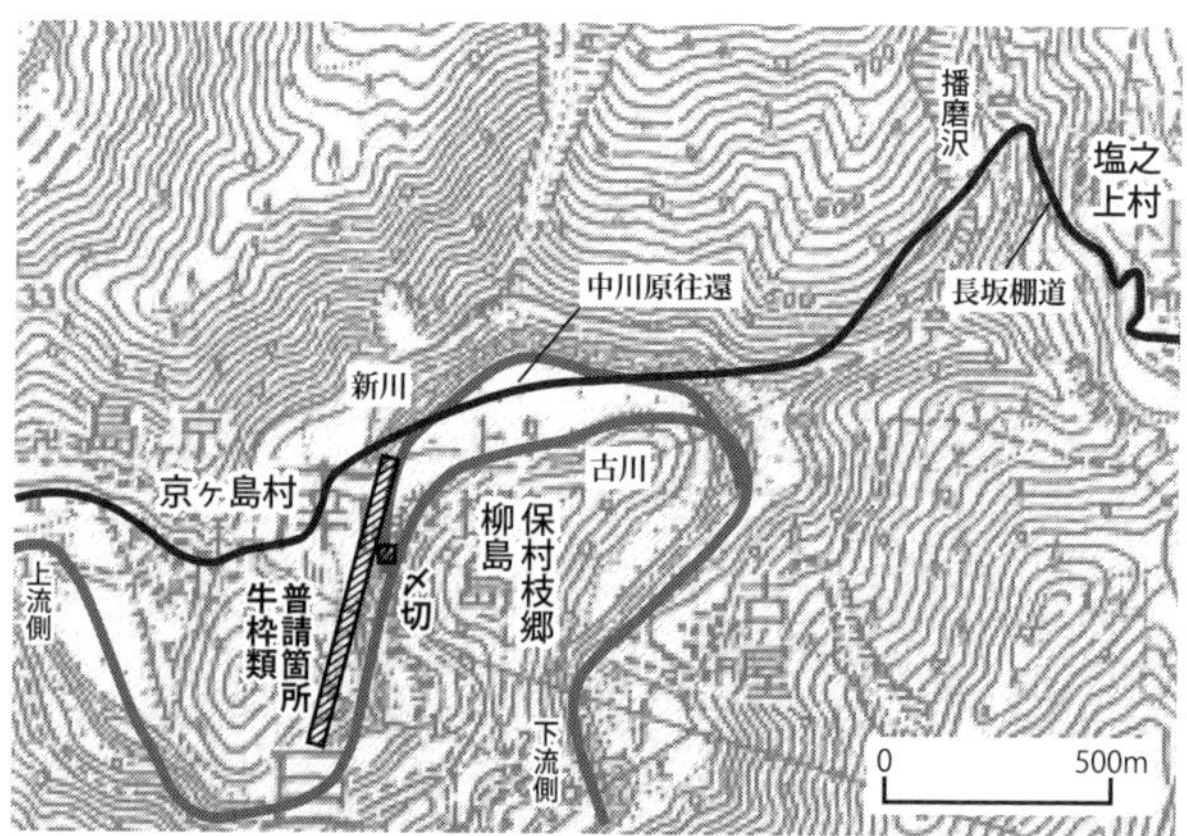

図2　中川原往還の瀬堀水留御普請
国土地理院旧版地形図5万分1　昭和7年「身延」を加工

るか、古川のままになるかは出水の量や引水の具合、さらには御普請の効果により異なっている。

往還不通の状態を解消するため、京ヶ島村は御普請願を出して幕藩領主から人足扶持米や御普請資材の提供を受けて村請御普請を行った。中川原往還が小破・中破であれば自普請で対処し、大破であれば御普請願を出した。その結果、村方の願いが聞き届けられて表1の通り御普請となっていた。

京ヶ島村における御普請所の来歴を記述した元文五年（一七四〇）「前々仕来候御普請所明細帳」[7]によると、京ヶ島村の早川にかかわる御普請所として以下の五か所があった。[8]

・「早河通」…川長約一〇八〇間（一間は約一・八m）。古来よりの御普請所で元禄年中（一六八八〜一七〇四）に大破があり、「人足籠造り御扶持米」などの支給がされたという。

・「用水堰」…河原堰長一二四間、岩山切通し長一一間、本途堰二八〇間。慶安元年（一六四八）に堰が造られる。平時は自普請だが大破の節は御普請となり諸入用代金や「人足賃金御扶持米」などの支給がされたという。

・「往還道」…長六〇〇間。平時の道造りは自普請で大破の節は御普請所となる。正徳三年（一七一三）に「堀川瀬廻并水除御普請」が行われ、「竹木籠代人足扶持賃金」の支給がされたという。[9]

・「悪水抜キ落堀」…長三三二間。「前々大地震以来畑へ涌水仕」とある。これは宝永四年（一七〇七）の宝永地震と推定され、[10]それ以後に畑へ水が出るようになり、水抜きのため享保八年（一七二三）に「堀割御普請」が行われた。「御入用」（普請の費用）は全てが支給されるということでなく、堰代を年貢から引方として自普請を行ったという。

7　斎藤義直家A-h-①-6-1。

8　拙稿「史料紹介　早川入の御普請願」（『中央大学山村研究会報告集』二七集、二〇一八年）などにおいて、京ヶ島村を含む早川入諸村は元文二年に自普請村に組み入れられたとしたが、本書Ⅲ-1で白水が述べている通り京ヶ島村は御普請所でありつづけた。ここに訂正する。

9　ただし、早河通の御普請の際に、往還道の瀬堀水留御普請の一部とみられる〆切の普請などが行われることがある。

10　斎藤義直家A-h-①-6-1に、「前々大地震以来畑へ涌水仕ニ付甲斐守様御私領之節段々奉願、享保八卯年川除方山下関右衛門様御掛りニ而掘割御普請被仰付」とあり、柳沢吉里領の節（宝永六年〜享保九年）に願い出ているので、大地震とは宝永地震（宝永四年）のことか。

表1 中川原往還不通一覧

不通時の年代	西暦	早川往還不通の様子	御普請実施	普請仕様の記述	出典（斎藤義直家文書）
正徳3年巳春	1713	満水にて早川瀬替り	御入用諸色代人足賃永被下置／竹木籠代人足扶持賃金被下之	瀬堀水留御普請／堀川瀬廻并水除御普請	A-h-①-25 A-h-①-6-1
正徳3年巳7月	1713	中川原へ早川堀落二瀬越となり往還とまり		堀瀬御普請	A-j-③-5-5 E-⑤-2-1-16 E-⑧-5-1
正徳5年未3月	1715	早川瀬替り、山岸へ附、岩山にて人馬自由にならず		〔岩山に〕荷附馬通り申候様に御普請	E-⑦-8-1
享保6年丑秋	1721	満水にて早川瀬替り	御入用諸色代人足賃永被下置	瀬堀水留御普請／瀬廻シ水除御普請	A-h-①-25 A-h-①-6-1
享保13年申7月	1728	満水にて早川京ヶ島村山岸へ新たに一瀬別れ往還不通、その後何度も満水が起り瀬返りにて往還開通			A-m-②-1-6 D-c-②-11-2
享保16年亥11月	1731	満水にて早川瀬替り致し、新瀬一筋に片付き、往還不通		堀川御普請	A-f-⑤-29-21 A-f-⑤-2-2
享保17年子春	1732	出水にて早川瀬替り	御入用諸色代人足賃永被下	瀬廻し水留御普請／瀬廻堀川御普請	A-h-①-25 A-h-①-6-1
享保17年子6月	1732	満水にて早川押別り河原間往還道不通、秣取人馬ならびに往来人馬ともに留り		堀河瀬戻し御普請	E-⑦-8-34
享保18年丑春	1733	出水にて早川瀬替り	御入用諸色代人足賃永被下置	瀬堀水留御普請／瀬廻し堀川水除御普請	A-h-①-25 A-h-①-6-1
享保18年丑8月	1733	早川京ヶ嶋村前の岩山へ打付往還不通、公用や村中秣薪刈生畑山作稼ぎの人馬、早川入村々への往来の人馬ともに困惑		瀬堀御普請	E-⑦-8-33-8 A-f-⑤-29-19-1
享保19年寅8月	1734	満水にて普請流出、早川は古川瀬堀へ流れ落ち		川除御普請	A-f-⑤-29-19-1
享保19年寅	1734	出水にて早川瀬替り	瀬堀人足御扶持米計被下賃銭は村役、他は御入用諸色代人足賃永被下	瀬堀水留御普請	A-h-①-25 A-h-①-6-1
享保20年卯6月	1735	大雨満水にて早川二瀬に別れ、中川原往還道筋不通、塩之上村への出作ならびに居村分山作其外馬草刈り積腐シ草取運稼其外早川入村々への往来道不通			E-⑦-8-5 E-⑦-8-11 E-⑦-8-19

享保20年卯6月	1735	草塩村より早川筋東往還山際へ早川附寄せ、耕作場への通道並びに早川村への郷継道共に破損し往来できず			E-⑦-8-5 E-⑦-8-19
元文元年辰8月	1736	中川原往還通へ新瀬別れ道不通			A-i-②-3-1
元文元年辰	1736	出水にて早川瀬替り	御入用諸色代人足賃永被下置	瀬堀水留御普請	A-h-①-25 A-h-①-6
元文3年午6月	1738	出水にて早川弐瀬に別れ往還不通、仮普請半壊のち全流失		〆切御普請	A-f-⑤-29-10
延享4年卯秋	1747	満水にて早川瀬替り	延享5年中川修理太夫御手伝御普請、御入用諸色代人足賃永被下	田畑一同御普請／瀬堀水留御普請	A-h-①-25
明和元年申6月	1764	去年の満水にて早川瀬替り、当年も度々の出水にて早川付寄り		瀬廻シ御普請	A-h-①-25 A-j-①-5-2 A-h-③-6
明和2年酉秋	1765	満水にて早川瀬替り、道筋へ差し障り	当酉冬仕越御普請仕立、来戌春定式御普請組入	瀬堀水留御普請	A-h-①-25 A-e-②-7
明和2年秋	1765	満水にて早川瀬替り、道筋へ差し障り	明和3年石川吟次郎御手伝御普請、御入用諸色代人足賃永被下	田畑除一同御普請	A-h-①-25
明和3年戌秋	1766	出水にて早川切込み	仕越にて明和4年御普請組入、諸色代人足賃永被下	道除田畑除一同急破御普請	A-h-①-25
明和4年亥秋	1767	満水にて早川切込み	御入用諸色代人足賃永被下	道除田畑除一同急破御普請	A-h-①-25 A-e-②-3
天明3年卯	1783	出水にて早川切込み	天明4年御入用諸色代人足賃被下置	道除堀瀬御普請	A-h-①-25
天明5年巳秋	1785	出水にて早川切込み	天明6年御入用諸色代被下		A-h-①-25
天明6年午秋	1786	出水にて普請流失	御入用諸色代人足賃永被下	道除急破御普請	A-h-①-25
天明7年未	1787	出水にて普請流失	御入用諸色代人足賃永被下	道除急破御普請	A-h-①-25
寛政3年亥秋	1791	満水にて早川瀬替りし、枝瀬切込みにて通路差し支え	仕越にて寛政4年御普請組入、諸色代人足賃永被下	〆切水留御普請、田畑除一同御普請	A-h-①-25
寛政5年丑春	1793	出水にて早川枝瀬切込み	諸色代人足賃永被下	水留御普請	A-h-①-25
享和2年戌7月	1802	出水にて通路差し支え		道除御普請	D-c-③-5-6-3

寛政5年（1793）「川原往還道除御普請仕来書上帳」（斎藤義直家文書A-h-①-25）などより作成。

延享4年と明和2年の欄にある「御手伝御普請」とは、幕府が大名に費用などを負担させて行うもので、「中川修理太夫」は豊後国岡藩主中川久里〔本書Ⅳ-2鈴木「御普請世話人斎藤善左衛門の狂歌づきあい」参照〕、「石川吟次郎」は伊勢国亀山藩主石川総純である。

・「悪水吐キ落堀」…長一六間。享保一三年（一七二八）堰土手代を年貢から引方として自普請を行ったという。

この中の「往還道」に関わる御普請が「瀬堀水留御普請」などと称され、満水の後で新川に瀬替りした流路を従来の古川へ戻すため、新川へ「〆切」、古川へ「堀川」を施した。「〆切」は新川に笈牛などを入れ、根太・枝・柴で補強してそこへ水が流れるのを防ぐものである。「堀川」は、新川の流れを古川へ導水するため、古川側の河床を掘り下げるものである。

なお、「早河通」は早川から京ヶ島村の耕作地を守るための川除御普請で、早川が満水となり流路が新川に瀬替りすると川沿いの耕地が崩れる恐れがあるため、早川通の「三瀬尾」と「松原」などの「出し」（岸から伸びた堰堤）に「大枠」や「沈枠」などが施されていた。[11]「用水堰」は早川の上流側から用水を取り入れて、隧道を経て早川の下流側の京ヶ島村分の田地へ水を引く用水路であった〔本書Ⅲ-1白水「災害をめぐる山村と領主」図1を参照〕。満水の際には取り入れ口が破損したり、水路への土砂流入が起き、大破の際には御普請が施されていた。

（2）先例としての正徳三年「堀瀬御普請」実施

中川原往還の瀬堀水留御普請の最も古い例は正徳三年（一七一三）の「堀瀬御普請」とされる。[12]この年の七月五日に早川が満水となり、それにより中川原往還が二か所で塞がれ人馬通用ができなくなった。京ヶ島村は往還を開通させるため、七月二四日から八月六日までのうち一〇日間で人足二九〇人を動員して、古川のところを横幅一二間、長さ五〇間にて「堀落」し（「堀川」）、新川の一六間を笈牛五組・根太三本・蛇籠一〇本、粗朶三五〇束などで「打切」りした（「〆切」[13]）。

11　斎藤義直家A-f-⑤-29-19-1。斎藤義直家A-c-②-5ほか。

12　斎藤義直家A-h-①-25。宝永元年以前の甲府徳川家の時代にも御普請が行われたという申し伝えがあったとするが、仕様書などがなく詳細はわからないとしている。

13　斎藤義直家A-j-③-5-5。斎藤義直家E-⑤-2-1-16。斎藤義直家E-⑧-5-1。斎藤義直家E-①-1-2。史料に笈牛の記述はないが、「諸式（色）」として大牛木（合掌木）一五本・籠（蛇籠）一〇とあり、一つの笈牛に合掌木三本、蛇籠二本を使用することから笈牛五組と推定した。また、人足の内訳は書かれていないが笈牛一組に三人が必要だったとされる（斎藤義直家A-c-②-11ほか）。

このときの御普請は甲府藩柳沢家の家臣雨宮嘉右衛門が見分を行い、金丸藤八が御普請を担当した。この御普請に関わる史料として、代官への注進、堀川人足帳、堀川諸色人足帳、仕上手形が残され、これ以降の先例になったと思われる。関連文書によれば、雨宮嘉右衛門が早川の流れが変わって通行困難な場所を見分するため、早川往還沿いの夜子沢村から京ヶ島村までの名主(なぬし)に対し、駕籠と荷物運び人足の提供を命じている。[14] この文書は年不詳だが、雨宮嘉右衛門が差出人であること、京ヶ島村分の「瀬向き悪しくなり通路難儀」の場所であることから、正徳三年の中川原往還見分に関わるものとしてよいだろう。[15]

その後は享保六年（一七二一）に中川原往還で瀬堀水留御普請が行われ、以後享保一九年など継続して実施された。判明しているかぎりでは、正徳三年から享和二年（一八〇二）までの約九〇年間のうち一六か年で瀬堀水留御普請に類する御普請が実施されたようである。正徳三年の〆切では笈牛五組を基本としていたが、元文三年（一七三八）の中川原往還自普請では笈牛五組と松木二本の根太にて〆切を施し、古川の堀川（瀬堀）も行われて人足三四人が動員された。堀川の規模は異なるが、〆切についていえば正徳三年のそれが自普請の基準になっていたのである。なお、元文三年の自普請で中川原往還の歩道の確保はできたものの出水があれば持ちこたえられないと予測し、京ヶ島村は先例の通り「堀川 并(ならびに) 新瀬〆切御普請」を上飯田役所へ願い出ていたが、果してその後の出水で押し流されてしまった。[16]

（3）瀬堀水留御普請の強化

正徳三年（一七一三）以後の「瀬堀水留御普請」は、新川の「〆切」と古川の「堀川」という仕

14　斎藤義直家E-①-8-10。拙稿「研究ノート　早川入における書状の村継」（『中央大学山村研究会報告集』二九集、二〇二〇年）参照。

15　ただし、注14の史料を正徳三年とした場合、雨宮の京ヶ島村到着の八月二日頃は「堀川」の最中になるので（注13、斎藤義直家E-⑧-5-1）、見分がなされてから普請をしたわけでなく、普請自体の実地見分ということになる。

16　斎藤義直家A-f-⑤-29-10。

様については共通しているものの、その規模は年を経て強化される傾向にあった。表2は京ヶ島村に残る御普請仕様帳や御普請願などから瀬堀水留御普請の仕様を抜き書きしたものである。もっとも仕様帳は川除・用水の仕様についてのものであり、そこから瀬堀水留御普請に関わるものを抜き出すのは容易ではなく、領主から支給された米や資金については川除・用水御普請の分を含めたものとなる。〆切の笈牛などの書上も新規設置のみが記されている場合もあり、そのまま全体の仕様を示すものでないことは注意しておく必要がある。

「〆切」の仕様について表2を見ておこう。先述の通り、正徳三年では笈牛五組の設置という規模であった。その後の「〆切」の規模を見ていくと、享保一八年（一七三三）の「笈牛二七組」、享保一九年の「笈牛四〇組、棚牛二〇間」というのがある。これらの設置の経緯は、享保一八年八月に笈牛二七組のうち一八組が相次いで押し流されたため、[17]その後の御普請により棚牛二〇間が施された。[18]享保一九年七月の御普請願をうけて笈牛一九組が設置され、さらに村入用による「仕足し」として笈牛二一組が設置された。[19]これら棚牛・笈牛は八月六日から七日にかけて流されたが、早川の古川筋への導水には成功した。[20]明和元年（一七六四）には自普請で菱牛一二組を設置して新川の〆切をしているが、川除普請絵図の控にも[21]「〆切願所菱牛」の記載が確認できる。明和二年には再び笈牛の使用が見られ、さらに大枠が設置されて棚牛の使用はなくなっている。明和四年の〆切には人足五三七・七人と大工四八人が動員され、[22]正徳三年の〆切への人足動員数三二人（推定）[23]と比較するとその規模の大きさが知られる。このほか御普請用材の調達に注目すると、寛政六年（一七九四）に水請木（みずうけぎ）など[24]「〆切長六間」に使用する御普請用材調達のため、「御林（おはやし）木持送」人足二一八・七人の動員がみられる。[25]「御林木持送」、すなわち京ヶ島村近隣の保（ほう）村にあっ

17　斎藤義直家E-⑦-8-33-8。
18　斎藤義直家A-f-⑤-29-19-1。
19　斎藤義直家A-f-⑤-29-7-2。
20　斎藤義直家A-f-⑤-29-19-1。
21　斎藤義直家A-h-③-6。
22　斎藤義直家A-e-②-3。この史料の人足のうち、〆切笈牛後囲枠一二組に要した人足は「三百拾人八分」と記されており端数が生じている。これは石取一坪に七人と見積もりそれに石四四坪四合を乗じた計算の結果端数が生じたことによる。以下本章で「人足〇〇・〇人」など小数点を使用している場合は同様の事情による。
23　斎藤義直家E-⑧-5-1。人足の内訳は書かれていないが、作業最終日に三二人が動員され、その記載部分に諸色の内訳が記されている。
24　寛政六年御普請の用材である「水請木」とは、正徳三年御普請の「根太」と同様のものと思われ、〆切の際に土台部分に配置して水をうけとめるものである。
25　斎藤義直家A-e-②-9-2。

表2　京ヶ島村往還川除等御普請仕様一覧

史料	年代（史料）	西暦	瀬堀水留御普請仕様（自普請含む）	人足用途（瀬堀水留御普請）	惣人足数	御入用米金／備考
①	正徳3年8月	1713	【堀川】瀬堀長50間 【〆切】打切16間：笈牛5組、蛇籠10本、根太3本	—	290人	瀬堀幅12間
②	享保6年8月	1721	【〆切】打切長8間：牛18組、根太3本	人足16人（棚橋）、人足176人（新股打切牛組入）、人足20人（土石共に取のけ道切明け、長150間）	418人	人足賃新銀188匁1分 扶持方米2石9升
③	享保13年9月	1728	【堀川】堀川長20間 【〆切】笈牛12組	人足120人（堀川）、人足120人（道造り）	—	自普請を行うが流される。堀川幅15間
④	享保17年11月ほか	1732	【堀川】堀川 【〆切】川除笈牛	—	—	御普請前に自普請にて両度の堀川を行うが押し破られ、通路のため「弐瀬越」に橋を架けたが馬は通行できず。
⑤	享保18年9月ほか	1733	【堀川】瀬堀 【〆切】棚牛20間	—	—	7月の大水で笈牛27組のうち18組が流失し、棚牛で〆切した。
⑥	享保19年8月	1734	【堀川】瀬堀 【〆切】笈牛40組、棚牛20間	—	—	笈牛21組は村入用にて設置（自普請）。
⑦	享保20年8月	1735	【堀川】堀川瀬廻 【〆切】笈牛4組	人足260人（往還堀川瀬廻）	260人	御普請願の前に自普請箇所を御普請御役所へ報告。
⑧	元文元年9月	1736	【堀川】古川筋へ堀付 【〆切】笈牛20組、棚牛40間	—	—	古川筋への堀付は自普請。
⑨	元文3年7月	1738	【堀川】古川筋へ堀付 【〆切】笈牛5組、〆切根太松木2本	—	34人	自普請を行うが相次ぐ出水にて押し流される。
⑩	明和元年7月ほか	1764	【堀川】川向い瀬堀 【〆切】菱牛12組（本瀬〆切）	人足360人（瀬堀、菱牛）	360人	瀬廻し御普請を仰せつけられず、自普請にて6月に人足240人で瀬堀をしたが、再び新川になったため7月に人足360人で菱牛12組を入れ瀬堀を行った。同月の出水で菱牛は崩れ落ちたが、川は堀川筋へ流れた。8月に菱牛8組を設置した。
	（明和元）申年8月	1764	【〆切】菱牛8組（早川通瀬替之所水則）	人足24人（菱牛）、人足21人（蛇篭）	1915.7人	米15石2斗6升6合7勺 金33両永138文
⑪	明和2年12月	1765	【堀川】瀬堀長50間 【〆切】笈牛37組、蛇籠74本（〆切笈牛重り2間籠）、大枠2組（〆切笈牛元付）	人足1875人（瀬堀）、人足111人（〆切笈牛）、人足65人（蛇籠石取）、人足51.8人（大枠）	2706.2人	米20石5斗7升3合8勺 金36両1分永192文7分 瀬堀幅25間

⑫	明和4年 11月	1767	【堀川】瀬堀長50間 【〆切】笈牛32組（〆切）、枠12組（〆切笈牛後囲）、蛇籠80本（瀬廻〆切笈牛重り2間籠）	人足2500人（瀬堀）、人足96人（〆切笈牛）、人足310.8人（枠）、大工48人（枠）、人足60人（川入手伝）、人足70.9人（〆切笈牛の蛇籠）	3365.5人 大工64人	米25石7斗7升7合2勺（御入用） 金68両2分永67文3分（郡中割） 瀬堀幅15間
⑬	天明6年 3月	1786	【〆切】笈牛5組（道除）、蛇籠10本（道除笈牛重り2間籠）	人足60人（道除笈牛）、人足5.1人（道除笈牛の蛇籠）	301.7人	米1石2斗5合9勺 金6両永18文2分
⑭	天明7年 11月	1787	【〆切】菱牛6組（〆切）、蛇籠18本（〆切笈牛重り2間籠）	人足21.6人（〆切笈牛の蛇籠）	70.8人	米6斗9升1合2勺 金4両3分永162文3分
⑮	寛政6年 2月	1794	【〆切】〆切長6間：松木2本（水請木・6間）、木2本（長6間・末口5寸）、木4本（長6尺・末口1尺）、木4本（長3間2尺・末口5寸）、木4本（長2間2尺・末口5寸）、木2本（長3間2尺・末口4寸）、木26本（長6尺・末口2寸）	人足218.7人（御林木持送）	280.7人	米2石5斗5升5合7勺 金3両1分永172文6分
⑯	戌年		【堀川】瀬堀長30間 【〆切】笈牛30組、蛇籠90本（笈牛重り2間籠）、蛇籠12本（笈牛元付2間籠）	人足360人（瀬堀）、人足90人（笈牛）、人足92.4人（蛇籠）	572.4人	米4石6斗8升4合7勺 金14両永148文8分 瀬堀幅8間
⑰	亥年		【堀川】瀬堀長30間 【〆切】〆切笈牛60組（内30組戌中仕越）、蛇籠90本（〆切笈牛重り2間籠）、蛇籠60本（戌中仕越分〆切笈牛重り2間籠）	人足165人（瀬堀）、人足180人（笈牛）、人足173.6人（蛇籠、欠所繕含む）	721.3人	米6石7斗8升7合1勺 金30貫183文7分 瀬堀幅5間半
⑱	—		【堀川】瀬堀長50間 【〆切】笈牛42組（瀬廻り〆切）、蛇籠66本（5間、笈牛重り・枝〆切牛重りなど）	—	—	瀬堀幅25間

川除用水御普請仕様帳や御普請願などから「瀬堀水留御普請仕様」を可能なかぎり抜き出した。

惣人足数及び御入用米金は川除・用水御普請を含む。

下記史料より作成。
①指上ケ申仕上手形之事（斎藤義直家文書E-⑤-2-1-16）、堀川諸式人足帳（斎藤義直家文書E-⑧-5-1）
②河内領京ヶ島村往還御普請仕様帳（斎藤義直家文書A-j-①-7-2）
③乍恐口上書を以御訴詔申上候（斎藤義直家文書A-m-②-1-6）、乍恐御訴詔申上候（斎藤義直家文書D-C-②-11-2）
④乍恐口上書を以奉願上候（斎藤義直家文書E-⑦-8-26）、乍恐口上書を以奉願上候御事（斎藤義直家文書E-⑦-8-34）
⑤乍恐以書付御訴詔（斎藤義直家文書E-⑦-8-33-8）、当寅八月満水ニ付川除御普請損候御事（斎藤義直家文書A-f-⑤-29-19-1）
⑥当寅八月満水ニ付川除御普請損候御事（斎藤義直家文書A-f-⑤-29-19-1）
⑦乍恐以書付御訴詔申上候（斎藤義直家文書E-⑦-8-3）
⑧乍恐奉願御普請書之御事（斎藤義直家文書A-i-②-3-1）
⑨指上申一札之事（斎藤義直家文書A-f-⑤-29-10）
⑩乍恐書付を以奉申上候（斎藤義直家文書A-j-①-5-2）、川除普請絵図控（斎藤義直家文書A-h-③-6）、甲州巨摩郡京ヶ島村当申夏急破川除御普請仕様帳（斎藤義直家文書A-h-①-31）
⑪甲州巨摩郡西川内領京ヶ島村当酉冬仕越御普請仕様帳（斎藤義直家文書A-e-②-7）
⑫亥秋急破御普請仕様帳（斎藤義直家文書A-e-②-3）
⑬当午春川除用水并道除御普請仕様帳（斎藤義直家文書A-c-②-11）
⑭未年定式御普請仕様帳（斎藤義直家文書A-c-②-21）
⑮寅春定式御普請仕様帳（斎藤義直家文書A-e-②-9-2）
⑯戌冬急破目論見帳写（斎藤義直家文書A-h-①-19）
⑰瀬堀人足等書上帳（斎藤義直家文書A-c-②-33）
⑱川除御普請仕様帳（斎藤義直家文書A-h-①-37）

た領主林（御林）から用材の伐り出しが行われ、運搬の人足賃も支給されている。御普請所から保村御林までは往復八里（約三二km）で、そのうち長六間・末口（丸太の細い方の直径）五寸（一寸は約三cm）の木を二本運ぶのに九〇・七人を要している。なお早川通川除などの用材も同様に保村御林から持ち運びを行い、寛政四年には人足四一七・八人の動員があった。[26] 御普請用材は京ヶ島村内では調達できず、近隣とはいえ往復八里離れた保村の御林から伐り出して来ざるを得なかった。

「堀川」の仕様について表2を見ておこう。正徳三年の御普請では、瀬堀長五〇間・横幅一二間が堀川を行う範囲であり、「〆切」も含めて人足二九〇人を費やすという規模であった。なお、享保一三年には瀬堀長二〇間・横幅一五間・深さ一尺五寸（一尺は約三〇・三cm）という仕様で堀川を行おうとしたが、さらなる瀬替りにより新川一瀬の流路にまとまることで川が深く掘り込まれてしまったため、深さ四尺へ変更したという。[27] 明和二年には、「古瀬落口」すなわち古川跡において堀川を瀬堀長五〇間・横幅平均二五間・深さ平均三尺で行い、堀川で出る砂利を六二五坪（一坪は約三・三㎡）とし、一坪あたり三人の計算で人足一八七五人を費やした。さらに明和四年の御普請では、堀川を瀬堀長五〇間・横幅平均一五間・深さ平均四尺で行い、堀川で出る砂利を五〇〇坪とし、一坪あたり五人の計算で人足二五〇〇人を費やした。堀川を行う範囲の目安としての「瀬堀長五〇間」は正徳三年のそれを踏襲しているように見受けられるが、横幅と深さの拡大により堀川の効果を確かなものとするため、正徳三年の推定一〇倍近くの人足を動員していることがわかる。

以上、瀬堀水留御普請の強化の状況について概観した。史料の制約から統一的比較は困難であ

26　斎藤義直家A-e-②-1。

27　斎藤義直家D-c-②-11-2。

るが、特に明和期の大規模な人足動員が注目される。明和四年秋における急破御普請（台風などにともなう臨時の御普請）の惣人足数三三六五・五人と大工六四人は管見の限り京ヶ島村の御普請の動員人数としては最大で、このうち人足二九七七・六人と大工四八人が瀬堀水留御普請に関わるものとなる。(28)本書Ⅲ-1「災害をめぐる山村と領主」で白水が言及しているとおり、京ヶ島村はこの御普請の御入用として六八両もの大金を手にし、一種の御救い普請（救済事業）になっていた可能性が高い。明和元年の自普請実施を交えた粘り強い交渉が明和期に大規模な御普請を勝ち取ることにつながったと推測される。御手伝御普請（表1）との関係も含めて今後検討しなければならない問題である。

28　斎藤義直家A-e-②-3。

2　中川原往還維持の効用

（1）往還維持の理由

ここまで、中川原往還維持のための御普請について述べてきたが、なぜ京ヶ島村はここまで懸命に往還を守ろうとしたのであろうか。往還維持の目的としては以下のことが史料からうかがえる。

①公共交通路としての往還の維持
　ア　金山・材木御用に関わる食糧の輸送路／イ　早川入村々への往来道
②百姓の生活に必要な耕作場道などの維持
　ア　塩之上村への出作の道／イ　馬草・薪等の運搬路／ウ　耕作場への通い道

①アについて、正徳三年（一七一三）の往還不通の注進では「保村御山」への「御用米」輸送に差し支えることを訴えている。[29]「保村御山」とは、寛延二年（一七四九）の史料によれば[30]、正徳年中に「雨畑金山吉水」が甲府藩柳沢家の「御手山」（領主山）となったこと、その雨畑の金山へ米を輸送していたことが記されている。[31]雨畑村の吉水山は、山向こうの保村からは大金山とよばれていることから、「保村御山」は「保金山」と推測され、そこへの「御用米」輸送のために中川原往還を利用したのだろう。[32]また、正徳六年の御普請願では「保村山御用木」のために岩山へ荷附馬通行のための道造り御普請を願い出ており[33]、材木伐採現場への食糧の輸送のため、早川の満水で不通となった中川原往還にかわり、岩山へ道拡幅の御普請を願い出ている。同年には、雨畑村・保村の御林山で小屋掛けしての材木の手入れ・伐出しが行われ[34]、その現場で米・塩・味噌などが使われていた。寛政一〇年（一七九八）の史料には雨畑村で御用木一〇一〇本の伐り出しに関わる入用として米一二俵半（三石八斗七升五合）、味噌二樽二升、塩四升、茶一本が計上されており[35]、材木伐出の飯場への食糧などの輸送が必要だったことがわかる。

①イについて、享保一八年（一七三三）の中川原往還見分願[36]では早川入村々への「往来人馬」に困惑している旨伝えている。このなかに「御廻状継道」といった公的な意味合いを含めていると思われる。[37]さらに京ヶ島村から代官所などへの通行や代官役人の京ヶ島村などへの来村も行われていたがこれについては後述する。

②について、享保一八年の中川原往還見分願[38]では秣薪取や山作稼人馬稼の通行に差し支えていることを訴え、享保二〇年の御普請願[39]では塩之上村への出作[40]や京ヶ島村の山作[41]、「馬草刈積腐シ草取運稼」などにおいて往還不通のため困惑している旨伝えている。享保一七年の御普請願[42]では山

29　斎藤義直家A-j-③-5-5。
30　斎藤義直家A-f-④-5-1。「正徳年中雨畑金山吉水と申所御手山被遊候節彼山へ御送米」とある。
31　荒垣恒明「早川町金山史料集解題」（『中央大学山村研究会報告書Ⅰ　山村史料の調査と成果』中央大学山村研究会、二〇〇三年）。
32　前掲注5拙稿「山村地域における交通の維持—甲斐国京ヶ島村中川原往還の「瀬堀水留御普請」を中心として」では、正徳三年史料（注29）の「保村御山」を保村御林とし、斎藤義直家文書A-b-②-2-5の「正徳年中御用木保山江杣組入」と合わせて、保村御林での材木伐採を裏付けている。しかし、寛延二年史料（注30）を見ると、「保村御山」は保村金山と解釈でき、本章では後者の可能性を考慮した。
33　斎藤義直家E-⑦-8-1。なお、元文四年（一七三九）における笹走村の荒金道の御普請願（笹走区有文書A-b-②-1-7）でも「保山御用木御用」を理由としている。
34　望月作太郎家文書B-③-32。
35　『早川町誌』九七八～九八〇頁。
36　斎藤義直家E-⑦-8-33-8。

地に仕付けた耕作場への獣害防ぎのための行帰りについて、「悪所之山」なので山廻りでは道をつけることができず難義し、「惣百姓農業止まり、破滅に及ぶ」と訴えている。このように燃料確保のための薪取や山畑への獣害対策のための往来など、山村としての生活に中川原往還が利用されていたことがわかる。

（2）早川入における廻状継送り

文書による支配が基本であった江戸時代には、文書伝達の公的ルートである「御廻状継道」は重要な意味を持っていた。ここでは早川入における廻状継送りを通じて、早川往還における京ヶ島村が有していた拠点としての重要性を確認するとともに、中川原往還の維持がもたらした効用についても明らかにしていきたい。早川往還と京ヶ島村に関わる廻状の継送りのルートをまとめると、以下の通りになる。[43]

①切石—夜子沢—中山—江尻窪—笹走—塩之上—京ヶ島

②京ヶ島—保—西之宮—黒桂—早川—大原野—新倉—湯島

③十谷—新倉—大原野—早川—黒桂—西之宮—保—草塩—京ヶ島

京ヶ島村の廻状継送りの詳細については同村に残された廻状を見ていくしかなく、[44]全てを網羅できないが、一定の目安にはなると思われる。このほか、枝道の利用や早川両岸を通じる廻状継送りのルートもあるが本章では省略する。

①は、駿州往還の切石宿（身延町）から早川往還に入り、京ヶ島村を留り村（終点）とした廻状である。一番多くみられる事例で、公用として早川往還が利用され、沿道村々が書状を継送して

37　表1および斎藤義直家E-⑦-8-33-8。また望月是宏家文書C-④-1は榑坪村の資料であるが、山崩川欠による通路困難な道として「御廻状継道」をあげている。

38　斎藤義直家E-⑦-8-33-8。

39　斎藤義直家E-⑦-8-19。

40　斎藤義直家文書E-⑦-8-19には「塩之上村之出作」とあるが、この下書とされる斎藤義直家文書E-⑦-8-5に「塩之上村へ之出作」とあり注意を要する。溝口常俊「甲州早川流域焼畑村落の展開」（同『日本近世・近代の畑作地域史研究』名古屋大学出版会、二〇〇二年）では寛文一一年時の出作・入作関係の分析がなされ、京ヶ島村から塩之上村へ二人が出作し、塩之上村から草塩村へ一人が出作していたとする。

41　前掲注40溝口「甲州早川流域焼畑村落の展開」。普通畑・焼畑共に自村のみならず他村へも積極的に出かけていたとする。

42　斎藤義直家E-⑦-8-34。

43　前掲注14拙稿「研究ノート　早川入における廻状継送り」。関係史料の翻刻についてもここに掲載している。

連絡を維持している。

②は、京ヶ島村を「始り」として、保村など早川上流各村へ継送られた廻状である。京ヶ島村の明細帳にみられる奥九か村への往還道という記述を裏付けるものである。[45]

③は、鳥屋村（富士川町）から十谷村（同）に廻状が届けられ、十谷村を「初」として新倉村を経て早川往還の「奥側」から伝達し、京ヶ島村を留り村とした廻状である。早川上流の村々は早川東方の峠道を利用して鰍沢方面との物資交換を行い、その一つが十谷峠道であった。[46]

①②③の関連史料から、京ヶ島村は廻状の「留り」「始り」という役割を担っていたことがわかる。京ヶ島村は早川往還の中間に位置し、「奥側」（新倉）「手前側」（切石）双方の廻状の留り村でもあった。②に関する史料によれば、[47]代官役人が保村から湯島村までの見分に行くはずが、保村前で川越しができないため、保村・西之宮村など七か村の各村役人に対し帳面持参の上で京ヶ島村へ出頭することを命じている。代官役人は久津間七兵衛と井上平次兵衛で、山駕籠での来村と思われる。[48]代官役人は、保村前の早川（保橋[49]）は通行できなかったものの、中川原往還を通行して京ヶ島村まで来たことで、早川上流側の村役人たちと対面で対応して御用を済ませることができた。早川往還を切石宿から早川上流側へたどると、中川原往還の難場を経て京ヶ島村・草塩村[50]を過ぎ、初めて早川を渡河して保村・早川村・新倉村などへ通じる。早川の手前にある京ヶ島村が中継的な位置として重視されたことがうかがえる。

（3）往還不通と通行の実際

前節で見た、正徳三年（一七一三）とされる雨宮嘉右衛門の中川原往還見分に際し、雨宮は切石

44 廻状ルートの詳細は、幕府や領主から村々へ宛てられた達しなどを綴った「御用留」を分析することでもわかるが、京ヶ島村に「御用留」は残されていない。

45 『山梨県史資料叢書 村明細帳 巨摩郡編』一三六頁（山梨県、一九九六年）。

46 『早川町誌』一三三八～三九頁。

47 斎藤義直家E-②-6-10。

48 斎藤義直家E-②-6-14によれば、久津間・井上が検見のために保村まで山駕籠にて塩之上村・京ヶ島村を通行している。

49 「甲斐国志巻之三十三 山川部第十四」（山梨県立博物館 甲州文庫）。「上流ニ橋梁凡十一アリ、薬袋橋、保橋、黒桂橋、新倉橋二所、高橋在湯島村、万年橋同村奈良田道ニ在リ長サ十間独木橋ナリ」とある。

50 京ヶ島村と草塩村は早川入の村の中では珍しく集落が隣接しており、大きな山・川に隔てられてないので地域的には一体ともいえる。ところが両村が普請組合を結成して共同で川除などに対応する史料は管見のかぎりでは見られない。もちろん共同で御普請願を提出することはあるが、

宿から笹走村・塩之上村などを駕籠にて通過し京ヶ島村へ来た。また享保一三年（一七二八）には往還の御普請願のため、京ヶ島村名主が御役所に出向いている。[51] 他の年でも往還不通の注進や御普請願などの書状が代官や御普請方へ提出されていることから、中川原往還が不通であっても連絡を維持してきたことがわかる。往還不通の場合は山中へ回り道をすることで対処していたことが史料からうかがえる。正徳三年の史料には、山中へ二〇丁（一丁は約一〇九m）も廻れば「かち（徒歩）の通用」はできるが少しの荷物も持つことはできないとあり、[52] 同六年の史料には岩山に「漸々（ようよう）かち道」を作って通行したものの馬が通ることはできないとあり、[53] 享保一七年の史料には山に馴れた達者の者だけが「歩にて」山を廻ってようやく通行していたとある。[54] 中川原往還が不通であっても、かち（徒）すなわち荷物を持たない徒歩で山中を回れば通行はでき、書状などを代官や御普請方へ届けている事実は、完全な孤立ではなく連絡が可能なことを示している。中川原往還も応急的自普請により歩道として通行できるようにしている。[55] 京ヶ島村の御普請願にこめられた往還の「開通」とは「人」のみでなく「人馬」の通行ができることであり、特に物資の運搬のための「荷附馬」の通行を求めていた。

こうした点をふまえ、二節一項で提示した往還維持の目的を確認しておこう。

①公共交通路としての往還の維持

ア　金山・材木御用に関わる食糧の輸送路／イ　早川入村々への往来道

②百姓の生活に必要な耕作場道などの維持

ア　塩之上村への出作の道／イ　馬草・薪等の運搬路／ウ　耕作場への通い道

改めて検討すると、①アについては荷附馬を要するが常時のことではなく、①イは主に廻状継

それは各々の要求を一つの願書にまとめたという意味合いに過ぎず、普請組合とは程遠いものに思われる。

51　斎藤義直家A-m-②-1-6。

52　斎藤義直家A-j-③-5-5。「山中江弐拾丁も廻り申候得ハかち之通用ハ御座候得とも、少シ之荷物茂持通事不罷成候御事」とある。

53　斎藤義直家E-⑦-8-1。「岩山ニ御座候得者漸々かち道作り、通路仕り罷有候所ニ、当年保村山御用木被　遊候ニ付、村人足ニ而随分作り申候へ共、右申上候通り岩山ニ御座候得者、馬足自由ニ不罷成、何共難儀ニ奉存候」とある。

54　斎藤義直家E-⑦-8-34。「山馴候達者之もの計歩ニ而途々山廻り漸々通路仕候得共、悪所之山ニて道能ク造申儀ハ曽而不罷成」とある。

55　斎藤義直家E-⑦-8-26、斎藤義直家A-f-⑤-29-10など。

送りなど人のみの通行に限定される。②については荷附馬を要し常時の通行が求められる。すなわち②の比重が高いことが指摘できる。もっとも①において歩行可能とはいっても山中の道は険しく、自普請で歩行可能とした中川原往還も不安定であり、廻状継送りなどの往来道を常に確保していく必要はあった。御普請願などでは①②を共に併記し、公的御用のため往還を維持する必要性を訴えつつ、農作業利用の往還が不通のままであれば「農業止り破滅」に及び年貢を納めることができなくなるという切々たる訴えも合わせて、御普請を認めさせている点は注目される。

おわりに

表1の基本史料である寛政五年（一七九二）「川原往還道除御普請仕来書上帳」は、主に「往還」に関わる御普請の来歴について書かれたものであり、往還不通とその御普請実施の様子が同時にわかる点でも興味深い。御普請願は往還開通のためだけに出すわけではなく、満水にともなう耕作地の保護や用水堰の復旧などと合わせて要望するものであった。往還不通は被害の結果が明白であり、御普請の理由としても提示しやすかった面もあるのだろう。耕作地の被害については満水による田畑流失や崖崩れの事例もあるが[56]、笈牛など治水施設が流出したことで川向が悪くなり（新川の流路が生じて）「田畑危く相見え」などと懸念をのみを伝えている事例が多く見られる[57]。被害は治水施設の破損→往還不通→耕作地際の崩れ→耕作地の流失へと拡大していくため、往還不通の時点で警鐘を鳴らして被害の拡大を防ごうとしたと思われる。また、耕作地保護のための御普請は、直接的には「早川通川除御普請」による「沈枠」などの設置でなされるが、往還開通の

56　斎藤義直家D-c-③-4-2。享保一三年に早川の満水で枠が「堀込」となり「本途之内弐三分」が流れたという。

57　斎藤義直家E-⑦-8-25。斎藤義直家E-⑦-8-32。

ための「瀬堀水留御普請」の実施も、耕作地をおびやかす新川になった流路を古川へ戻すことになり、耕作地の維持にもつながっているのである。

瀬堀水留御普請は正徳三年（一七一三）を先例として、江戸時代を通じて実施された。その仕様を見ると、新川の〆切と古川の堀川を行うことで流路を従来の古川側へ戻し、二か所で往還を閉塞していた流路を除くものであったが、明和四年（一七六七）に人足三〇〇〇人弱という正徳三年の約一〇倍の人足を動員するなど、その規模の拡大傾向がみられる。また、宝永地震以後に、中川原往還の御普請や悪水抜きの御普請などが始まり、京ヶ島村の御普請が強化されたことも注目される。本書巻末「早川災害史年表　近世編」では、宝永四年（一七〇七）の項に「大地震で山々が崩れ、以後風雨の節は特に早川が満水となり川床が高くなる」とある。また、安政元年（一八五四）の項に「地震で薬袋村辺が崩れ早川が堰き止められ、薬袋村・京ヶ島村・千須和村が多く流されたとの風聞があった」とある。[58] 本書Ⅰ-1「早川の災害と地形」で長谷川・佐々木が指摘しているように、早川地域は深層崩壊や地すべりの発生しやすい条件を備えており、江戸時代の早川における水害の中には、深層崩壊による河道閉塞（天然ダム湖）の形成や、その決壊洪水が含まれる可能性があるという。年表や本章で紹介した史料にはそれを示唆するものが含まれており、今後の検討課題である。

なお、本書Ⅱ-1「水害への対応と治水技術」で西川が指摘しているように、中世より治水工事の資源と技術が早川入に集積され、それが近世においても受け継がれていた。さらに〆切において、笈牛に加えて棚牛や大枠を併用したり、菱牛を用いていくようになるなど、〆切・堀川の基本は維持しつつも治水技術を深化させて地域における治水統御能力を高めていた。こうした地域

58　甲州文庫資料甲093.6-142。ただし、同じ時期の薬袋村・京ヶ島村・千須和村の史料には、これを裏付けるものがない。

ならではの治水技術に裏付けられて、本書Ⅲ-1「災害をめぐる山村と領主」で白水が指摘しているように、領主との交渉を有利に進めるなかで、御普請を認めさせたり、御普請の村請負による雇用機会を手に入れているのである。

往還維持の意味は、公共交通路としての往還の維持と百姓の生活に必要な耕作場道などの維持にわけられるが、使用頻度と馬の通行の関係からすれば、後者の方が切実であった。それでも公的交通路と百姓の生活という公私両面の理由をあげることで、御普請を領主に認めさせた。早川往還における京ヶ島村（及び集落として隣接する草塩村）は、早川往還の半ばにあたり、その先に行くには早川を渡河する必要がある。京ヶ島村が駿州往還側と早川上流側からの双方の廻状の留り村になっている点、代官所の役人が京ヶ島村に滞在して保村・西之宮村など早川上流部の村役人を呼び出している点などを考慮すると、京ヶ島村が早川入の中継点的な役割を担っていることから、往還維持の目的として公的交通路を理由に加えることは相応の意味があるといえる。

さて、残る課題は、なぜ京ヶ島村が水害に見舞われる中川原往還を道筋として選択し続けたのか、という点である。正徳六年の御普請願は前年の中川原往還不通を受けてのものだが（表1）、前述のように、この時は中川原北方の岩山を開鑿して「荷附馬」が通行できる道の御普請を願っており、川原の通行を前提とした瀬堀水留御普請については考慮していなかった[59]。ところが、享保一三年（一七二八）の御普請願では岩山なので道の造成ができない旨を主張し、享保一七年の御普請願でも「悪所之山」にて道の造成ができないとして、中川原往還の御普請を求めているのである。享保一三年に京ヶ島村は保村枝郷柳島との間で中川原の利用と流木の所有をめぐる争いをおこしているが〔本書Ⅳ-1田中「災害の幸い」〕、この過程で京ヶ島村は古川の中央という自村に有利な

59　前掲注5拙稿「山村地域における交通の維持―甲斐国京ヶ島村中川原往還の「瀬堀水留御普請」を中心として」では、中川原往還維持のための「瀬堀水留御普請」という公的工事は、往還の通行確保・耕作場保護・村境確定という役割を担い、京ヶ島村の利益につながっていたと結論づけた。

村境を維持し続けるため、瀬堀水留御普請を行うことで中川原往還を固定化したと思われる。岩山の道造成は困難な上に崩れる恐れもあるが[60]、明治一四年（一八八一）の中川原の絵図には「京ヶ嶋新道」が描かれ[61]、中川原北方に道が造られていることから造成は不可能ではなかったと思われる。治水の技術を用いて行う道普請のありかたが治水統御能力を備えた村にとって担いやすかったこと、御普請が認められやすかったこと、京ヶ島村に有利な村境の維持ができること、という複合的事情から、近世を通じて瀬堀水留御普請が続けられることにつながったのではないだろうか。今後の検証により明らかにしていきたい。

60　二〇二〇年三月、中央大学山村研究会が京ヶ島村を訪れた際、塩之上—京ヶ島間の道路は不通となっていた。

61　斎藤義直家A-m-②-1-7。

Ⅲ　災害と社会

第1章　災害をめぐる山村と領主

白水　智

はじめに

山深い土地に開かれた山間の集落といえば、ひっそりと世俗を離れて暮らしてきた土地、という印象を抱かれることが多いだろう。ギスギスした都市部とは異なり、のどかで穏やかな生活が営まれてきた、というイメージがあるだろうが、一方で、貧弱な生活基盤の中で貧困に苛まれ、便利で豊かな平野部、都市部へと人が流出して過疎に見舞われていく、というマイナスイメージも併せもっている。自動車のような移動手段もなく、通信も医療も発達していなかった江戸時代ともなれば、その貧困や不便さはさらに深刻で、暮らしにくい土地であったと想像されるであろう。

ところが、実際に江戸時代の歴史史料を繙いていくと、案に相違して山村地域が現代より多数の人々の暮らしを支え、また活気に満ちた社会であったことがわかってくる。例えば、早川町エリアの人口一つをとってみても、江戸時代後期の文化三年（一八〇六）には四一九二人という記録がある。[1]二〇二二年四月が一〇一一人（山梨県常住人口・山梨県HPによる）なので、日本全体の人口が約四分の一だった時代に、早川には現在の四倍もの人々が住んでいたことになる。地誌『甲

1　『甲斐国志』巻之十六村里部第十四。

斐国志』にも、早川などを含む富士川両岸の山間地域（河内領）について「水田少ク民衆シ（水田少なく民多し）」と記されており、[2] やはり山間地には多くの人々が暮らしていたことがわかる。

早川流域は急峻な山と急流の川が入り組んだ地形をなしており、風水害や旱害にもたびたび見舞われ、災害も多発する地域であったが〔本書Ⅰ-1長谷川・佐々木「早川の災害と地形」〕、当地の人々は決して自然の猛威に屈していたばかりではない。幾度災害に襲われてもその都度防災と復旧に力を尽くし、また支配領主に対しても果敢にして巧みな交渉を行い、自らの生活を守るために刮目すべき活動を展開していた。本章で取り上げる京ヶ島村（現在の早川町京ヶ島）は、急峻な山裾の川沿いに位置し、度重なる早川の水害に遭ってきた地区であるが、数多く残された史料をたどっていくと、領主に対して、むしろ山間地の特性を生かした多彩な対応や交渉力の高さを見せている。本章では、その具体的な内容とともに、山村ならではの交渉力の背景についても探っていきたい。というのも、従来の研究では、川除と呼ばれる洪水への対応は平地的な稲作農業や集落を守るためのもの、という理解が暗黙の前提になっており（農民・農村という語句ばかりが使われている）、農業といっても山地特有の農業や、農業以外の多様な生業を背景にしていた山村の姿が視野に入っていないからである。

1　京ヶ島村の災害と環境

江戸幕府が編纂した総合的な河川改修技術書である「治河要録」では、早川について次のように説明している。[3]「早川という川は、非常に水勢が強い流れで、その上とくに石・砂利を押し出す

2　『甲斐国志』巻之一　提要部。

3　『日本農書全集65　開発と保全2』（農山漁村文化協会、一九九七年）所収。

ため、大水で水が当たれば、丈夫な普請（施工）でも保つことが困難な川であるが、普請場所は少なく二ヶ村だけで、特別なことはない」。水勢が強く多量の土砂を流すという点は現在も変わっていない。その結果、毎年の御普請（公費による工事）の対象となる村が二つあったというが、その一つが京ヶ島村である。早川が大きく蛇行し屈曲した位置にある京ヶ島村は、幾度となく大雨の被害に遭ってきた（耕地の欠け崩れ）。長雨などで一度水が溜まると吐水できなくなるほか、地震

写真1　京ヶ島（手前）と草塩（後方）の集落を東側から望む（2008年2月24日）

写真2　山の下をくりぬいて早川本流から引いていた用水トンネルの出口（2008年2月24日／京ヶ島地区）

図1　京ヶ島村の耕地と水路

後には冷水が涌くようになって畑作に支障を来す（悪水溜まり）とか、少雨の時期には水田の用水が足りなくなり逆に日照りの被害に遭う（旱害）、また川原の往還道が大雨による早川流路の変化で分断されて通行不能になる（往還不通）など、多様な被害に見舞われてきた[4]。幕府は元文三年（一七三八）、堤防などが破損したら一連の被害を受ける近隣の村々と組合を結成して自費で水防に当たるようにと命令を出したが、京ヶ島村は「近村最寄りはなく、かといって一村のみで大がかりな御普請箇所を担当することは不可能な状況にある」と主張している[5]。確かに京ヶ島村前の水防は、一村で行うには大きすぎる割に、急流沿いにそれぞれ集落が点在する地形のため、被災地連合となるような村は存在しなかった。

4　斎藤義直家文書A-h-①-6-1、同A-f-⑤-29-19-1など。

5　斎藤義直家A-c-③-4-2。

すでに本書Ⅱ‐1西川「水害への対応と治水技術」で説明されているように、早川では治水設備として牛枠（うしわく）や沈枠（しずめわく）などを川沿いに設置して対応したが、水害が連年、あるいは年に幾度もという年もしばしばで〔本書巻末「早川災害史年表　近世編」〕、これら川除設備が流されたり破損したりすると、その修復再建費用の負担は相当なものであった。京ヶ島村では、早川の上流側から岩山の下を五〇mほどくりぬいたトンネル型の用水路を掘って水田に水を引いていたが、こちらも大水のたびに取水口が破損したり、河床が掘り込まれて水面が低くなってしまうなど、幾度も補修が必要となった。(6) 悪水溜まりには排水溝を掘って対応したが、その維持管理にも手間と費用がかかった。(7) 往還道の不通については、本書Ⅱ‐2高野「災害復旧にみる往還の御普請と利用」で詳しく扱ったように、周囲が険しい岩山で川原の道しか通れない状況の中で、やはり大水のたびにしばしば道が断ち切られ、これを復旧させる工事も多くの人手と資材が必要であった。

6　斎藤義直家A‐c‐③‐4‐3。
7　斎藤義直家A‐h‐①‐6‐1。

2　公共工事か自己負担か

（1）領主の視点から――旧慣は無視できないが、経費を減らしたい

京ヶ島を含む早川流域諸村は、享保九年（一七二四）から代官支配による幕府の直轄領（天領）となり、以後幕末まで天領として続くことになる。幕領となって一三年目となる元文二年（一七三七）、幕府は全国河川の治水に多額の費用がかかる状況を改善しようと、政策を変更した。村々を御普請村（幕府が徴収する共同拠出金で工事を行う）と自普請村（じふしんむら）（村が単独または連合して自費で治水工事を行う代わりに、共同拠出金は免除）に区分し、御普請村からは村高一〇〇石当たり四両の拠出

金を出させて、その他の公費と併せて治水費用を賄おうとしたのである。ただ、大規模な水害が発生して自普請村で対応しきれないときや、御普請村で年間四両を超える費用負担が必要になる場合は、幕府が公費で対応する定めであった[8]。水害の多発する甲斐国では、一七万石のうち四万石分の村が自普請村とされ、残る一三万石分が御普請村となった。甲斐国には、もともと郡中割金（郡中割合金とも）という治水費用共同拠出の制度があったため、その費用として御普請村から上記四両の拠出が行われることになった。早川流域でも多くの村が自普請村とされたが、京ヶ島村は前述のような災害多発地であったため、御普請村と認定された[9]。しかし、注8の安達によれば、この一〇〇石四両の負担には反対の村が多く、訴願の結果、二年後には年ごとに必要となった普請金を役高に応じて御普請村に割り当てる方式に変更され（但し普請の多い年は六両まで村方が負担する）、実際村が六両を拠出しなければならない年も発生した。京ヶ島村はといえば、この一〇〇石四両負担に積極的に反対した様子はない。おそらくはそれを上回る御普請を必要とする年が多かったものと考えられる。

その後も制度の変更があり、寛政二年（一七九〇）からは拠出金が一〇〇石につき二両一分に引き下げられた（五〇年平均の金額を勘案して決定）[10]。ただ、この金額は毎年暫定で、御普請が少なくて余る年は残金を積み立て、不足した場合は三年目に決算し追加賦課をしたという。

領主としては、とにかく毎年治水にかかる莫大な経費を削減したい、というのが願いであった。そのため、大幅な制度変更以外にも細かな指示をしている。例えば、寛保三年（一七四三）には、代官所が御普請所（工事対象箇所）を減らす方針を打ち出しているし[11]、延享四年（一七四七）には、毎年春に行われる定式（じょうしき）（定例）御普請の村側の請負額を一割半引き下げて受託するように指示し

8　安達満「近世甲斐における川除郡中割金制度」（同『近世甲斐の治水と開発』山梨日日新聞社、一九九三年）。甲斐の治水制度の変遷は同氏の研究に詳しい。

9　佐野今朝男家文書31。なお、早川入でこののちも御普請を認められたのは京ヶ島村以外に早川村のみであったことが斎藤義直家文書A-h-③-11からわかる。

10　斎藤義直家D-c-②-10-1-5。

11　斎藤義直家E-⑦-8-33-6-1。

ている（これに対しては京ヶ島村が拒否の請願をしている）[12]。文化九年（一八一二）には、御普請諸色代永（資材費等の経費）や村請負値段（村が請け負う工事費）の二割引き下げが役所から通達されている（注10文書）。また、天保八年から九年（一八三七〜三八）にかけては「甲斐国川々御普請」について「御改正」があり、川除用資材のサイズ規定適用が厳しくなった。要はチェックされた丈夫な寸法の資材を使用せよ、ということである[13]。さらに天保一三年（一八四二）には、工事の難所について御仕法替え（施工方法の変更）が命じられたが、その結果危難の場所が減ったという[14]。村方からの要望は必ずしも無視できないが、しかし一方で膨れあがる経費を減らしたい、という領主側の思惑がさまざまな施策やその変更をもたらしたのである。

（2）御普請を受け続ける京ヶ島村

こうして公費負担の対象となる御普請村が減らされたり、御普請経費の適用が厳しくなる中であったが、京ヶ島村は幕領となった当初から幕末まで、御普請村として長く継続しただけでなく、数々の御普請要求を領主に呑ませている。果たしてなぜそのようなことが可能だったのだろうか。

京ヶ島村は、江戸時代初期の一七世紀から長く定式御普請を連年認められてきた。毎年春に恒例で行われる御普請で、同村の場合は川除と用水の二種の御普請が続けられてきた。川除は川が溢れたり沿岸を削ったりするのを防ぐための工事や設備を意味し、用水は堰を築いて水路を掘り、水を取水する工事である。寛政七年（一七九五）、幕府の御普請掛りの役人から定式御普請の来歴についての問い合わせが村に寄せられた[15]。前々年に幕府から諸国一統で小破は自普請で行い、それ以外は現場を見分しての判断という原則が触れ出され、前年にはその旨が村にまで徹底されて

12　斎藤義直家A-f-⑤-29-13。

13　斎藤義直家A-i-②-14。

14　斎藤義直家A-h-④-8-2。

15　斎藤義直家A-h-①-21。

いたにもかかわらず、なぜ定式での御普請が当たり前のように京ヶ島村では続けられてきたのか、わからなかったのであろう。ちょうど役人の交代もあったのかもしれない。ここで村が回答した内容は、川除御普請は甲府徳川藩（寛文元年＝一六六一から宝永元年＝一七〇四まで）の時代以来、用水御普請は慶安元年（一六四八）以来という由緒であり、それ以後連年の御普請が認められて、資材費と人足賃・御扶持米などをずっと下されてきた、と述べている（ちなみに往還道の御普請は毎年ではなく、被災した年のみ申請して認められてきたものであった）。村側としては由緒と実績を強調することでこのまま継続して定式御普請を承認してもらおうとしていたのであり、実際に村の思惑通り、このちも二種の御普請は引き続き行われていたことがわかる。加えて、定式御普請以外にも、夏の大雨などによる臨時の御普請（急破御普請）もたびたび申請しては認められており、京ヶ島村は「御普請まみれ」といってもいいほどの優遇ぶりであった。もちろん同村が大雨の際、確かに早川の激流によって耕地を削られそうになったり、用水が破損したり、往還道が断ち切られたりしているのは事実であるが、しかし山間の小村であり、この工事によって年貢収取の元となる何ヶ村分もの広大な水田が保護されたりするわけではない。にもかかわらず多くの拠出金や公費がつぎ込まれたのには、何らかの要因が考えられる。

16　斎藤義直家A-c-②-20。

17　斎藤義直家A-c-②-14-1・A-c-②-14-2。

3　領主との巧みな交渉

（1）詳細な説明と積極的なアピール

御普請を承認してもらう上でまず重要なのは、慣例と実績のアピールである。何もしないで自動的に公費での工事が行われるわけではなく、とくに領主や代官の交代時には、余計な支出を削減しようとする支配者に対してその説明が必須となる。甲府柳沢藩領から天領に替わった享保九年（一七二四）もその例に洩れない。京ヶ島村名主は、領内を巡回してきた代官の手代（実務にあたる下役人）に対し、前年御普請時の証文を携えて御普請についての書類を提出し、御普請の慣行と実績について説明している。(18) 領主側からの問い合わせがある場合も多く、そのたびに村は御普請の実績と必要性を繰り返しているが、代官所や御普請奉行所では必ずしも村の事情について引き継ぎが行われるわけでもなく、代官や役人が交代すると短期間に何度も問い合わせが来て、村側も辟易することがあったようである。寛政五年（一七九三）八月には往還道御普請の来歴と実績について「川原往還道除御普請仕来書上帳」（写真3）を提出しているが、この中では享保九・享保一七・元文五・安永九・天明五・寛政元の各年に誰から問い合わせがあったか自体を書き上げたうえ、御普請時の担当役人名や見分に来た役人名なども含めて、これでもかというほど詳細に実績を書き連ねている。(19) 確実な記録に基づいてここまで詳しい書類を提出させてしまうと、領主としては否とは言えなくなる。遷替し交代していく領主や役人の側には正確な記録がなく、結局頼りになるのは村側の記録なのであり、それだからこそ村側は詳細な記録を手許に留め、自らの権益を必死で守ったのである。

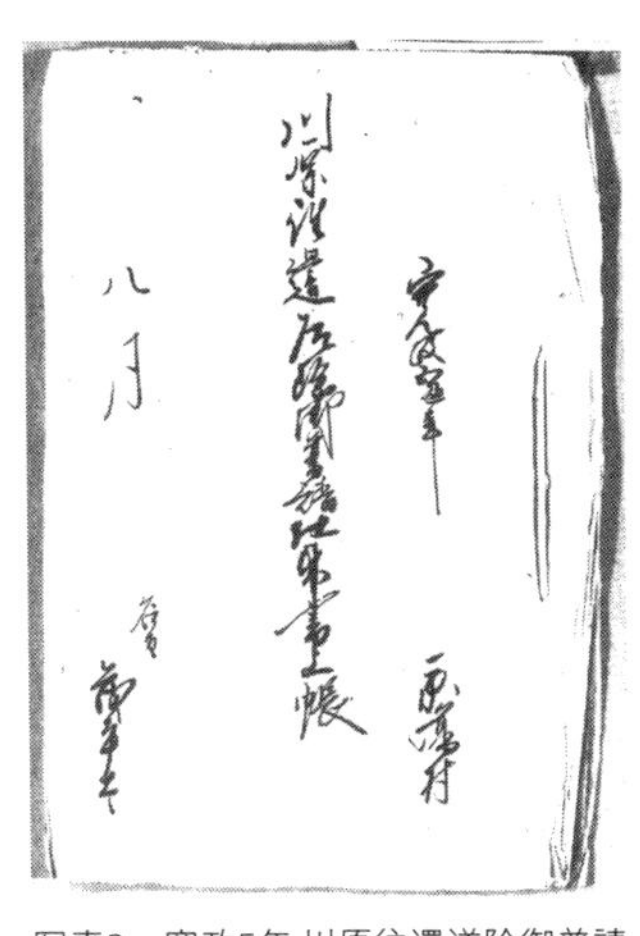

写真3　寛政5年 川原往還道除御普請仕来書上帳

また、役所の機構を熟知した上での対応も注

18　斎藤義直家D-c-③-4-3・A-h-①-21。

19　斎藤義直家A-h-①-25。元文五年（一七四〇）に提出された「前々仕来候御普請所明細帳」も、普請の種別ごとに詳細に来歴を整理し、列挙している（斎藤義直家A-h-①-6-1）。

目される。大谷貞夫によれば、享保一五年（一七三〇）から幕府勘定所所属の「普請役」が、関八州と甲斐国を含む一五か国の川除・用悪水・往還道橋の定式普請所定掛を命じられ、甲州についても御普請を担当することになったというが[20]、京ヶ島の文書にも享保一七年から提出書類の宛所にそれまでの代官所（代官名を取って〇〇様御役所、あるいは地名を取って上飯田御役所など）だけでなく「御普請御役所」が見えるようになり[21]、以後、「御普請御奉行所」「御普請御奉行様」などが頻出するようになる。代官所は地域の租税の賦課・収納や民政一般を担当する役所であったが、御普請役所は文字通り普請関係に特化した機関であった。同じ早川入（はやかわいり）を扱っても、両役所は職務や指揮系統が異なるため、必ずしも緊密に連携が取れない場合もあったと考えられる。村側では予算の出所や担当区分など両役所の仕組みを理解した上で、御普請請願の書類をどちらに提出するかを勘案し、また両者の関係性を衝いた記述をすることもあった[22]。

（2）領主が拒絶できない理由づけ

領主に対して提出される書類からは、役所が嘆願を受け入れざるをえないような論理が使われていることが読み取れる。川除や用水堰および悪水抜きの普請に関しては「本途（ほんと）田畑の危機」、往還道普請については「公共交通路としての往還維持」がそれである。稲作を基軸とする石高制社会を建前としていた江戸時代には、百姓は検地によって公定された「本途田畑」を維持・耕作し、そこからの収穫物で年貢などの租税を納めることが義務であり、領主側は「本途田畑」を満作させ、百姓の生活を保護・継続させることが責務であった。村側はこの建前を衝いている。御普請申請の文書には「本途田畑が危うい」といった表現が頻出する。例えば、享保一三年五月二〇日

20　大谷貞夫「江戸幕府の治水職制」（同『江戸幕府治水政策史の研究』雄山閣出版、一九九六年）。

21　斎藤義直家E-⑦-8-34。

22　宝暦七年（一七五七）一二月五日には、両役所間の連絡不備を指摘する書き上げを提出している（斎藤義直家D-a-①-17-11）。

には次のような訴えが出されている。[23]

当四月より今までに度々の出水があり、川除が皆打ち破られ、残り少なく押流されてしまい、本途田畑が崩れかかって大破となり、驚いている。この上出水があれば、本途の残り分はなくなってしまう。早速御見分して御普請を命じて欲しい。これから当面の間は少しの期間でも心許ないので、諸作仕付の時分でもあり、小村としてはとりわけ困っており、自力で切れ口へ牛入れや籠付けをしているものの、川筋が堀り込めとなり荒立ちしているので崩れ損じている。この上少しの出水でも田畑が流れ百姓が退転してしまうと見え、大難至極なので急いで御見分して相応の御普請を仰せ付けて欲しい。

ここでは、村が自力でも対応しているがそれだけでは不足だ、という自助努力もしっかり主張していることにも注意すべきであるが、さらに注目すべきは、まだこの時点では耕地に直接の被害は発生していないということである。原文では「此上少シ出水致候而も田畑流、百姓退転可仕様ニ相見へ」とあるが、今後少しの出水でも百姓は退転（落ちぶれてその土地で暮らせなくなる）してしまうように見える、と述べている。つまりこの時点ではまだ耕地に被害は及んでいないのであり、もし被災したら退転する事態になるだろうという予測に過ぎない。しかし、実はこの「もし被災したら〜してしまうように見える」という表現は川除等の御普請を請願する際の常套句なのである。例えば享保年間だけでも享保九年（一七二四）、一二年、一三年（五月・七月・八月・一一月）、一七年（五月・一一月）・一九年、二〇年（六月・一一月）と、少なくとも一一回の使用が確認

23　斎藤義直家E-⑦-8-23。

できる。[24]そして御普請申請の文書は多数残されているものの、実際に被災にまで至っているケースはごく少ないのである。ところが、あくまで予防的な嘆願にもかかわらず、多くの場合御普請は認められている。その理由は、被災する可能性のある場所が「本途田畑」で、それはひいては年貢の不納や減少に直結するからと考えられる。

往還道の場合も同様で、役所から村々への命令伝達に利用される公道が不通になっては大変ゆゆしき事態である、という建前がある。近隣の早川上流側に当たる保村の御林山（領主林）で材木の伐採事業が行われていた際には、それをも大義名分として御普請による通路確保を願っている。すなわち、交通路を事業に関わる物資運搬の要と関連づけているのであり、御林山関係でやってきたと思われる役人に「序でに」見分してもらい、工事の見積りを受けて、「少々の金子ではできないそうだ」と、役人の言を引き合いに出して暗に御普請を願う論拠にしている。[25]本書Ⅱ-2「災害復旧にみる往還の御普請と利用」で高野が触れているように、この川原の往還道は確かに公用の連絡にも使うルートではあったが、京ヶ島村の村民にとっては、むしろ隣接する塩之上村の山畑へ耕作や害獣除けに出向いたり、秣（家畜の飼料）・薪を採ったりという生活道として日常使われていたのであった。しかし大雨で流れが変わり、川原道が途切れるたびに、多数の人足を出して流路を変更させるのは確かに大きな負担ではあったと考えられる。しかし、ただ生活に必要というだけでは、おそらく御普請は認められないであろうから、公用の通路であることを強調し、御普請の実績を列挙することで御普請を実現させていたのである。川除にせよ、用水堰にせよ、往還道にせよ、領主側の拒否しづらい大義名分を巧みに掲げることで、御普請場の実績を維持していたといえる。

24　斎藤義直家A-i-①-4-9-1・2、A-c-③-4-4、E-⑦-8-23、D-c-③-2、D-b-③-4-5、A-j-①-6-6、E-⑦-8-26、A-f-⑤-29、A-f-④-4-1-2、E-⑦-8-25。

25　斎藤義直家A-j-③-5-5、E-⑦-8-1。

さらにもう一つ注意しておきたいことは、京ヶ島村が必ずしも本途田畑の耕作、とくに水田ばかりで生活を立てていたわけではない、という事実である。険しい山に囲まれた村高五四石余の同村は、河岸段丘上にある程度の耕地を拓き得ており、近隣の村よりは田の面積が広かったが、それでも寛文検地で打ち出された田は二町一反余（一反は約九九二㎡・三〇〇坪、一町は一〇反）に過ぎない[26]。それにひきかえ、畑は一三町六反余、そのうち最も多いのは苅立畑（焼畑）の五町一反余、次が中畑の三町九反余であった。さらに、元文元年（一七三六）八月の大風雨で被災した作物が書き上げられた文書によれば[27]、被害に遭った耕地面積は一一町六反余とあり、当時作付されていたのは煙草・稗（ひえ）・粟・黍（きび）・小豆・茄子・大根・いも・大豆・荏（え）（えごま）・蕎麦・小角豆（ささげ）と列挙されている。煙草は上畑・中畑で栽培されており、文章中でも真っ先に「たはこ吹倒シ水酔ニ成皆損同前大痛」と被害が強調されていて、煙草が村にとって重要な商品作物であったことがわかる。同村では水田の比重はかなり低いのである（早川の耕地と作物については、本書Ⅲ-3成畑「災害と作物被害」を参照）。しかも安永六年（一七七七）の村明細帳によれば、田のうち用水を利用しているのは三分の二のみで、三分の一は沼田、つまり湿田での一毛作のみであったという。後述するような大量の御普請資材の調達も自前で行っていたことなどからすると、おそらく杣（そま）（伐採）や木挽（こびき）（製材）・日雇（ひよう）（運材）など林業関係の生業で暮らしている百姓も多かったと推測される。つまりは平野部の村で一般にイメージされるようないわゆる稲作中心の「農村」とは大きくかけ離れた性格の村であったのである。にもかかわらず、京ヶ島村の用水堰の普請や耕地を護る川除には多額の公費が投入されていた。なぜ領主はそれを認めていたのであろうか。

26　斎藤義直家B-c-②-6。

27　斎藤義直家A-g-②-10。

（3）領主との駆け引き

実は元文四年から五年（一七三九～四〇）の時期、領主側が「少分の田場に大分の御入用が掛かるので（御普請は）叶いがたい」と用水の御普請を承認しなかったことがあった。[28]当然である。わずか二町余の、しかもその三分の二の田のために多額の公費をつぎ込むのでは、割に合わない。普通ならここで諦めるであろうが、ここから村側の粘り強さが発揮される。元文四年の四月、村は「御普請が無理というなら、畑作物を植えるから畑扱いにしてくれ」と迫り、それが認められないと知るや再度御普請方へ堰御普請の談判をしたのである。根負けをした役人側が一応御普請を受諾したものの、村側は「今からの御普請工事では稲の作付けに間に合わないので、今年は畑作物を植えて、来年改めて御普請を申請する」と述べている。さらに翌元文五年三月、改めて領主から費用対効果上御普請は許可できないと通知されると、村は「それではいよいよ村方が難儀に及ぶので、この上は御入用高の三分の二は御入用（公費）を下していただき、三分の一は村方払いにする計算で命じていただけないか」と迫り、結局領主側の同意を取り付けることに成功する。[29]つまりは条件交渉に持ち込み、数字を刻んで折衝したわけである。三分の二という公費分は、おそらく田のうち用水に頼っている割合を反映させたものであろうが、それでも「少分の田場」に不釣り合いな「大分の御入用」をつぎ込むことにはなったのである。百姓や村が主体的に解決を迫り、領主を動揺させ、条件交渉で実利を手にしたことが知られる。

28　斎藤義直家E-⑦-8-29、同A-f-⑤-29-6。

29　斎藤義直家A-f-⑤-29-17-1。

（4）領主をリードする議論

領主に先行して提案を打ち出していく姿勢は、上記の交渉に留まらない。一つ注目したいのは

「仕越（しこし）」の提案である。享保一九年（一七三四）・元文三年（一七三八）七月と八月・寛保三年（一七四三）・明和二年（一七六五）・同三年・寛政三年（一七九一）に見られる方式で、意味内容を取っていくと、経費精算の繰り越しを意味していることがわかってくる。つまり緊急に必要な工事自体は村側の立て替えで実施しておき、経費は翌年に入ってから御普請扱いで支出してもらう、ということになる。例えば享保一九年の文書では、次のように述べている。[30]

　京ヶ島村の川除御普請については先達て命じられありがたい。仰せ付けの通りに丈夫に仕立てたが、先達て度々御見分様へ申し上げたように、御目論見の分ばかりでは出水を受け止める箇所へ牛入れが足りないため、許可していただいた分以外に笈牛（おいうし）二一組を村入用にて仕立てておいたので、この普請所が流れた時には仕越御普請にしてほしい。（傍点白水。以下同）

まず驚くのは、役所側の計画した施工では不足だと明確に批判し、さらに村が必要とする設備を村側の自費で先に投入し、もしその追加設備が流されたら翌年の公費で御普請扱いにして支払ってほしい旨を述べていることである。強気の姿勢は、元文三年も同様である。[31]

　五月の度々の出水で二瀬に分かれて往還不通になり、手当をしたが（詳しく工事内容記載あり―白水注）、出水があればもたないので上飯田御役所へ御普請を願っていた。すると五月二七日の出水でその仮普請が半破となり、六月二七日の出水で残らず押し流され、二八日には新川が本瀬となり不通になってしまった。二九日朝には水が引いて川向が直って古川へ落ちる

30　斎藤義直家A-f-⑤-29-7。

31　斎藤義直家A-f-⑤-29-10。

ようになった。しかし今は干水にも乗りかかる状況なので全て危うく思える。勿論ここは先達て御役人衆中にも御見分に入れたところである。渇水のうちは通行できるが、出水したらまた不通となるので、今度廻村のついでに見立てていただき、〆切御普請を命じていただけるようお願いしたい。右に記した繕い仮普請も仕越にしていただければ大小百姓としてもありがたい。

村で先行して施工した応急処置分についても仕越の扱いにしてほしい、というのである。仕越に関しては、幕府代官で甲州市川役所に勤務していた荒井清兵衛が執務の手引きとして著した法令集『牧民金鑑』に記載があり、明和七年（一七七〇）に「御勘定所に届けもなく仕越普請をすることとはあってはならない」と通達している。[32] 元文三年の例はこれより以前であるが、京ヶ島村のような例が重なったので、こうした通達が出されたのであろう。いずれにせよ、村側のかなり強気な姿勢が見て取れることは間違いない。

では、費用対効果の論理を跳ね返し、また村が自主的に施工した工事を後から公費対象の御普請にしてもらう仕越など、ここまで領主との交渉を有利に展開できた要因はどこにあるのであろうか。

32　滝川政次郎校訂『牧民金鑑 上巻』（刀江書院、一九六九年）七六四頁。

（5）水害の頻発する山村の底力

まず挙げられるのは、川除などの治水技術を知悉した知識と経験である。斎藤家は京ヶ島村名主を長く務めた家柄であったが、寛保三年（一七四三）の史料にはその当主善左衛門の肩書きに

写真4　矢印は京ヶ島村の名主を務めた旧斎藤家
（白矢印箇所、2008年2月24日／京ヶ島地区）

「御普請定世話人」とある。[33] また、明和二年（一七六五）の早川満水時に緊急の御普請のために見分にやってきた御普請の「御懸り」西村秀八は、[34] 保村の住人でもあった。[35] 見分役は具体的な被害の認定や施工計画・施工の見積りなどを担当する役人で、その職務を果たすためには土木技術者としての知識が不可欠であったが、そこに京ヶ島と隣接する保村の住人が採用されていたのは興味深い。[36] 御普請役の手代クラスとして採用される住民もいたのである。京ヶ島村側が領主側を圧倒するほどの知識と経験を備えていたのも当然といえる。

次に挙げられるのは、山村ならではの資源の豊富さと資源利用の技術力である。川除には大量の資材が必要となる。資材のサイズは規格化されており、川除設備の種類や造り方、施工方法なども定まっていたが、甲府盆地など平地の広がる地域では、大河川の治水をするにも大量の木材や竹の蛇籠（じゃかご）などを他地域から購入・調達しなければならなかった。文化九年（一八一二）の史料によれば、資材の入手に苦労している村もあったことがわかる。[37] 山間地でも山の浅い地域では事情は同じである。しかし京ヶ島村の場合は、地元の山で充分に資材の調達が可能であった。少なくとも

33　斎藤義直家A-f-⑤-29-5。
34　斎藤義直家A-h-①-25。
35　斎藤義直家A-e-②-7。
36　年未詳であるが、「御普請御懸り」として秀八の同族とも考えられる「西村秀右衛門様」の名前も史料上に見える（斎藤義直家A-c-②-32）。
37　斎藤義直家D-c-②-10-1-5。

享保一〇年（一七二五）までは村人がそれぞれ材木などを提供していたし、[38]文化一一年には、隣接する保村の御林から他村の御普請分の材木まで伐採を請け負っていたことがわかる。[39]

実は領主側は御普請経費の増大を抑えるために、資材を幕府の管理する森林「御林」から提供することを始めるのである。寛政七年（一七九五）の史料によれば、寛延年間（〜一七五〇）までは材木は御買い上げに拠っていたが、宝暦以降は御林木の利用に変わったという[40]〔御林木の伐出については本書Ⅰ-2小山「古文書に描かれた森林の様相から災害リスクを考える」も参照〕。『牧民金鑑』にも、明和七年（一七七〇）の段階で、「御普請所より御林へ二、三里（八〜一二km）までならば御林木を利用する例があるが、それより遠い場所は運送の公費がかかるので御買い上げで行うようにしてきた結果、経費が嵩んでしまった。同じ御代官所内に御林がなければ里数の近い他の代官所・御預所の内で相談し、なるべく御林木を使うようにせよ」との通達が残されている。[41]つまり幕府の御林から材木を伐り出せば、運賃は公費負担でも材木代そのものはかからないわけである。

さらにこの背景には、御普請場所の治水施設の耐久性が低く、頻繁に破損するため経費が嵩んでいたこともある。寛政四年（一七九二）には、代官所が「御普請が保たないのは材料と施工が悪いせいだ」と述べ、必ず規格品の資材を使って施工するように厳しく命じている。[42]公費を受け取りながら、規格より細い竹木を使ったり、石垣の石のサイズや量を減らしたりするのは、村側のささやかな節約術であったが、幕府側の御普請資材の耐久性を高めると同時に経費を節減するという目的からすれば、御林材の利用は幕府にとって一石二鳥の策であったといえる。そして実際に京ヶ島村でも、安永二年（一七七三）からは御普請用材として御林木の利用が始まっていたこと

38　斎藤義直家E-⑧-5-2。
39　斎藤義直家D-c-②-12-2。
40　斎藤義直家A-h-①-21。
41　前掲注32に同じ。
42　斎藤義直家A-b-②-2-2。

が確認できる。(43)

御林木の利用に当たっては、伐採職人（杣）の手間賃や運材日雇が公費で支出されており、京ヶ島村の場合は、村民がこの仕事に従事して代金を受け取っていた。しかも御林木を伐採した際には、末木や枝葉は伐採者がもらえる役得も慣例として認められていた。(44)この延長上で、同村が他村の御普請用材までも伐り出しを請け負っていたわけである。これも山仕事に長けた山村ならではの有利さといえる。斎藤家文書の中には、新倉（あらくら）村より北側の早川往還道橋御普請に関する距離数と御林山についての報告書も残されており、早川の上流側の御普請用材の伐採・調達を斎藤家が請け負っていたことを窺わせる。(45)斎藤家は、川除や往還道普請の技術力とそれに必要な資材調達の実績から、手広く御普請関係で活躍する機会を得たのである。本書II-1西川「水害への対応と治水技術」で明らかになった甲州南端の万沢（まんざわ）村における斎藤家の御普請請け負いも、こうした背景からすると容易に理解できる。

43　斎藤義直家A-h-①-28。

44　寛政四年（一七九二）の文書には、「末木枝葉ハ根伐之者江被下候極り」とある（斎藤義直家A-e-②-1）。

45　斎藤義直家D-b-③-1-1。

おわりに

元文元年（一七三六）九月、京ヶ島村から代官所に対して一通の請書（うけしょ）が提出された。(46)次のような内容である。「今回修復を命じられたならば、入用の竹木・蛇籠は員数いかほどでも村方で今までの通り差し出して勤める。指図次第に人足諸色を出して手支えなく勤める」との誓約文言が書かれ、その後に「これは村々御普請について取り調べがあり、先達てこの旨のお尋ねがあり、早川入村々は従前より村御請け負いに仰せ付けてくださってきた旧例の通り、今後も村御請負で命じ

46　斎藤義直家E-⑦-8-33-5。

ていただければありがたい」、と願っているのである。つまりは村自体での資材準備と村自体での施工を強く望んでいるわけである。それは、村による普請全体の請け負いが大きなメリットをもたらすからに他ならない。御普請となれば、資材費・人足賃などが郡中割合金と御入用からほとんど下賜される。時期によって変遷はあるが、例えば享保期ならば、牛木一本銀八分、中牛木一本銀六分、尺木一本銀一分五厘、大竹一本銀四分、蛇籠一本米二合五勺・銀八分五厘、工事の人足賃一日一人あたり米五合・銀四分、などの基準に基づいて受領していた[47]。春の定式御普請では米と金子が下されるが、金銭の方は数両程度のことが多い。ただ、明和四年（一七六七）秋の急破御普請の際には六八両もの大金を受け取っている[48]。これは京ヶ島村の平年の納税額（文化五年〈一八〇八〉～元治元年〈一八六四〉のうち二八年間の平均額）米一二石二斗余・永二五〇文（＝金一分）と比較してみれば[49]、かなり多額であることは明らかである。もちろん資材の調達や施工には多くの労力と時間が必要であるが、これらの金額が下賜されることは、村にとっては一種の御救い政策（救済事業）と同じ意味をもっていたといえる。しかも御普請は定式のものも含めて連年あるが、実際の被災は前述のようにごく少ないのである。とすれば、この御普請請け負いの機会を村としては逃したくなかったに違いない。そのために川除や道橋普請の知識・技術を蓄え、また御役所の機能や組織の関係性を知り尽くし、領主への嘆願のテクニックを磨いて臨んだのである。

早川入などの山間地では、「国中第一の大悪所」であることを強調し、作物を作れば「猪鹿発向によって大きな被害を受ける」など、領主の憐れみを誘うような表現がしばしば見られる[50]。確かに一面の事実ではあるが、しかし平地の稲作農業が標準的な指標とされ、石高で村の規模や豊かさが比較された江戸時代にあって、低石高で条件的には不利とみられたはずの山間地が、実は冒

47　斎藤義直家E-⑧-4。

48　斎藤義直家A-e-②-3。

49　斎藤義直家A-b-①-1～28にこの時期の年貢割付状が残されている。

50　斎藤義直家D-c-①-7-8、同E-①-16など。

頭に記したように「石高の少ない割に人口が多い」と言われているのも事実である。本書コラム2「近世山村の飢饉」で山本が書いているように、山村は飢饉の被害も予想外に少なかったようであり、強靱な生命力を有していたことがわかる。(51) 天保の飢饉時も、河内領の山間地域では富裕民の資金拠出により死者は出ていないようである。(52) 山村は多くの人口を抱えられる潜在的な力を有し、災害と向き合いながら、巧みに領主との駆け引きを行って生き延びていたのである。

51　拙稿「山村と飢饉」（白水『中近世山村の生業と社会』吉川弘文館、二〇一八年）でも山村のもつ飢饉への耐性について述べたことがある。

52　望月かめ代家文書E-21。

コラム1

貯穀と早川入の村々

岩橋清美

1　貯穀のはじまり

早川入の人々は洪水や旱魃といった自然災害やそれに起因する飢饉に対して、どのように備えていたのであろうか。地形や気候に大きく左右される生活を送っていた人々は、経験知から何らかの対応していただろうことは想像に難くないが、これを史料で実証しようとするとなかなか容易ではない。毎年、春先に行なわれる定式普請をはじめ、米や麦を蓄える貯穀はその一例であり、過去の災害の記録を残しておくことも結果としてみれば、経験を後世に伝えている点で防災と言うことができよう。ここでは、飢饉対策の一つである貯穀をとりあげ、災害の備えに対する村々の動きをみていきたい。

2　貯穀の状況

一般に、貯穀の状況を知ることのできる史料として、百姓から取り立てた米や雑穀を書き上げた「取集帳」や「積立帳」、不作や飢饉を理由に貯穀を拝借したことを記録した「拝借帳」、そして拝借した分を郷蔵に詰め戻したときに作成する「詰戻帳」がある。幕領の村々では、貯穀関係文書がまとまって残されていることが多いが、早川入の村々には意外にもほとんど残されていない。薬袋村・榑坪村に「取集帳」が数点、郷蔵設置に関する村側の対応を示す史料が、若干残されているのみである。少ない史料ではあるが、そこからうかがえる貯穀の実態を紹介したい。

まず、村々がどのように穀物を貯めていたのかを見ていこう。薬袋村・榑坪村では、百姓から麦と稗を集めていた。薬袋村の場合、幕末の状況ではあるが、毎年、麦と稗を合わせて二六石前後備えており、その内訳は、麦一四・五石前後、稗一二石前後であった。これらの穀物は村内の本郷組・古屋敷(古屋)組の名主の持蔵にそれぞれ納められ、本郷組が一五石前後、古屋敷組はこれより少なめの一二石前後であった。[1] 薬袋村が組ごとに郷蔵を設置していたことについては、後述する。

榑坪村には文政期（一八一八～一八三〇）を中心に四点ほど「取集帳」が残されている。同村の貯穀量は薬袋村に比して少なく、毎年、麦と稗を各二合ずつ、百姓三三人ほどで負担し、帳簿を市川代官所に提出していた(2)。薬袋村と榑坪村の貯穀量の差異は村高の違いによると思われる。

3　郷蔵設置をめぐる村々の対応と争い

早川入の村々はいつ頃から貯穀を始めたのであろうか。代官が村々に貯穀のための郷蔵を造るように命じたのは天保一四年（一八四三）のことであった。江戸幕府が政策として囲米を実施したのは、天明の飢饉がほぼ収束した天明八年（一七八八）正月のことで、幕府領の村々に村高一〇〇石に対し、米一斗、麦・粟・稗の場合は二斗を貯めることを命じた。一部の幕府領では代官の意向で、それ以前から個別に貯穀が行われていたが、史料に見る限り早川入の村々が天明期に貯穀をはじめた形跡はみられない。

天保一四年（一八四三）、市川代官所が早川入一八か村に対して、郷蔵がない村は春中に郷蔵を設置するように命じたことは少なからず村々を混乱させた。

村々は早速、話し合いを行い、貯穀のことは、これまで通り、百姓持ちの蔵にためておくことにし、その旨を代官所に願い出た。つまり、代官の言うように新たに郷蔵を造ることは負担が大きいと考えたのである。代官所は、村側の願いを聞き入れたものの、蔵に穀物を入れたのちに他の物を入れることを禁じ、その上、蔵の扉を封印するように命じた。村々の惣代を務めていた塩之上村名主七兵衛が村々にこれを伝えると、村々は、たちまち、敷地がないことや麦の刈り入れを理由に、秋までの猶予を代官に願い出たのである。この願書からは、村々の間で行われた具体的な話し合いの内容は不明だが、明らかに郷蔵設置に積極的ではない様子がうかがわれる(3)。

一方、薬袋村では郷蔵の設置場所をめぐって争論が起きていた。大嶋村名主仁兵衛・長百姓重右衛門が仲裁し、本郷組と古屋敷組がそれぞれ名主の持蔵を貯穀に使うことで内済した(4)。そもそも薬袋村は、早川左岸の谷間にある本集落（本郷組）のほかに、古屋敷・中島・天久保という枝村からなっており、本郷組と古屋敷組は地理的に離れているだけではなく、村の運営をめぐって争うこともしばしばであった。郷蔵設置は、こうした両者の日常的な矛盾を表面化させてしまったとも言えよう。また、郷蔵設置は百姓たちに少なからぬ負担を与えたようで、郡中割（陣屋修復費など個別幕領内全体に関わる経費を村々に割り付けること）の猶予願いの理由にも使われていた。

4　村々の対応から見えてくるもの

現存する史料から見る限り早川入の百姓たちは貯穀に積極的だったとは思えない。かろうじて榑坪村に取集帳が数点残っているのも同村の文書が区有文書になっていることと無関係ではないであろう。しかしながら、史料がないからといって百姓たちが災害に対する備えに消極的だったとは言えない。水害や旱魃といった様々な災害、厳しい自然環境に向き合ってきた百姓たちは、なんらかの方法をもって食料を確保していたはずである。そうした百姓たちの日常的な努力や知恵は文字史料には残らないのかもしれない。

享保二〇年（一七三五）の笹走村明細帳には、一畝歩（約三〇坪）ほどの郷蔵があったことが記されている。[5] 一般に、郷蔵は、一村ごと、あるいは数か村に一つの割合で造られ、年貢米の保管にも利用されていたので、必ずしも貯穀の目的のみで使われていたわけではない。天保一四年（一八四三）に郷蔵設置を命じられた際、史料に見る限り、村の持蔵や名主の持蔵がすでに存在し、それらを皆で使っていたことがうかがわれる。村にとって問題だったのは、代官が郷蔵に穀物以外のものを入れることを禁じ、蔵の扉を封印せよと命じたことだったのではないだろうか。自分たちが苦労して蓄えた雑穀を自由に使えなくなることは、村にとっては不自由極まりなかったのかもしれない。これこそが、村々が郷蔵設置に消極的だったこと、さらには貯穀に関する史料が少ないことの理由かもしれない。幕府が飢饉対策として必要不可欠とした社倉設置は、時として百姓の習慣と矛盾し、必ずしも村の危機を救うべきものではなかったのである。

また、可能性として考えられることは、早川入の村々は食料不足を乗り切る知恵や底力を持っていたという点である。天明の飢饉のさなか、窮状を訴える文書には蕨・葛のほか色々な「堀稼」をしたことが述べられている。さらに、食料がなくなり、百姓が皆、痩せ衰えてしまった状況を綴りながら、穀物を買い占めて他地域より高値で売る穀物商人の抑制を求め、百姓を助けられなければ村役人としての自分の「役義」が立たないと領主を説得するのである[6]。こうした村役人たちの領主を説得する力こそが、何にもまして村の危機を救っていたのかもしれない。

（1）元治元年「貯穀取調書上帳」（佐野政男家文書　新出197）、元治元年「貯穀取調書上帳」（佐野政男家文書　新出198）。
（2）文政四年「貯穀取集小前書上帳」（樽坪区有文書95）、文政六年「去午夏秋貯穀小前書上帳」（樽坪区有文書97）、文政一一年「去亥夏秋貯穀小前書上帳」（樽坪区有文書100）、安政五年「貯穀新囲小前帳」（樽坪区有文書115）。
（3）卯（天保一四年）申渡（斉藤義直家文書A-f-⑤-10-15）、天保一四年「乍恐以書付奉願上候」（望月かめ代家文書A-⑥-17）。
（4）天保一四年（薬袋村本郷郷蔵・古屋組郷蔵の普請・修覆の費用につき内済証文）（佐野政男家文書147）。
（5）山梨県教育委員会学術文化課県史編さん室編『山梨県史資料叢書　村明細帳』巨摩郡編（山梨県、一九九六年）一二六頁。
（6）（天明四年）「乍恐書付ヲ以奉願上候」（佐野今朝男家文書103）、（天明四年）「乍恐書付ヲ以奉願上候」（斉藤義直家文書A-J-3-14）。

写真　早川町新倉茂倉集落のモチキビ畑
（2015年8月10日、鈴木努撮影）

第2章　山村の災害と歴史語り

柴﨑啓太

はじめに

享保二〇年（一七三五）五月、巨摩郡京ヶ島村（早川町）の名主斎藤善左衛門は村のなりたちと来歴をまとめた由緒書を作成した[1]。善左衛門はその内容を村中に読み聞かせ、村人たちはその内容がもっとももであるとの署名をおこなった。また、善左衛門の子孫にあたる斎藤家には、一枚の絵図が残されている[2]（写真1）。この絵図も享保二〇年に作成されており、先の由緒書とも符合する内容のため、同時に作成されたと思われる。これらの絵図と由緒を組み合わせることで、作成者の村および周辺に関する認識を知ることができる。本章ではまず、これらの由緒書を読み解きながら、山村の歴史意識、特に災害や自然環境、信仰に関する意識をあきらかにしていきたい。その際には領主との関係にも注目し、あわせて考察していく。ここでの領主とは、現実の代官所などの近世の権力だけでなく、由緒書にあらわれる戦国期の武田氏・穴山氏などの上級権力も含める。

そして、由緒書の作成から約七〇年後の文化三年（一八〇六）、『甲斐国志』編纂にともなう調

1　「覚（京ヶ島村由緒）」（斎藤義直家文書A‐g‐③‐1‐1）、当会の荒垣恒明が解説を付して全文を翻刻している（『中央大学山村研究会報告集』七集、一九九八年）。なお、京ヶ島村については『早川町誌』（早川町、一九八〇年）を参照のこと。

2　斎藤義直家A‐a‐③‐1‐1。

査の過程で、善左衛門の孫である斎藤茂平太は自家の由緒を作成し資料として領主側に提出した。また、同時に斎藤家の系図を作成している。次いでこれらの史料を検討し、由緒の内容を比較するとともに、それらから読み取れる歴史意識の変化を考察していきたい[3]。

1　村の由緒を語る

(1) 京ヶ島村のはじまり

由緒書の主な内容は表1の通りである。まず、由緒は京ヶ島村のはじまりを「雲の上人」なる遍歴の聖(ひじり)の来訪に求めており、この聖の庵室とともに「石経」(小石に経文の文字を刻んだもの)が納められた経塚(図1の①、以下同じ)が築かれたとして、「人里はなれた山中」での修行の場から村のはじまりを語りおこしている。由緒によればその位置は現在の京ヶ島集落の位置ではなく、集落南東の標高四七八mの「尖り山(現・丸山)[4]」の東方、この時には水田となっていた早川の川沿いの地であるという。これが集落の始まりであるとされ、かつて集落はこの付近にあったとされている。しかし、由緒執筆時の二百数十年前にこの里を洪水が押し流したということで、洪水による集落の移転伝承が存在したことがわかる。これが事実であれば村の歴史にとって大きな出来事である。前述のようにこの由緒書が村人たちに公開されていることから、少なくともこの伝承が共有されていたことは確かであろう。また、その聖は死後、経塚の近くの西の山際に聖神と称して祀られたという(②)。聖神にはかつて年貢・諸役を免除される除地(よけち)があったが、貞享五年(元禄元／一六八八)の寺社領改めのおり、除地ではなくなったという。その後、雨の夜にこの森のあたりを通ると

3　由緒については、山本英二「日本中近世史における由緒論の総括と展望」(歴史学研究会編『由緒の比較史』シリーズ歴史学の展望一二、青木書店、二〇一〇年)などを参照。

4　なお、この山は早川町が交流協定を結ぶ東京都品川区にちなみ、「マウントしながわ」として交流に活用されているという。

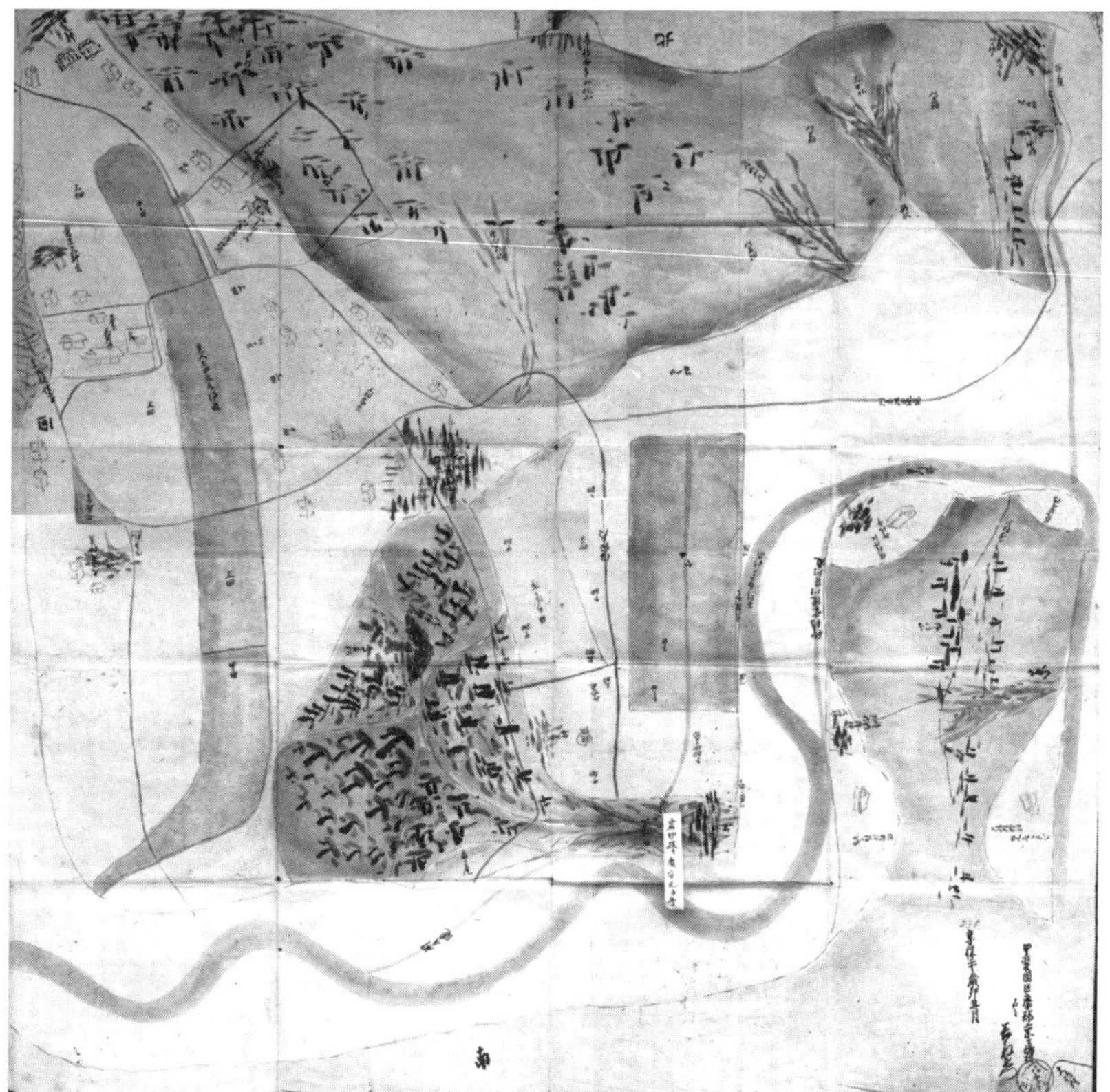

写真1　京ヶ島村絵図

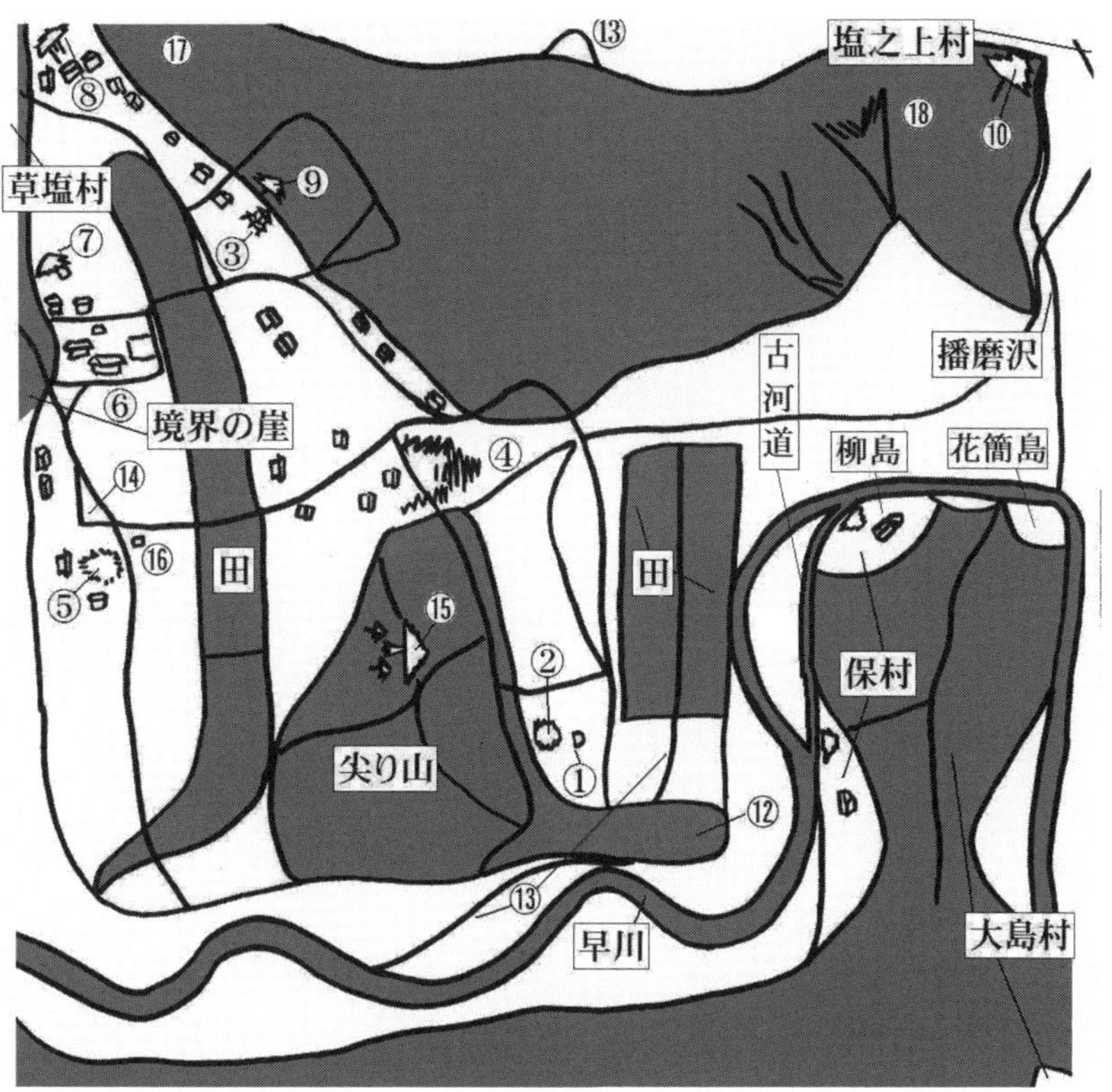

図1　京ヶ島村絵図模式図

表1 由緒書の内容、表中①〜⑱は図1の各地点に対応する

1	京ヶ島村のはじまり	「雲の上人」なる聖（遍歴の僧）の来住、経塚①の存在、村名の由来、洪水による集落の移転
2	隣接の村々との境界	京ヶ島村の周囲の大島村・保村・塩之上村・草塩村・早川村との境界について、特に保村との早川河道をめぐる争い、京ヶ島村長百姓の保村側への加担
3	経塚近辺の「聖神」の森について	聖神②の除地の解除と、夜にあらわれる僧の噂
4	常昌院について	神王山常昌院③とその本尊・脇侍、所蔵経典、除地等について
5	山王権現正八幡宮	京ヶ島・草塩両村の氏神山王権現正八幡宮④について、氏神前の鳥居杉の由来、斎藤家先祖の鎮西八郎為朝への奉公など
6	天満大自在天	斎藤家の南表にある天満大自在天⑤について、高祖父斎藤善右衛門の勲功（斎藤家の氏神か）
7	秋葉権現	斎藤家の屋敷近くにある秋葉権現⑥について
8	魔王天神	氏神からみて西北西にある魔王天神⑦について（他家の氏神か）
9	天満大自在天神	氏神より北西にある天満大自在天神⑧について（他家の氏神か）
10	馬王天神	常昌院近くの馬王天神⑨について（他家の氏神か）
11	天向平の山神	京ヶ島村から東に30丁（約3.3km）離れた天向平の山神⑩について
12	草塩村境界の山神	北東へ20丁（約2.2km）、草塩村の山との境界にある山神⑪について、両村の境界における祭祀について
13	水神	本道より南にある横岩の小山の先端部にある水神⑫について、用水堰と用水路⑬開削と水田開発
14	地蔵堂	6の斎藤家氏神⑤の前にある地蔵堂⑭について
15	御伊勢松と尖り山	氏神南方、尖り山の御伊勢松⑮の由来と、尖り山の支配
	（由緒書に記載なし）	⑯高札場 ⑰巣鷹山 ⑱「大がれ」（崩落地）

古木に寄りかかった僧侶が読経している姿が見られたという。この記述は聖神の除地が無くなったことを聖が嘆いているとして、再び除地となることを暗に求めているのかもしれない。すくなくとも、村を創始した聖の伝承はこの時まで残っていたのだろう。逆に言えば、村の創始は斎藤家とは無関係であり、斎藤家は村の創始後かなり後の移住者だという認識であったことを示している。

その後、善左衛門の曽祖父茂右衛門が名主となったという。次に天正一九年（一五九一）の検地についての記

載がある。これは天正一八年（一五九〇）の豊臣秀吉による小田原城攻めの後、甲斐を領有していた徳川家康が関東に移封され、短期間の羽柴秀勝の領有の後、加藤光泰が領有していた時期の検地を指している。後述するように斎藤家は一九世紀前半の系図では小田原城攻めで負傷して帰村したとの伝承を主張している。ついで、関ヶ原の戦い後の慶長七年（一六〇二）および寛文一一年（一六七一）の検地の記述がある。この二回の検地については検地帳の写しなど関係史料が斎藤義直家文書に残されている。その後、家数も増え、有力な百姓三家を長百姓（おさびゃくしょう）とした、という。斎藤家に次ぐ有力な三家があったとも読めるが、これは後述する氏神を中心とする親族集団に相当するのかもしれない。

（2）水害と境界争い

続いて、隣接する村々との境界について語られる。ここで特に主張されているのは京ヶ島村の西側の早川沿いの境界についてである。まず、早川を挟んで東側の「座山（すわりやま）」（標高四九四m）とその北東の「花筒嶋」に関しては先の聖との関係で特筆されている。そして、座山の西北は隣接する保（ほう）村の枝郷柳島（やなぎしま）であるが、その前の河原が保村と京ヶ島村の係争地になっており、ここについては詳しく記載されている。実際の争論の経過については本書Ⅳ-1田中「災害の幸い」で詳しく扱っているが、由緒書で主張される京ヶ島村、あるいは善左衛門の主張は次のようなものである。

①河原は往古より京ヶ島村分の秣場（まぐさば＝馬の餌となる草を採る場所）であって、残らず当村が支配していた。

②中古以来川筋が荒れて秣場は残らず流れ、ただの河原になり、数度の河道の変更があったころも新たな川の両岸の河原は残らず京ヶ島村が支配していた。

③享保一三年（一七二八）の洪水で京ヶ島村寄りに河道が変わり、川の向こう岸に流木がかなり流れ着いて止まったので、流れ着きしだい保村の者たちが流木を取っていた。

④③のことについて、京ヶ島村は（おそらく）代官所に訴え出た。そこでは、上古より河原は京ヶ島村分中において怠りなく諸事支配しており、これにより往還の道・橋造りその他、川（かわ）除（よけ）および堀川の御普請（ごふしん）など、すべて京ヶ島村だけで勤めてきたことを主張した。

⑤京ヶ島・保、双方の村の者が召し出され、詳しく吟味がおこなわれ、京ヶ島村に道理があると裁定された。戌（享保一五年）一一月、今後柳島の前の古河道を限って両村境として遵守し、変更してはならないとの裁許が下されて、双方承知し、連判して請書を提出し、このことは双方でおさまった。

⑥これにより播磨沢（はりまさわ）の渡しより京ヶ島の用水堰の取水口までは河道変更を考慮せず河原はすべて京ヶ島の領分となった。

⑦年々の御普請は先に決められた通り、京ヶ島村へ命じられており、その他を含め諸事万端京ヶ島村が支配していた。

⑧しかし、京ヶ島村の長百姓瀬兵衛は親子ともに保村へ加担し、自分の村の邪魔をして、右の争論において自らは勝手に引き退いたので、（その後は）京ヶ島村による川原の諸支配、万事の御普請の役ともに外れて一切関与はない。

ここでは、洪水による早川の河道の変化と、それに伴う隣村保村の枝郷柳島との争論について記述されている。本書巻末「早川災害史年表　近世編」によれば、享保一三年（一七二八）には、数度の水害が記録されており、特に七月八日の満水で早川の河道が二瀬に分かれている。その中で、これまでの東の柳島側にあった河道が西の京ヶ島側へ移動し、流木の取得をめぐるトラブルから争論となった。この河原について、かつては秣場として利用されていたが、現在では特に利用されておらず、ただ流木の取得権が問題となっていることがうかがえる。注目されるのは京ヶ島村が河原の権利を主張する根拠が、道・橋造りや川除・堀の御普請を勤めていることである点、京ヶ島村の長百姓瀬兵衛が保村に加担したとして非難されている点である。後述するようにこの由緒書には京ヶ島村の百姓が連印しているが、瀬兵衛のみ印がない。この部分について絵図で確認すると、たしかに河道が二つに分かれおり、東側の京ヶ島村寄りの河道が太く、西側の柳島寄りの河道は細く描かれている。また、京ヶ島側には川除の注記が複数あることも確認できる。その他、由緒書のこの部分には塩之上（しおのうえ）村・草塩（くさしお）村・早川村との境界についての記載もある。

（3）さまざまな信仰

ついで、村内の寺社や祠堂などの由来が記載される。さまざまな寺社や祠堂があげられ、それぞれの由緒が語られる。まず、中心的な寺院である神王山（しんのうさん）常昌院があげられている（③）。常昌院については、件の遍歴の聖の庵室がもとになっており、集落と同様に移転伝承があって、元の場所からは古い瓦などが掘り出されたという。

次に氏神である山王権現正八幡宮（しょうはちまんぐう）（現・八幡日吉神社）の記載があり京ヶ島・草塩両村の氏神で

あること、正面の山王権現の左右に正八幡・八王子明神があること、宮の入口に杉の大木が二本あることが語られている（④）。特に八王子明神については、善左衛門の先祖が信仰していたという由緒が語られ、先祖が仕えていたという源為朝（鎮西八郎）にかかわる由緒が語られ、その祟り除けに社殿を新造したとする。

次に登場するのが集落の屋敷地に隣接する社で、いずれも村内の親族集団ごとの氏神と考えられる。まず、善左衛門家の氏神である天満大自在天神である（⑤）。由緒書によれば、先祖が浪人であった時、鎮守に勧請したということで、ここでは同時に斎藤家の由緒が語られている。善左衛門の高祖父にあたる斎藤善右衛門は豊臣秀吉に仕え、小田原城攻めに参加して負傷したが、その際にこの社の神木に他の木が折れかかって傷をつけたというのである。ここでは善左衛門の先祖が浪人として京ヶ島に居住したこと、秀吉に仕えて小田原城攻めに参加したことが語られるが、このことは後述する文化期の斎藤家の由緒でも語られている。次いで語られる秋葉権現も善左衛門の屋敷に勧請したものという（⑥）。

氏神山王権現より西北西の方向にある魔王天神は、社殿はないということだが、武田信玄の時代に穴山梅雪の組下で、直奉公の武士が屋敷へ勧請したものであるという（⑦）。勧請したのは常昌院の本尊の施主となった経島四郎左衛門とも、その子孫で穴山梅雪に仕えた帯金右馬助、あるいは武田某であるとも伝えられているという。その武士が穴山氏の供として水戸に引っ越し（徳川家康の五男万千代丸が武田氏の名跡を継承した後、水戸一五万石を領したことをさすか）、ただ一人残された幼い娘が、後に婿を取って長百姓家の一つになったが、現在は小百姓であるとしている。氏神より北西にある天満大自在天神は慶長のころまで藤太夫という神主がいたが、その先祖の宮内という者が勧請したとする⑧。その子孫である藤太夫の倅の代になって祭祀をおこなうことができなくなり、その隣家六左衛門の子孫瀬兵衛が先祖からの氏神であると称しているが、詳しい由緒は不明であるとしている。瀬兵衛は先祖よりの鎮守であると称しているが、疑わしいとのことである。また、常昌院の近くには百姓が馬料で勧請した馬王天神もある⑨。これらの魔王天神および天満大自在天神、馬王天神は、いわば村内で斎藤家に競合する他家の親族集団が勧請した氏神と考えられるが、いずれも由緒が疑わしいとしており、それと比較して自家の由緒のたしかさを主張する内容となっていることは注目すべきだろう。

次に語られるのは、村を離れた山中にある祠である。京ヶ島村より東に三〇町（約三・三km）ばかりのところにある塩之上村との境界、「天向平（あるいは天句＝天狗平か）」にある山神と、村より二〇町（約二・二km）ほど東北にあり、草塩村の山と京ヶ島村の山の境にある山神である⑩・⑪。また、早川村との境界も「石神峠」と称されており、「石神」の祠があったのかもしれない。いずれも他の村との境界上にあり、とくに草塩・京ヶ島境界の山神は、両村による共同の祭祀が行われているとのことである。また、祠が破損した時には共同で補修もおこなっているという。塩之上村や隣接する他の村々とも同様の共同祭祀をおこなっている可能性もあるだろう。焼畑（刈生畑／切替畑）を生業の柱とし、林業をはじめ山の資源を重要な糧としていた京ヶ島村のような山村にとって、山の境界の維持はきわめて重要であったはずで、実際に「天向平」の山神の周囲には見取畑（高に入れない畑、焼畑か）があるということである。山神とその祭祀には、山中における隣村との境界の維持・確認という意味があるのだろう。

さて、多くの祠のなかでも特異なのは「水神」と呼ばれる祠である。尖り山の尾根続きに東につきだした、経塚・聖神の南にある小山（絵図では「水神山」）の先端部、岩の上にある⑫。ここは京ヶ島村の南で大きく湾曲して東流する早川が北へと流れを変える場所である。この水神はもともと斎藤家の護持していたものであるという。

水神と関連して語られるのが、用水堰および用水路の開削と、水神山の北側の水田開発である⑬。由緒書によれば、慶安元年（一六四八）、善左衛門の曽祖父茂右衛門の見立てをもって、村中総がかりで尖り山の南の早川に用水堰を作り、用水路を引いた。そして水神山にはトンネル状の水路を開鑿し、北側の荒地に用水を通した〔本書Ⅲ-1白水「災害をめぐる山村と領主」図1を参照〕。水田開発は善左衛門の父茂兵衛の手習いの師匠である「一角」なる人物に行わせ、寛文一一年（一六七一）の検地で高請け（検地に際し、石高を定めること）した後に斎藤家が買い取ったという。これらの用水施設は、洪水などによる破損時は代官所による御普請の対象である旨が記されている。こうして、京ヶ島村は早川入（はやかわいり）でも例外的に水田を持つ村となった。

その後、この用水堰と水田はたびたび洪水の被害を受けたという。これらの大規模な用水施設と水田の維持は多くの労力を必要としたであろう。享保六年（一七二一）の洪水では田畑が流れ、用水路も崩れた。その際には村中で相談し、この水神に立願したところ、その後は加護があったとのことで、村の祭礼とし、定められた祭礼日以外にも、用水堰・田畑をはじめ川原、その往還の道が危うい時には、その安全を願い、加護があった場合は祭礼をおこなっているということである。立地的にも名称的にも、この水神は早川の洪水からの加護を願って信仰された祠であるといえる。また、これらの用水施設が村が費用を負担する自普請（じふしん）ではなく、公費による御普請の対象であることを主張し、今後の災害に備える意図もあったであろう。また、この水神を斎藤家が

写真2　早川対岸より「尖り山」（丸山）を望む（2008年）

護持しているということは、京ヶ島村の水害対策に関する斎藤家の主導権を象徴していると見てよいだろう。

さて、その他の内容としては、斎藤家の近傍の辻場にある古くからの地蔵堂の記述があり、最後に尖り山の記述がある（⑭・⑮）。慶長六年（一六〇一）、「御伊勢踊り」が世間へ流行した節、尖り山山頂で踊りを興行したという。その時の道具は尖り山の北に埋めて印に松一本を植え立てて、御伊勢松と名付けたところ、この時には立派に成長したという。その一〇間（約一八m）ほど下には別の松二本が生えており、それらが山頂から見ると一つの傘のように見えるという。

さて、ここまでをまとめると、この由緒に登場する寺社や祠堂は、次のように整理することができるだろう。村の創始伝承を象徴する常昌院（③）と村全体および草塩村の鎮守山王権現（④）、斎藤家を含む村内の親族集団ごとの氏神（⑤⑦⑧⑨）、山中で村の境界を象徴する山神（⑩⑪）、早川の水害除けを願うための水神（⑫）、などである。とくに水神については、水害という京ヶ島村を悩ませる災害に対する宗教的な対応を意味しているのだろう[5]。

5　当会では、この由緒書と絵図をもとに、二〇〇八年に現地の方のご案内をいただいて京ヶ島村の巡検をおこなったが、以上の寺社や祠はほぼすべて確認することができた。それぞれの信仰がその後も強固に存続したことをあらわしている（柴﨑啓太「一枚の古絵図から—京ヶ島の今昔—」『中央大学山村研究会報告集』一七集、二〇〇八年）。

（4）困窮への対応

この由緒書には、飢饉などによる困窮に対する対応を記したと考えられる部分も存在する。さきに御伊勢松の記述で登場した尖り山（丸山）はもともと斎藤家の管理下であったという。由緒書の記述によれば、百姓が困窮している時には村の者に割り当て、慶長七年（一六〇二）の検地において刈生畑（焼畑）として高請けした。しかし、やがて荒廃し、山内の伐り替場（焼畑）も同様の荒地になり、年貢の弁済については斎藤家が行っていた。小前百姓（こまえびゃくしょう）（村役人以外の一般の百姓）の面々へ山地を割り出した際にも尖り山は割り当てず残しておいたが、その後、本田畑での栽培を禁止されたたばこの栽培、困窮した百姓による焼畑耕作などに使用しているという。現在は少々の薪用に松林となっており、放置しているということだが、領主に対しては利用価値のない「荒地同然」といいつつ、飢饉発生時など百姓の困窮時には焼畑として耕作させていることがうかがえる。この記述を信じるならば、斎藤家主導による尖り山を活用した村の困窮対策がおこなわれていたことをあらわしており、山村にふさわしい困窮対策といえるのではないだろうか。

（5）作成の経緯

最後に、この史料の作成された経緯について確認したい。奥書によれば、「殿様」が先月、つまり享保二〇年四月に村々を巡回した際、村々に古くからある事を尋ね、京ヶ島村の由来・氏神・諸社の由緒等、諸事を詳しく記した書付を所望したため、提出のために善左衛門が作成した、とのことである。当時早川入を管轄していた上飯田代官所では、前年の享保一九年に新代官として江守伝十郎ならびに大久保内蔵助が就任しており(6)、斎藤家文書には大久保内蔵助宛の文書が多く伝

6　『山梨県史』通史編三、近世一。

えられている。新任の代官による巡回を契機に作成されたものと考えてよいだろう。ただし、その場合、善左衛門はこの長文の由緒を一か月程度で作成したことになり、これだけの由緒を一から短期間に作成できるとは思えず、おそらく善左衛門はこの原型にあたる諸伝承を記した史料を所有していたのであろう。また、代官への提出用の文書であったとすれば原本は提出したはずである。それと符合するように本史料にはいくつかの語句に「本紙に書かず」という注記がみられ、本紙つまり提出した原本とは別にこの史料が作成されたのだろう。この由緒は代官所など領主側の視線を常に意識していると考えられ、注意が必要である。

そして先に述べたように、この由緒書には、善左衛門による作成の経緯、および本資料が提出された書面と同内容であること、内容が真正であること、以上を村人が連印して証明する旨、記載されている。すなわち、善左衛門はこの文書を村人の前で読み上げ、これを聞いた村人が内容を承認したというのである。ただし、これも前述したが、文中でその行動が非難されている瀬兵衛のみは押印していない。

この文言と署名はどのような意図によるものだろうか。村の公的な歴史とも考えられる以上、提出に村人の承認が必要であったということだろうか。それとも善左衛門が領主への由緒の提出という機会を利用し、村人たちに自家に有利な由緒を村の歴史として承認させようとしたのだろうか。また、絵図はあきらかに同時期に作成されたもので、善左衛門の黒印が捺してある上に、「大屋」という朱印も捺してある。村人への読み上げ時に使用されたのだろうか。これらについては確たることは言えないが、内容は善左衛門に有利な記述が多く、村内における斎藤家の卓越した地位を承認させるために作成されたのではないだろうか。一方で、内容があまりにも村人たちの認識からかけ離れていれば、村人たちの承認は得られなかったはずで、大まかな内容としては村人の共通認識と考えてもよいと考えられる。

2　「武士の由緒」から「治水の家」へ

（1）文化三年の申状と系図の作成

享保二〇年の由緒作成から約七〇年後、一九世紀初頭の文化三年（一八〇六）、善左衛門の孫にあたる斎藤茂平太は甲府勤番支配松平定能（伊予守）に対し、一通の申状を提出した。[7]松平定能は文化一一年（一八一四）に成立した甲斐国の地誌である『甲斐国志』の編纂を主導した人物として知られている。この史料は『甲斐国志』編纂の資料として提出されたものだろう。この中で、茂平太は先祖の斎藤播磨が武田家へ奉公していたこと、そのことは別紙写として提出した朱印状にあきらかであること、播磨の子息善右衛門は天正一〇年（一五八二）の武田家滅亡後は豊臣秀吉に仕えたこと、小田原落城の折に重傷を負ったこと、自分まで九代にわたり村役人を勤めたこと、それゆえ名字帯刀はしていないこと、「先年御改めの節」に朱印状写と由緒書を提出したことを述べている。[8]

さて、こうして提出された由緒は『甲斐国志』編纂にどのように生かされたのだろうか。実は斎藤茂平太の提出した資料は、斎藤家文書以外にも残されている。

これは若尾史料『河内領古文書』所収の寅六月四日「北方十一騎」である。[9]寅六月とは、文化三年（一八〇六）であり、斎藤茂平太の松平定能宛の申状と同時期に作成されたことになる。つま

7　斎藤義直家C-d-①-8。

8　享保二〇年の由緒書とこれら文化期の系図・史料を比較すると、斎藤善右衛門についての記載はほぼ一致するものの、享保の由緒にはその父の斎藤播磨については記載がない。そこでは善右衛門以前は浪人であったとのみ語られており、善右衛門ないし先祖が武田氏や穴山氏に仕えていたという記載はまったくみられない。

9　東京大学史料編纂所所蔵写真帳、若尾史料『河内領古文書』。

表2　「北方十一騎」の内訳

	北方拾壱騎	子孫	穴山時代北方拾壱騎※
京ヶ島村	斎藤播磨守 子息同善右衛門 （直奉公）	茂平太	斎藤播磨
早川村	早川彦三郎・弟彦助 （直奉公）	忠右衛門	早川藤三郎・父同伊勢守
草塩村	小笠原対馬守（直奉公）	利兵衛	小笠原（草塩）対馬守
千須和村	千須和六郎左衛門清光 （穴山組）	利右衛門（本苗武田）	武田（千須和）清光
大原野村	深澤采女	子孫なし	塩島ろうくわん（郎寛？） 深澤采女はその子息
樽坪村	樽坪河内守	たしかな子孫なし	樽坪河内守
薬袋村	佐野伊賀守 子息七郎兵衛（穴山組）	藤八（本家） 幸七（新屋）	佐野伊賀守
塩之上村	大野佐渡守（直奉公）	喜大夫	

※別の伝承「穴山時代北方拾壱騎」（『河内領古文書』）から

り、この「北方十一騎」は斎藤茂平太が申状と同時に作成して提出した史料であると考えてよいだろう。宛先は内藤清右衛門となっている。内藤清右衛門は巨摩郡西花輪村の出身で、松平定能のもとで、『甲斐国志』編纂にかかわった人物である。『甲斐国志』編纂のための資料として提出され、筆写されたものと思われる。ここには「北方十一騎」と総称される武田氏（「直奉公」）や穴山氏に仕えた「村の武士」とでも呼びうる人々の伝承があげられている（表2参照）。そして、それぞれ確かな子孫の有無や、わかっている場合はその人名が書き記されている。これ以外に武家奉公の伝承を持つ家は知らない、とも記している。すなわち、茂平太は早川入の他の村における斎藤家のような一族についての情報を共有していたことになる。『河内領古文書』には、作成者は不明ながら「穴山時代北方拾壱騎」という別の文書の写しがあり、斎藤茂平太が提出したものとは微妙に異なっている。「北方十一騎」を構成する人物が誰であるかと、個々の人名については、さまざまな異なる伝承が残されていたらしい。

では、こうした史料は、実際の『甲斐国志』にはどう参考にされたのだろうか。「北方十一騎」の人名のうちでは、「士庶部」に大野佐渡・斎藤播磨・早川伊勢・佐野七郎兵衛がみえる。[10]また、「北方十一騎」以外の草分け伝承も多く記載される。それぞれの記載されている情報を見ると、「北方十一騎」のような書上を多くの村々から集め、編纂したことがわかる。しかし、「北方十一騎」自体は『甲斐国志』に記載されず、結局のところ、この斎藤茂平太らの書上げは全面的には『甲斐国志』に用いられなかった。しかし、斎藤家の家祖とされた斎藤播磨は『甲斐国志』に記載されたのである。

なお、「北方十一騎」に含まれる人名のうち、佐野七郎兵衛については、本書II-1西川「水害への対応と治水技術」でも言及されているように、穴山氏から同人宛に発給された複数の文書が残されており、その実在と活動を確認することができる。[11]早川入における穴山氏の代官的役割をはたしていた可能性が高い。また、早川彦三郎については穴山氏による棟別役免除の文書にその名前が見られる。[12]

（2）武士の由緒から「治水の家」へ

申状提出の一年後にあたる文化四年、斎藤茂平太は「京ヶ島居住以来」の斎藤家の系図を作成する。[13]冒頭で子孫に対して代々油断なく書き継ぐことを求めているため、『甲斐国志』編纂のために提出されたものではなく自家で残しておくために書かれたものだろう。作成時期から考えて、先の史料を提出したことが契機となってまとめられた可能性が高い。

10　『甲斐国志』四、大日本地誌大系四七（雄山閣、一九九八年）。

11　笹本正治「早川流域地方と穴山氏―戦国大名と山村―」（『信濃』二七-六、一九七五年）。

12　「武田穴山信君判物写」（『山梨県史』資料編四中世一、一〇六八号）。

13　斎藤義直家A-g-③-1-2-2。

幕藩権力による『甲斐国志』編纂事業は、地域の有力者の歴史認識に大きな影響を与えたであろう。由緒や系図などが領主権力との関係を多く含む以上、公的な記録編纂が地域の歴史認識に与える影響は非常に大きいと言ってよい。茂平太もまた、資料の提出を求められたことから、自家の系図作成（あるいは改訂）という作業をおこなおうと考えたのだろう。

　この系図は基本的に代々当主の生没年と享年、父親の何歳の時の子であるか、妻の出自と没年、法名が記載されており、当主の兄弟についても簡単な記載がある。この系図を分析することで、作成者である斎藤茂平太が自家の代々をどのように認識し、子孫に伝えようとしたのかがわかる。

　まず、先の斎藤播磨について詳細な記述があり、「清和天王（ママ）以来之侍」で「藤原氏斎藤別当実盛拾四代後胤」であって実名が高光であること、武田信玄に仕え、信濃国岩村田（長野県佐久市）に居住していたこと、穴山衆に付けられたため京ヶ島村に移住し、合戦ごとに命に従って出陣していたとしている。武田勝頼の敗戦にあたって戦死したが、後述の子息善右衛門尉は在国していたため、それ以上のことは不明であるという。

　その子息善右衛門尉は実名高康であるという。永正一二年（一五一五）出生とあるが、であるならば後述の小田原城攻めの時にはかなり高齢なはずである。天正一〇年（一五八二）の武田家滅亡後は豊臣秀吉に仕えたこと、天正一八年の小田原落城の折に重傷を負ったことは享保二〇年の由緒書や先の斎藤茂平太の申状と共通している。負傷したことと神木が傷ついたことの関連が霊験として記述されているが、享保二〇年の由緒と比較すると細部が異なっている。天正一九年（一五九一）死去とされ、法名の記載があり、妻についても草塩村の津嶋家の女であるという。小田原落城からほどなく死去したといえ、負傷がもとで亡くなったと伝承されていたのだろう。

その子は斎藤新兵衛尉、その子が茂右衛門である。慶長七年（一六〇二）の検地はこの茂右衛門の時代であり、また、前述した「水神山」の用水路の開削と、堰の建設についても記載されている。水神山を掘り抜いたこの普請については茂右衛門の「見立て」とされており、特別な技術を備えていたことを示唆している。その子が平左衛門、その子が茂兵衛で、茂兵衛の子が享保二〇年の由緒書を作成した善左衛門であるという。善左衛門は茂平太の祖父とされる。

善左衛門に関しては本書Ⅲ-1白水「災害をめぐる山村と領主」・Ⅳ-2鈴木「御普請世話人斎藤善左衛門の狂歌づきあい」に詳しいが、この系図においては善左衛門の事績はとくに長文で語られており、その内容は大きくわけて二つある。一つは名主役をめぐる争論である。斎藤家は定名主として代々名主を勤めてきたとするが、善左衛門の代になり、村内より斎藤家の名主役独占に不満の声が出てきたのだという。元文三年（一七三八）には長百姓瀬兵衛が訴訟を起こし、「出入」となっている。系図によれば、一旦は名主が年番制となったものの、新たに名主となった瀬兵衛らの不手際により、元の通り善左衛門が名主を勤めるようになったという。この時期に名主が年番制になっているのは事実と思われるが、その経緯については、茂平太のこの主張が歴史的事実に即しているのかどうかは不明である。[14]

二つ目は水害対応や川除普請への対応である。まず、前述した享保一三年の保村との中川原をめぐる訴訟において京ヶ島村に有利に裁許があったのは善左衛門の働きであるとしている。[15]また、曽祖父茂右衛門が建設した用水堰につき、かつては大破の時のみ経費が支給されていたが、同じく善左衛門の尽力により領主の負担による御普請となったとしている。その上で元文年中の川除御普請についても御普請となったことは「誠に善右衛門の働きなり」としている。本書Ⅳ-2鈴木

14　本書Ⅳ-2鈴木「御普請世話人斎藤善左衛門の狂歌づきあい」では名主の年番制は善左衛門の負傷が契機とされている。

15　本書Ⅳ-1田中「災害の幸い」によると、享保一三年の訴訟時の名主は沖右衛門であるが、系図によると善左衛門の若年の時の名前であるという（斎藤義直家A-g-③-1-2-2）。

「御普請世話人斎藤善左衛門の狂歌づきあい」において語られる善左衛門の狂歌付き合いのきっかけとなった、延享五年（一七四八）の御手伝普請（幕府の命令により諸大名が費用を負担して治水などの土木工事をおこなうこと）についても記載がある。善左衛門の子で、茂平太の父丈左衛門についても、わずかな記述ではあるが、甲州川々の御手伝普請の記載があり、京ヶ島村も金銭を負担したという。

斎藤家が治水に関する広範なネットワークを有し、高い技術も持っていたことは本書Ⅱ-1西川「水害への対応と治水技術」であきらかにされており、また領主負担による御普請を勝ち取る善左衛門をはじめとする京ヶ島村の交渉力は本書Ⅲ-1白水「災害をめぐる山村と領主」で述べられているが、それらについて系図では善左衛門の事績として特筆されている。こうして由緒を検討していくと、この系図が語っているのは、半ば伝説的な武士としての由緒から、単なる名主としての由緒ではなく、治水工事の指導力や調整能力、交渉力を持つ、いわば「治水の家」としてのアイデンティティへの移行なのではないだろうか。文化三年の申状では、幕藩権力に対して武士としての由緒を主張しつつ、それにともなって自家で作成した系図では武士の由緒だけではない意識を伺うことができる。また、この系図では、一八世紀前半の善左衛門の時代から、斎藤家の名主としての立場が村内の複数の家の挑戦により、揺らいでいたことも読み取れる。このことも、斎藤家が災害対応に不可欠な治水に関連する能力を誇り、村内での卓越性を維持しようとしたことにつながるのではないだろうか。

おわりに

本章では斎藤義直家文書から、京ヶ島村における享保期（一八世紀前半）の由緒書と文化期（一九世紀はじめ）の系図など諸史料をもとに、村の由緒における自然や災害との関わりを通して由緒の変化について考察した。本章の考察をまとめると以下のようになる。

①享保の由緒書は「人里はなれた山中」での修行の場から京ヶ島村の始まりを語り起こし、先祖が戦いによる負傷から武士をやめ、移住したことが語られており、山村の創始と自家の山村への移住を説明している。

②享保の由緒書は代官所に提出されたと思われるが、とくに洪水による早川の流路の変化と、それに伴う隣村保村との争論における京ヶ島村の正当性の主張に力点が置かれている。

③村内の寺社や祠堂についてのその由来を含めた記述が詳細だが、そこからは山中の境界の山神、水害からの加護を目的とした水神など、山を生業の場とし、災害にたちむかう山村としての特徴的な信仰がうかがえる。また、村内に複数（おそらく四つ）の氏神を中心とした親族集団が存在することが考えられる。

④名主善左衛門の斎藤家の村内における卓越した地位が主張され、その中には困窮した百姓への「尖り山」における畑の割り当てなどの困窮対策も含まれる。内容を村人たちが連印して承認しているが、他の有力な家の存在も垣間見え、内容についても村人の目を意識し、掣肘

を受けている可能性がある。

④七〇年後の文化の系図などの史料では、斎藤家代々について記述がより詳細になっており、新たな由緒の創生が推定される。一方で斎藤家が武士としての由緒だけではなく災害対応に不可欠な治水（川除普請）に関連する実績と能力を誇り、村内での卓越性を維持しようとした姿も読み取れる。

京ヶ島村の「歴史語り」（由緒書や系図）からは、生活の場としての山林を持ち焼畑などの生業をおこない、氾濫を繰り返す川のほとりで水害に立ち向かって水田の維持もおこなうという特徴的な姿が垣間見える。史料的制約もあり、推測を重ねた部分もあるが、早川入の他の村の由緒を検討することで、「山村の由緒」の特徴をさらにあきらかにすることが今後の課題となるだろう。

第3章　災害と作物被害

成畑　誠

はじめに

深い山々に囲まれた早川町は、一見するといかにも自然災害に弱そうに見える。まして、科学・技術の進んでいなかった江戸時代では、災害に翻弄されてただおろおろする人々が思い浮かぶのではないだろうか。では、実際にはどうであったのだろうか。

ここでは、災害による早川入（はやかわいり）の作物被害を、比較的史料の多く揃う江戸時代後半に焦点を当て、現地の史料にもとづいて具体的に見ていきたい。

まず当時どのような作物を栽培していたかを見て、それが自然災害によってどのような被害を受けたかを明らかにしていく。そして早川入の人々が作物被害にどのように対応して乗り越えていこうとしたかを考察していき、その中で山村である早川入の生活の多様性を解明していく。

なお、現在の早川町を構成する江戸時代の一九ケ村を「早川入」とした。

1　江戸時代早川入の作物栽培

現在の早川町の農業データを見てみると、令和三年（二〇二一）の農林水産省・作物統計・面積調査によれば、耕地面積は六二ha（haは一〇〇m四方、約六二町五反）で、田が八ha（約八町一反）、畑が五四ha（約五四町四反）となっており、二〇二〇年農林業センサスでは、総農家五九戸、そのうち自給的農家が五六戸、販売農家が三戸となっている。田では米を、畑では蕎麦、ジャガイモ、大豆、野菜などを作っているようだ。

では、江戸時代の早川入の農業はどのようであったのであろうか。

（1）江戸時代の早川入の農業

延宝五年（一六七七）の検地では、無高の奈良田村を除く早川入一八ケ村の耕地の大部分は畑で、五六一町五反二畝歩となっている。そのうち普通畑（常畠）一三一町九反余に対し、焼畑（苅生畑）が四二九町六反余と畑の四分の三を占めていた。焼畑は山焼きをして三年ほど耕作をしたあとは苗木を植え一〇年以上休耕する。

一方、耕地のうち田はわずかで、水田があるのは、笹走、塩之上、京ヶ島、草塩、千須和、榑坪、初鹿島、小縄・高住・赤沢の八ケ村で、面積は七町四反七畝二二歩である。そのうち、京ケ島村（二町一反三畝一八歩）と草塩村（一町六反九畝二六歩）が比較的広く、その他の村は等級の低い田を持っているか、面積が狭い[1]。

1　以上、延宝検地による耕地面積は『早川町誌』（早川町、一九八〇年）六七六～六八二頁による。

近世後期には荒蕪地を開拓して新田を開いたり、畑を田にする「畑田成」が行われるなど開田が進められた。安政四年（一八五七）には、早川入一九ケ村のうち奈良田村と湯島村を除く一七ケ村が閏五月一七日までに田方残らず植え付けたことを代官所に届け出ている。[2]このことから幕末にはほとんどの村で田が開かれたようである。

では、どのような作物が栽培されていたのであろうか。村の概況が記されている各村の村明細帳によって、畑・田の作物を見てみよう。早川入村々の村明細帳をまとめたものが表1である。畑では、多種多様な作物が栽培されていたが、自家用作物として、麦、粟、稗、きび、蕎麦、こうらい（とうもろこしカ）の穀類や、大根、いも、大豆、小豆などを作っている。商品作物として、煙草、茶、荏（油荏＝えごま）、楮などを作っている。大豆は自家用として消費するとともに換金もしていた。

田で作られる米は主に自家用にしていたと思われる。

（2）早川入の主要作物

主な作物について見てみる。

・麦

表1で麦作の記載のあるのは雨畑村、薬袋村のみである。しかし、享保八年（一七二三）粟倉、初鹿島、小縄・高住・赤沢、千須和、薬袋、塩之上の六ケ村で麦不作のためご見分願いが出されている[3]など、麦作損毛の史料は多い（次節の表4「作物被害一覧」参照）。麦は畑方作物の主力であり、収穫高では多量である。[4]初夏に収穫され、米・雑穀が収穫される秋までの端境期の食糧としても

2　斎藤義直家文書D-c-②-5-2。

3　水野定夫家文書28。

4　『早川町誌』三八九頁。

貴重であり、最も主要な食糧となっていた。明細帳に記載がなかったのは、他の作物が秋に収穫するのに対し、麦が夏に収穫する裏作なので記載されなかったためではないかと思われる。田は一毛作なので田の裏作ではなく、畑の秋作の裏作である。

・粟・稗

麦に次いで多く作られた主食である。生育期間が短く救荒作物でもあった。薬袋村の天保一三年（一八四二）の明細帳では「畑作之義　粟　稗七分」とあり、(5)畑の主要作物であり、主要食糧であった。稗は長期保存ができるので、貯穀された。薬袋村には、元治元年（一八六四）や年不明の麦・稗の貯穀書上げの史料がいくつかある。(6)

また、京ヶ島、草塩村では、享保一九年（一七三四）に代官所から享保の飢饉に対する貯穀と思われる稗上納の命令があったが、長雨・寒気のために生育が悪いので「御赦免（免除）」を願い出ており、(7)翌二〇年も日照りで畑作が悉く傷んだので稗の上納の「御赦免」を願い出ている。(8)

・蕎麦

二、三か月のうちには収穫できる作物といわれ、短期間で収穫できるので、救荒作物として重宝された。等級の低い畑や焼畑で栽培されていた。

・煙草

表1の村明細帳では一一ケ村と半数以上の村で作っている（京ヶ島、草塩、早川、黒桂、保、雨畑、大島、薬袋、千須和、初鹿島、小縄・高住・赤沢）。煙草は早川入の主要な換金作物で、「薬袋煙草」として広く知られていた。(9)早川と富士川の合流点の飯富河岸から富士川舟運を利用して清水湊を経由し、江戸・大坂に送られた。(10)早生煙草は、麦の刈取りの前に植付け、台風期の前に収穫する

5　『早川町誌』七六〇頁。

6　佐野政男家文書198（元治元年）、同289・310・318など。

7　斎藤義直家D-b-④-2-16（京ヶ島村）、同D-b-④-2-11（草塩村）。

8　斎藤義直家D-b-④-2-14、同A-f-④-4-1-2。

9　『甲斐国志』巻之十六　村里部第十四、薬袋村の項に「本村煙草ニ名アリ」とある。

10　『山梨県史　通史編3・近世1』（山梨県、二〇〇六年）五六九～五七〇頁。

田方	稼ぎなど
わせ稲	田一毛作、郷蔵屋敷壱ケ所村仲ニ御座候
	畑高拾五石三斗五升程水損勝之悪所ニ御座候、畑高廿壱石四斗弐升程旱損勝之悪所ニ御座候
かげくろ・赤穂□・やろく	田方之義三分壱沼田一毛作、三分弐用水之義ハ…早川ゟ堰場仕候
かげ黒・赤ゑび	足入田一毛作リ
	作物之内ニ而売出申候ハ油草（菜カ）・たばこ・茶等売出申候、押掘役永百弐拾五文ツヽ御上納仕来申候
	下々畑・刈立畑あふらゑ作リ申候是ハ所々売出し申候、鍛冶屋すみ所々売出し申候、すゝき少々つゝ所々売出し申候
	臨時の作物楮、大小豆・油菜ハ年寄少々宛売出申、永拾六文半掘役納来申候、濃（農）業間ハころ桶・榑・笹板・檜皮□□立木山杉取出家業仕候
	茶・た葉粉少々作申候
	御巣鷹山壱ヶ所、永六拾弐文五分押掘役金申候
	金山元ニ而御役金永壱貫五百文づゝ御上納仕、山金・沢金・川金・勧進金作間ニ相稼、御役所江売上名主方江売上高弐拾分一被下置候
	永壱貫五百文押掘役是ハ金山稼仕候ニ付押掘役金…、耕作之間者男ハ金山から切等致、又ハ祢木・末木等取リ柄・杓等捲物いたし…、金山古間歩八ケ所御座候、作之間稼…
	茶・たはこ・楮少々御座候
早稲仕付	畑方旱損勝之所ニ御座候、稼　男農業之間薪肥取申候、女ハまい作之間薪取、大工拾人
くろかげ	余時之作物たばこ・荏・楮少々宛作リ申候、樹木かき少々御座候、大工三人、馬楽壱人
新ぢこく・ゑうらく・もミぢ	農業之間ハ男ハ薪取、飯富・下山へ出シ申候　（枝郷、夏秋・11軒・60人、指越シ・3軒・10人）
わせ稲	田一毛作、多葉（粉脱カ）・楮少々ハ御座候、鍛冶壱人
	永百廿五文押掘役当来リ申候、湯坪三口、黄蓮・さいしん少々宛売出申候
	男女之かせぎ夏ハ鍬からミ細工又ハ箕をこしら江秋冬ハ奈良田折敷をとぢ甲府ニ而商売仕又ハ山師入申候節ハ川長ニ而材木出商売渡世仕申候、御巣鷹山奈良田村分…11ケ所、黄蓮・さいゑん・志やくやく

表1　村明細帳

村名	作成年	村高*	家数・人数	畑方作物
笹走	享保20（1735）	71.4.8.6	16軒・72人	大豆・油荏・粟・稗・□□（蕎麦カ）
塩之上	安永6（1777）	120.6.2	36軒・164人	（具体的記述なし）
京ヶ島	安永6（1777）	54.2.1.1	32軒・150人	粟・稗・きび・多葉粉
草塩	安永6（1777）	62.2.3.8	40軒・171人	粟・稗・きび・たばこ
早川	安永9（1780）	64.6.6.5	51軒・221人	粟・稗・いも・大根・たばこ・きび
大原野	享保20（1735）	39.6.7.4	51軒・201人	大こん・粟・大豆・ひゑ・そば・あふ（ら脱カ）ゑ・きび
新倉	明和5（1768）	96.?.5.2	105軒・444人	大小豆・粟・稗・きび・かうらい・蕎麦・油荏
黒桂	享保20（1735）	18.8.5.4	31軒・107人	粟・稗・大小豆・たはこ・かうらい
西之宮	安永9（1780）	29.6.3.3	24軒・113人	（具体的記述なし）
保	安永6（1777）	52.5.3.3	60軒・274人	粟・稗・大小豆・煙草・芋
雨畑	延享2（1745）	99.2.3.6	105軒・452人	粟・稗・大豆・小豆・蕎麦・たはこ・大麦、小麦少々作
大島	享保20（1735）	20.3.2.3	18軒・92人	粟・稗・そば・きび・いも・大こん・たばこ
薬袋	安永6（1777）	76.1.3	67軒・312人	麦・粟・稗・大豆・蕎麦・たはこ・いも
千須和	安永6（1777）	122.2.1.3	35軒・177人	大豆・小豆・蕎麦・粟・稗
榑坪	安永6（1777）	39.1.2.6	31軒・151人	大豆・稗・粟・そば
初鹿島	享保20（1735）	19.0.6.8	26軒・139人	大豆・そば・粟・ひゑ・大こん・いも・たばこ
小縄・高住・赤沢	享保20（1735）	74.0.8.8	57軒・361人	あわ・ひゑ・大豆・そば・きび・稗・いも・大根
湯島	文化3（1806）	31.8.9.7	66軒・291人	（具体的記述なし）
奈良田	文化3（1806）	―	46軒・234人	粟　蕎麦　稗　菜　大豆　小豆　大根

＊村高は、左から石.斗.升.合。奈良田村は無高
笹走村から小縄・高住・赤沢村までは『山梨県史資料叢書　村明細帳　巨摩郡編』125～212頁より作成。湯島村、奈良田村は『甲斐国志』編集のために差し出した「書上明細帳」など（『早川町誌』565～568頁）より作成。

のが良いとされた。刈り取り跡には蕎麦を播くのに適していると言われた。

早川入でいつから煙草が栽培され始めたか正確にはわからない。江戸時代初期には全面的に禁止されていた煙草の作付けが、やがて本田畑での煙草作禁止に緩和され、寛文一〇年（一六七〇）一月にも幕府から煙草の本田畑作付け禁令が出され、それを受けて七月に京ヶ島村の惣百姓が本田畑に煙草を作らない旨を誓約している。(11) このころには本田畑以外では煙草が作られていたと推測できる。

・楮

製紙の原料である楮は、表1村明細帳では四ケ村で少々作っているのみとなっているが、焼畑で栽培されていたために明細帳に記載がなかったのであろう。寛文一一年検地ではすべての村で栽培されていた。文化一一年（一八一四）東西河内領八七ケ村の楮・三椏生産者が、保村役人後見秀八と十島村長百姓九兵衛を惣代として、市川大門、西島両村の紙漉人を相手に駕籠訴を行った事件がある。(12) このことからも早川入村々では江戸時代後期でも広く栽培されていたことがわかる。焼畑の一年目に植え付けてから手間をかけずに五、六年で収穫できる重要な換金作物であった。

・稲

表1の村明細帳を見ると一毛作である。早稲を仕付けているところが多いようだ。早稲は収穫期が早く、台風などの風水害を受けにくい点で有利であった。文政一一年（一八二八）の京ヶ島村指出明細帳(13)では、四月に苗代に種下しして五月なかば前に植え付けてから、早稲は秋彼岸前に刈り取り、中稲は秋彼岸迄刈り取り、晩稲は秋土用時分迄刈り取りとある。また、三分は早稲、七分は中稲・晩稲で年によって不同となっている。文政年間になると、安定して収穫できる早稲よ

11　斎藤義直家A-h-④-5-3。

12　『山梨県史　通史編3・近世1』六〇八頁。

13　『早川町誌』七七二頁。

り、収穫量の多い中稲・晩稲の方に移行している。表1の村明細帳から、「鹿毛黒」、「弥六」、「永楽」などの品種が同時に数種栽培されていたことがわかる。

表2　大原野村　畑等級別作付け状況　享保20年（1735）

等級	面　積	作　付　け
上畑	5反0畝18歩	（二毛作）大こん・粟
中畑	7反5畝 1歩	（二毛作）粟・大豆
下畑	2町2反4畝21歩	（二毛作）大豆・ひゑ
下々畑	1町4反0畝18歩	（一毛作）そば・あふゑ（ら脱カ）
刈生畑	4町5反4畝18歩	（一毛作）あふゑ・粟
下畑（辰ノ御改）*	3反	（二毛作）ひゑ・大豆
下々畑	3畝10歩	（一毛作）あわ・ひゑ
刈生畑	5反5畝	（一毛作）粟・あふゑ
合　計	10町3反3畝26歩	

＊辰ノ御改＝貞享5年（1688）辰の検地による新田分
『山梨県史資料叢書　村明細帳　巨摩郡編』145頁「享保二十年（一七三五）大原野村明細帳・指上ケ申明細帳　享保二十年卯ノ四月」より作成。

（3）作付け状況

次に、具体的な作付け状況の一例として、大原野（おおはらの）村の明細帳を表にした（表2）。田のない畑だけの皆畑村である。上畑～下畑では二毛作を行っているが、地味の劣る下々畑と刈生畑は一毛作である。二毛作とあるのは裏作に麦を作っていたのだろう。次節の作物被害でも作付け状況がわかる。

表3は、薬袋村の作物年間スケジュールを、明細帳から表にしたものである。旧暦五月、九月が繁忙期である。麦が裏作になっているのがわかる。

ただ、毎年同じ作物を同じ量作っていたわけではない。田では稲は連作障害がないので稲を作りつづけることができる。畑では作付け作物の制限はないが、連作障害のため同じ畑に同じ作物を続けて栽培できない。畑を代えて栽培しなければならない。また、麦の後に煙草を作り、煙草の後に大豆を作るなど、作物の栽培サイクルが

表3　薬袋村　年間作物スケジュール　安永6年（1777）

	1月	2	3	4	5	6	7	8	9	10	11	12
田方・早稲					△5月上旬植付			◎8月上旬刈取				
畑方・麦					◎5月上旬刈取					△10月上旬蒔付		
粟					△5月上旬蒔付				◎9月中旬刈取			
稗					△5月上旬蒔付				◎9月中旬刈取			
大豆			△3月下旬～4月上旬仕付						◎9月下旬引取			
蕎麦						△6月上旬蒔			◎9月下旬刈取			
たはこ				△4月下旬植付				◎8月下旬伐上				
いも		△2月上旬仕付							◎9月下旬取			

△蒔付・植付、◎収穫（月は旧暦）
『山梨県史資料叢書　村明細帳　巨摩郡編』173頁「安永六年（一七七七）薬袋村明細帳・村差出明細帳　安永六年酉九月」より作成。

あった。

焼畑（苅生畑・刈立畑など）では、雑穀や楮などを作っていた。火入れをして一年目は粟・蕎麦を蒔き、二年目は小豆・大豆、三年目は大根や油菜（油荏（えごま）のことカ）などを蒔き付け、それ以後は休耕して苗木を植えて一五、六年くらいで一回転する。(14)

早川入では、焼畑は、耕地を持たないか、狭小な耕地の零細百姓が行っていたのではなく、全村民が協力して焼畑を行い、上層百姓ほど積極的に行っていた。(15)また、下肥、堆肥を運搬して施肥をすることなく、その場で焼いた草木の灰を肥料とするもので、山地の傾斜地では、合理的な農法であり、地力収奪的でない持続可能な農法である。

2　災害による作物被害

（1）災害別作物被害

早川入の作物被害を年代順にまとめたものが表4「作物被害一覧」である。

14　『早川町誌』六八一頁。

15　溝口常俊「甲州早川流域焼畑村落の展開」（同『日本近世・近代の畑作地域史研究』名古屋大学出版会、二〇〇二年）二一四～二三一頁。

表4 作物被害一覧

被害年	被害状況	被害村	出典*
正徳 3 (1713)	7月5日の満水にてたばこ作水かれ	京ヶ島	斎A-j-③-5-5
享保 5 (1720)	大旱損に付田畑損毛	西河内領村	斎D-c-②-10-4-1
享保 8 (1723)	去る冬中より2月まで大雪それ以後雨降りに付麦作くされ皆損・損毛	粟倉、初鹿島、小縄・高住・赤沢、千須和、薬袋、塩之上	水28
享保10 (1725)	秋作夏中永照にて諸作旱損	京ヶ島	斎A-j-①-21
享保13 (1728)	7月8日満水にて田畑川欠砂置水押、諸作大分無毛	京ヶ島	斎D-c-③-4-2
享保13 (1728)	8月12日風雨にて諸作大分痛、満水で田畑少々山崩川欠	京ヶ島	斎D-b-③-4-5
享保14 (1729)	当秋大風雨にて諸作損毛	京ヶ島	斎D-c-②-10-2
享保16 (1731)	去冬中寒気甚しく麦作損毛、5月中長雨にて押流もへ腐、夏中長日照り、8月2度の大風雨にて秋作皆損	笹走、榑坪、千須和、塩之上、薬袋、大島	望月か A-①-55
享保16 (1731)	5月中長降り満水にて麦作腐・流失皆損同然、夏中旱損、8月（11日より12日）の大風雨満水（水湛り）にて秋諸作大損毛	湯島、新倉、大原野、早川、黒桂、西之宮、保、草塩、京ヶ島	斎A-f-③-6-4、A-g-②-15
享保17 (1732)	悪水涌増し麦作皆損、5月長降り・悪水にて諸作大損毛、田作の義は大分虫付き半毛にも及び難し	京ヶ島	斎E-①-14-1
享保20 (1735)	5月26日より照続き畑作悉く痛、稗上納御赦免願い	京ヶ島	斎A-f-④-4-1-2
享保20 (1735)	猪鹿発向、早稲刈取り願	京ヶ島	斎A-g-②-27
元文元 (1736)	8月16日から17日の大雨・17日の大風にてたはこ作吹倒シ水酔大痛・稗作水溜穂腐大痛、その外の諸作中痛・小痛	京ヶ島	斎A-g-②-10
元文 2 (1737)	去る冬照り続き、当春雪雨降り大風で麦損毛に相見える	京ヶ島、保、西之宮、黒桂	斎A-c-③-4-7
元文 2 (1737)	猪鹿喰荒シのため早稲刈取り許可願	京ヶ島	斎D-c-②-5-1
元文 3 (1738)	7月22・27日の風雨田作穂枯、煙草痛、長降り水湛耕（稗カ）作穂腐	京ヶ島	斎D-c-①-7-18
元文 4 (1739)	去年秋作より当麦作大損毛	京ヶ島	斎A-j-③-5-7-2
寛保 2 (1742)	8月1日の大雨で早稲穂枯、畑方水湛稗・大豆水痛、煙草水酔	京ヶ島	斎A-b-③-1-15-1
寛保 3 (1743)	5月下旬より6月中厳しく照続に付、諸作悉く旱損	京ヶ島、草塩、西之宮	斎E-⑦-8-33-3-1
寛延 2 (1749)	夏日損その後長降りにて煙草作立腐、秋長降りゆえ中稲・晩稲籾穂枯又は青立	京ヶ島、草塩	斎A-f-④-5-1、D-c-②-7-1

宝暦 7（1757）	4月26日より5月5日の大雨で麦畑水湛朽腐・田方苗腰折、堰崩落し田畑旱痛	京ヶ島	斎A-j-②-19-1
宝暦 7（1757）	7月25日より27日の風雨で煙草吹捌・諸作吹倒、水湛で痛	京ヶ島	斎D-b-④-2-6
宝暦10（1760）	7月19日の出水にて用水堰埋まり稲作出穂を枯し	京ヶ島	斎D-c-③-5-5
明和元（1764）	7月15日より17日の大風雨にて煙草吹破、水湛で煙草・大豆・粟・稗水酔になり損毛	京ヶ島	斎A-j-②-10-3
明和元（1764）	8月1日より4日の風雨満水にて田畑諸作風水損毛	京ヶ島	斎A-j-①-25-6
明和 5（1768）	旱魃秋作損毛	37ヶ村	水77
明和 6（1769）	麦作皆損、6月より8月照続き畑作皆損	37ヶ村	水77
明和 7（1770）	旱損に付年貢上納年送	笹走、樽坪、千須和、薬袋、塩之上	望月是A-①-1-4
明和 8（1771）	当卯年も旱魃（近年旱損打続き去年寅年大旱魃で田畑皆損）	（不明・薬袋カ）	水2次A-②-26
天明 2（1782） 天明 3（1783）	大雨・長降りで両年夏秋凶作	早川入11ヶ村	斎A-f-⑥-11、佐84
寛政 2（1790）	何年にも無之旱損で諸作皆損毛、8月大満水にて田畑山崩川欠	千須和、薬袋、塩之上、初鹿島、小縄・高住・赤沢	佐31
寛政 3（1791）	夏中旱魃、8月両度の大風度々の出水にて田畑諸作皆無	早川入18ヶ村	佐35
文化 2（1805）	6月上旬より旱魃、畑方諸作皆損毛・田方も湧水場所皆損毛	早川入18ヶ村ほか全41ヶ村	佐77、78
文化 3（1806）	去年丑年より凶作打続き困窮	早川入村々（惣代京ヶ島・薬袋）	佐64
文化 5（1808）	畑方水損	薬袋	水112、113, 114
文化 7（1810）	去る11月中旬より2月迄度々大雪降り麦作皆損同然根腐	笹走、樽坪	斎D-c-②-10-1-2
文化 7（1810）	麦作損毛、秋作仕付差支になる	早川入18ヶ村（惣代京ヶ島）	斎A-a-②-4-5
文化13（1816）	閏8月1日より4日の風水にて秋畑作損毛	京ヶ島	斎A-c-②-31
文政 4（1821）	畑方旱損	薬袋	水151
天保 7（1836）	前代未聞之凶作（近年不作相続き）	東西河内領85ヶ村（惣代塩之上・切石）	望月かE-21

・被害年が特定（推定を含む）できる史料から作成した。また、出典のうちで、下書や内容の重複する史料は除いた。
・出典欄：斎→斎藤義直家文書、水→水野定夫家文書、望月か→望月かめ代家文書、望月是→望月是宏家文書、佐→佐野今朝男家文書。
・本書巻末「早川災害史年表　近世編」に災害全体が掲載されている。

享保年間後半から元文期にかけては、ほぼ連年作物の損毛がみられた。殊に享保一三年（一七二八）から一七年、元文元年（一七三六）から三年は長雨・大風雨による損害である。一方、明和五年（一七六八）から八年、寛政二（一七九〇）、三年は旱魃による被害が大きかった。

中塚武らの最新の気候変動の研究では、寒冷であった江戸時代の中で享保期は例外的に温暖で降水量が多かったとされるが[16]、早川入でも享保一三年から一〇年間、ほぼ毎年長雨・大風雨・満水による作物被害が発生した。明和期の早川入の旱魃も、全国的な旱魃の一環である。寛保二年（一七四二）八月一日の大雨も、「寛保二年洪水」として知られる関東甲信越地方を襲った台風による大水害のことである[17]。

このように、全国的な気候変動によって作物被害が引き起こされた場合が多くあるが、冷害による凶作で大飢饉となった天明期、天保期の作物被害史料が早川入では少ない。表4でも見てとれるが寛政三年までの作物被害史料は多いが、それ以後のものは少ない。史料の残存状況によるものとも考えられるが、早川入では天明、天保の飢饉の時でも被害が他地方に比べてそれほどでもなかったとも考えられる〔飢饉については、本書コラム2山本「近世山村の飢饉」〕。

表4「作物被害一覧」により災害別に作物被害を見てみよう。

・風水害

作物被害の大部分は大雨・大風によるものである。享保一六、一七、宝暦七年（一七五七）などの五月の長雨は、梅雨によるもので、ちょうど麦の収穫と秋作の蒔き付け時にあたり、被害を大きくしている。七月・八月の風雨は、台風によるものと思われ、生育した秋作に打撃を与えた。享保一三年は七月八日と八月一二日に、明和元年は七月一五〜一七日と八月一〜四日と、秋に二

16　中塚武監修『気候変動から読みなおす日本史』第1巻『新しい気候観と日本史の新たな可能性』（臨川書店、二〇二一年）、第5巻『気候変動から近世をみなおす—数量・システム・技術』（同、二〇二〇年）。

17　北原糸子・松浦律子・木村玲欧編『日本歴史災害事典』（吉川弘文館、二〇一二年）二三六頁。

度にわたり被害を与えている。大風によっても、元文元年に「風損」、宝暦七年に「吹捌」と煙草が被害を受けた。冬から春にかけても、享保八、一六、元文二、文化七年（一八一〇）に大雪・大雨などで麦が損毛している。

京ヶ島村では、窪地で排水が上手くいかずに水が溜まって「水湛場」となる場所があり、享保一六、一七、元文元、三、寛保二、宝暦七、明和元年には秋の大雨で水湛となり、秋作が腐るうえに麦の仕付が出来ないという、京ヶ島村固有の困難もあった。

・旱魃

享保五、一〇、二〇、寛保三、明和五、六、七、八、寛政二、三、文化二、文政四年（一八二一）にみられる。旱魃による被害は、早川入全域から西河内領村々と、広範囲に及ぶのが普通である。二、三年継続する傾向がある。しかし、享保一六年は夏が旱損でもその前後の五月は長雨、八月は大風雨であり、寛政二、三年は旱魃の後、大満水・大風・出水のように一年の中で不安定な気候のため旱魃になった年もあった。また、京ヶ島村の田の水は三分の二が早川から堰で取水していたが、早川の満水で用水取り入れ口の堰が破壊されたため、田が干上がって稲が旱損になってしまったこともあった（宝暦七、一〇年）。

・地震

宝永地震、安政地震に触れている史料はあるが、道が崩落したとか岩が崩れて木が朽ちたということで、作物被害は書かれてはいない。ただ、享保一九年の「当寅八月満水ニ付川除御普請損候御事」[18]に「先年大地震以来寒水湧き出し立稲に成り又は柄腐などにて損毛仕り」とあり、地震によって寒水が湧き出して稲に被害を与えていたが、何年の大地震かわからない。元文五年の

18　斎藤義直家Ａ-ｆ-⑤-29-19-1。

「前々仕来候御普請所明細帳」[19]では、享保八年にこの悪水抜きの御普請を行ったとあるので、それ以前の宝永四年（一七〇七）一〇月の宝永大地震によるもの思われるが、享保三年七月の遠山地震の可能性もある。地震による作物被害の史料はこれくらいである。

・獣害

猪鹿被害による早稲刈り取り許可願が、享保二〇年と元文二年に出されている。延享三年（一七四六）に、初鹿島ほか七ケ村では、五〇年以来猪鹿猿が「発向（はっこう）」（出没）して大小の百姓が難義しているという史料がある。[20]このように、特定の年に限らずに長年にわたり猪鹿猿が発向しているという史料は多くあり、獣害は毎年多かれ少なかれあったようである〔獣害への対応については、本書コラム7中西「獣害への対応」〕。

・虫害

享保一七年、京ヶ島村では長降り悪水で大損毛になり、「かつまた田作の義は大分虫付き半毛にも及び難し」とある。この年は西日本のウンカの被害による享保の大飢饉で名高いが、ウンカは中国南部や東南アジアから季節風に乗り日本に飛来するもので、西日本と同じようにウンカが京ヶ島村にもやって来たのかもしれない。虫害は稲だけではない。年代不明だが「粟・蕎麦・桑・大根へ悉く虫付き損毛仕るべき躰（てい）」という史料もある。[21]虫送りの行事も行われており[22]〔本書Ⅳ-4松本「災害と民俗」〕、虫害も多かったことがうかがわれる。

（2）作物別被害

主な作物別にどのような被害があったか見ていこう。

19　斎藤義直家A-h-①-6-1。

20　佐野政男家71。

21　斎藤義直家D-b-③-5-9。

22　斎藤義直家E-①-8-11-2では、「御寺に惣百姓打寄り、支度いたし」虫送りなどの送り行事を行っていた、とある。

・麦

冬の大雪で「くされ」・「根腐」（享保八、文化七年）。梅雨の大雨で「朽腐」（宝暦七年）。享保一六年は、冬の寒気で損毛し、五月の長降りで「押流」・「もへ腐」。元文二年は去る冬照り続いた後、春の雪・雨・大風で損毛。

・粟・稗

日照り（享保二〇年）。大風雨では、「大痛」・「穂腐」・「水痛」・「水酔」となった（元文元、寛保二、明和元年）

・煙草

満水・大雨・大風で「水かれ」・「水酔」・「大痛」・「風損」・「吹倒シ」・「吹捌」・「吹破」（正徳三、元文元、三、寛保二、宝暦七、明和元年）。寛延二年（一七四九）は日照り後長降りで「立腐」。このように、煙草は最も有力な換金作物であるが「枯れたり腐ったりがあるので余りあてにならない作物であった」[23]。

・稲

五月の大雨で苗「腰折」（宝暦七年）。七、八月の大雨・大風で「穂枯」・「青立」（元文三、寛保二、寛延二、宝暦一〇年）。虫付（享保一七年）。猪鹿食害（享保二〇、元文二年）。

（3）具体的な作物被害状況

次に、京ヶ島村と薬袋村を例に具体的な被害がわかる史料を検討してみる。

［京ヶ島村］　表5は、元文元年（一七三六）八月一六日朝から一七日晩までの大雨、一七日の大

23　『早川町誌』三八九頁。

表5　京ヶ島村・元文元年（1736）の風水損状況

作物	上畑	中畑	下畑	下々畑	刈生畑	計	割合（%）
たはこ	1反3畝15歩 大痛 （風損水酔）	3反7畝15歩 大痛 （風損水酔）	2反0畝 6歩 大痛 （風損水酔）	1反9畝27歩 大痛 （風損水酔）		9反1畝 3歩 大痛 （風損水酔）	7.8
ひゑ	8畝 5歩 大痛（穂腐）	9反1畝 3歩 大痛（穂腐）	2畝 6歩 大痛（穂腐）			1町0反1畝14歩 大痛（穂腐）	8.7
粟・きび・小豆・茄子	6反1畝22歩 中痛	1町4反1畝 3歩 中痛	7反7畝 4歩 中痛	9反3畝16歩 中痛		3町7反3畝15歩 中痛	32.0
大こん	8畝20歩 小痛					8畝20歩 小痛	0.7
いも・大豆・大こん		6反0畝 6歩 小痛				6反0畝 6歩 小痛	5.2
いも・大こん			1反7畝18歩 小痛			1反7畝18歩 小痛	1.5
大豆				5畝18歩 小痛		5畝18歩 小痛	0.5
粟・蕎麦・荏・小角豆					4町2反6畝13歩 中痛	4町2反6畝13歩 中痛	36.5
山崩					8反3畝10歩	8反3畝10歩	7.1
計	9反2畝 2歩	3町2反9畝27歩	1町1反7畝 4歩	1町1反9畝 1歩	5町0反9畝23歩	11町6反7畝27歩	100.0
割合（%）	7.9	28.2	10.0	10.2	43.6	100.0	

元文元年（1736）辰8月23日「乍恐書付を以御注進申上候」（斎藤義直家文書A–g–②–10）より作成。

風の被害の注進書を表にしたものである。これを見ると、煙草と稗が大きな被害を受け、芋・大根・大豆は「小痛」とそれほどでもなかった。煙草は「風損」「吹倒シ」「水酔」、稗は水溜りで「穂腐」の大きな被害があった模様である。煙草は上畑から下々畑まで広く作られていたが、面積としては畑地の七・八％であり、刈生畑（焼畑）を除く普通畑では一三・八％である。稗や大根・芋・大豆は中畑が中心である。粟は上畑から下々畑・刈生畑まで作られていた。蕎麦は刈生畑で栽培されていた。稲については書かれていないが、八月一六日はグレゴリオ暦では九月二〇日なので、早稲の刈り取りが彼岸前であれば、既に刈り取られて被害を免れたのかもしれない。

表6　京ヶ島村・文化13年（1816）の畑方作付け面積と風水損状況

	作物	面積	割合（%）	損毛分
上　畑	煙草	1反2畝	14.3	□
	粟	4反1畝	49.0	9（分）
	稗	3反0畝22歩	36.7	9（分）
	小計	8反3畝22歩	100.0	—
中　畑	煙草	2反0畝12歩	9.6	□
	粟	8反1畝	37.9	9（分）
	稗	7反0畝20歩	33.1	□
	大□	1反1畝 2歩	5.2	□
	蕎麦	3反0畝10歩	14.2	皆（損）
	小計	2町1反3畝14歩	100.0	—
下　畑	粟	1反5畝	18.9	9分
	稗	2反1畝 6歩	26.7	9分
	大豆	1反0畝10歩	13.0	8（分）
	大根	1反2畝	15.1	7分
	蕎麦	2反1畝	26.4	皆損毛
	小計	7反9畝16歩	100.0	—
下々畑	稗	3反0畝10歩	31.8	9分
	大豆	2反7畝	28.3	8分
	いも	1反5畝22歩	16.5	8分
	荏	2反2畝 6歩	23.3	皆損
	小計	9反5畝 8歩	100.0	—
合　計	煙草	3反2畝12歩	6.9	—
	粟	1町3反7畝	29.0	—
	いも	1反5畝22歩	3.3	8分
	稗	1町5反2畝28歩	32.4	—
	大豆	3反7畝10歩	7.9	—
	大根	1反2畝	2.5	—
	大□	1反1畝 2歩	2.3	—
	蕎麦	5反1畝10歩	10.9	皆損
	荏	2反2畝 6歩	4.7	皆損
	合計	4町7反2畝	100.0	—

□は破損により解読不能、（ ）は推定される文字
文化13年（1816）子9月「畑方当子秋作風水損毛書上帳」（斎藤義直家文書A-c-②-31）より作成。

元文元年から八〇年後の文化一三年（一八一六）閏八月一日から四日までの畑方の風水損の書上帳を表にしたものが表6である。虫食いのため、損毛が書かれていた部分に欠けている所があるが、かなりの被害があったことがわかる。煙草の作付けは上畑と中畑の三反二畝一二歩と六・九％である。この年の普通畑は、三町四反七畝一二歩が荒地などで年貢の免除になっており、作付けは四町七反二畝と少なかった。これも畑方の損毛なので、稲については書かれていないが、閏八月一日はグレゴリオ暦では九月二二日なので、早稲・中稲なら刈り取りが済んでいた。

以上の二例は風水害であるが、次は旱魃である。表7は、享保一〇年（一七二五）の旱損状況の表である。被害の程度や畑の等級別の面積はわからないが、どの作物がどれくらい作付けされていたかがわかる。雑穀の蕎麦・稗・粟で六割以上を占めている。煙草は八・四％とやはり一割以下である。わずかだが新田で桑が作られていた。稲は田で作られるが、日照りでも田には用水から水が供給されるので、被害がなかったのであろう。稲には旱魃に飢饉なしと言われている。

表7　京ヶ島村・享保10年（1725）の旱損畑方作付け面積

作物	反別	割合（%）
稗	2町5反3畝 3歩	18.4
粟	2町0反5畝27歩	15.0
たはこ	1町1反6畝	8.4
大豆	8反1畝23歩	6.0
黍	2反3畝	1.7
芋	6反2畝 3歩	4.5
大根	4反4畝 1歩	3.2
茄子	1反2畝20歩	0.9
蕎麦	3町8反0畝13歩	27.7
小豆	5反0畝28歩	3.7
桑（辰改新田）*	7畝26歩	0.6
小角豆（見取場）**	1町3反5畝18歩	9.9
合計	13町7反3畝12歩	100.0

＊辰改新田＝貞享5年（1688）辰の検地による新田分
**見取場＝反別のみを測り、作柄を見て年貢をとる土地
享保10年（1725）巳9月「覚」（反別調　日照り旱損御見分願の書）（斎藤義直家文書A–j–①–21）より作成。

［薬袋村］　文化五年九月に水損した作物状況の書上帳は、水野定夫家文書112「辰水損毛附反別書上帳」、同113「当辰畑方水損毛附反別

書上帳」、同114「当辰畑方水損毛附反別書上帳下書扣」と三点残されている。作付け面積、損毛状況は三点ともかなり異なっているが、どれが実態に近いのか判定できない。ここでは、差出の村役人に印がある提出用と思われる水野定夫家文書113「当辰畑方水損毛附反別書上帳」を表にしたもの（表8）を見てみる。

被害は大きく、作柄は良くて四分毛（四割の出来）、皆損になったものもある。煙草が普通畑の二五・三%と四分の一になっている。他の二点の下書きと思われる史料では、一三・三%、一五・五%となっているので、領主に提出用の書上帳は過大に書かれている印象がある。年貢上納のための換金作物である煙草の作付けを誇大にして、被害を強調したかったのだろうか。粟・稗・蕎麦の

表8　薬袋村・文化5年（1808）の畑方作付け面積と水損状況

	作物	面積	割合(%)	作柄
上畑	たは粉	2反5畝	27.7	2分毛
	粟	3反5畝	38.8	2分毛
	大根	1反2畝	13.3	5分毛
	大豆	1反8畝 7歩	20.2	4分毛
	小計	9反0畝 7歩	100.0	―
中畑	たは粉	5反0畝19歩	53.5	4分毛
	粟	1反6畝	16.9	3分毛
	稗	1反9畝	20.1	4分毛
	粟*	9畝	9.5	皆損毛
	小計	9反4畝19歩	100.0	―
下畑	たは粉	5反0畝 6歩	22.5	4分毛
	粟	5反1畝	22.8	皆損毛
	大豆	5反	22.4	3分毛
	芋	5反	22.4	4分毛
	稗*	2反2畝	9.9	皆損毛
	小計	2町2反3畝 6歩	100.0	―
下々畑	たは粉	1町	20.7	4分毛
	粟	2町	41.3	3分毛
	稗	1町	20.7	4分毛
	芋	5反6畝15歩	11.7	4分毛
	不明*	2反7畝20歩	5.7	不明
	小計	4町8反4畝 5歩	100.0	―
以上合計	たは粉	2町2反5畝25歩	25.3	―
	粟	3町1反1畝	34.9	―
	芋	1町0反6畝15歩	11.9	4分毛
	稗	1町4反1畝	15.8	―
	大豆	6反8畝 7歩	7.6	―
	大根	1反2畝	1.3	5分毛
	不明	2反7畝20歩	3.1	―
	合計	8町9反2畝 7歩	100.0	―
山畑**	稗	1町	20.8	3分毛
	大豆	*3反*	*6.2*	4分毛
	小豆	1町	20.8	皆損毛
	大根	1町*6反*	*33.3*	3分毛
	蕎麦	1町0反0畝11歩	20.9	2分毛
	小計	4町8反0畝11歩	100.0	―
苅生畑	稗	1町	50.0	3分毛
	蕎麦	1町	50.0	皆損毛
	小計	16町9反5畝17歩（当辰仕付分2町）	100.0	―
総計		30町6反8畝 5歩		
新田		1反8畝 8歩		

＊＝起返し分＝復旧した畑
＊＊＝山畑の斜体字は計算の合わないもの
文化5年（1808）辰9月「当辰畑方水損毛附反別書上帳」（水野定夫家文書113）より作成。

表9 薬袋村・文政4年（1821）の畑方作付け面積と旱損状況

作物	面積	割合（％）	損毛分
多葉粉	5反1畝10歩	8.5	6分損毛
粟	9反7畝26歩	16.2	6分損毛
芋	6反0畝27歩	10.1	皆損毛
稗	1町1反8畝	19.5	8分損毛
大豆	1町0反4畝 6歩	17.2	8分損毛
大根	7反1畝19歩	11.8	8分損毛
蕎麦	1町0反1畝 2歩	16.7	9分損毛
合計	6町0反5畝	100.0	―

原文の合計は6町0反3畝19歩となっている
文政4年（1821）巳9月「当村畑方旱損小前仕訳帳」（水野定夫家文書151）より作成。

雑穀で半分以上の面積を占めている。

表9は文政四年（一八二一）、上畑から下々畑の普通畑の旱損である。煙草と粟が六分損毛（六割が不作）、すなわち四分出来の作柄で、それ以外は八分損毛以上であり、乾燥に弱い芋は皆損となっている。煙草の作付け面積は普通畑の八・五％である。

以上のように、早川入では、ひとたび大風雨や旱魃にあうと作物は甚大な損害を被った。

富士山北麓の甲斐国郡内地方（都留郡）を見てみると、畑作中心の郡内地方では、水害の被害も多いのだが、とりわけ寒冷な気候により雪・霜による被害が多かった。養蚕と絹織物に大きく依存していたため、冷害による桑の被害は郡内地方の人々の生活に深刻な打撃を与えた。(24) 同じ甲斐国の山村であっても、地理的・気候的条件と、産業構造によって、災害から受ける被害とその影響は異なっていた。

24 『都留市史・通史編』（都留市、一九九六年）六二〇頁。

3 作物被害への対応

（1）早川入の年貢と農業経営

作物被害があった場合に問題になるのは、年貢納入と食糧確保であろう。そもそも早川入の年貢納入法はどのようであったのだろうか。

甲斐国の税法は、大小切（だいしょうぎり）税法といい、山梨・八代（やつしろ）・巨摩（こま）の国中（くになか）三郡に施行された。それは、年貢（本途（ほんと））の三分の一（小切）は、米四石一斗四升を金一両に換算して金納とし、三分の二（大切）のうち三分の一は、その年の米価で金納（享保一〇年（一七二五）以後は江戸の冬御張紙値段）、三分の二は、米納（全体の九分の四）という制度であった。ところが、早川入村々は定金納（じょうきんのう）村（大切を含めすべて金納）であった。[25] 奈良田村は石高がなく（無高）、甲斐国唯一の年貢諸役免許（免除）の村であった。

早川入では、換金作物を売って年貢を納めていた。寛延二年（一七四九）一〇月の願書[26]で京ヶ島村と草塩村が「御年貢に心当て作り申し候煙草作」が日照り・長降りで「立腐」となり上納金が用意出来ないので、当年より大切米納を願い出ている。このことから煙草を売った金で年貢を納めていたことがわかる。この年は米納を許されたのだが、京ヶ島村では秋の長雨で上納できるような米が作れず、百姓たちは様々な手立てを行い、衣類などを売ってでも必ず皆納すると、一一月に名主（なぬし）に証文を差し出している。[27] これなら、金納のままの方がよかったように思うのだが、寛延三、四年にも京ヶ島村と草塩村は大切米納を願い出ている。[28] この両村は少なくとも三年間は大切米納だったようである。これは、京ヶ島村と草塩村が早川入の村の中では比較的田が多く、米が穫れたからである。ただ、両村とも米が不作の時は金納の方が有利であったと思われる。まして田が少ないか、畑だけの村では災害により換金作物に被害が出た場合、金納の年貢納入に支障が出るだろう。ただし、換金作物の主力である煙草の作付け面積はそれほどでもなく、実際には農業以外の現金収入によって年貢を納めていたと思われる。

自家用の作物に被害が出た場合は、食糧が不足することになる。

25　『早川町誌』三九二頁。『山梨県史　通史編3・近世1』一五五頁。

26　斎藤義直家A-f-④-5-1。

27　斎藤義直家D-c-②-7-1。

28　斎藤義直家D-c-③-8-3（寛延三年）、同A-l-⑬-1-2（寛延四年）。

早川入では、普段でも収穫される農作物のみでは自給すらおぼつかない状況であるとされており、溝口常俊が行った新倉（あらくら）村の百姓経営分析では、一部の役人層を除いて農業経営だけでは生活できない状態であり、他の現金収入で赤字分を補っていたとある。(29) 確かに石高を表1の明細帳でみてみると、無高の奈良田村を除く一八ケ村の一軒当たりの石高は一石に満たない村が七ケ村あり、一人当たりでは三斗に満たない村が一三ケ村と七割を越える（新倉村では一軒当たり約九斗二升、一人当たり約二斗二升）。これでは食べていくことは出来ないようにみえる。村から領主へのいろいろな願書でも、早川入は奥山中の穀少ない場所であることを強調している。

一方、湯島村の例を見てみよう。湯島村は村高約三一石九斗、一軒当たり約四斗八升、一人当たり約一斗一升で一八ケ村の最低である。この石高は米換算であるが、明治初年の湯島村の物産表によれば麦六〇石、稗・粟・蕎麦などの雑穀二二〇石、その他茶や三椏が生産されていた。麦・雑穀だけで二八〇石と村石高の九倍の食糧となっていた。これを『甲斐国志』の人口二九一人で割れば、一人当たり約九斗六升となる。これでも雑穀食の場合の一人一日四合、一年一石四斗六升に足りないことになる。しかし、近代の湯島村では普通畑と焼畑による雑穀の収穫で食糧には困らず、自給自足経済を続けていたとある。(30) 焼畑の役割が大きかったようである。焼畑は耕作が終了して休耕になっても、植え付けた楮・三椏が育ち、陽当たりがよいので山菜などの有用植物が豊富に採れた。早川入では、広大な焼畑と雑穀生産・雑穀食で、建前とは異なり食糧はかなり自給出来ていたのではないだろうか。(31)

それでも、災害などで作物に被害が出た場合には当然食糧が不足する。しかし、早川入では、農業以外の現金収入や食糧調達法が多くあった。

29　前掲注15溝口「甲州早川流域焼畑村落の展開」二四九～二五五頁。

30　湯島村の例は『西山村総合調査報告書』（山梨県教育委員会、一九五八年）五九～六一頁、一四四頁。

31　江戸時代の早川入の焼畑は、面積、実態など不明な点が多い。その解明は今後の課題である。

（2）早川入の現金収入

では、どのような現金収入があったのだろうか。

表1の各村の明細帳の「稼ぎなど」の欄に、田畑以外の稼ぎなどを掲げた。

「押掘役金」を上納している村が早川、新倉、西之宮、雨畑、湯島、保（御役金）となっている。押掘りとは砂金を採ることで、これらの村のほか、京ヶ島、黒桂が押掘役金を納め、砂金を採取して現金収入としていた。(32) 雨畑村の「古間歩」とは古い金坑で、そこから金を掘り出していた。保、黒桂、雨畑には金山があった。江戸時代後期には閉山されてしまったが、その後も家業としての小規模な金山稼ぎは行われていた。

薬袋、初鹿島では薪を採り売り出しており、百姓の収入となっていた。他の村でも薪を採っており、自家用だけでなく売り出してもいたと思われる。

また、明細帳には新倉、雨畑、奈良田では木工製品を作っていたことが記されている。その他の村でも、白板子・桶・檜・ささ板・檜立木・山折敷・各種曲物などを作って、甲府盆地や富士川沿いの村々に売り現金を得ていた。(33) 京ヶ島村の享保一八年、延享三年（一七四六）の明細帳で、木挽・桶屋・杣の人数が書き上げられているが、(34) 宝暦一三・一四年（一七六三・四）の「差出明細帳」(35) では「木挽三人・桶屋壱人」が百姓であるが他村へも出稼ぎしていると記されている。なかには、他国にまで職人渡世として出稼ぎをしていた者もいた。(36) 京ヶ島村の「差出明細帳」には、名主の善左衛門が七石二斗の酒造株を持っていることも記載されている。(37)

早川入では木を伐採する杣職人が多くいた。天保二年（一八三一）の杣木挽仲間の史料では、奈良田、湯島の両村とこの仲間に入っていない新倉村を除く一六ケ村に一六九人の杣職人がいた。こ

32　『早川町誌』四四三〜四四七頁。

33　『早川町誌』三九一頁。

34　享保一八年は木挽弐人・桶屋壱人・杣三人（斎藤義直家A-h-①-8）。延享三年は木挽弐人・桶屋壱人・杣壱人（斎藤義直家A-h-①-45）。

35　斎藤義直家A-h-①-46。

36　文政一三年（一八三〇）の佐野政男家文書132・133によれば、薬袋村の百姓与惣治（次）は、篩（ふるい）の張り替えの出稼ぎに、毎年、相模国や武蔵国にまで廻っていた。白水智『中近世山村の生業と社会』（吉川弘文館、二〇一八年）二四七頁。

37　善左衛門の孫の茂平太が文化六年（一八〇九）一二月に差し出した文書（斎藤義直家D-c-③-3-2）によれば、先祖より酒造高七石五斗で酒造渡世を行ってきたとあり、のちには酒造高を倍の一五石にすることを許されたとある。

れは『甲斐国志』にある文化三年（一八〇六）の一六ケ村戸数七〇二の四分の一になる。[38]幕末の元治二年（一八六五）の「杣木挽議定書連名帳」[39]では、奈良田村、湯島村を除く一七ケ村で一八九人の杣職人がいた。専門職である杣職人は杣組を結成して伐採を行い、その賃金で年貢上納に当てていた。また、伐った材木を搬出する運材専門職人である日雇(ひよう)もいた。日雇も職人組織の組を形成して飯場(はんば)の共同生活を行い、賃金は上雇が三〇文、それより下は勤労ぶりによって支払われ、食糧も一日玄米一升が支給された。[40]

寛政二年（一七九〇）に、鮎猟の運上(うんじょう)（雑税）請負人から、早川入の六ケ村を含む早川沿いの一〇ケ村の鮎猟を行う者に、運上料を差し出すようにとの訴えが出され、それに対する願書がある。[41]この訴訟の結果は不明であるが、この史料から早川入でも鮎漁が行われていたことがわかる。鮎の他にも様々な魚を捕り、販売あるいは自家用にしていたことが推測できる。

以上のように、早川入村々では耕地を必要としない様々な生業から収入を得ており、耕地が狭くても生活が出来た。主に農業以外のこれらの生業に従事して、その合間に自給用の作物の耕作をしていた者も多かったとみられる。農業を主とするいわゆる農村とは異なり、山村である早川入では農業の比重は小さかったのである。

（3）貯穀と野生食料

食糧については、凶作に備えて麦・稗の貯穀が行われた。表1では享保二〇年（一七三五）、笹走村には郷蔵(ごうぐら)があったとあるが、早川入一八ケ村が代官所からの命令で郷蔵を建てて貯穀を積み入れるのは天保一四年（一八四三）の秋からのことであり、それまでは貯穀は百姓持蔵に囲い置い

38　『早川町誌』九八一頁。
39　望月是宏家文書B-14。
40　『早川町誌』九八二頁。
41　佐野今朝男家文書26。

ていた[42]〔貯穀・郷蔵については、本書コラム1岩橋「貯穀と早川入の村々」〕。田では台風などの風水害に遭わないように早稲を作り、畑ではほとんどが麦・稗・粟などの雑穀をはじめとする自給用作物を栽培しており、主要な換金作物であるが風水害に弱い煙草の作付けは一〇%前後と意外に少ない。農業では自分たちの食糧確保を第一に優先していたことがわかる。

さらに、山村では耕地の農産物以外に食糧になる食べ物が多かった。天明二・三年（一七八二・三）の凶作では、「葛蕨等の山夫喰掘り稼ぎ」を行っている[43]。天保期の史料には「前々より凶作の年は葛蕨の根を掘り、又は木の実を拾い、摘草等をいたし」とある[44]。平常時にも「山夫喰掘り稼ぎ」「木の実を拾い、摘草等をいたし」て山から食糧を得ていたのだろう。

前述したように休耕中の焼畑では多くの食物が採れた。森林・山を稼ぎの場としていた者は山を熟知していた。そうでなければ凶作だからといっていきなり山に入っても食物を得ることはできないであろう。白水智のいう山で暮らす者の知識・技術・心性の総体である山村の「生活文化体系[45]」が、凶作・飢饉の時でも力を発揮する。

（4）非常時の対応

では、実際に不作・凶作になった時、百姓たちはどのように対応したのだろうか。享保一六年の秋作大損毛では、麦をざっと蒔き付けたらすぐに「御国仲へ罷り出、稲こき・麦蒔き・日雇い稼ぎ仕り」と国中地方（甲府盆地一帯）に出かけて稼ぎを行っている[46]。この時は「最早雇い方もこれ無く罷り帰り候えども」と、もう雇ってくれる人もなくなって帰ってこざるをえなくなったが、国中地方とは普段から出稼ぎなどで行き来していたからこそ、凶作時にも日雇い稼ぎができたの

42　望月かめ代家文書A-⑥-17。

43　佐野今朝男家84。

44　望月かめ代家A-⑧-16。

45　白水智著『知られざる日本――山村の語る歴史世界』（日本放送出版協会、二〇〇五年）、前掲注36同『中近世山村の生業と社会』。

46　斎藤義直家A-f-③-6-4。

であろう。

また、不作の原因となった災害に対する復旧の御普請（ごふしん）＝領主が負担する公共事業が行われる時は、人足として雇われる。京ヶ島村では正徳三年（一七一三）の七月五日の満水で煙草が水枯れになったが(47)、七月二四日から八月六日までの一〇日間の瀬掘（せぼり）御普請の人足は二九〇人であり(48)、そこに百姓たちが雇用されたのであろう〔本書Ⅱ-2高野「災害復旧にみる往還の御普請と利用」／Ⅳ-1田中「災害の幸い」〕。千須和、薬袋、塩之上、初鹿島、小縄・高住・赤沢の五ケ村は、寛政二年の旱魃で諸作が皆損毛になったが、八月の大満水で山崩れ川欠けなどが多くできてしまい自力では修復できないので、「百姓をお救いして百姓を続けられるように」と川除（かわよけ）（治水）・道・橋御普請を願っている(49)。旱損の打撃を、旱魃とは別の大満水災害で破壊された川除・道・橋の御普請によって賃金と食糧を得てカバーしようとしている。さらに翌年の寛政三年も前年と同様、旱魃の後大雨風満水で川除・田畑が流失して百姓が困窮したので、千須和、薬袋、塩之上の三ケ村は、お手伝い御普請があれば組み入れてほしい、と願い出ている(50)。本書Ⅱ-2高野「災害復旧にみる往還の御普請と利用」の表2「京ヶ島村往還川除等御普請仕様一覧」に御普請に必要な人足・米・金が掲載されている。この復旧の御普請が、災害を逆手に取った村の収入になった。

御普請に関しては、京ヶ島村の斎藤家が請負人となり、資材・人足の差配を行っていたことは、災害時に早川入の村々にとって有利な条件となっていた〔本書Ⅱ-1西川「水害への対応と治水技術」／Ⅲ-1白水「災害をめぐる山村と領主」〕。

自助だけではない。もちろん「百姓相互に助け合い漸々取り続き罷り在り候」と、相互に助け合う共助もある(51)。

47　斎藤義直家A-j-③-5-5。
48　斎藤義直家E-⑧-5-1。
49　佐野今朝男家31。
50　水野定夫家二次A-②-35。
51　水野定夫家77。

さらに、領主には夫食（ふじき）（食糧）・種子の拝借、年貢の減免・延納・年賦など公助を願い出た。作物被害が生じると、食糧不足に直結するので、直ちに被害状況の注進・報告をし、見分を乞い、夫食拝借・食糧確保を要求する。表4の「作物被害一覧」の出典は、ほとんどがこの注進・見分願い・夫食拝借願いの古文書である。

願書には、飢人の書上や「餓死仕るべき躰（てい）」、すなわち今にも餓死しそうであるといった文言は多くみられるが、餓死してしまったという史料は見つかっていない。早川入では飢饉でも餓死はなんとか免れていたようだ。

（5）人口からみた災害の影響

享保六年から六年ごとに行われた幕府の人口統計（散逸した年もある）では、[52]天保五年（一八三四）の全国人口は二七〇六万三九一〇人、甲斐国人口は三一万八四七四人。天保飢饉後の天保一一年の全国人口二五九一万八四一二人、甲斐国人口三〇万一五二二人と、天保飢饉の影響で大幅な人口減少がみられた。これに対し、塩之上村では天保五年「差上申宗旨証文之事」[53]の家数四〇軒（内寺一ヶ所）、人数一七七人（外僧一人）、天保六年「宗門人別書上帳」[54]の家数三九軒、人数一八三人が、天保九年「村明細帳」[55]では家数三九軒、人数一八一人（外寺一ヶ所・僧一人カ）とほとんど変わりがない。京ヶ島村では天保五年「宗門人別指引帳」[56]の人数一五三人。天保六年の宗門帳雛形[57]の家数三七軒、人数一四九人が、少し年数が空くが一九年後の嘉永七年（一八五四）「宗門人別差引帳」[58]では家数三七軒、人数一七四人で、前年の嘉永六年は家数三七軒、人数一七一人となっている。薬袋村では、文政七年（一八二四）の「差申宗旨証文之事」[59]の家数七〇軒、人数二九三人

52　『国勢調査以前日本人口統計集成　別巻1』（東洋書林、一九九二）の「江戸時代全国国別人口表」。
53　望月かめ代家A-①-36。
54　望月かめ代家B-②-60。
55　望月かめ代家B-②-59。
56　斎藤義直家E-①-14-2。
57　斎藤義直家B-a-⑤-3。
58　斎藤義直家A-h-①-14。
59　佐野政男家111。

が、天保一三年「薬袋村明細帳[60]」では家数六七軒、人数三〇〇人余となっている。天保飢饉でも人口の大幅な減少はなかったものと推測できる。

一方、甲斐国の郡内地方を治める谷村陣屋による飢饉の被害調べでは、天保七年一一月から翌年五月までの間に、死失人五八二三人となっている。これは半年で郡内地方の人口の九%が死亡したことになる[61]。同じ甲斐国の山村でも、絹織物業に特化し、食糧は他地方からの米の購入に依存していた郡内地方では、絹織物業の打ち続く不況と凶作による米価高騰・米穀の移入途絶により悲惨な状況に陥ってしまった。

適切な人口統計はないが、早川入の江戸時代中期と文化三年（一八〇六）と明治七年（一八七四）の戸数・人口と、それに対照させるため甲斐国と全国の人口を表10として掲げた。早川入では江戸時代中期以降明治になるまで、全体として極端な減少はなく、ほぼ一定のようだ。（黒桂村が文化三年に戸口とも半減しているが、その理由は不明とのことである[62]）。紙幅の関係で詳細は省略するが、京ヶ島、塩之上、薬袋の三村について家数、人数が判明する史料を調べてみたが、京ヶ島、塩之上の両村は一八〇〇年くらいまで緩やかに増加し、それ以後幕末まで家数、人数とも大幅な増減はない。薬袋村の人口は、安永六年（一七七七）「村差出明細帳[63]」の三一二人から寛政元年（一七八九）「御飢（糺カ）ニ付書上帳[64]」の三四三人と増加し、翌寛政二年「御検地高反別家数人別竿馬書上帳（下書扣）[65]」では三四六人、寛政三年「差上申宗旨改文之事[66]」では三五〇人となった。文化三年（一八〇六）の「御尋書上帳[67]」では三四三人となっている。文化七年「差出申宗旨証文之事[68]」で三〇四人（外僧二人）と元に戻った。寛政年間の突出の理由はわからないが、その後は天保一三年（一八四二）「薬袋村明細帳[69]」の三〇〇人余まで二九三人から三〇四人の間に収まりほぼ一定で

60 『早川町誌』七六〇頁。

61 『大月市史・通史編』（大月市、一九七八年）二七八頁。『都留市史・通史編』六六五頁。なお、同書六六六頁及び『都留市史・資料編近世Ⅱ』（都留市、一九九四年）史料三七二・三七三では、死失人は五八八三人となっている。これとは別に『大月市史・通史編』四八八頁には「こうして、（一八）三六年（天保七）の春には、農民の苦しみは、その極にたっし、この四、五年間で、郡内の人口約六万人のうち、死亡したものだけでも一万八〇〇〇人、つまり三〇パーセントにもおよんだ。（ ）は引用者）」とあるが、この数字を裏付ける他の史資料を見出せなかった。

62 『早川町誌』三七三～三七五頁。三七四頁には「戸数・人口の変遷表」がある。

63 『山梨県史資料叢書 村明細帳 巨摩郡編』一七〇頁。表1と同じ。

64 佐野今朝男家53。

65 佐野今朝男家28。

66 佐野今朝男家32。

67 『早川町誌』五二〇頁。ただしこの「御尋書上帳」に基づいて編集された『甲斐国志』では三二八人となっている。表10と同じ。

表10 早川入の人口推移

	江戸時代中期*		文化3年（1806）**	明治7年（1874）***	
笹走	享保20年（1735）	16軒・ 72人	20戸・ 96口	五箇村	213戸・894人
塩之上	安永 6年（1777）	36軒・164人	30戸・172口		
薬袋	安永 6年（1777）	67軒・312人	66戸・328口		
千須和	安永 6年（1777）	35軒・177人	36戸・150口		
榑坪	安永 6年（1777）	31軒・151人	34戸・145口		
初鹿島	享保20年（1735）	26軒・139人	29戸・145口	本建村	105戸・528人
小縄・高住・赤沢	享保20年（1735）	57軒・361人	69戸・344口		
雨畑	延享 2年（1745）	105軒・452人	116戸・510口	硯島村	143戸・675人
大島	享保20年（1735）	18軒・ 92人	18戸・ 91口		
京ヶ島	安永 6年（1777）	32軒・150人	38戸・168口	都川村	198戸・856人
草塩	安永 6年（1777）	40軒・171人	42戸・187口		
保	安永 6年（1777）	60軒・274人	63戸・270口		
西之宮	安永 9年（1780）	24軒・113人	15戸・ 88口		
黒桂	享保20年（1735）	31軒・107人	12戸・ 56口		
早川	安永 9年（1780）	51軒・221人	46戸・234口	三里村	236戸・1,165人
大原野	享保20年（1735）	51軒・201人	58戸・275口		
新倉	明和 5年（1768）	105軒・444人	105戸・408口		
湯島		—	66戸・291口	湯島村	64戸・310人
奈良田	宝暦10年（1760）	家64・人270	46戸・234口	奈良田村	48戸・197人
早川入19ヶ村計	（湯島村を除く）849軒・3,871人		909戸・4,192口	1,007戸・4,625人	

（参考）****	享保6年（1721）	宝暦6年（1756）	文化元年（1804）	弘化3年（1846）	明治7年（1874）
甲斐国人口	291,168人	317,349人	297,903人	310,273人	364,345人
全国人口	26,065,421人	26,068,712人	25,621,959人	26,914,326人	33,625,678人

*「江戸時代中期」の笹走～新倉は『山梨県史資料叢書 村明細帳 巨摩郡編』から作成。表1と同じ。奈良田村は『早川町誌』374頁から作成。湯島村はこの時期の明細帳、人口統計を見いだせなかった。

**「文化3年（1806）」は『甲斐国志 巻之十五 村里部第十三』から作成。

***「明治7年（1874）」は『角川日本地名大辞典19 山梨県』から作成。

****（参考）の弘化3年（1846）までは『国勢調査以前日本人口統計集成 別巻1』の「江戸時代全国国別人口表」から作成。幕府調査で武家人口は除かれている。明治7年（1874）は『国勢調査以前日本人口統計集成 1』の「日本全国戸籍表」から作成。これには士族などが含まれ、全国人口には琉球167,073人が含まれている。したがって、弘化3年までと明治7年とは単純には比較できない。

68 水野定夫家117。
69 注60と同じ。

ある。

これらのことは、早川入で生活できる人口がだいたい一定であったということを表しているのではないだろうか。そして、人口の大幅な減少がなかったということは、災害があっても生活が根こそぎ破壊されることがなかったと言えるだろう。

農業以外に多種多様な生業に従事し、広大な山地から食糧を得ることのできる早川入は、たとえ田畑の作物が壊滅的被害にあっても、あらゆる手立てを講じて、何とか生き抜いていくことができた。農業に多くを依存する米単作の村や、主食の米穀を全面的に購入に頼る村町に比べて、凶作に対し耐性をもっていたのである。

おわりに

本章では、江戸時代早川入の災害による作物被害を考察した。そのなかで、山村の生業、生活の一端を明らかにすることができた。

早川入では、少ない村高で多くの人口を養うことができていた。石高で表される農業は食糧生産の基本ではあっても、村の生業の一つでしかなかったからである。多種多様な生業を組み合わせ、平地の国中地方などの他地域と密接につながりながら、山に適合した生活を送っていた。そのことは、災害による作物被害に対しても強みになっていた。災害、飢饉でもなんとか凌いでいけた。貧しいと思われていた山村である早川入は、石高制には表れない豊かさを持っていたのである。

コラム2

近世山村の飢饉

山本智代

はじめに

凶作等により食糧が欠乏し、多数の餓死者・病死者を出して甚大な被害をもたらす飢饉もまた災害といえる。特に近世の三大飢饉である享保の飢饉（一七三二〜三三）、天明の飢饉（一七八二〜八七）、天保の飢饉（一八三三〜三六）の被害は大きく、多くの犠牲を出したことで知られている。甲州でも、飯米を他地域からの移入に頼っていた郡内地方（甲州の東部）では、天保の飢饉の際に餓死人・流行病患者・行き倒れ・捨て子が多数に上り、郡内騒動と呼ばれる百姓一揆が起こっている(1)。

本コラムでは、天明・天保の飢饉を中心に、飢饉時における早川入の被害状況を、残された史料からひもといてみたい。

早川入における天明・天保の飢饉

近世の早川入は、「旱」「大雨」「大風」等の自然災害により、数年または数十年に一度の頻度で凶作にみまわれていたようで、夫食拝借（凶作の際領主から米穀を借り受けること）等の願いが複数残されている(2)。しかし、飢饉の被害を具体的に記した史料はほとんどなく、わずかに天明・天保の飢饉の際の史料が残されている程度である。

例えば、天明四年（一七八四）の御助米・御年貢米拝借願には「皆損毛」や「大凶年」の文言が見え(3)、天保八年（一八三七）に出された願は、前年の状況を「前代未聞の凶作」と述べており(4)、これらの史料から当時の状況が多少なりともうかがえる。

東北地方を中心に大凶作となった天明二、三年は、早川入でも凶作となり、食糧が逼迫した。史料によると、それでも天明四年の正月までは、代官からの夫食拝借と山の葛や蕨を掘ることで凌げていた。ただしその後は、山中の草木の根を掘り尽くし、二月には飢人が危うく出てしまいそうな状況になった。村の三分の二が戸も開けずに寝込み、村内は閑散として、「餓死人多分出来仕るべきや」という江戸時代の飢饉の様子を示す古文書。餓死・飢人の文字が見え、食料になる葛・蕨・草木の根などを掘り尽くしたことを述べている。斎藤義直家文書A-j-③-14-1（傍線追加、山梨県立博物館現蔵）

「九死一生の時節」だったという。[5] これは、領主に夫食の拝借を願っている史料に記されたものなので、困窮した状況を大げさに述べているとも考えられるが、「九死一生の時節」という危機的な表現からは、他の年代に見られない切迫感を感じる。

ただ、実際に早川入で餓死人が出たという記載は、残された史料中には見当たらない。そればかりか、天保の飢饉の際には、「当御支配内には飢命に落ち入り候もの共は勿論、離散いたし候もの等もこれなく相凌ぎ候」と述べた史料さえある。[6] どうやら早川入では、ひどい凶作となったものの、餓死者を出すような大きなダメージを受けることはなく、人々は飢饉を凌げたようである。

飢饉を凌ぐ

早川入の人々が飢饉を凌ぐことができた背景には、山間部に位置し耕地が少ない土地柄故に、普段から様々な食糧確保の手段を持っていたことが指摘できる。そのため、凶作により農作物の被害が大きかった時でも、比較的柔軟に対応できたのではないだろうか。

飢饉時の史料を見ると、人々は領主へ夫食拝借を願う前に、山に入って木の実や草の根などを得ることで飢えを凌いでいたことが分かる。早川入だけでなく、各地の近世の飢饉記録にも山に食糧を求める人々の姿が記されており、飢饉時には山の食糧資源が大いに人々を助けていたことがうかがわれる。凶作年でも比較的実りがある栃の実やどんぐりなどの木の実、葛や蕨の根から取れるデンプンは貴重な栄養源であり、山の人々はこれらを食糧にするための知識と技術も身につけていた。[7]

また、焼畑による雑穀生産も重要な役割を果たしていたと考えられる。早川入には山畑、苅生畑（焼畑）が多く、粟・稗（ひえ）や蕎麦などを育てていた[8]。これら雑穀は、稲に比べると天候不順に左右されにくい作物であり、天明・天保の飢饉の教訓をもとに書かれた夫食備蓄にかかわる教諭書[9]にも、その有用性が説かれている。そして、遅い時期に植えてもきちんと育つため、春に天候不順の兆候がみえたら急ぎ稗を植えることをすすめているのである。

教諭書はこの他にも、田の畔や荒地に粟・稗を植え付けること、五穀に加えて木の実・草の根も含め土地に応じた作物を蓄えておくこと、薯蕷（しょよ）（山芋）など芋の類や葛・蕨などの種を百姓枯山や御林（おはやし）（領主直轄の山林）内にも蒔き付けておくこと等を指示している。

早川入の人々は、豊富な山林資源や耕地になり得る土地を最大限に活用し、日常的に多様な食糧確保の道を作っていた。それが結果的に、飢饉時のリスクを分散することになり、飢饉を凌ぐ力にもなっていたと考えられる。

米穀の購入と富裕層による救い

食糧の確保という点でみると、耕地の少ない山村では米穀を購入することもあった。早川入では、炭焼や材木生産などの山稼ぎ、砂金採取や煙草生産など様々な現金収入の道があり、人々は諸稼ぎで得た収入で年貢を支払い、米穀を購入することも多かった[10]。所持する耕地が少ない、もしくは耕地を持たない場合、諸稼ぎで現金収入を得る生業が中心となり、「その日暮らし」的に米穀を購入して生活をする者もあっただろう。

そして、飢饉時の物価高騰によって大きな打撃を受けたのはこうした人々だったと考えられるが、早川入においては、天保の飢饉の際、富裕層による困窮者へのフォローがあったことを史料から読み取ることができる。

天保八年に出された願[11]には、耕作場が少なく人口が多い東西河内（かわうち）領の村々が、高値の穀物を多く買い入れているために山稼ぎの収入では足りず、「木の根草の根葉」も採り尽くし、御救金も使い果たしてしまう程に困窮した様子が記されている。しかし、領主からの仰せにより「身元宜敷（よろしき）もの」が金子を出して米穀を買い集め、困窮した者たちに貸し渡したために、この地域においては餓死者も離散者も出さずに飢饉を凌げたことが同時に述べられている。

「身元宜敷もの」とは、村内の村役人層や、材木商売等に携わり飢饉時でもそれなりの財力を蓄えていた者だと思われる。領主からの指図があったとはいえ、飢饉の際に彼らがその財を抱え込むのではなく、困窮した人々へ放出する方向に動いていたことも、早川入の人々が飢饉を乗り越えることができた理由のひとつだろう。

おわりに

早川入の村々のような山村は、普段から食糧が乏しく、飢饉になればより多くの被害を出してしまいそうなイメージがある。実際、豊富な山林資源と畑作も含めた食糧の多様性があったとはいえ、耕地が少なく山稼ぎを生業とする人々の中には飢饉で困窮した事例もあった。一方で村内には、困窮した人々をフォローする富裕層の存在もあり、餓死者を出すことなく飢饉を乗り越えることができている。

飢饉時の状況を復元することは、通常の状態における村や百姓の存続理由を考えることでもある。早川入の人々は実際どのように生活を成り立たせていたのか、困窮者をフォローした富裕層はどのような者であったのか、これらを今後より具体的に明らかにしていくことで、地域の特性とその地域が災害を乗り越えて生き残ってきた力が見えてくるはずだ。

（1）『山梨県史』通史編四（近世二）、二〇〇六年。
（2）凶作による作物への被害については、本書Ⅲ-3成畑「災害と作物被害」で詳細に検討されている。
（3）佐野今朝男家文書84。
（4）望月かめ代家文書E-21。
（5）斎藤義直家文書A-j-③-14-1。
（6）前掲、望月かめ代家E-21。
（7）六車由美「飢饉と救荒食」（いくつもの日本Ⅳ『さまざまな生業』岩波書店、二〇〇二年）。
（8）詳しくは、前掲、本書Ⅲ-3参照。
（9）斎藤義直家A-g-①-13。この史料は安政三年（一八五六）一二月に郡中惣代であった塩之上村の啓兵衛が残した、市川代官所からの「申渡書」のまとめである。なお、備蓄については、本書コラム1岩橋「貯穀と早川入の村々」参照。
（10）前掲、本書Ⅲ-3では早川入における稼ぎと現金収入にも詳しく言及されている。
（11）前掲、望月かめ代家E-21。

第4章　山の地震誌

寺島宏貴

はじめに

自然にまつわる、いろいろな表現がある。一九五〇年代に記録された奈良田（ならだ）のことばに、アローヅ〈雨で急に流れる水〉、サジク〈激しい雨〉、シケ〈霖雨〉、タテコーズイ〈大雨〉、ヂブリ〈長雨〉という。タテコーズイで「増水したいば〈したので〉、ワゴル〈川の流れが渦を巻く〉」などといった。水災の語彙の豊かさに比べ、カレ・ガレ〈崖〉や「あの山がガッサイ〈全体〉クム〈崩れる〉」は、どうにか震災を連想させる。もっとも、「地震でエー〈家〉がヨロブ〈傾く〉」とはいったらしい(1)。

ハゴ〈不幸〉は、不慮の災害をあらわす。しかし、ハゴとも言い切れない事情は本書の随所で、水害に関する多くの古文書（こもんじょ）から明らかになる。山の集落に伝わる行事も、風雨や大雪、疫病にちなんだものである［本書Ⅳ-4松本「災害と民俗」］。もとより、治水・治山はまったく分かちがたく、早川も包含する甲斐国＝山梨県はとかく水災に悩まされてきた。近代の山梨県では建築・薪材の需要から乱伐によって山林の荒廃が進み、水害も増大した。災害復旧が手に余るようになっ

1　深沢正志「奈良田方言語彙」（稲垣・清水・深沢編『奈良田の語彙』山梨民俗の会、一九五七年）。左記、早川町ウェブサイト「奈良田の方言」も参照（二〇二二年四月二〇日閲覧）。https://www.town.hayakawa.yamanashi.jp/people/hogen_narada.html

た県は、土木費補助の拡大を中央政界へ要求していった[2]。

では、山と地震との間柄はどうであろう。早川は、のちのちまで語り継がれる大きな震災を経験してこなかった。関東大震災を引きおこした大正一二年（一九二三）の関東地震、太平洋戦争中の昭和一九年（一九四四）に起こった昭和東南海地震も、その爪あとを残していないようである。

江戸時代にさかのぼってみよう。すると、数は多くないが地震の記録が見つかる（本書巻末「早川災害史年表　近世編」）。本章では、そうした史料のなかから宝永地震（一七〇七）、善光寺地震（一八四七）、安政東海地震（一八五四）の三つの地震について書かれた文書を解読しよう[3]。直接・間接の地震経験にさいしての、山の人々による地震への恐れ、備え、構えから、どんな山村の姿が明らかになるであろうか。

注で挙げたように、本章で頼りにした本の多くは、できるだけ手にとりやすいものにした。引用する史料については、文章を眺めてみて、さらに声に出して読むとよい。古文書の言い回しや、文の切れ目は現代の日本語とはまったく異なる、独特のものである。ゆっくりと音読をくりかえすことによって言葉や文体に慣れ、古文書の伝える歴史が思い浮かべやすくなるであろう。

1　宝永地震――史料解読から現地探査へ

ここでの舞台は一八世紀、一七〇〇年代の早川・笹走（ささばしり）村である。宝永地震とは、宝永四年（一七〇七）一〇月四日、四国沖から御前崎沖までを震源域として発生した、M（マグニチュード）八・六の地震をいう。あとで話題にする安政東海地震とともに、南海トラフ沿いで発生をくりかえし

2　有泉貞夫『山梨の近代』（山梨ふるさと文庫、二〇〇一年）、九頁参照。

3　本章で扱う各地震の概要は、倉地克直『江戸の災害史―徳川日本の経験に学ぶ』（中公新書、二〇一六年）、北原糸子『日本地震史―復旧から復興への歩み』（ちくま新書、同）、赤羽・北原編著『善光寺地震に学ぶ』（信濃毎日新聞社、二〇〇三年）等による。さらに、各地震については左記、内閣府ウェブサイトに「専門調査会等における報告書」がある（二〇二二年五月一一日閲覧）。https://www.bousai.go.jp/kyoiku/kyokun/saikyoushiryo.htm

てきた地震の一つである。また、宝永地震にさいして九州から東海地方にかけて津波が襲い、四国の太平洋沿岸、紀伊半島の沿岸では多くの人が流死した。

翌五日の午前六時ごろ、富士山東麓で起きた大きな余震（宝永富士宮地震）は、一一月九日の宝永大噴火を誘発したといわれる。早川でも最低、震度五弱に相当する揺れが感じられたであろう〔本書コラム3加納「山村と地震」〕。ここでは、宝永地震に伴う道の崩落について記された、斎藤義直家文書（早川町京ヶ島）A-j-②-15-1を読んでみよう。[4]

（1）史料の本文

笹走村のうち荒金道、さる亥の十月中、大地震につき大破におよび、笹走村ばかりにて修覆〔復〕なしがたく候につき、その村々より人足これを出し、右の道普請つかまつるべきよし、仰せ付けられ候あいだ、その意を得べく候。右人足出し候義、重ねての例にはなされず候。このたびの義は各別の義に候あいだ、右の通り仰せ付けられ候、以上。

宝永五子

三月　大井四郎兵衛（印）

高橋左野右衛門（印）

榑坪

千須和

薬袋

小縄・高住・赤沢

4　本節は「早川町歴史巡検記録―荒金道・大島用水路・天久保廃屋群」（『中央大学山村研究会報告集』二一集、二〇一一年）に負う。

大嶌〔島〕
雨畑
保村
西ノ宮
黒桂
早川
大原野
新倉
湯嶌〔島〕
草塩
京ヶ嶌〔島〕
塩ノ上
右十七ヶ村
名主（なぬし）
長百姓（おさびゃくしょう）

（2）「荒金道」復旧への人足動員をめぐって

右のA-j-②-15-1は、支配役人から村宛てに出されたものである。本史料が伝えるように、地震のため「荒金道」が大破し、笹走村だけでは復旧が不可能となっていた。そして、江戸幕府から、奈良田村と雨畑村をのぞく早川流域のすべての村に、道普請のための人足を動員せよとの命令が下っている。ただし、史料の後半では、人足についてはこの時限りのものである旨、念が押されている。

人足の動員が今回限りとなった事情は、斎藤義直家文書A-j-②-15-1につづくA-j-②-15-2から明らかになる。この史料を、次に要約しておこう。

笹走村の新（荒）金道については、以前から御川除役に代替する形で、村々が修復管理をしてきた。が、二〇年前から笹走村が訴え出て、笹走村の諸役と引き替えに、同村が単独で修復管理をするようになっていた。

ところが、去年の大地震で新金道が崩れたとのことで、上郷一七か村よりの支援の人足を笹走村が願い出て、そのように申し付けられた。これには当惑しており、今後の先例となるなら人足は出せないと申し上げたところ、それが認められたため、当面の御用までも拒否しては恐れ多いので、人足を出すことにした。

また今後、崩れて笹走村から願が出されたとしても、人足を出すことはできない。ご詮議の上で回状が回ってきても、または一回ごとの割り当てであっても、一七か村にかかるその他の役についてはご赦免くださるように。

A-j-②-15-2は、A-j-②-15-1と同じ年月に作成された文書であるが、こちらは村側から代官に対して提出されたものの控えである。時期的には、A-j-②-15-1よりも先に出されたものであろう。というのも、この史料では、諸村から申請された「今回の人足出しは例外。今後の人足出しは拒否」という主張が認められ、A-j-②-15-1の通り、役人から「今回限り」の念押しがなされたとみられるからである。

このように、一七か村は役負担に絡んで「人足出しは今回限り」と強硬に主張した。笹走村には、荒金道の普請を一手に請け負う代わりに、他の役を免ずる役引きの特権が与えられていたのである。しかも、それは笹走村が自ら代官所に申し出て望んだことであった。その方が、多少とも負担が軽減されたからであろう。普段から諸役を負っている他の村にしたら、ねたみ・羨望の的である。

だが、宝永地震によって、笹走村一村だけでは復旧が困難な崩落が生じてしまった。笹走村としては、早川入（はやかわいり）の村々へ人足支援を請わざるを得なくなった。他の村々からすれば到底、これは容認しがたい。そこで、人足動員に対して怨嗟の声が湧き、代官所も「今回限り」の条件つきで、諸村に協力を依頼することになった。ただ、笹走以外の諸村にとっても、生活道路の寸断は暮らしを左右する事態である。

さてしかし、「荒金道」とは一体どこを走る道なのか。「荒金」とは、精錬されていない鉱石を意味する。(5) 中世末以来の産金地として知られる早川流域での採掘や砂金採取と、関係のありそうな地名である。そこで、当会は「荒金道」の現地探査へ出かけることにした。この続きは、本書V-2で追体験してみてほしい〔本書V-2「災害跡地を歩く」第2節〕。

5　『日本国語大辞典』第二版（小学館、二〇〇一年）。

2　善光寺地震——山の災いを山で読む

今度は一九世紀、早川とは直接関係しなかった地震の話である。弘化四年（一八四七）三月二四日の夜一〇時ごろ、信濃国（現在の長野県）で善光寺地震が発生した。この地震は長野盆地西縁断層に発生した、逆断層型の地震であった。東北地方太平洋沖地震（東日本大震災）の翌日、二〇一一年三月一二日に起こった長野県北部地震、また二〇一六年四月一四日に起こった熊本地震のような、内陸の活断層による浅い地震である。早川町新倉で眼前にできる糸魚川静岡構造線（新倉断層）の周辺には、多くの活断層が走る。

この善光寺地震による被災状況の知らせが、塩之上に残っている。それが望月かめ代家文書B-①-1-22である。この帳面は全七丁からなり、表紙に次の題が書かれている（写真1）。

弘化四未三月二十四日夜の事
信州仲条御代官
川上金五郎〔ママ〕様より書き上げ候
地震一件書

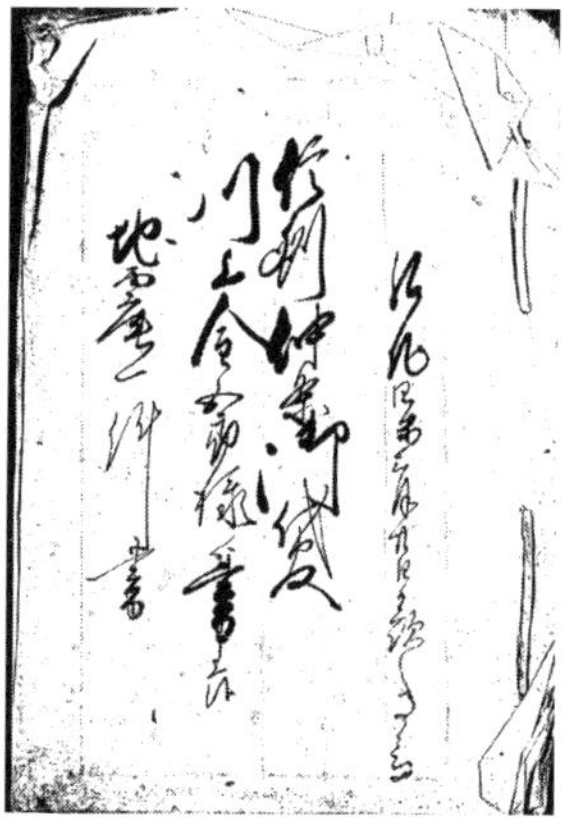

写真1　望月かめ代家文書 B-①-1-22

（1）史料の前半――信州中条代官の届――

B-①-1-22の本文は前半・後半に分かれ、それぞれ別の史料が筆写されている。まず、前半は「信濃国大地震之次第先御届書（しなののくにおおじしんのしだいさきおとどけがき）」（弘化四未年三月二五日付）とそっくりである。この届は、信濃の中条陣屋代官、川上金吾助より幕府へ提出された。江戸時代、幕府の直轄地である天領の支配所を陣屋といった。

じつは、同じ届の写しが各所に残り、互いに字句も異なる。(6) これまで知られていなかったB-①-1-22は、川上の名を「金五郎」と記す。早川以外でも、金五郎名義による届の写しは確認できる。(7) 善光寺地震に伴って幕府や藩は、川上の届のように公的な災害情報を隠さず、民間で共有させた。(8) 本章のはじめに挙げた昭和東南海地震のさい、この南海トラフ地震の波が世界中で観測されながらも、戦局悪化のなかで軍部は報道管制を敷いた。(9)

地震発生の翌日にあたる、三月二五日付で出された川上の届では、次のように被害が報告されている。地震によって中条陣屋の練り塀が倒れ、また近辺の村々で、ぜい弱な家々が「震倒」した。北の方で雷鳴のような音が聞こえ、夜明けまで八〇回あまりの地震があった。震動は朝になっても止まず、領内では潰れ家・けが人があったというが、しかし未だその訴えはない。善光寺周辺の町でも、御開帳の参拝に訪れていた旅人の死者が、おびただしい数にのぼった。

さらに、土砂災害についての記載もある。

犀川上手（さいがわかみて）にて、山崩れこれあり。川通り多く切り流し、水さらにこれなし。丹波嶋（たんばじま）〔島〕渡船干上がる、歩行（あるき）渡りいたし候よしござ候。

6　「藤岡屋日記」一九、弘化四丁未年三月廿四日条（『近世庶民生活史料　藤岡屋日記』三〈鈴木棠三ほか編〉、三一書房、一九八八年、一四一～三頁）など。参照、北原糸子『近世災害情報論』（塙書房、二〇〇三年）、一〇一頁ならびに五島・服部・加納ほか「弘化四年（一八四七）善光寺地震について」（『京都大学防災研究所年報』五六号B、二〇一三年）。

7　「弘化雑記」一三（弘化四年）、国立公文書館蔵。

8　原田和彦「善光寺地震における松代藩の幕府への被害報告について」（『災害　復興と資料』四、二〇一四年）。

9　左記、国立公文書館デジタル展「災害に学ぶ―明治から現代へ」所載「返還文書（旧外務省関係）」同館蔵（二〇一二年四月二〇日閲覧）、ならびに史学会編『災害・環境から戦争を読む』（山川出版社、二〇一五年）、九四～五頁参照。
https://www.archives.go.jp/exhibition/digital/saigai/contents/04_140.html

この山崩れは、現在の長野市信更町に位置する岩倉山（虚空蔵山）の崩落をさす。岩倉山は二つに割れ、山の西側・東側からの地すべりは、千曲川の支流にあたる犀川をせき止め、自然のダムをつくった。渡し場のある丹波島では水が干上がってしまった。

こののち、土砂ダムは一挙に決壊して下流に大洪水を起こし、村々を飲み込んでいった。流水の高さは約二〇メートルに達している。二〇一九年（令和元）一〇月の台風一九号による千曲川流域の被災からもわかるように、善光寺平（長野盆地）は河川氾濫の長い歴史をもつ。(10)

（2）史料の後半――摺物の転写――

川上の届の写しが終わると、丁を改め、後半に入る。ここから、当時出回ったかわら版を引き写したような文体となる。善光寺地震では、全国から御開帳に訪れた参詣人に多くの死者を出したことから、震災を詳報する絵図や災害かわら版といった摺物が各地で、大量に出版された。善光寺地震から五日後に起きた越後高田地方での地震と合わせ、「信越大地震」と称した大判のかわら版もある。(11)

B-①-1-22の後半は、もってまわった前口上から始まる。「そもそも、天地の変動は陰陽の気（天地間で対立・依存しあい、万物をつくりだす気）のはたらきの多少によるもので、人力でおさめるものではない」（現代語訳）。早川にも陰陽師が存在したように、陰陽五行説は人々の身近にあった〔本書Ⅳ-3赤澤「山村における病とまじない」〕。

陰陽の気によせた書きだしは「信濃国大地震」という年月日不明のかわら版や（写真2）(12)、盲目の瞽女が辻々で読み売りした「信州地震やんれ節」という口説きにみえる。(13) いずれも江戸での発

10　慶応元年（一八六五）五月、豪雨のため絵師河鍋暁斎は善光寺に足止めされ、洪水に襲われた町々の光景を描いた（『暁斎画談』明治二〇年〈一八八七〉刊）。参照、『信州ゆかりの暁斎・暁翠展』（河鍋暁斎記念美術館、二〇〇九年）、一七頁。

11　北原糸子『災害ジャーナリズム―むかし編』（歴史民俗博物館振興会、二〇〇一年）、五四頁。

12　「信濃国大地震」（弘化四年。東京大学大学院情報学環所蔵小野秀雄コレクション、地震N〇〇八）。前掲北原『近世災害情報論』三一～二頁も参照。陰陽云々の口上は安政江戸地震を報じた「関東大鯰類焼付」（安政二年。前掲小野コレクション、地震N〇〇六八・六九）などにもみえる。

13　「信州地震やんれ節」（桧正丁新道東屋清吉板。江戸、作者不明）梱澤龍吉『叙事民謡（くどきうた）善光寺大地震』（銀河書房、一九七六年）、三八～四二頁所収。この口説きは倉田喜弘編著『くどきぶしの世界』（ゆまに書房、二〇二〇年）、一八～二二・二六～三〇頁にも採録されている。

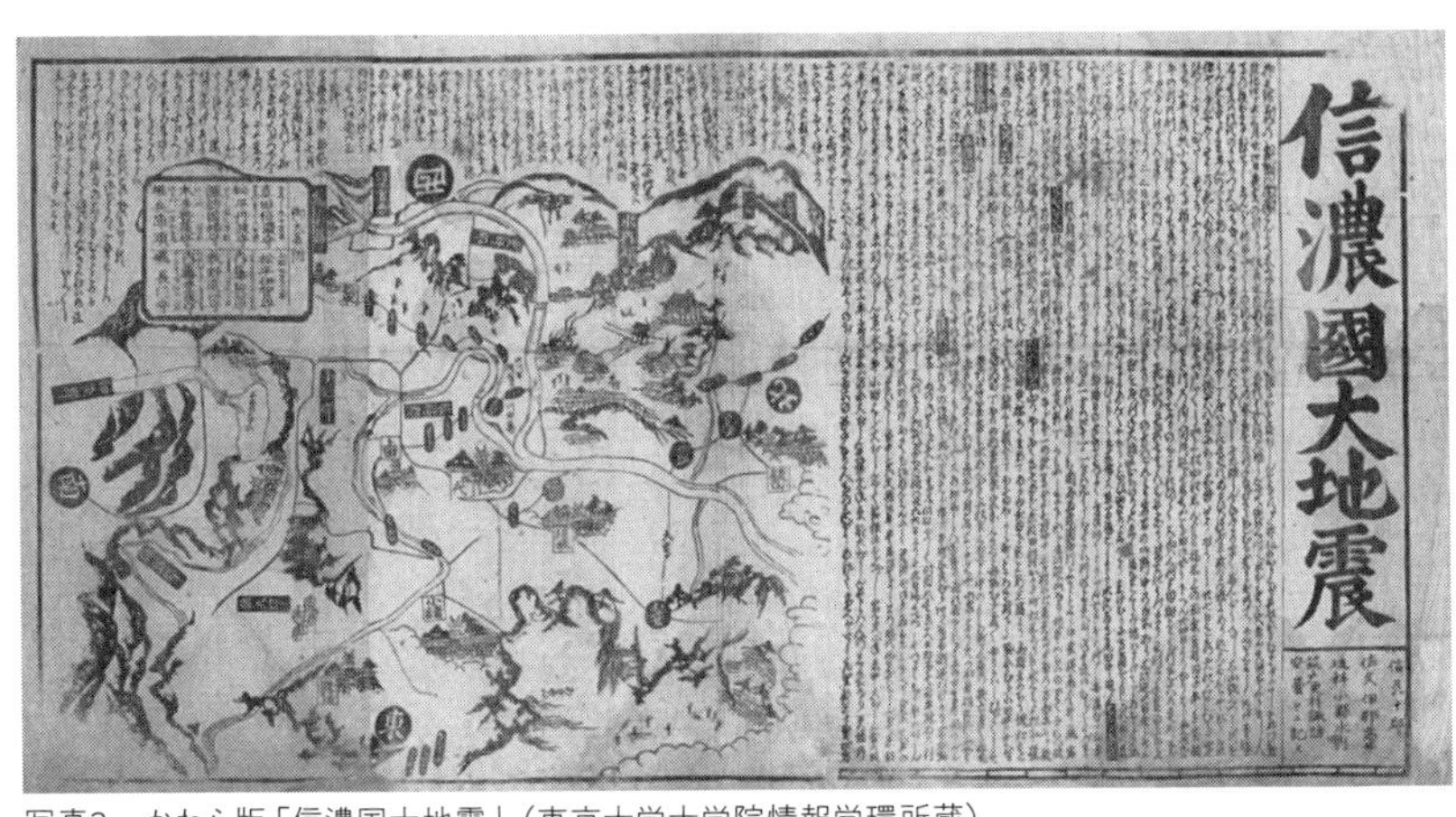

写真2　かわら版「信濃国大地震」（東京大学大学院情報学環所蔵）

行だが、B-①-1-22とは文言が異なり、後者の唄い出しには「天地　サアイ　変じて陰陽混じ　天にある時　神鳴りとなり　地へと入りて地震となりて…ここに信州　地震の騒ぎ」などとある。表紙では、地震を体したナマズを善光寺如来が錫杖でもって押さえつけている。

B-①-1-22の後半では、例えば次のようにある。

> 更しな（ママ）〔埴科（はにしな）〕郡松代近辺七十余か村、それより小さ形〔小県（ちいさがた）〕郡上田御城下近辺一一三か村、追分・軽井沢・くつかけ〔沓掛〕宿、上州口〔上野国（現在の群馬県）〕まで、この辺、山鳴り動き、その音、雷のごとし。

右の記述は、郡名の誤りも含めて、弘化四年に出された善光寺地震のかわら版の一つと部分的に重なる[14]。このように、B-①-1-22の後半は複数のかわら版の写しと思わせる一方で、被災状況をつぶさに知ることはできない。ただ、信濃各地の被害にひろく

14　「善光寺地震（仮）」（弘化四年。前掲小野コレクション、地震N〇〇〇四）に、「さらしな郡松しろ御城下近へん七十余ケ村、又おい分・かる井沢・くつかけ上州口迄、山々しんどうし…」とある。翻刻は左記、小野コレクション内のものに基づく（二〇二二年八月三一日閲覧）。http://www.lib.iii.u-tokyo.ac.jp/collection/ono_k/2.html#N008

説き及ぶ点、さきの摺物のたぐいと似かよっている。そうした情報に、川上の届を補う役割をもたせたのである。

このような史料が、一体どうして塩之上に伝わったのか。望月かめ代家文書には、地震前年にあたる弘化三年（一八四六）の道中日記帳・御用留日記帳が確認できるのみで、[15] B-①-1-22の背景となりうるものが見いだせない。史料の筆者は何らかの機会に川上の届と摺物を書き写して綴じ、村の人々に回覧させたのかもしれない。[16]

（3）災害情報の形──その今昔──

では、B-①-1-22の前半へ立ちかえり、川上の届の末尾をみよう。

川上は、届出の内容について「もよりの村々の風聞を見きわめ、詳しいことは追って申し上げる」（現代語訳）と、災害時のうわさの発生に注意をはらっている。[17]（1）で引いた「歩行渡りいたし候よし〔由〕」などと、伝聞をあらわす文言が、それを裏づける。

現代の新聞でも、「（台風一九号の影響で、林道が寸断された）雨畑地区では2世帯2人が引き続き孤立状態にあるが、電話による通信が可能で救助要請はないという」と、[18] 記事末で断定を避ける。こうしたニュースのかげに、山村ならではの災害観が見え隠れする〔本書コラム4柴田「現代の早川に暮らす人々の災害の乗り越え方」〕。

今と昔とでは、しかし右のような情報の共通性にくらべ、そのちがいの方が遥かに大きい。早川町共通のハザードマップをみると、役場から様々な情報インフラを介して、住民へ災害情報を伝える経路が敷かれている。望月かめ代家のある塩之上地区のマップでは、急傾斜地崩壊（がけ

15　それぞれ望月かめ代家文書B-②-36・C-50。

16　東日本大震災による津波災害を被った三陸沿岸では、物語や郷土誌の写本・語り伝えによって人々が共同的に本を読む慣習がみられてきた（川島秀一「『本読み』の民俗誌─交叉する文字と語り』勉誠出版、二〇二〇年）。

17　災害時には、決まったパターンの流言が観察される。参照、関谷直也『災害情報─東日本大震災からの教訓』（東京大学出版会、二〇二一年）、二四一頁。

18　毎日新聞（地方版）、二〇一九年一〇月一七日。傍線は筆者。

崩れ）や地すべりの警戒区域が集落を取り囲む。

さて、善光寺地震から六年後の嘉永六年（一八五三）、アメリカの海軍軍人ペリーの乗る軍艦サスケハナほか黒船が浦賀に、ロシアの同じくプチャーチンの軍艦パルラダが長崎へ来航した。貿易や資源を求めてアメリカは北太平洋へ、ロシアは東方へ進出した。千須和の有力百姓であった望月作太郎家には、ペリー・プチャーチン来航の記録が残る。[19] その年、二月二日に発生した小田原地震によって、身延では家・蔵が破損するも、久遠寺の御堂や奥の院に被害はなかったと、かわら版は報じている。[20]

これ以後の社会では、災害情報の伝播に後押しされて、それまでは表に出なかった政治にかんする情報の流通も、ぐっと増える。[21] 山の人々は、近世から近代へと時代がおもむくなかで生ずる異変を察知した。安政の大地震は、そのようなときに起こった。

3 安政東海地震――古文書の書かれ方

安政東海地震は安政元年（嘉永七年、一八五四）一一月四日、午前一〇時ごろに発生した。翌五日、午後四時ごろに起きた地震と合わせ、安政東海・南海地震と総称される。四日の地震は駿河湾から熊野灘までの海底を、五日の地震は紀伊水道から四国沖を震源域とする。いずれの地震も、駿河トラフと南海トラフとが連動したプレート境界地震であり、M八・四と推定される。

四・五日の地震では大津波が発生し、現在の静岡県下田市では多くの犠牲者が出た一方、かのプチャーチンの乗るロシア軍艦ディアナは停泊中に大破しつつも、被災者の救出にあたった。[22] う

19 大房信幸「史料紹介 黒船浦賀来航時の「日記」―「望月作太郎家文書」B-③-28の紹介」（『中央大学山村研究会報告集』一四集、二〇〇五年）。

20 「甲州身延山大地震」嘉永六年。京都文化博物館編『伝える―災害の記憶 あいおいニッセイ同和損保所蔵災害資料』（NHKサービスセンター、二〇一一年）、八二頁所収。

21 宮地正人『幕末維新変革史』上（岩波現代文庫、二〇一八年）、一三五～一五四頁。

22 左記、国立公文書館デジタル展「天下大変―資料に見る江戸時代の災害」所載「下田見聞略記」同館蔵（二〇二二年四月二〇日閲覧）。https://www.archives.go.jp/exhibition/digital/tenkataihen/earthquake/contents/06/index.html

ち続いた災害によって「嘉永」は「安政」と改まったものの、安政南海地震以後は有感地震の増加もみている。[23] 翌安政二年（一八五五）一〇月二日には安政江戸地震という、江戸市中に大被害をもたらした直下型地震が起きた。

安政東海地震では甲府盆地付近に震度七の揺れが集中した一方、[24] 南巨摩郡の南部町に位置する白鳥山の崩落でせき止められた富士川が決壊し、河口部では大洪水が起こった。[25] ここでは、ふたたび望月かめ代家文書から、今度は安政東海地震をめぐる史料をとりあげよう。

（1）御材木伐り出し請負を願って

さて、安政江戸地震から四年後の安政六年（一八五九）一〇月一七日、江戸城本丸が炎上した。幕府はその直後、本丸の再建用材を確保すべく、市中の材木屋に、所持する用材を書き上げて提出するよう命じた。さらに一二月、近国の寺社や百姓に、指定の大きさの松材があれば届け出るよう命じた。

本丸の御用御普請役であった岡田鉄助・近藤忠五郎が、富士川通りの御林（幕府直轄林）の見分に訪れたのは、その頃である。かれらに対して、草塩村の直蔵らは奈良田村など一一か村の御林について調書を差し上げた結果、奈良田・保・雨畑・芦倉の四か村の御林には、御用材に使える木品（材木の種類）があると認定された。

ついで、直蔵らは、御林山の伐り出しをともなう御用材の請負い人に命じてくれるよう、幕府に出願した（望月かめ代家文書A-④-81）。さらに文久元年（一八六一）四月、直蔵の子・源一郎は江戸へ発つ。そのあとを、共同事業者である下山村の穂坂仙蔵・鰍沢の遠州屋が追った。江戸で

23　加納・杉森・榎原・佐竹『歴史のなかの地震・噴火―過去がしめす未来』（東京大学出版会、二〇一一年）、一〇八頁。

24　石橋克彦『リニア新幹線と南海トラフ巨大地震―「超広域大震災」にどう備えるか』（集英社新書、二〇二一年）、九九～一〇〇頁。

25　このとき、薬袋村での山崩れが早川をせき止め、決壊した土砂が薬袋・京ヶ島・千須和の村々に流れ込んだとの風聞があった〔本書巻末「早川災害史年表　近世編」〕。しかし、村々の位置関係から、これを事実とはしがたい。

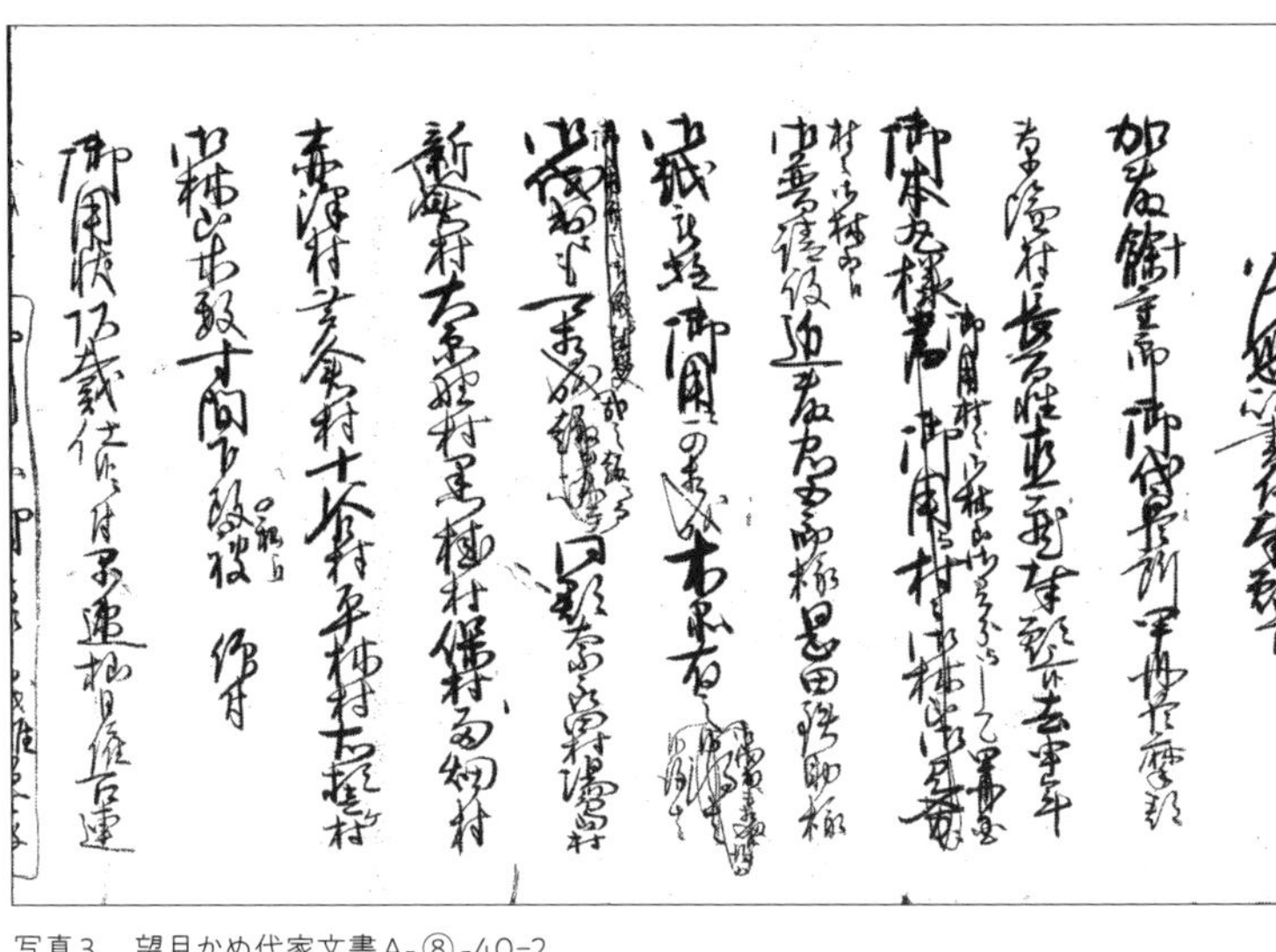

写真3　望月かめ代家文書A-⑧-40-2

の源一郎らは役所廻り、請け負い関係の用談のほか、御用への願かけにと湯島天神・成田山へ参詣し、祭礼や芝居も見物したのち、一一月に草塩へ帰村した。[26] その間、直蔵らは九月、勘定奉行所より請負い人となることが認められた。

しかし、こののち文久二年（一八六二）から元治元年（一八六四）にかけ、直蔵らは伐り出し御用を再三、幕府へ願い出ている。これから読む史料も、そのひとつである。

（2）御林と震災

①山の災いの数々

望月かめ代家文書A-⑧-40-2（写真3）は文久二年（一八六二）六月、草塩村の直蔵らから幕府に宛てた、長文にわたる願の下書きである。写真のようなおびただしい加筆・修正箇所を踏まえて、史料が伝えることをたどってみよう。[27]

26　以上、鈴木努「史料紹介　望月かめ代家文書「文久元年御用留」について―江戸に材木を売り込みに行く人々」（『中央大学山村研究会報告集』二五集、二〇一六年）。

27　個々の願書について詳しくは、鈴木努「安政地震を商機ととらえた御林伐透き請負い出願について―草塩村の直蔵たちは地震被害と御林の現状から何を表そうとしたか」（『中央大学山村研究会報告集』二八集、二〇一八年）。

まず直蔵は、市川代官加藤余十郎の支配にある草塩村の自身が申し上げるとして、次のように述べた。

さる申年（万延元年〈一八六〇〉）、「御本丸様御用」すなわち、焼け落ちた江戸城の本丸再建のための用材を調達する御林山の見分に、御普請役の近藤様・岡田様が来られた。二人からは、奈良田村以下一一か村の御林山につき、その材木伐り透かしの請負いを私に仰せ付けられ、御用状も頂戴した。

そこで、さっそく杣・日傭を連れて入山し、険しい難所もいとわず、御林山の木数・寸間を見積もったという。杣（杣人）は伐採・製材を、日傭は運材をもっぱらにする林業技術者をさす。(28) 村近くの森林資源を欠いていたのか、普段は人影もなく樹木の伐採にも手間どる、奥山に分け入っての実測である〔本書Ⅰ―2小山「古文書に描かれた森林の様相から災害リスクを考える」〕。

さらに直蔵は、御林山を襲うであろう災難を次々と挙げる。

> 奈良田村・保村・雨畑村・芦倉村、右四ケ村、御林山の儀は、別して老木多分これあり、ことのほか木品生い茂りおり候あいだ、そのままお捨ておかせられ候ては、ごく深山の儀ゆえ、雪多分降り積もり、風もことのほか烈しくござ候につき、大木の分、雪折れ・風折れなどつかまつり、成長最中の木品もあい痛み、枝折れなどより雨露入りにあいなり、疵木多分出来し候あいだ、伐木の時節を過ぎ候えば、自然と朽ち腐り、御損木にあいなり候御儀、…

奈良田村ほか四か村の御林山は樹木が生い茂り、老木も多くあった。しかし、深山ゆえ雪が多

28　白水智『中近世山村の生業と社会』（吉川弘文館、二〇一八年）、二三六頁。

く降り積もり、風もことのほか激しい。このまま放置すれば、老木は雪と風で折れ、雨露も入り、多くが疵木となってしまう。

また、文久元年八月に近藤忠五郎を御林山へ案内した際にも、

> 奈良田村・保村・雨畑村の儀は本畑少なく、焼畑多くにつかまつり、御百性相続まかりあり候村方にて、右御林山へ木品生い茂り、猪鹿忍びやすく、せいぜい防ぎ方候ても防ぎ兼ね、夜に入り候えば、生い茂り候木立のうち、所々より限りなく出で来たり、諸作おびただしく喰い荒らし候につき、惣百性一統、実になげかわしく存じたてまつり候あいだ…その段、右村々挙げて御歎願申し上げたてまつり…

本畑が少なく、焼畑が多いなかで村々の百姓は何とかやってきた。そのため、伐り透かしをしないならば木が生い茂り、猪鹿が作物を喰い荒らしてしまうので、実に嘆かわしいことであると村々で嘆願したという。

直蔵の願書は、その加筆・修正跡からもわかるように苦心のほどがうかがえる。山にふりかかる災いをあれこれと動員・集約させ、困窮にあえぐ生活像を打ち出し、伐り透かし請負いを得ようとする。

②地震被害をめぐって

さらに、不作と地震である。

> 惣百姓一同より、挙げてあい願い候儀は、去る安政元寅年まれなる地震災、ならびに打ち続く凶作にて諸色高直〔値〕につき、実に難渋に陥り候折柄…

物価高騰によって百姓が難渋におちいった理由として凶作とともに、安政元年の「まれなる地震災」、安政東海地震を引き合いにだす。

続けて、直蔵はこう述べ立てている。伐り透かしを行えば御林のためにもなると思い、仕様帳でお願いした。深山の立木についても安値で伐り出し、品々の運搬に専心したい。

直蔵らの願は、さきに述べたとおり元治元年までくりかえされた。同年に直蔵の子、源一郎が父の代わりとして願い出たB-②-37に、次のようなくだりがある。

> 御林山の儀は良材多分にござ候えども、ごく深山の義ゆえ、雪痛み、熊喰、かつは去る安政元寅年大地震災の節岩崩れ、石打等より朽ちかかり候木数、多くござ候につき、そのまま御捨て置かせられ候ては、自然と朽ち腐れ、損木にあいなり候まで…

樹木は、深山のため雪で傷み、熊喰（クマ剥ぎ）の被害も受けた。しかも地震によって、御林山では岩崩れも発生し、崩れた石が衝突した木から朽ちていっている。A-⑧-40-2に比べ、その後の調査が進んだのか、林内の様子が詳しく報告された。

早川には、深層崩壊地形・地すべり地形が多く分布する。地震や長雨・豪雨、融雪によって崩落した斜面の植物相は何らかの要因によって変化し、災害リスクを抱えこむ〔本書Ⅰ-1長谷川・佐々木「早川の災害と地形」／Ⅰ-2小山「古文書に描かれた森林の様相から災害リスクを考える」〕。安政東海地震の記載を微妙に変えて、つのる危機感を直蔵は訴えたのである。

A-⑧-40-2で直蔵はさらに、下山村の渡し場から清水湊をへて、江戸の御蔵にいたる材木の運搬ルートを示しつつ、その途次での金銭の受納について過剰な支出とならないよう、立ち会う役人の指図を受けたいと心遣いまでみせた。しかも、証拠金として千両（現在の貨幣価値で約一・三億円）を差し上げるとぶち上げた。この金は、事業失敗の折には没収されても一言の不平も言わぬが、うまくいったら返してほしいと付け加えている。

具体的な地震被害にまで踏み込みながら、江戸へ自らを売り込んだ、御林山の現地コーディネーターというべき直蔵。かれの願いは叶ったのであろうか。直蔵は、御材木の伐り出し請負いだけは、幕府に認められていた。しかし、伐り出し御用にかける大きな期待や多額の費用負担にもかかわらず、その後、幕府から直蔵へ発注された様子はない。

おわりに

早川にとって今日、ことに不安視されるのは宝永・安政・昭和につづく東海地震＝南海トラフ地震である。早川で、震災への恐れは確然としてある。それは過去、早川の内外にわたった山の地震経験という、貴重な裏付けをもつ。

宝永地震が引き起こしたのは、人々が生業で行き来する「荒金道」の崩落と、その余波である。

笹走村のみでの普請は不可能となったがために、他の村々から人足を集めようとするも、諸村は笹走村に認められた役引きをよしとせず、時限的な協力にとどまった。宝永地震は、山道の崩落被害とともに村どうしの摩擦を生じさせながら、道の修復のため村々の協働をもたらした。

善光寺地震にとって注目すべきは、早川の外から到来した、山をめぐる災害情報のあり方である。地震に際しての山崩れと、それによって起こった自然ダムの形成と決壊、また、信濃各地での山鳴り。これらの惨状の報は川上金吾助の届と摺物とが相補う形で写しとられ、早川へやってきた。人々は、宝永地震のときのように直接の被災経験をもった一方で、別の地で起きた大震災にかんする、貴重な情報を手にした。

安政東海地震のことが記された史料からは、震災を大きな商機とみた山の民の姿が浮かびあがる。江戸で役人との接触を果たし、御材木の伐り出しをくりかえし幕府に要求した直蔵らの願いむなしく、発注はついぞ来なかった。しかしその願書は、地震はおろか雪、風雨、獣、そして不作のもたらす飢饉という、山の論理・イメージを複雑にからめ、請負いを是が非でも獲らんとした書きぶりである。

山村が震災をかいくぐってきた裏には、さまざまな形の経験が歴史的に存在する。早川では、生活道路をめぐり人々が食いちがうなかで災害復旧を果たす一方、遠く離れた先での震災の報をこまかに得ながら、災いさえも商いの糧とした。それぞれの地震で露わになった山村なりの災害対応に、よりよい山の暮らしへ向かおうとする、人々の意志がみえる。

コラム3　山村と地震

加納靖之

近世の早川でも、いくつかの地震の被害があったことが知られている（本書巻末「早川災害史年表　近世編」（以下「早川災害史年表」）／Ⅲ-4寺島「山の地震誌」）。このコラムでは、現代の観測データにもとづいて、早川で揺れを感じるのはどのような地震かを解説し、史料に残る地震がどのようなものであったかを考えてみたい。

現代の地震データから

早川町内には、二〇二二年現在二か所の震度観測点があるが、より長期間のデータがある早川町保（防災科学技術研究所のK-NETの観測点）の震度データをみてみよう。この観測点では、二〇〇四年一一月の観測開始から二〇二二年一〇月までの約一七年間に、震度1が四五回、震度2が一二回、震度3が二回、震度4が一回観測されている。一般的に小さい震度、つまり小さな揺れほど観測回数が多く（これは規模の小さな地震ほどたくさん発生することと対応している。地震の規模はM（マグニチュード）であらわす）、この観測点も例外ではない。このなかで最大の震度4を観測したのは、二〇一一年三月一五日の静岡県東部の地震（M六・四）である。

観測装置によるデータがない時代、早川で揺れを感じたのはどんな地震だろうか。日記などの歴史資料に書かれた地震の研究により、震度2以上の地震が記録されることが多いとされていることを踏まえ、震度2以上を観測した地震についてさらに検討してみよう。なお、「気象庁震度階級関連解説表」(1)では、震度1は「屋内で静かにしている人の中には、揺れをわずかに感じる人がいる」、震度2は「屋内で静かにしている人の大半が、揺れを感じる。眠っている人の中には、目を覚ます人もいる」「電灯などのつり下げ物が、わずかに揺れる」となっている。

この約一七年の間に早川町保で震度2以上を観測した地震は一四個ある（図）。そのうち、二個が駿河湾で発生した地震（M六・五と六・二）、二個が山梨県東部・富士五湖の地震（M五・四）と静岡県東部の地震（前記、M六・四）、一個が

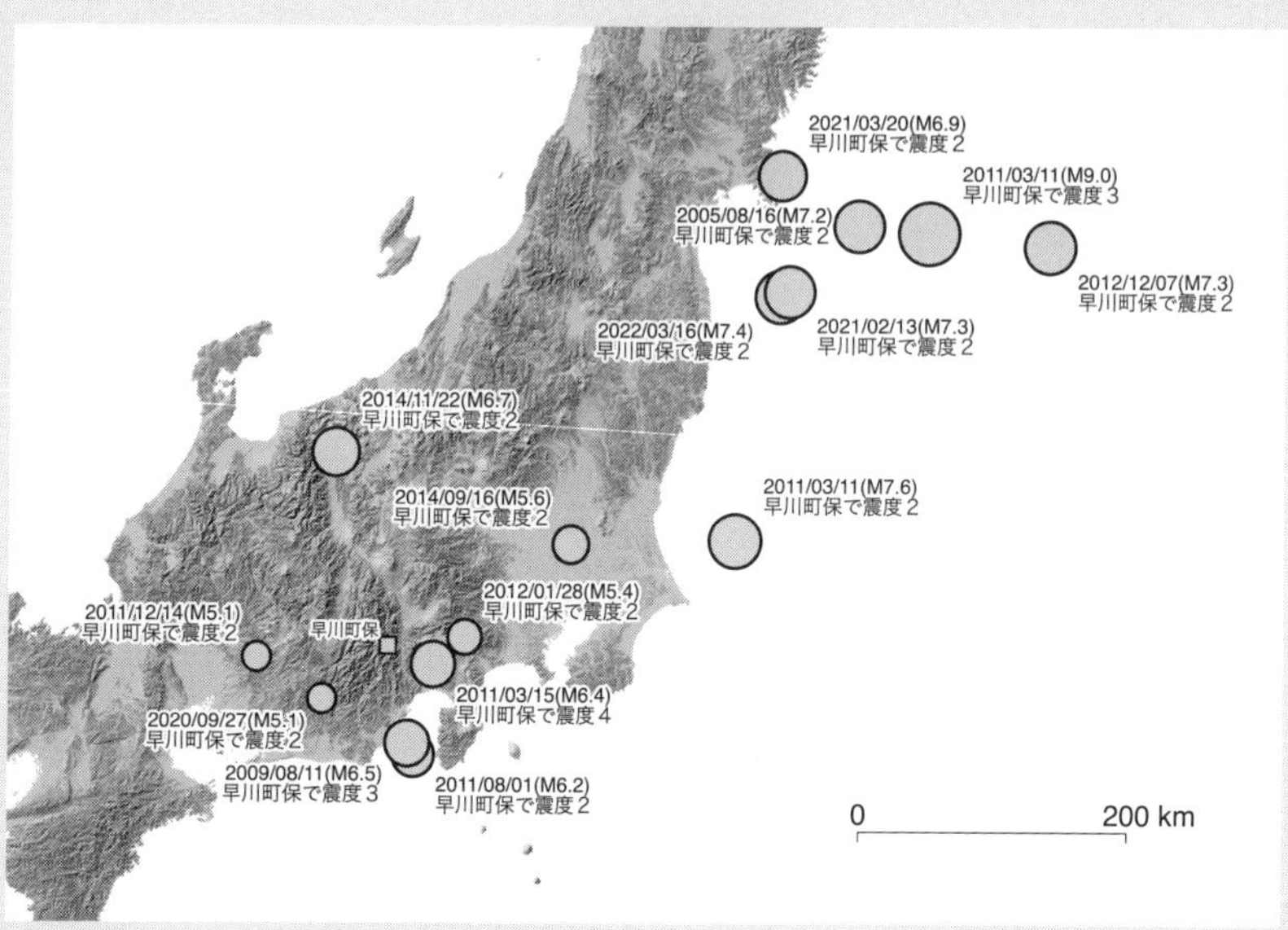

図　2004年11月から2022年10月までの間に早川町保で震度2以上を観測した地震の震央分布。データは気象庁震度データベース検索（https://www.data.jma.go.jp/eqdb/data/shindo/）による。背景地図は地理院タイル（陰影起伏図）。

二〇一四年の長野県北部の地震（M六・七）、三個が静岡県西部（M五・一）と岐阜県美濃東部（M五・一）、茨城県南部（M五・六）、残りの七個は三陸沖・宮城県沖から茨城県沖の東北日本の太平洋側のプレート境界で発生した地震である。震央の位置ごとに大雑把にまとめると、駿河湾、中部地方の内陸、東北日本の太平洋側で発生した地震である。これらと同じような地震は近世を通じて発生していたと考えられ、早川でも地震の揺れを感じただろう。

史料にあらわれた地震

残念ながら前記のような小さな揺れの記録は早川の史料では見つかっていない。早川の史料にあらわれる地震は、南海トラフの巨大地震である一七〇七年の宝永地震と一八五四年の安政東海地震・南海地震、そして、飯田市付近が震央と推定される一七一八年の地震である（「早川災害史年表」）。近現代に発生した南海トラフの巨大地震は、一九四四年昭和東南海地震・一九四六年昭和南海地震である。これらの地震での早川での揺れはどの程度だっただろうか？　昭和東南海地震では富士河口湖町で震度4の観測がある。当時早川には震度観測点はなかったようであり、現地での揺れ方や体感はこの観測値とは違っているかもしれない。

宝永地震では早川往還の荒金道(あらがねみち)が崩れ、寒水が湧き出したとの記録がある。安政地震では薬袋(みない)村辺が崩れて早川が堰き止められ（「早川災害史年表」）、山林に土砂崩れの被害があったとの風聞があった。[2] 山崩れや道路の破損、あるいは地下水の噴出といった地変から揺れの程度を推定できる。「気象庁震度階級関連解説表」によれば、震度5弱や5強では「亀裂や液状化が生じることがある」「落石やがけ崩れが発生することがある」、震度6弱となると「地割れが生じることがある」「がけ崩れや地すべりが発生することがある」とされている。宝永地震や安政地震では、最低でも震度5弱程度の揺れがあったと考えられる。

宝永地震でも安政東海地震でも甲府盆地では場所によって大きな被害があった。また、安政東海地震の際、身延(みのぶ)で震度6程度揺れたとされている。[3] いずれの地震でも、早川でも震度5から6程度の揺れであったと考えてよいだろう。ただし、地盤条件などにより同じ地域でも揺れの程度や被害の様相が異なる場合があることに注意が必要である。

過去の地震の揺れを別の観点から想像してみよう。内閣府は南海トラフで発生する最大クラスの地震による全国の揺れの強さの計算結果を公表している。[4] これによれば、上記の保観測点の位置では震度6強となっている。最大クラスの地震というのは宝永地震よりも大きな地震との想定であるが、大きく見積った場合の参考にはなるだろう。また、「山梨県東海地震被害想定調査」[5] ではM八の東海地震を想定しているが、早川では震度6弱から7の揺れが想定されている。これらの想定は、震源の位置や広がりを仮定し、地盤条件などを加味して計算したものである。過去にも未来にも想定とまったく同じ地震が発生するわけではないが、どの程度の揺れが生じたか、あるいは将来生じるかを考える参考になるものである。

ここまで、史料の記述や将来の想定から、早川に大きな揺れをもたらす地震についてみてきた。最初にみたように、早川は最近はそれほど強い地震の揺れには見舞われていない。現地では、災害につながる自然現象でいえば、台風や大雨、大雪のほうが印象に残っていることだろう。しかしながら、歴史を振り返れば、交通路や田畑に被害が生じるような地震が発生していること、また、将来同じような地震が発生した場合に強い揺れが想定されていることには注意が必要である。また、糸魚川―静岡構造線断層の南端にあたり、前記の二〇一四年の長野県北部の地震のように、局所的に大きな被害を生じる地震も発生しうることも想定しておく必要がある。

山村研究と地震

宝永地震や安政東海・南海地震のような過去の地震について、南海トラフの巨大地震であることや、各地の震度が推定できるのは、多くの史料に被害や揺れの程度などが記録されているからである。これらの記録を収集、分析して、歴史時代に発生した地震が特定されてきた。[6] 基本的には、被害や揺れの強さと震度との関係を用いて震度分布図を作成する。一般に、震源（震央）から近い場所は遠い場所に比べて震度が大きくなり、地震の規模が大きければ大きいほど全体的に震度は大きくなることを利用し、震源の位置や規模（マグニチュード）を推定するのである。

このような分析を行うためには、地震について記録した史料があればあるほどよい。被害や揺れの記録は人が多く住む場所で記録されやすく、山間部での記録は相対的に少ない。記録があったとしても史料調査が行き届いていないことも多い。これにより、得られる震度分布に偏りが生じ、正確に震源を推定できなかったり、地震が見逃されたりすることにつながる。また、土砂災害や河道閉塞などの山村特有の地震被害は、近年の地震でも発生している。過去に発生した事例を把握し、間接的にでも災害に対する経験値を増やすことは、将来の備えにもつながっていく。山村研究と地震研究の協働に期待する所以である。

（1）気象庁震度階級関連解説表、https://www.jma.go.jp/jma/kishou/know/shindo/kaisetsu.html
（2）鈴木努「史料紹介」（『中央大学山村研究会報告集』二八集、二〇一九年）。本書Ⅲ-4寺島「山の地震誌」。
（3）宇佐美龍夫・他『日本被害地震総覧599-2012』（東京大学出版会、二〇一三年）。
（4）内閣府南海トラフの巨大地震モデル検討会（二〇一二）強震断層モデル（1）データセットA、https://www.geospatial.jp/ckan/dataset/1201
（5）山梨県東海地震被害想定調査（二〇〇五年）、https://www.pref.yamanashi.jp/bousai/02123703708.html
（6）例えば、前掲注3宇佐美龍夫・他著書。

Ⅳ　災害の幸いと祈り

第1章　災害の幸い

田中悠介

はじめに

私たちが暮らす現代社会では、毎年のように災害が発生し悲惨なニュースが流れてくる。本書巻末「早川災害史年表　近世編」を見ると、近世の早川入（はやかわいり）も幾度もの災害に見舞われている。家は潰れ、山は崩れ、作物は傷み、道橋は不通になった。救済を求めて領主に差し出された訴状には、人々が困窮しているようすが記されている。しかし、ただ悲嘆に暮れていたわけではない。残された史料を繙くと、災害に好機を見出し、したたかに生きていた姿が見えてくる。

本章では、近世の山村に生きた人々が、災害の〈幸い〉という、一見相反するような考え方で生きてきたようすを、早川入の豊富な山林資源を背景に見てゆく。

1 早川入と水害

(1) 水害多発地京ヶ島

早川町を流れる早川は南アルプスに源を発する。北岳、間ノ岳から南流してくる野呂川と、白根三山から東流してくる荒川が合流して早川と名前が変わる。早川町地内を南下し、南部で流路を東に転じて蛇行を繰り返し、中富町、身延町境を流れ、甲斐国と駿河国を結ぶ水運の要路であった富士川に合流する。(1) この流域が戦国時代から江戸時代にかけて早川入と呼ばれ、早川入一九ヶ村として村々が点在し、焼畑が営まれ、金の採掘や木材生産といった生業が盛んに行われていた。

京ヶ島村はこの早川入一九ヶ村の一つであり、早川が作る河岸段丘上に位置している。『甲斐国志』には、文化年間に石高五四石七斗一升四合、戸数三八、人口一六八人と記されており、耕作地は早川入の例に漏れず畑が大半を占めていたが、僅かながらではあるが水田が開かれている点が特徴だった。(2)

本書巻末「早川災害史年表 近世編」を見れば明らかなように、江戸時代の早川入の災害を特徴づけているのは水害である。記録では全災害のうち約八割を占めている。

早川入の古文書では、川幅一杯の流れになることを「満水」「出水」と表現している。これは早川入に限ったことではなく、平地の農村地帯でも使われる一般的な言葉である。(3) ただ違うのは、平地での満水は川の水位が上がり、さらに土手を越えると(あるいは切れて)溢れ、耕地や家を押し流す。しかし、京ヶ島村では田畑や家が川より高位にあるため、(4) 川除御普請所(川沿いの耕地の

1 「早川」(『山梨県の地名』日本歴史地名大系一九巻、平凡社、一九九五年)。

2 溝口常俊「甲州早川流域焼畑村落の展開」(同『日本近世・近代の畑作地域史研究』名古屋大学出版会、二〇〇二年)二二三頁。

3 『日本国語大辞典』第二版(小学館、二〇〇二年)。

4 『早川町史』(早川町、一九八〇年)一四五〇頁。

崩落を防ぐ）、中川原往還の途絶、用水御普請所（早川から田に用水を引く）がまず水に浸かり、次に田畑へと浸水していくことになる。よって水害の際に京ヶ島村の関心は、用水普請（工事）、川除普請、往還普請〔本書Ⅱ-2高野「災害復旧にみる往還の御普請と利用」〕へ自然と向かう。そして、こうした被害に備えるため恒常的に工事を必要とし、その負担をめぐって領主との間で巧みな交渉が行われていたのだった〔本書Ⅲ-1白水「災害をめぐる山村と領主」〕。

（2）享保一三年の水害

享保一三年（一七二八）、甲斐国は長雨に悩まされていた。七月八日には笛吹川支流の日川が堤防を乗り越えた。流域の南田中村では七四軒が流され、一五〇人の死者が出、村があった場所は流路になる惨事となった[5]。

京ヶ島村はどうだったのだろうか。享保期を含む一八世紀前半は、日本史の中でも湿潤な気候で、水害が多発する時期だったと言われている[6]。享保期の早川入では、六年（一七二一）、七年、九年、一二年、一三年、一五年、一六年、一七年、一八年、二〇年と毎年のように発生していた。特に享保一三年の京ヶ島村は四、五、七、八、九月と、旧暦の夏から秋にかけて立て続けに満水、出水が起き、村は役所に対し何度も救済を求めている。

四月から五月にかけてのたび重なる出水では、前年の川除が流失、大破し、本途物成（田畑に課せられた年貢）の田畑が崩れかかったという[7]。応急の処置として川除の御普請を願い出ている。享保一三年の四～五月は、新暦ではおおよそ五～七月初めであり、作付けから梅雨にあたる。早川入の年貢は銭納だったが、換金作物の煙草の収穫が不安定な京ヶ島村〔本書Ⅲ-3成畑「災害と作

5　「享保水損物語」（『甲斐志料集成』一二、一九三五年）。早川文太郎、須田宇十『山梨県水害史』一九一一年、九三-九六頁。

6　中塚武「日本史の背後にある気候変動の概観」（『気候変動から読みなおす日本史』第一巻、二〇二一年）四二頁。

7　斎藤義直家文書E-⑦-8-23。

物被害」」は、金詰まりになることがあった[8]。そこに加えて田畑が崩れれば村にとって痛手となったであろうことが分かる。

七月八日は南田中村と同じく京ヶ島村も満水に見舞われ、その救済を早速当該月中に役所へ訴え出ている[9]。四月五月に引き続き川除が破損したほか、諸作が「大分無毛（だいぶむもう）」となり、田畑が「三分方」流されたようで被害が拡大していたことが分かる。それは往還にもおよび、川筋が新川と古川の二瀬に分かれ往還を遮り不通になった。ただ、この訴状では、家や人への直接の被害は報告されていない。なお近世早川入の水害で人的被害が記録された史料は管見の限り確認できない。これはこの地域の特徴なのか否か、今後の課題だろう。

八月は複数回の満水、出水が襲った。八月三日の訴状は次のように伝える[10]。七月八日の満水によって不通になった往還御普請願いのため、村役人が役所へ出向き、御普請の見立てを報告した。ところが村へ帰って来るとまた川筋が変わり、新川だけになっていた。そのため、当初願い出ていた人足の増員は見送ってほしい、と計画の変更を求めた。その後、川筋を元に戻す「堀川」が八月二日から始められたが、これもまた四日からの相次ぐ出水で中止を余儀なくされている[11]。

往還御普請の難航を受け、京ヶ島村は早川入村々にかけ合い、一一月に早川入り村々の総意として連署で出された訴状は次のように伝える[12]。七月から九月にかけて幾度もの満水に襲われ、田畑が欠け、往還不通となった。そのため何度も御普請を願い出ていた。しかし「御国内大変之御普請」が優先され、さらに上飯田代官亀田三郎兵衛の死去にともない早川入が甲府代官所預かりへと変わるさなかで[13]、御普請はなかなか下されずにいた。

以上のように、京ヶ島村にとって享保一三年は水難の年だったといえよう。四月からの長雨に

8　『早川町史』三九三頁。
9　斎藤義直家D-③-4-2。
10　斎藤義直家D-c-②-11-2。
11　斎藤義直家D-b-③-4-5。
12　斎藤義直家E-⑦-8-4。
13　『早川町誌』三七一頁。

よって田畑は崩れかけ、あるいは流された。往還御普請は計画変更を迫られ、開始しても出水により中止に追い込まれた。各訴状に共通しているのは、御普請を頼みにしていることである。「当分破滅之義」などと誇張した常套句で救済を求めていた。領主が費用負担する御普請においては、村は経費節約を試みる。御普請の入用（経費）を節減し、残金の取り分を増やそうと企んだ村役人もいた。[14]

幾度の満水、出水という自然的要素と、役所替えという行政的要因が重なり、村を悩ませた年だった。

14　斎藤義直家A-j-①-8-1。

2　災害がもたらす恵み——保村との流木争論——

表　流木争論関係年表

和暦	西暦	日付	出来事	出典
享保一三年申	一七二八	七月八日	満水で早川が二瀬となり、中川原に流木が溜まる。	斎藤義直家A-m-②-1-6
		一八日以降	柳島村が堀瀬をして流木を引き揚げる。	斎藤義直家A-m-②-1-6 斎藤義直家D-c-②-11-2
		八月一四日	京ヶ島村の安右衛門が、堀瀬をした柳島の小兵衛を訪ね、堀瀬の件を穏便に済ませることを提案する。	斎藤義直家A-e-④-4-4
		九月初頭	安右衛門の提案が保村に容れられなかったため、京ヶ島村が甲府代官所に訴状を提出する。	斎藤義直家A-m-②-1-6 斎藤義直家D-c-②-11-2
		九日	甲府代官所から内済にするよう申し渡しがある。滞りや異議があれば返答書を作り、一三日に保村と京ヶ島村の代表が役所へ出頭すべきこととされる。	斎藤義直家A-j-③-1-5
		二八日	京ヶ島村名主沖右衛門が新倉村・早川村名主へ仲裁を願う。	斎藤義直家A-f-⑤-17-3

		一〇月一三日	甲府町宿坂元屋市右衛門より仲裁請負の通知がある。	斎藤義直家A-f-⑤-17-2-3
			中川原と流木の折半の内済証文を作成。	斎藤義直家A-m-②-1-2
		二〇日	保村から甲府代官所へ返答書が提出される。	斎藤義直家A-m-②-1-4
		二三日	保村が流木を下流へ流す。	斎藤義直家A-m-②-1-8
		二九日	保村が流木を下流に流したため、京ヶ島村が甲府代官所宛の注進書を作成する。	斎藤義直家A-m-②-1-8
			小兵衛が、仲裁人の早川村・西之宮村の村役人とともに、堀瀬については「ご公儀様に申すまじく」と京ヶ島村名主沖右衛門に誓約する。	斎藤義直家A-m-②-1-3
		一一月五日	保村へ甲府代官所から呼び出しがある。	斎藤義直家A-j-③-1-5
		一一日	甲府代官所預かりの争論となる。	斎藤義直家A-j-①-8-1
		二〇日	柳島村へ引き揚げている木数を記入した帳面を二三日に持参するよう甲府代官所から保村へ申しつけがある。	斎藤義直家A-j-③-1-4
			瀬兵衛・七兵衛・次右衛門・六右衛門・小右衛門が保村へ加担する。	斎藤義直家A-j-①-8-1
享保一四年酉	一七二九		上飯田代官所から流木入札の仰せ付けがあり、京ヶ島村名主沖右衛門が甲金一両で入札する。	斎藤義直家D-c-3-13-4
		七月九日	流木代を一七日までに納めるよう京ヶ島村名主沖右衛門へ甲府役所から申し渡しがある。	斎藤義直家D-a-②-6-1
享保一五年戌	一七三〇	七月二五日	証拠書類・印判を提出するよう京ヶ島村・保村へ上飯田代官所から呼び出しがある。	斎藤義直家A-j-③-1-3
		一一月	京ヶ島村の主張が認められ、村境は古川を基準とすることとなる。	斎藤義直家A-j-①-8-1
享保一九年寅	一七三四	二月	京ヶ島村惣百姓が、瀬兵衛・七兵衛親子に身勝手の禁止を誓約する証文を要求するも承知せず。	斎藤義直家A-c-③-2-2
		五月	正月から瀬兵衛親子が夫銭帳・宗旨証文・五人組手形を出さないため上飯田代官所への訴状を作成する。	斎藤義直家A-h-④-42
		七月	京ヶ島村惣百姓が瀬兵衛の長百姓役召し上げを上飯田代官所へ訴える。	斎藤義直家A-c-③-2-2
享保二一年辰	一七三六	三月二五日	瀬兵衛が夫銭帳への印判を拒否し諸事滞っているため、京ヶ島名主善左衛門に御役所への訴訟を願い出る。	斎藤義直家B-a-②-5

（1）京ヶ島村の訴状

たび重なる水害に悩まされていた享保一三年の京ヶ島村だが、はたして災害は人々から奪ってゆくばかりだったのだろうか。

御普請がはかどらずにいた九月、京ヶ島村から上飯田代官所に宛てて次のような主旨の訴状が出された[15]。

【史料1】

七月八日の満水で早川が保村枝郷[16]柳島村前の古川と、当村の山岸の新川との二瀬に川筋が分かれて往還不通となり、二瀬の間の中川原へ流木が多く流れ着いた。往還御普請のお願いに御役所へ出向いた当村の名主が不在の間、小兵衛をはじめとする柳島村の者たちが古川の水を新川へ一本化するように「堀瀬」（古川をせき止め、新川だけにすること）をし、流木を取っていった。保村との旧来の慣行では、川筋が新川と古川に別れた場合、水量の多少に関わらず村境は古川を基準にすることになっており、当村が往還御普請を担当してきた経緯からしても、中川原に関する権利は当村にある。村同士の話し合いで解決すべく、親郷の保村へ謝罪と協議を求めたが応じない。ついては、保村の村役人を役所へ呼び出し詮議のうえ、当村への流木の返還を命じてほしい。

七月八日の満水によって、京ヶ島村側と保村枝郷の柳島村側とに川筋が分かれ、間にはさまれた中川原へ多くの流木が流れ着いた。訴状からは、流木の取り分をめぐり村同士の騒ぎになってい

15　斎藤義直家A-m-②-1-6。

16　枝郷とは、開発によって新しい村がつくられたりした場合、元の村である親郷（おやごう、本村）に対し新しくできた集落は枝郷（枝村）と呼ばれ、親郷の管轄下にあった。

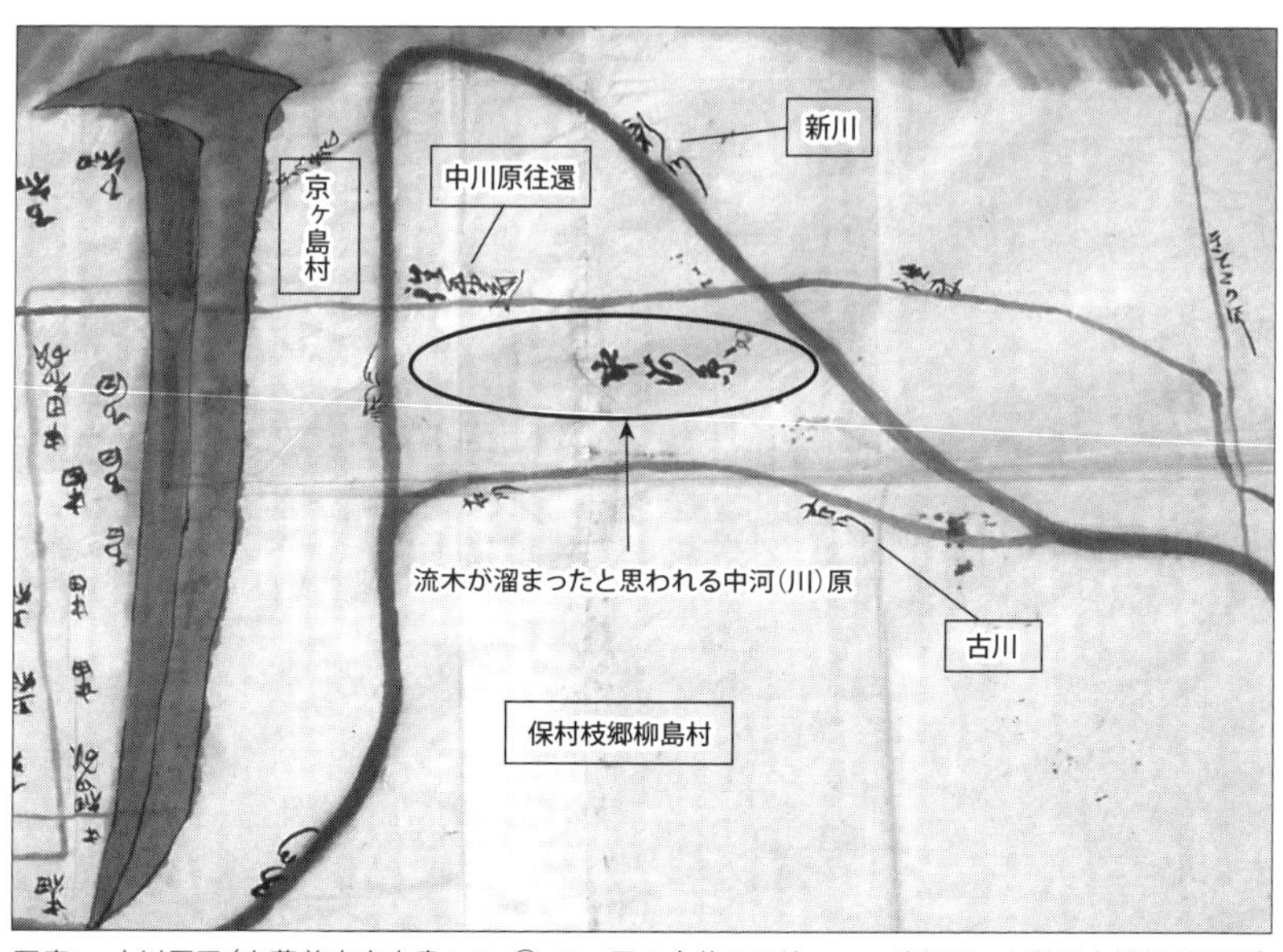

写真1　中川原図（斎藤義直家文書A-h-③-12、図の全体は口絵viページ参照、山梨県立博物館現蔵）

た様子がうかがえる。たしかに、京ヶ島村が主張する慣行に従えば流木は京ヶ島村の取り分となるだろう。しかし、満水によって早川の川筋が変わり、京ヶ島村の利用権があるとされる中川原の京ヶ島村側を川が流れるようになり、川原の利用範囲があいまいになった。そうしたなか柳島村が流木を全て取ったことにより、争論へと発展したと考えられる。

（2）保村の返答書

京ヶ島村からの訴状を受けて、一〇月、保村は役所に対して次のように主張した。[17]

【史料2】

京ヶ島村は、古川を村境とするという慣習があると主張しているが

17　斎藤義直家A-m-②-1-4。

それは偽りで、昔からどの村でもその時々の川筋を村境としてきた。小兵衛を呼び出し取り調べをしたが、堀瀬をしていないと言っている。もし取り調べをしていないと思うなら役所へ呼び出し詮議してほしい。

往還に関しては、京ヶ島村に限らずどの村でも大破の場合は御普請で、小破の場合は自普請で対処してきたが、京ヶ島村の名主沖右衛門[18]が川向こう（古川より京ヶ島村側）を支配しているという旧例はない。保村の川原は当村が昔から一両二分の年貢を納めている御役川原である。早川入が幕府領になる以前、甲斐守様が支配されていた時は、満水で流木が溜まった際、他村は流木を取り上げられたが、保村は取り上げられなかった前例があり、今回もこれに従っただけだ。

18　のちの善左衛門の若名とされる（斎藤義直家A-g-③-1-2-2）。

写真2　柳島（正面）と二瀬に分かれた早川（左）（2013年8月27日）

保村の言い分は京ヶ島村と正反対である。特に、村境はそのときどきの川筋を基準とするという主張は重要である。これが通れば、村境は京ヶ島村側を流れる新川ということになって、中川原は保村地内となり、流木は保村の取り分になるからだ。つまり、争点は村境を左右する、小兵衛が否定している堀瀬だった。

そして先の京ヶ島村の主張と保村のこの主張には共

通点がある。両村とも役所や領主との義務関係や税を納めていることを根拠として、川原の利用権限の正当性を主張していた。京ヶ島村は往還工事の請負を、保村は税を納めている御役川原であることだった。年貢などの諸役は支配権力からの収奪という一面を持つが、一方で義務を負い税を納めていることは領民が権利を主張する根拠でもあった。

（3）内済と堀瀬

甲斐国が幕府領となった享保九年（一七二四）、上飯田代官所は支配下の諸村に対して、村境の争論は確かな証拠がない限りむやみに役所へ訴えることを控えるよう触れを出した。[19] 史料1で見た京ヶ島村からの訴えに対しても同様で、役所は内済つまり村同士の話し合いで解決するよう両村へ命じ、それで済まないようであれば返答書を提出するようにと保村へ言いつけた。[20] 村同士の揉め事は内済を前提とし、成立しなければ役所の裁定へという流れである。

　京ヶ島村の訴状提出前の八月一四日、京ヶ島村の安右衛門が小兵衛を訪ね、堀瀬のことを問いただした。当初小兵衛は否定したものの、深刻な問題になると告げられるとこれを認め、村の衆と親方（京ヶ島名主斎藤沖右衛門）に対し穏便に済ませる提案を承諾した。しかし、この提案を保村は受け入れなかったため、九月に史料1が出され、役所の言いつけで内済の交渉が始まった。二八日に新倉（あらくら）村名主伝右衛門、早川村名主忠右衛門へ仲裁を頼み、[21] 一〇月一三日までに甲府町宿の坂元屋市右衛門と松屋庄右衛門が加わって内済が進められた。[22] 甲府町宿とは郷宿（ごうやど）のことだと思われる。郷宿とは代官所所在地に出向く領民の定宿のことで、訴訟の際の役所との手続きの代行も行っており、江戸では公事宿（くじやど）と呼ばれた。甲府町に宿を構える坂元屋と松屋は、役所から「御内

19　斎藤義直家E-②-6-8。
20　斎藤義直家A-m-②-1-4。
21　斎藤義直家A-f-⑤-17-3。
22　斎藤義直家A-f-⑤-17-2-3。

意を得た」として仲裁人に名を連ねた。

一〇月、内済が成立したことを証明する済口証文（すみくちしょうもん）が作成された。[23] 両村が中川原の帰属を有利なものとするため主張した慣習は証拠の書類がなかった。しかし、京ヶ島村が往還御普請を請け負っているという主張については、以前の仰せ付けと今年の計画書があったため認められ、村境を古川に戻すことが許可された。しかし、今後は川筋が変わったとしても中川原の半分までなら柳島村の支配することとされた。これにより、今回は中川原を半分にし、流木の取り分も折半することとされた。

しかし、京ヶ島村は「流木の取り分は内済でいいが、堀瀬の件は内済では済まない」とし、これを受けて小兵衛は、仲裁人の早川村と西之宮（にしのみや）村の村役人とともに、保村が村境を変えようとしたことを「御公儀様[24]へ申すまじく」と誓う証文を当事者である名主斎藤沖右衛門に出している。[25] この証文では仲裁人が当事者の沖右衛門に対してへりくだる言い回しをしており、京ヶ島村近隣において斎藤家が力を持っていたようすがうかがえる。

済口証文では堀瀬のことは扱われていない。流木の取り分は双方が納得する証文に至ったが、その独占方法である堀瀬が別問題として内済を妨げていた。証文は作成されたが、正式に内済とはならなかったのである。

役所の取り扱いとなった後、一〇月二九日に京ヶ島村は注進書を作成している。[26] それによれば、一〇月二三日の夜中に保村が流木をこっそりと下流に流したため京ヶ島村の者たちが制止し、保村の名主と下流の粟倉（あわぐら）村の預かり人（流木を一時的に留め置いている人）、および名主に対して流木をそのままにしておくよう掛け合っていた。保村が役所の裁定が出る前に強引な行動に出た裏に

23　斎藤義直家A-m-②-1-2。

24　早川下流の伊沼村と八日市場村との間でも流木をめぐる争論があり、江戸奉行所での裁定を受けている。『中富町誌』（中富町誌編纂委員会、一九七一年）三三〇-三三四頁。

25　斎藤義直家A-m-②-1-3。

26　斎藤義直家A-m-②-1-8。

は、証拠書類がない保村の主張の根拠の弱さがあったといえるだろう。

なお、七月に京ヶ島村の名主が往還御普請願いに役所へ出向いていた間に、小兵衛をはじめとする柳島村の者たちが堀瀬をしたということなら、前節で見た御普請の計画変更の原因となった流路の変更は、自然的なものではなく、人為的なものだったといえる。

（４）流木の魅力

近世早川入は木材生産が盛んであったことはすでに述べた。公用商用の木材が丸太に切り出され、早川、富士川を下って駿河国清水湊で積み替えられ、主に江戸へ送られた。こうした木材には印が押され、流れ出た際は勝手に取ってはならなかった。山林資源に恵まれている早川入であるが、百姓による木材としての自由な伐採は原則禁止されていた[27]。そのため、「流木」と呼ばれたのは印が押されていない、つまり誰のものでもなく、自由に使える木材（丸太）なのであって、労せず手に入れられるため、村民たちにとっては災害の後の恵みであった。

京ヶ島村では流木拾いの慣行について、享保一八年（一七三三）に村内で確認している[28]。出水により流れ着いた流木は、早く取った者と家の自由に任せるが、数が多い場合、または用木などとして売るときは持ち高と家別に応じて割り当てることとされた。流木に換金の価値を見いだしていた点は注目される。争論が大きくなっていった要因はここにもあると考えられる。

享保一七年（一七三二）には、京ヶ島村の長右衛門が一間（約一・八ｍ）の材木一三枚を銀八八匁五分（現在の価値で約一二万五千円）で売った記録が残っており、それなりの収益だったと思われる[29]。また、長右衛門は長さ四間の丸太も木材にしており、流木はそれなりの大きさだったことが

27　『早川町史』九六七頁。

28　斎藤義直家Ａ-ｊ-①-８-１。

29　斎藤義直家Ｅ-④-２-16-３。

分かる。そのため運搬・加工には助人足が雇われ、杣（伐採・製材の技術者）、日雇（木材の運搬者）など専門の技術を持った者が雇われ彼らも収入を得た。[30] 水害によって流れ着く流木は、その売却にいたるまでにさまざまな利益を生み出していたのである。

今回の争論では、享保一四年三月、流木の木数改帳面が提出されると、役所から入札が言い渡され、京ヶ島村名主沖右衛門が甲金一両で入札している。[31] このことから、争論になった場合、流木は役所が預かり入札のうえ払い下げるという扱いになっていたと考えられる。七月九日に、役所から流木代を払うよう書き付けが来ており、沖右衛門が落札したようだ。[32] そして、さきの内済の過程を顧みると、流木の取り分に関しては入札をもって事が収まったが、依然として堀瀬による村境い争いが解決していなかったことが分かる。

30　斎藤義直家E-④-2-16-2。
31　斎藤義直家D-c-③-13-4。
32　斎藤義直家D-a-②-6-1。

3　〈幸い〉が残したもの

（1）村敵となった長百姓瀬兵衛

元文二年（一七三七）に作成された『京ヶ嶋川原木保村と出入夫銭帳面奥書文言写帳』には、争論の顛末が記されている。[33] 奥書なので、経費である夫銭に関しては詳細な使途は不明だが、総計銀九二九匁一分八厘（約一三〇万円）が掛かっていた。争論は享保一五年（一七三〇）まで続き、一一月に、村境を古川限りとする京ヶ島村の主張を認める裁定が下り、村同士の争いは収まった。しかし、京ヶ島村内ではもう一つの問題が起きていた。

争論中、役所に命じられ、京ヶ島村では長百姓瀬兵衛と息子七兵衛が頭取となって流木の数、

33　斎藤義直家A-j-①-8-1。

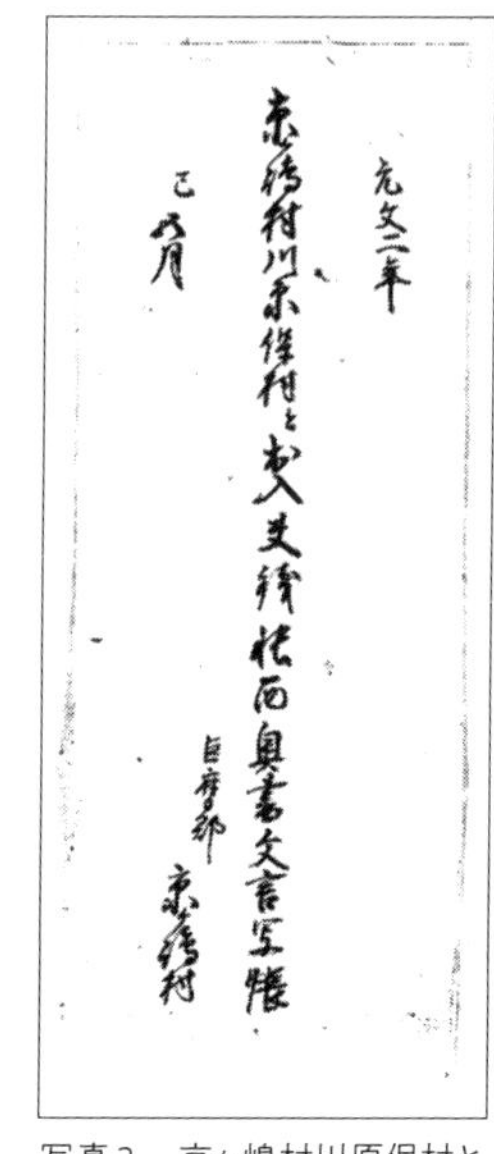
写真3　京ヶ嶋村川原保村と出入夫銭帳面奥書文言写帳

種類などを調べることとなった。しかし、瀬兵衛親子と、五人組の次右衛門、六右衛門、小右衛門が役に背いて保村に加担した。その内容は不明だが、村内で争いごととなって争論が長引くことを避けるために、役所の裁定後に対処することとした。その後、享保一六年（一七三一）に瀬兵衛親子以外の三人が許しを乞うと、五人全員が誓約した証文を提出することと、争論に掛かった夫銭を分担することが条件とされたが、瀬兵衛親子は承諾しなかった。その後も瀬兵衛親子は繰り返しの忠告を聞かず、村内で対立することが増えたという。京ヶ島村の村役人は、もともと長百姓が三人いたが、正徳四年（一七一四）頃、その内の一人が死去した後、瀬兵衛の勝手なおこないが増えたらしい[34]。享保一〇年（一七二五）には、川除御普請の残金の配分から後家を除外して、取り分を増やそうとする新法を企んだとされている。保村への加担に限らずこうしたことも背景にあったのだろう、享保一八年（一七三三）年に瀬兵衛親子は流木、ひいては以後の中川原に関する諸役から除外された。役を外されるということは、役を担うことで得られる権利を失うことを意味している。そして、それは親類および末代まで続くこととされた。この取り決めは、長百姓太郎兵衛を頭として後家を含めた百姓一四名の署名で村役人に提出され承認されている。村役人のなかに瀬兵衛も長百姓として署名しており、彼が取り決めを承諾したことが分かる。また、百姓側の署名には、瀬兵衛とともに保村に加担した次右衛門、六右衛門の名があるが、「詫言」を入れたことが書かれ

34　斎藤義直家A-c-③-5-2-1。

ており、これをもって許されたのだと思われる。同じく加担した小右衛門は後家が署名しており、彼が死去したこと、その妻が代表として村政に参加していたことが分かる。

瀬兵衛と村民との対立はその後も続き、享保一九年（一七三四）三月、百姓三〇名による瀬兵衛の長百姓役罷免の訴訟に発展した。(35)この時の理由は、瀬兵衛親子の「我侭（わがまま）」で村が難渋し、村民が名主善左衛門に訴えても難しく、善左衛門は名主役の辞任も示唆したため、役所で吟味してほしいという漠然としたものだった。これを受け、善左衛門が五月と七月に相次いで作成した訴状には具体的な問題が挙げられている。(36)それによれば、争論によって敵対して以降、瀬兵衛は川原の諸役からは離れたが、村役の夫銭（村費への拠出義務）は負っていた。しかし享保一八、一九年と夫銭割り付けの証文への押印を親子で拒否し夫銭を滞納していた。そのため役所へ訴え吟味させたが、瀬兵衛親子は承知しなかったため再度の吟味を願いたいというものだった。さらに享保二〇年も割り付け証文を拒否し、三年間夫銭を納めなかったため、村民は再び役所へ訴えるよう仲（沖）右衛門（善左衛門）に催促状を出している。(37)「後悔又ハ詐り申間敷（こうかいまたはたばかりもうすまじく）」という言葉からは、村役人の不正に対しては、京ヶ島村で力を持っていた斎藤家に対しても村民が強い態度に出ていたことがうかがえる。

その後、享保二〇年の『京ヶ嶋由緒覚書』には瀬兵衛の印がなく〔本書Ⅲ-2柴﨑「山村の災害と歴史語り」〕、先にみた元文二年の写帳の署名を見ると長百姓に瀬兵衛の名前はなくなっており、罷免されたことが分かる。流木をめぐる争論は京ヶ島村内の対立を顕在化させ、村役人の進退にまで影響を及ぼした。流木を含めた川原の権利は京ヶ島村に住む人々にとってさまざまな利益を生み出すものだったが、それを得るためには役を果たさなければならない。瀬兵衛は夫銭を拒否

35　斎藤義直家A-c-③-5-2-1。
36　斎藤義直家A-h-④-42。斎藤義直家A-c-③-2-2。
37　斎藤義直家B-a-②-5。

したために権利を失ったのであり、争論において他村に加担するよりも重かったのである。災害の〈幸い〉をめぐって村内が不穏になったことは皮肉な結果だったといえよう。

（2）明治一四年の約定証

明治政府による町村再編のもと、山梨県では明治七年（一八七四）に権令藤村紫朗が合併の布達を出した。[38] 京ヶ島村と保村は、草塩（くさしお）村、西之宮村、黒桂（つづら）村と合併して都川（みやこがわ）村となり、京ヶ島組、保組と呼ばれた。一村となったことで村境はなくなった。しかし、明治一四年（一八八一）作成の『京ヶ島組保組中川原境界論添口書椀』を見ると、中川原をめぐる境目争いは続いていたことが分かる。[39] 享保期の約定で決めた境目だったが、その後も川筋が幾度も変わり、曖昧になっていたらしい。

約定証には付属の絵図が二枚ある。一枚は一一月二日の日付で京ヶ島組総代の署名があり、甲府区裁判所へ提出するつもりだったらしいが、同村西之宮組と隣村の五箇（ごか）村戸長の仲裁によって未提出となったとみられる。その絵図を見ると川筋が柳島に接していて、中川原が広く、京ヶ島組に有利な描かれ方をしている。もう一枚の絵図（写真4）は京ヶ島組、保組の合意のもと作成されたと思われる。見ると中川原には耕地が拓かれ、先の絵図では畑となっている。明治八年（一八七五）の中川原開墾申請書の切り抜きが残っており、硯島（すずりしま）村大島組、保組、京ヶ島組が共同で開墾した耕地だったようだ。かつての中川原往還も京ヶ島新道となって中川原を迂回し、土地利用が変わっていたことが分かる。注目されるのは、柳島―早川元川―中川原耕地間の距離が詳細に設定されている点である。加えて、約定証の絵図をみると早川元川と新川の分岐点に〇印が付い

38　『早川町史』四〇三頁。

39　斎藤義直家A-m-②-1-7。

ている。京ヶ島組が作成した先の絵図では、新川への流れをせき止めると思われる御普請所が描かれている。前節の絵図もそうだが、中川原ではむしろ新川の方が自然な流れのように見え、古川が人工的な流れであった可能性も考えられる。約定証の詳細な距離設定は、耕地を守るととも

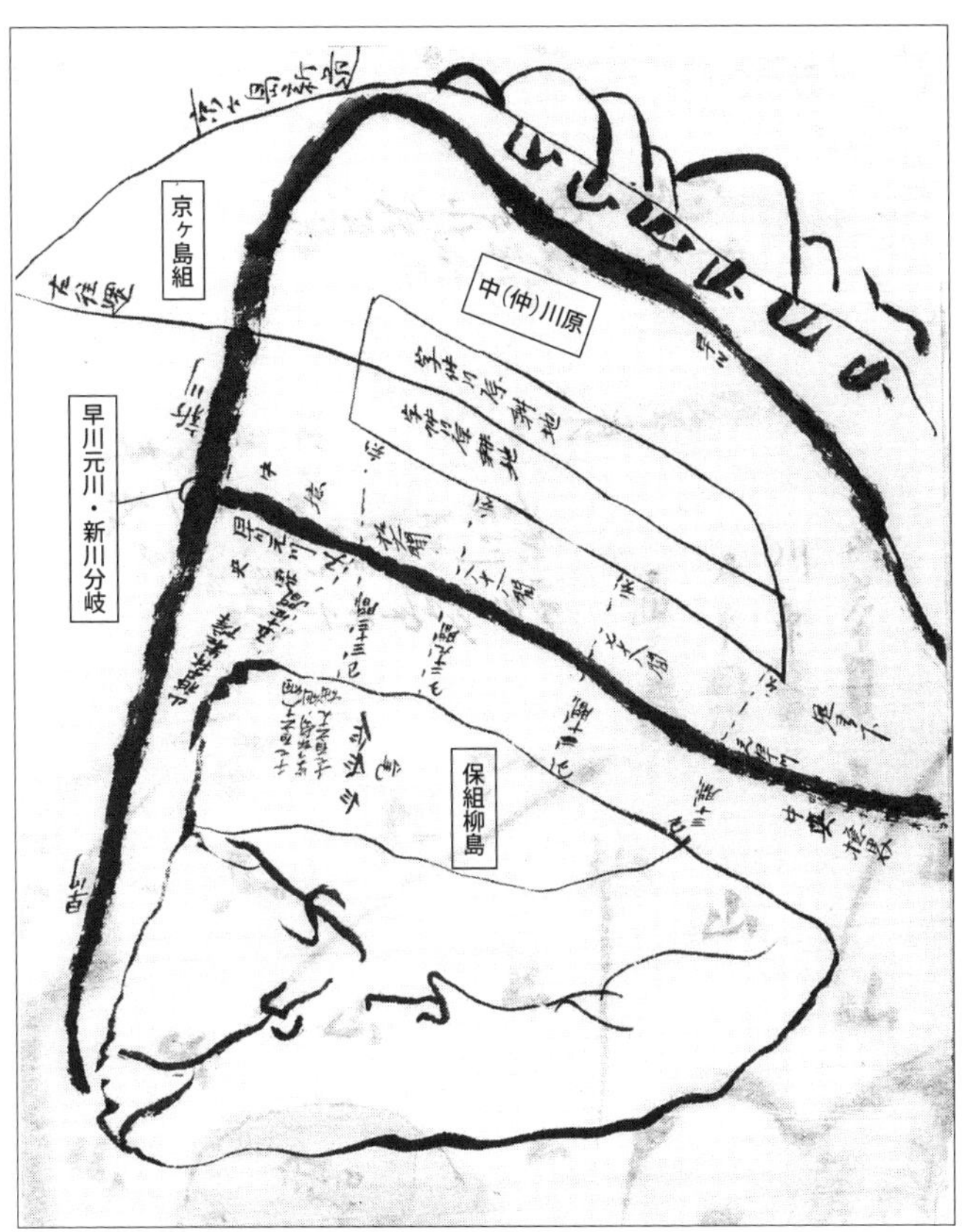

写真４　約定証付属絵図

に、人の手で川筋を確定させ、享保の争論の「古川を境とする」という漠然とした「慣行」から脱しようとする意志が読み取れる。

また、流木拾いは近代に入ってからも行われていた〔本書Ⅴ-2「災害跡地を歩く」〕。中川原は耕作地と入会地（いりあいち）の性格を有していた。明治一四年は地租改正が行われており、絵図はそれに合わせて作成されたと考えられる。約定証からは、土地制度が変わる過渡期を山村という現場からうかがうことができるのではないだろうか。

4 災害と山地利用

早川入は山地資源が豊富なところであり、人々にとって、山林は生活の糧となる存在だった。山林は大きく三つに分けられる(40)。まず、幕府が直接管理し主に公用以外の利用を禁止する、御林（おはやし）と呼ばれる山。そして、百姓稼山（ひゃくしょうかせぎやま）と言われ、百姓が薪や農耕肥料、馬の餌などの生活資源を得るために共同（入会）で利用される山。早川入の古文書では百姓林、百姓持林、百姓山という名称が付いている。そして、山野の木を切り草を刈り焼いて畑を作り、地力が落ちると雑木を植え、別の土地を焼いて耕作地を拓くという農耕方法の焼畑がある。

（1）百姓稼山の伐採をめぐって

百姓稼山は村掟などで自治的に管理していたが、木材を売るために伐採するときは役所へ願い出なければならなかった。その際、理由とするのは生活困窮や天災だった。

40 『早川町誌』九六七頁。

延享三年（一七四六）、雨畑（あめはた）村の惣百姓と組頭は生活困窮を理由として、名主に百姓稼山の木材を売りたいと訴えた。[41] 費用に耐えられないので名主負担で、その代わり売れた場合の代金の割り当てがなくても良いというものだった。不自然ではあるが、おそらく杣稼ぎや日雇稼ぎなど、売却にいたるまでに発生する諸稼ぎもあてにしていたのだろう。しかし、伐採はすぐに始まらなかった。同年、代官所は同村に百姓稼山と御林の境目を決める杭打ちの調査を命じていたからだった。[42] 四年後の寛延三年（一七五〇）に一応完了するのだが、その間は伐採できないため、延享四年一〇月に伐採対象を百姓稼山から切替畑（きりかえばた）[43]の雑木三千本へ変更したい旨を木師（きじ）（伐採請負人）の飯富村弥次右衛門とともに役所へ願い出ている。[44] 伐採が始まらないなか、同四年、同五年と洪水に襲われ、特に四年は国中（くになか）（富士川流域地域）一体が大きな水害を被った。

これを受けて延享五年（一七四八）六月に出された訴状では、水害を口実にさまざまな理由付けをして売木につなげようとしている。[45] まず、このままだと年貢が納められないということである。雨畑村は、刈生切替畑（かりおいきりかえばた）[46]の雑木を作物とみなすことで、炭や薪などに加工して商売し、その収入を年貢に当ててきたという。それがこの度の水害で刈生切替畑が損じ、さらに蒔き付けた作物も埋まってしまい上納が難しくなると言うのである。次に、切替畑が損じたことにより、新たに焼畑を拓きたいが、飛び火が御林を損じる恐れがあると、領主に対する気遣いを見せている。そして、木師との契約による、杣稼ぎ、駄賃稼ぎ、荷稼ぎ等の収入が百姓のお救いとなると言うのである。水害による窮状を訴えながら、その不利益が領主にもおよぶというレトリックで要求を呑ませようとしていた。また、木師と契約したという事実を背景に動いている点も注目される。村が先手を打って願い出ていたのである。

41 「資料18」（『早川町誌』九七一頁）。
42 「資料18」（『早川町誌』九七一頁）。
43 『早川町誌』九七五頁。
44 『早川町誌』九七二頁。
45 「資料19」（『早川町誌』九七二頁）。
46 刈生畑と切替畑はともに焼畑の一種であるが、早川入では耕作方法に若干の違いがある。『早川町誌』九七五頁。

こうして翌寛延三年（一七五〇）、伐り出しが認められ、惣百姓は労をとった名主へお礼を入れている。[47] 当初、売れた場合の代金の割り当てはいらないと言っていた惣百姓は、諸経費を差し引いた分だけの割り当てを希望したのであった。

百姓稼山伐採は、切替畑の伐採という形で実現した。生活困窮がどの程度だったかは定かではないが、当初の「代金の分け前はいらない」という条件からは、喫緊の危機感は感じられない。そうした漠然とした動機の中にあって、天災は伐採に確かな口実を与える役割を果たし、売木につながったのである。

（2）江戸の災害と幸い

近世の木材需要は、急速に発展する江戸に集中し、早川入の木材生産も江戸向きとなった。材木事業は、数百、時には数千両を越えるような大事業であり、雨畑村の尾崎家[48]や京ヶ島村の斎藤家は、木材伐採事業、江戸の材木問屋の代理・仲介などを通じて、早川入の林業の中心的役割を担っていた。[49]

江戸向けの需要の要因の一つは、毎年のように発生する火災とその復興であった。早川入には、江戸城の火災にともなう用材の請け負いに関する史料が残されている。江戸の火災に悩まされたのは江戸城も例外ではなかった。

天保一五年（一八四四）、江戸城本丸が焼失した。幕府が再建用材の調査を行うと、膨大な利益が見込めると踏んだ雨畑村の尾崎源次郎は、伐り出しから江戸への廻送までの請け負いを願い出た。早速六月に、必要とされる樹木と本数の書き上げを市川代官所へ提出した。[50] 雨畑村の御林と

47　「資料20」（『早川町誌』九七三頁）。

48　雨畑村の林業については、白水智「雨畑谷の林業」（同『中近世山村の生業と社会』吉川弘文館、二〇一八年）を参照。

49　赤澤春彦「早川地域の材木事業者と江戸の材木問屋」（『中央大学山村研究会報告集』一八集、二〇〇九年）。『早川町誌』九八五頁。

50　「資料39」（『早川町誌』九九二－九九四頁）。

百姓山、新倉村と黒桂村の百姓山を対象として、三か村の御林で二五〇〇本、百姓山で七八〇〇本、計一〇三〇〇本と見積もった。雨畑村の御林だけではなく、新倉村、黒桂村の百姓山も加えられたのは、樹種や規格、分布が勘案されたからだった〔本書I-2小山「古文書に描かれた森林の様相から災害リスクを考える」〕。このことからは、この時期は御林よりも百姓稼山の方が御用材に適しているとみなされていたと考えられる。そうした背景もあってか、源次郎は、御林を持たない塩之上村、草塩村、京ヶ島村、さらに早川入外の中山村と江尻窪村（ともに現身延町）へも声をかけた。しかし、この五か村は応じなかった。結果として源次郎は請け負いそのものは叶っているが、五か村が承知したかは不明である。

また、源次郎が全ての百姓稼山を御用材用として見ていたかについては疑問がある。というのも、一一月一六日に、雨畑村御林の伐り出しの手当として、御用材とは別に湯島村の百姓林の伐り出しと川下げを源次郎に認める旨が、御普請役から早川沿いの村々に通達されているからだ。[51] 百姓稼山は彼にとって、御用材に付随するもう一つの収益とみなされていたとも考えられる。

なお、木材請け負いにあたっては、村は乱伐などのトラブルを警戒した。百姓稼山が乱伐され、生活資源に困窮すれば、人として、百姓としての生活が成り立たなくなる恐れもある。こうしたトラブルを防ぐため、禁止事項や作業従事者の待遇、契約金の支払いなどの詳細な取り決めがなされる。[52] 百姓稼山の伐り出しは、確かに村の利益になるのだが、その反面、慎重にもなるのである。さきの五か村が難色を示した背景にはこうした懸念があったとも考えられる。

安政六年（一八五九）に江戸城本丸が再び焼失した際は、草塩村の直蔵らが再三に渡って御林と百姓稼山からの御用材請け負いを願い出ている。その直前に起きた安政地震による困窮や御林木

51　斎藤義直家B-a-⑦-4。

52　『早川町誌』九七五-九七六頁。望月作太郎家文書B-③-32。斎藤義直家A-h-④-8-1。

の劣化、証拠金千両など、さまざまな理由をつけて契約に至ろうと江戸と国元を飛び回っていた〔本書Ⅲ-4寺島「山の地震誌」〕。

早川入の人々は、江戸の木材需要を背景に、山地という地理的条件を生かして、遠方の災害にも「商機」という〈幸い〉を貪欲に見出していた。

おわりに

近世の山村の人々は、災害の中をどう生きてきたのか。災害の〈幸い〉という視点から史料を読んできた。

早川の入り組んだ流れは、満水、出水というかたちで村々を悩ませた。その一方、京ヶ島村は、たび重なる窮状を訴える裏で、流れ着く木材で利益を得ようと目論んでいた。村内外の対立や、文書に記された慣行からは、災害を前提とし、逆手にとっていた暮らしが見えてくる。

災害はまた、生業を後押しした。雨畑村では、百姓稼山の伐り出しの交渉に災害が追い風となった。また、江戸城の火災に機敏に反応し、御用材の請け負いに奔走した尾崎源次郎の姿からは、他所の災害を好機と捉えるしたたかさうかがえる。

以上のように、早川入の人々は、豊富な山林資源を背景に多様な生業を営み、災害を耐え抜く選択肢を持っていた。確かに、災害に対する柔軟さを備えてはいたが、現代と同じように災害は脅威だったことに変わりはない。災害を生きていくために、山地であることを強みに変えて〈幸い〉を見出そうとしていたのである。

コラム4
現代の早川に暮らす人々の災害の乗り越え方

柴田彩子

はじめに

「まぁ大変だったけど、そんな騒ぐほどのことじゃなかったよ」。二〇一一年の台風一五号と、二〇一四年の豪雪、いずれも「早川町が被害を受けた」と報道されるような状況に対して早川町民何人かから返ってきた言葉である。

ここでは、視点を現代に引き戻して、早川町に暮らす人々が「災害」をどのように受け止め乗り越えているのかを、観察とインタビューから考察したい。なお、筆者は二〇〇一年から二〇一〇年まで早川町に暮らしており、その後も年に二回ほど訪れている。観察はそれらの機会による。

大雪に見る早川町民の強さ

二〇一四年二月一四日の関東地方の大雪では、早川町だけでなく、一時は山梨県全体が孤立状態になった。町内の一部の集落では、断水と停電もあった。

二月二二日と二三日には筆者も雪かきボランティアに参加した。町がどうなっているか心配で、自分の目で確かめたいという思いもあった。

結論から言えば、早川町の人々は元気で、人的被害は皆無であった。

雪かきに行った集落では、こちらが恐縮するくらい感謝され、休憩時間の飲み物やおやつを振舞ってくれた。町民のお宅にお邪魔した際の、いつもと変わらぬ光景であった。

これまでも、早川町に暮らす人々は災害に見舞われても大騒ぎしない、という実感があったが、めったにない雪害であってもその冷静さは変わらなかった。

普段からの備え

早川町内では、大雪は非常に稀な災害であり、日常的に意識されているのは大雨である。大雨では、土砂災害の懸念はもちろんのこと、交通遮断や停電もあり得る。

しかし、こういったことがしばしば起こるため、雪害で

「孤立状態」や停電になってもあまり慌てなかったのである。

　例えば買い物。早川町内にはスーパー・コンビニはなく、日常的な食料品等は、隣の身延町まで買い物に行くことが一般的である。ところが、町内のメインストリートであり、実質的に町と周辺地域とを結ぶ唯一の道路である県道三七号線は、連続雨量七〇mmで交通規制がかかる。そうなると、買い物には行けない。（早川町役場の記録によれば、二〇一二年から二〇二〇年の間に県道三七号線では三三回交通規制が実施され、おおむね一日から二日、通行止めになった。）こういった交通規制への備えという意味でも、単純に時間がかかるという意味でも、食料品・日用品は買い置きが日常となっている。

　また、町民の多くは自分自身で畑仕事をして野菜などを作っている。保存用に加工することも多いし、冷凍保存されることも多い。

　このように普段から食料の備蓄があるため、インタビューした人たちもその周囲でも、雪害の際に食べ物がないという人はいなかったと語ってくれた。燃料も同様である。

　大雪の際の停電は、雨畑で長引いたが、雨畑在住のAさんへのインタビューで「停電で大変だったのでは？」と水を向けた際も、「不便だったけど、まぁ何とかなった」という答えであった。

自分たち自身で対処する心持ちと能力

「貯める」だけではなく、「作り出す」ことも、早川の暮らしに息づいている。

写真　雪解け水の利用（2014年2月23日）

　筆者が雪かきに行った塩之上集落は断水していた。そんな中で手を洗う際に使ったのは、大きな漬物樽に貯められた水であった。屋根の雪解け水を、樋から塩ビパイプで引いてきて、布で簡易的にろ過し、バケツや漬物樽に貯めていたのである。同様の雪解け水の利用は、断水していた老平（おいだいら）集落（雨畑地区）でも見られたそうだ。

このように、手近にある材料とちょっとした工作で不便を乗り切る工夫は、早川町民の得意技とも言える。

顔の見える近隣関係

さて、当然のことながら、早川に暮らす全員が全員、右に述べてきたような暮らしができるわけではない。車の運転ができなかったり、自力で雪かきができなかったりする人も多い。

しかし、そのような「災害弱者」と言いうる人に対しては、周囲が助けの手を差し伸べる。今回のインタビュー対象者は、支援をする側であった。彼ら・彼女らは、周囲の住人の安否確認や不足物資の確認、独居高齢女性宅の雪かきなどを行っていた。普段から、どこにどんな人が住んでいるかお互い把握しているため、改めて災害時の要支援者の名簿といったものを作らなくても支援が可能なのである。

受け継がれる暮らしぶり

これまで見てきたような、災害に強い暮らしぶりは、近年移住してきた比較的若い世代にも受け継がれている。

山村留学制度を利用して、三人のお子さんと二〇一三年に移住してきたBさんは、移住一年目に雪害を経験した。食料品は買い置きがあった。水が出なくなって困ったが、お風呂は近くの町営温泉を利用し、洗い物を減らすため、皿の上にラップを敷くといった工夫をした。

特に、子どもにとっては非日常のアウトドア気分で、楽しいという感覚が大きかったという。

Bさんのお話で興味深いのは、筆者がインタビューの依頼をする際に、「大雪など災害の時のお話を伺いたい」と説明したところ、「あんまり災害と思ってないのだが、それでいいか？」というお返事をいただいたことである。端的に、早川町民の「災害を災害と感じない強さ」が表れていた。

おわりに

山深い地域であるがゆえに、早川町では土砂崩落通行止めや、短時間の停電は日常茶飯事である。時には道路自体の崩落や大雪に見舞われることもある。

とは言え、近代以降、着々と進められた治山治水工事により、現代では大雨などによって人命や家屋等に被害が出ることは極めて稀になった。その意味では、「災害」自体が減少したとも言える。

一方で、都市住民が同じ境遇に陥ったら「災害」になるであろう状況を、「災害」にさせずに対処しているという側面があるのも確かである。

「余剰を持つ」「助け合いつつ、自分たち自身でなんでもやる」。これらは、ともすると現代社会で忘れられがちな生き方であるが、現代の早川に暮らす人々の災害の乗り越え方の根底にあるのは、こういったことなのである。

第2章　御普請世話人斎藤善左衛門の狂歌づきあい

鈴木　努

はじめに

事件、事故、災害など不幸に見舞われた時、我々は当事者であれ傍観者であれ、厳粛な気分になる。昔からある「笑止千万」という言葉は「非常にばかばかしいこと」があったときに使われるが、いっぽうで笑いが止まるくらい「たいそう気の毒なこと」という意味がある。[1]災害などの時、笑いは以ての外とされがちで、その辺りの気分は近年多用される「不謹慎」という言葉がよく表しているだろう。さて本書では、近世に山村に住む人々が災害をただの「不幸」とせず、どう乗り越えてきたかを見ることを趣旨とする。そこでは本書のII-1西川「水害への対応と治水技術」及びII-2高野「災害復旧にみる往還の御普請と利用」・III-1白水「災害をめぐる山村と領主」のように災害と復旧、それに防災に取り組むにあたり御普請（ごふしん）に少しでも有利な条件を得るため支配領主を相手に、持てる知識経験を総て投入し、資材の調達や施工、資金運用をこなす山村の人々の勇姿があった。今回注目している川除（かわよけ）（治水工事）の御普請では、村側の人々がそこで経験を重ねてゆき、知識を得て交渉力や川除への実務能力を高め、巧みな交渉を展開し、やがて領

1　近世の追弔の書翰に、妻を亡くされて「笑止千万」なことである、と書き送った事例がある。

主側の能力を凌駕するに至った。もちろん領主が御普請の現場に動員するプロから学ぶことも多かったろう。(2) こうしたプラグマチックな部分は本書において様々に追求されている。

ところで、いざ災害からの復旧や今後の防災のために長丁場の普請に取り組む者たちは、その間何を慰めに過ごしたか、そういった「気分」に関することは史料にあまり伝わっていない。また、領主との交渉・交際において村側の重立ち達は単なる「やり手の交渉人」だったのか。その疑問に答えられる史料がほんの僅かながら存在するので、それに注目してみる。

1　狂歌書付綴と川除手伝普請

山梨県南巨摩郡早川町の大字の一つである京ヶ島は近世早川入一七(八とも)ヶ村の一つで、早川の流路が馬蹄形に大きく屈曲する所に位置している。近世の京ヶ島村は早川満水のたびに川沿いの耕地が水害の危険にさらされ、また河原を通っていた早川往還が早川の瀬替わりのたびに浸食されるため、代官所に被害の注進や川除御普請の要求をすることが多かった。京ヶ島地区の旧家の一つである斎藤家には、そうした早川の水害に関する史料が多数伝来していた。その斎藤家文書の内に一群の狂歌書付がある。切紙(全紙から適当に切り出した紙、またそうした紙に書き付けた文書のこと)二五枚を貼り継いだもの一点、(3) 同じように狂歌を書き付けた切紙が九点ある。(4) 詞書き(和歌・俳句の前書きや説明)や歌を子細に見ると「中川」「修理大夫」や「早川除」「御普請」の文字があり、この書付綴が延享四〜五年(一七四七〜四八)の御手伝普請に関係していることがわかる。そして書付綴には御普請に関わった豊後国岡藩士らの歌が書かれており、また斎藤家の当主

2　徳川家霊廟造営への手伝普請が諸大名の霊廟建築の規模や構造・意匠などに影響を与え、また手伝普請で伝手を得た幕府の工匠を地方に招聘する例があった(科学研究費助成事業研究「御手伝普請を通じた建築情報の地方伝播に関する研究—徳川家霊廟の地方寺社への影響—」二〇〇八〜二〇一一　研究代表者・伊東龍一)。

3　斎藤義直家文書A-1-⑤-9。

4　斎藤義直家E-④-4-7-1〜9。

5　御手伝普請は大名手伝普請ともいう。豊臣政権時代の事例もあるが、多くの場合、御手伝普請は江戸時代の事例を指す。江戸幕府に必要な土建事業、または幕府が企画した土建事業を諸大名に命じて行わせたもの。

だった善左衛門の名前も見えて作歌も寄せられている。

この御手伝普請[5]は、延享四年に発生した大風雨の被害に対して行われたものである。大風雨は八月一九日に甲州を襲い、各所で出水や山崩れが起きた。特に釜無川では堤防が決壊し、国中地方(甲府を中心とした甲斐の西半部)で四〇〇人を超す死者が発生している。[6] 幕府は広く東海地方に及んだ災害復旧のため諸藩に手伝普請を命じた。[7] 富士川筋の川除は因幡国鳥取藩池田家と豊後国岡藩(現大分県竹田市)中川家に下命されている。[8] この時の岡藩の藩主・中川久貞は官途名を「修理大夫」と名乗っており、斎藤家の狂歌書付綴は岡藩中川家の手伝普請と関係することが窺える。この時に岡藩は甲駿両国の境界から青柳(現富士川町)に至る富士川流域、河内地域一帯を担当した。なお、鳥取藩は釜無川・笛吹川その他の小川や笹子峠から信州国境までの往還の普請を割り当てられている。

翌五年一月の内に両藩より人員が派遣され、二月から甲斐国で初の川除御手伝普請が始まった。鳥取藩から惣奉行荒尾志摩を筆頭に総人数一〇二〇人余が、岡藩から惣奉行中川宮内をはじめ総人数五〇〇人余が御普請場へ動員されている。普請は三月末で一応完成し、四月までに藩士らは江戸および国元に引き上げた。手伝普請の行われた二か月余は、富士川沿いの御普請場にはこのように他国出身の武士一五〇〇人余の多人数が滞在していた。[9]

2 手伝普請と京ヶ島の関わり

延享の川除手伝普請にあたり、京ヶ島村を通る早川往還も岡藩中川家が受け持つ普請場の一つ

歴史学では「軍役」の一種と考えられている。江戸時代初期の御手伝普請は江戸城などの築城や日光山造営などに関するものだった。元禄一六年(一七〇三)に幕府は姫路藩本多家へ大和川改修を命じ、この頃から御手伝普請は川除御普請が主となる。元禄~宝永期は受命した大名が直営、または町人に請け負わせていたが、時代が下るにつれ、受命した藩は資金と一部の人員を出すだけとなり、実務については幕府勘定方で資材・人足などの調達と監督まで行うようになる。

6 山梨県立博物館調査研究報告10『甲斐の治水・利水技術と環境の変化』二〇一四年、『山梨県史 通史編3 近世1』(山梨県、二〇〇六年)。

7 『徳川実紀』巻六。東海道河渠浚利について勘定奉行神尾春央らを奉行に任じ、松平勝五郎(鳥取藩主池田重寛)らに助役を命じた。

8 『中川史料集』(新人物往来社、一九六九年)所収の中川久貞の年譜によれば、延享四年一一月二三日に甲州富士川通御普請御手伝の仰せを蒙った、とある。

9 前掲注6『甲斐の治水・利水技術と環境の変化』。

になった。寛政五年（一七九三）に京ヶ島名主（なぬし）・茂平太から代官所に提出した「川原往還」の道除け御普請の由来書にはこのような記述がある。[10]

一、往還道帳六百間余　　川原道

（中略）

延享四卯年の秋の満水で（早川が）瀬替りし、同五辰年に中川修理太夫様が御手伝御普請として、田畑全体の瀬堀りと水防御普請を仰せ付けられた。御懸りは大河内庄右衛門様と代官所の御手代・中村勇助様だった。（御普請では）御入用の諸経費や人足賃永を下された。（後略）

京ヶ島村へも岡藩の普請役人が派遣されたことが窺える。[11]

手伝普請の期間中は岡藩・鳥取藩とも甲斐国内に御普請所小屋場を設けた。普請の指揮・監督所となる本小屋（御普請元御小屋とも）は鳥取藩が甲府城下に近い遠光寺（おんこうじ）村（現甲府市）に設け、岡藩は下山（しもやま）（現身延（みのぶ）町）に設けている。そして現場近くには出張小屋を設けた。これらの「小屋」が藩士らの滞在先となる。普請小屋場は藩が自前で用意することもあるが、[12]この時、鳥取藩は出張小屋の四分の三程度を百姓屋敷の借用で済ませたという。[13]岡藩での詳細は不明だが、おそらく同様だったと思われる。[14]したがって、岡藩の出張小屋が京ヶ島村に設けられ、その際に当時の名主だった斎藤善左衛門の屋敷が借り上げられたと考えられる。

10　斎藤義直家A-h-①-25。

11　ただし大河内庄右衛門については狂歌書付やその他の史料にも見えず、詳細不明。

12　天保期の印旛沼干拓事業で幕府から鳥取藩に下った差図では、小屋場は江戸で切組んで現地に廻してもよいし現地で材木を入手して取り建ててもよいが、小屋場に使う竹木は御入用の範囲外とすること、となっている（『印旛沼開発史第一部・印旛沼開発事業の展開（上巻）』印旛沼開発史刊行会、一九七二年）。

13　前掲注6『甲斐の治水・利水技術と環境の変化』。

14　明和三年（一七六六）の春に伊勢亀山藩石川家の行った御手伝普請では京ヶ島村丈左衛門私宅が出張小屋に貸し出されている（斎藤義直家A-i-②-8-6）。また、この時の甲斐国御手伝普請について上飯田役所が触れ出した廻状写（斎藤義直家A-g-①-2-2）がある。

3　名主善左衛門について

手伝普請当時の京ヶ島村名主・善左衛門は、この頃の同村の川除御普請全体において重要な役割を果たした人物である。彼の生没年は未詳だが、斎藤家文書などによれば享保一九年（一七三四）ごろから寛延年間（一七四八～五一）以降まで名主・百姓代など村役人を勤めていた。彼の活躍した時代は幕府による御普請引き締め策が次々打ち出された時代で、特に京ヶ島村では元文期（一七三六～四一）に代官所から、これまで定式（じょうしき）（仕法・仕様の定まっている）だった用水御普請の申請を却下されるなど締め付けが厳しく響くこともあった。こうした際の村側の抵抗と粘り強く巧みな交渉は本書Ⅲ‐1白水「災害をめぐる山村と領主」に詳述されている。そして善左衛門は一連の交渉および普請の実務に村役人として一貫して関わり続け、寛保三年（一七四三）には名主とあわせて「御普請定世話人」[15]を名乗るほどになる〔本書Ⅲ‐1白水「災害をめぐる山村と領主」／Ⅱ‐1西川「水害への対応と治水技術」参照〕。

活躍のいっぽうで善左衛門は健康に恵まれなかったようである。元文二年（一七三七）八月に京ヶ島村名主善左衛門と長百姓（おさびゃくしょう）瀬兵衛・庄右衛門は上飯田の大久保内蔵助代官所に以下のように出願している。[16]

名主善左衛門が去る七月上旬に怪我をした。折角養生するので早速にも平癒するだろうと代官所への御注進を延引していた。ところが、ずい分保養したが未だに片足が立たなくなり煩っ

15　斎藤義直家A‐f‐⑤‐29‐5。

16　斎藤義直家A‐j‐③‐20‐2。

ている故、いつ頃本懐するかも計らいがたい。この体では秋中も煩うだろうと存ずるので御用で名主が罷り出る筈のことも罷り成らず、恐れながら病中は（善左衛門への御用は）御宥免下されて、長百姓共で御用を勤めるよう願い上げる。

京ヶ島村では元文二年以降に名主が年番制になり、巳年（元文二年）は善左衛門、午年に瀬兵衛、未・申・酉年に庄右衛門、戌年秋に再び善左衛門と輪番を組むようになっている。(17) 名主の年番制は一般的に行われることだが、京ヶ島村に関しては善左衛門の負傷が発端の一つであった可能性がある。

また善左衛門は延享元年（一七四四）に塩之上村での入作分について、塩之上村から自普請掛金未納の件で訴訟を起こされている。(18) この件で善左衛門は翌二年三月に上飯田役所へ出頭を命じられた。しかし参府して公事宿までたどり着いたものの、おそらく疲労により発病し、出頭することなく帰村を願い出ている。(19) 彼は改めて同七月に再度参府したが、八月に公事宿の「ゑひす屋」市右衛門と連名で以下のような一札を差出し、帰村を願い出た。(20)

塩之上村自普請所出入りで私が召出しになり先月一七日に参府したところ、病後に遠路を罷り越した故か病気を発し煩った。その段は宿・市右衛門を通じて披露申上げ、種々養生したが病気が段々重り（重苦しく感じること）になり、村方に帰って養生したいと存じ御暇願いをした。ところが仰せ聞かさせられたのは、自普請入用金は其の方持ち高の分を自普請に仰せ付けられて以来掛け金を一向に指しだしていない。これは不埒なのでこの御借金を塩之上村

17　斎藤義直家D-b-③-5-10。なお善左衛門から瀬兵衛への交替で瀬兵衛が役請取りを拒否し、訴訟になっている。

18　斎藤義直家A-f-③-1-11-1、同A-f-⑤-14-8など。出入りの概要はこうである。塩之上村の訴状では、元文二年（一七三七）に代官所から川除自普請場（村の自己負担で川除を行う村）を仰せ付けられ、それ以来一〇〇石につき四両の割合で各自の持ち高に応じて入用金を徴収することを決めたが、京ヶ島村の善左衛門は塩之上村に二〇石の入作地（他村の者が入って耕作する耕地）を持ちながら七年間入用金を払わなかった。そのため出訴に及んだという。いっぽう善左衛門は返答書を出し、高割で入用を徴収するとは偽りであって、塩之上村の者と薬袋村枝郷からの入作の者は自分たちだけで相談をし、出し金はせずに一軒に付き一か年に一人ずつ出役して道造りや水場の普請をしているのに、善左衛門は相談から弾かれた上に、不当に割高の出し金を求められた、と言っている。また善左衛門は塩之上村での夫銭割掛けでもトラブルを抱えており、同村名主・喜太夫からの、一件を引き請けて相談を尽くすとい

に渡し、出入りを落着の上差引きするように、と仰せ付けさせられたので承知した。しかし病気なので当分は才覚が難しいことを訴詔したら、猶また仰せ聞かされたのは、八・九年の間一向に出金していないのは不埒に思召したとて、御吟味の趣はご尤もと存ずる。村方に帰り何分にも才覚して内金でも渡すので、一先ず村方へ戻してくれるよう願い奉る。

この出入りは善左衛門にとってかなり納得しがたいものがあり、彼は長文の答弁書を認めていたが、最後は相当に不利な裁定を呑んででも帰村を優先するような体調だったらしい。その上京ヶ島村では善左衛門の煩いや参府のため、長百姓たちが諸々の御用を仲間相談で行っていたが統制がとれず、支障が生じていた[21]。

これらの事態は善左衛門の能力不足ではなく、むしろ諸事に彼の能力を頼ることが多かったためらしい。善左衛門の体調や立場についてはこのような史料もある[22]。それは草塩村江右衛門と京ヶ島村善左衛門から塩之上村より湯島村までの名主・長百姓達に宛てた一〇月一日付けの廻状で、以下のように書かれている。

昨日廻文に出した御用につき京ヶ島村善左衛門の痛気が大分重苦しいようである。そこで昨日の廻文の通り薬袋村・保村へ江右衛門に善左衛門名代で出るよう内談したが、大切な御用を名代相役では呑み込み難いと江右衛門が断る故、またまたこの通り申し越した。善左衛門は私宅の内ばかりも「あり（歩）き候事」もならず難儀をしている。この体では駕籠で乗り出すことも難儀なので、各々様には多義ながら塩之上村より大島村までの八ヶ村は明明後日

う言葉を呑んで出訴を控えていたものの、喜太夫と村方とで出入りが起きたのを機に、薬袋村枝郷の者と自身の負担を同じものにするよう訴え出た、ということである。

19　斎藤義直家A-f-③-1-5・6。

20　斎藤義直家A-f-③-1-4。

21　斎藤義直家B-a-12-1。

22　斎藤義直家E-③-4-5。

の四日明け六ツ時に草塩村の内に寄合い、雨畑(あめはた)村より湯島村までの八ヶ村は五日朝五ツ時に草塩・京ヶ島の御村内へ寄合い、前方触れ出した御用をお済まし成されたい。急御用なので刻限の通り間違いなく待ち入り申し上げる。

文中の草塩村江右衛門は享保一八年(一七三三)から寛延年間頃の同村名主である。善左衛門はかなり無理を押しつつ公用に関わらざるを得なかった様子が見て取れる。本書Ⅱ-1西川「水害への対応と治水技術」によれば、善左衛門は御普請の交渉のため甲府近在の代官所に頻々と通わねばならなかったらしい。いっぽうで彼のたびたびの出府は、当時甲州でもっとも文芸の盛んな地へ彼を引き出し、文学に親しむ機会を与えたのではないかと思われる。

4 甲州の狂歌について

狂歌は和歌の形式のなかに反古典的な機知や俗情を詠み込む文芸で、古歌のパロディや縁語・懸詞を楽しむものである。「狂歌」の呼称は平安期からあったが歌道の神聖を憚って狂歌云捨ての原則が守られ、古代中世の狂歌はほとんど伝わっていないという。(23) 狂歌は近世に隆盛期を迎え、その前期は寛文から延宝・天和期(一六七三〜八四)に京・大坂を中心に発達し、一時廃れた後、大田南畝(一七四九〜一八二三)らの登場で「天明調」が生じ、江戸狂歌として後期の流行を見せた。文学史上はこれを以て近世の狂歌を前期・後期に区分する。甲州では後期江戸狂歌の影響を受けて寛政期(一七八九〜一八〇一)に甲府連など甲州狂歌壇形成への道が拓け、化政期(一八〇四〜一

23 『国史大事典』(吉川弘文館)。

八三〇）には狂歌書の出版や江戸の撰集への投稿など大いに流行したが、前期狂歌はあまり実態がつかめていないという。[24]

前期狂歌は貞門（ていもん）派の流れを汲む永田貞柳とその門流によるもので、根本となった貞門派の俳諧が伝統的な和歌や物語を下敷きに言葉遊びをしながらユーモアあるいは機知を発揮する軽文学でもあった。そのため前期狂歌の作者には古典に対する知識や縁語・懸詞へのセンスが必要とされ、歌集・歌学に関わるような学問教育を受けられた人々の文芸であった。

本章の主題である狂歌書付綴の作者、斎藤善左衛門の活躍した時代は上記のとおり享保から寛延ごろにかかる。したがって善左衛門の狂歌は甲州の狂歌にとって空白期といってもよい時期に行われた珍しい事例といえる。そして善左衛門の文芸はこの手伝普請の時のものだけが残り、その点でも異例である。[25]善左衛門唯一の文芸が川除手伝普請に際して行われ、そこに手伝普請で来訪した岡藩士との歌の遣り取りが行われたとすれば、この狂歌書付綴も川除に関する史料の一角を占めることができるかもしれない。どのようなことが行われたか、次節で史料に即して考えてみる。

24　松本武彦『近世甲州学芸史の研究―史料と構想―』（山梨日日新聞社出版局、一九九七年）／『山梨県史　通史編四　近世二』二〇〇七年。

25　現存する扁額や俳書を見る限り、早川入で俳諧などが流行するのは一九世紀以降のようである。

5　岡藩士とのやりとり

ようやく狂歌書付綴の本文を見てゆくことにする。書付綴および関連史料は末尾に掲載しているので参照願う。なお、先述の通り狂歌書付綴には関連する切紙があり、書付綴に採録されなかった歌やその事情を記しているので適宜呈示する。

冒頭の第一〜二紙は岡藩士[26]同士の狂歌の遣り取りだったと思われる。第一紙は「花の衣更着」と題して「おもしろや谷のひとやに旅寝して　ミやこの春の心地こそすれ」とし、これに第二紙では大江始包なる人物が「山高みまた消へ残る雪なから　里は霞の色そえならぬ」と返して「甲州の山里にて時の気色をよめる」と脇付けしている。この歌を大江は「徒然の余り此の里の風情をすきみ侍るまま御目に懸け候」と添えて冒頭の某に送っている。「春の心地こそすれ」は和歌によくある表現で、著名なものに「公任集」五七の「吹そむる風もぬるまぬ山里は　すこし春ある心ちこそすれ」がある。[27]また「山高み」の歌は「後拾遺集」にある大江正言の歌、「山高み都の春を見渡せば　ただひとむらの霞なりけり」を踏まえている。詠み人の大江始包は自分の名前も踏まえて読み替えをしており、それは第一紙の某も同様である。善左衛門屋敷を御小屋にする大江らの狂歌の遣り取りを見て善左衛門は「しめた」と思ったかも知れない。

そして第三紙で善左衛門が「亭主」として登場する。彼は「花紅葉まだ見ゑ初ぬ春なれば　雪と霞の錦なりけり」と詠んだ。[28]善左衛門の歌は小倉百人一首の能因法師による「嵐吹く三室の山のもみぢ葉は　竜田の川の錦なりけり」を踏まえたものらしい。三者はお互いに貞門流の狂歌・俳諧の素養を身につけていた。そして藩士らは山里に才ある人を見つけて瞠目し、善左衛門はこの時におそらく岡藩士らに接触する機会をつかんだのだろう。善左衛門と岡藩士らの間に呼応するものがあり、この後から普請場における藩士と善左衛門との狂歌付き合いが始まった。

善左衛門の狂歌書付綴に登場する藩士は以下の通りである。

大江始包[29]

芦沢仁右衛門（中川原の普請奉行）

26　甲州に赴いた岡藩の者の内には士分以外に庶民出身の手代なども居たと思われるが、区別がつかないので藩士として一括する。

27　藤原公任のこの歌については「枕草子」に如月のエピソードとして出てくる（「枕草子」一〇二段）。

28　和歌では霞は浅葱色の新緑を表す言葉で、俳句では春の季語である。

29　大江始包は芦沢仁右衛門と同一人物とする説もある（前掲注6『甲斐の治水・利水技術と環境の変化』）。

山室勘介
鈴木平次
吉田長左衛門（小頭、井蛙の雅号を持つ）
野原和藤太
河野幾左衛門
原五左衛門
橋本藤八

鈴木平次は下山詰めだったようで、芦沢宛てに狂歌を送ったという記事にのみ残る。この他に実名不詳の嘉吟という雅号を使う人物がいた。第三紙では、嘉吟が付けた上の句に善左衛門が下の句を継いでいるが、この時も「行く春」に対し善左衛門が「故郷」と付け、「拾遺和歌集」にある紀貫之の「花もみな散りぬる宿は行く春の　故郷とこそなりぬべらなれ」を踏まえていた。嘉吟にすればある種の試しの積もりだろうが、善左衛門は見事に答えている。この第三紙は下山の本小屋詰めらしい鈴木平次と京ヶ島にいる芦沢が寄せ合った歌も記しており、かなり投げやりな表現で御普請の着手直前における藩士らの気分を表している。[30] 善左衛門は「御慰め」の歌を寄せた。

第四紙では丁場（仕事の受持ち区域）始めの祝言として普請奉行の芦沢と善左衛門が連歌を詠んだ。[31] 第五紙は御普請開始で続々と人足が集まる様子を皮肉ったものらしい。第六紙は丁場始めの翌日に保村人足とトラブルが発生し、善左衛門が彼らを叱りつけた様子を歌ったもので、作者は普請奉行の芦沢である。[32] 同じ紙に書き付けた山室勘介の歌は善左衛門が気に入ったのか別紙にも書き付けられている。[33]

30　「中川原となへちかへて長川原　普請長引つひへまします」という歌も詠まれた（斎藤義直家E-④-4-7-2）が狂歌書付綴には加えられなかった。

31　鳥取藩では二月一日に普請に着手している（前掲注6『甲斐の治水・利水技術と環境の変化』）。

32　寛保二年（一七四二）の関東川々で行われた手伝普請では、触出し分より過剰に集まった人足を帰らせたり、不働きの者に賃銭減額を申し渡したことで騒動となり、普請役人と人足の百姓や村役人に咎めを受ける者を生じた。幕府は事件には見せしめ的に厳罰で臨み、また再発防止に腐心した。なお幕閣は「御救普請」の「御救い」の語に引かれて心得違いをなす者がいるという認識を持っていた（大谷貞夫『近世日本治水史の研究』雄山閣、一九八六年）。

33　斎藤義直家E-④-4-7-9。

6　交流の深まり

狂歌書付綴の第七紙以降は御普請着工から大分経った頃の様子が歌われる。御普請の合間に見物に出たり、私的な話しをする、また風邪の看病をするといった、御普請に関わる人々の周辺事情が拾われている。

第七紙は四首の歌が書かれている。第一首・第二首は岡藩士の吉田長左衛門の歌で、第一首に春雨に寄せて下山から早川入の保村までの地名を含んで、といい下山・早川・京ヶ島・草塩・保が詠み込まれている。また第二首は京ヶ島村の常昌院（曹洞宗）に未開紅という梅があり、花盛りというので見物に赴きその様を詠んだ。未開紅は豊後梅の一種であり、意図してはいないだろうが豊後の岡藩士に向けた舞台装置として、申し分のない出来であった。これに善左衛門が返歌を二首付けている。この部分については同じ歌を記した切紙が二点あるが[34]、それによれば善左衛門は千草と梅の歌の作者を大江始包だと思っていたらしい。彼は「さすがは大江の君の御名歌に及ばずながら返し」として、大江千里の名前を織り込んだ返歌を用意していた。しかし途中で吉田の作歌と知り切紙は反故にし、返歌は吉田の名を織り込んで改作して贈ったようである。この返歌も古今和歌集にある藤原興風の「咲く花はちぐさながらにあだなれど　誰かは春をうらみはてたる」を踏まえたらしい[35]。なお、反故になった切紙は末尾に「今日は別して出来がよろしくないので（ご覧になったら）ご一笑のうえご火中へ」と記しており、善左衛門と藩士らが日々に小さな書付を遣り取りする様子が窺える。

34　斎藤義直家E-④-4-7-7・8。

35　「花のあだ」は無駄になった花という意味になり、これも未開紅が蕾を沢山付けても開く花が少ない品種であることに懸けているようである。

第八紙も吉田の作歌である。善左衛門と岡藩士らは故郷や実家の話題をするくらいに打ち解けつつあり、吉田は斎藤家の昔話や善左衛門の慨嘆を聞き、善左衛門の家族六人の名前を織り込んだ歌を贈った。第九紙は善左衛門から吉田への返歌である。善左衛門がこぼしたらしい「恩は仇で報ずるとやらん」の言葉はつい先年にあった普請掛金出入りのような事件を彷彿とさせる。なおこの頃から善左衛門は「一京」の雅号を使うようになった。

第一〇紙では、普請役人の野原和藤太が風邪を引き、看病への謝意として贈った歌とその返歌である。善左衛門も風邪を引き、二月二六日は普請場に出なかった。第一一紙はその日に丁場から善左衛門に届いた手紙で、「風雅なる人が来ないので（何か）含みがあると思い」と詞書きを付け、「今日来ないのは君（善左衛門）の心にもないことだろう。（奉行の）芦沢が来ているのに。」という歌を贈っている。風邪見舞いだが少々含みがあるようでもある。作者は不明である。

ここまでで丁場初めからほぼ一か月である。濃い付き合いだが思いの外短期間だった。岡藩は甲州の手伝普請が進捗著しく、住民総出で御普請に出精し救いにもなっているとして、二月二九日に幕府の勘定奉行神尾春央から褒め置かれた。その報が御普請惣奉行の中川広安から芦沢に届き、善左衛門にも伝えられたようである。第一二紙で善左衛門は岡藩褒め置きの経緯を記し、中川家当主・中川修理大夫の名前を織り込んだ歌を贈っている。[36]

7　御普請の終結と丁場の解散

岡藩・鳥取藩の手伝普請は同年四月に終了する。岡藩は四月八日に普請場を幕府の役人に引き

36　岡藩および鳥取藩の手伝普請の出来については、牛枠などの設置数を削減したり、甲州で実績のあった工法とは異なる工法を取るなどしたため、不十分な所が多かった（前掲注6『甲斐の治水・利水技術と環境の変化』）。

渡し、同一一日までに惣奉行の中川宮内ら出張者全員が江戸に引き上げた。[37] 岡藩の動員した人足は延べ二三万一八五六人、出費は九七〇両余であった。[38] 鳥取藩もほぼ同時期に甲州の普請場から引き上げている。斎藤義直家文書の狂歌書付綴も第一三紙以降は藩士との名残りや餞別の歌の交換が続き、御普請の終了を伝える。京ヶ島村の丁場がいつ完成したか、正確な期日は不明だが狂歌書付綴にある惜別の歌の多くが三月二九日付けなので、それ以前ということになる。鳥取藩の普請場は洪水被害にあった三か村を除き三月二五日に普請出来を届け出ており、幕府役人の見分と引き渡しの都合もあるので岡藩もだいたい同じくらいに普請を終えたのだろう。[39]

狂歌書付綴によれば、岡藩士の多くは京ヶ島村を三月晦日に出立し、四月朔日に横目役の橋本藤八が出立して撤収を終えた。出立の前日、三月二九日には完工祝いと惜別の宴が行われたようである。藩士の内、野原和藤太・原五左衛門・河野幾左衛門ほか数名は他の普請場へ差し向けられたため、祝宴には出られなかった。第一三紙は野原和藤太の惜別と善左衛門の返しである。出立は慌ただしかったようで野原の歌は添削の墨が引かれたままだった。また餞別に相手の名前を織り込むことにしていた善左衛門もこの時は作歌が間に合わず、「袖」の詞を合わせただけだった。なお「イワ枕（岩枕）」は旅寝、野宿を意味する。第一七紙は河野幾左衛門へ餞別で、この時は「幾」の語を織り込むことが出来た。

第一九紙から第二二紙は二九日の祝宴で交換した餞別と惜別の歌である。京ヶ島に残っていた奉行の芦沢仁右衛門および小頭の吉田長左衛門をもてなす祝いであった。翌晦日に芦沢らは出立する。芦沢は善左衛門に肴料を包み、上書きに「あかでのミ（飽きもせずに呑んだことよ）」と書いて贈った。これに善左衛門は「さかゑん（酒宴）」と懸けて返した。また善左衛門は、先に出立

37　前掲注6『甲斐の治水・利水技術と環境の変化』。

38　前掲注8『中川史料集』。

39　鳥取藩の普請場引き渡しは四月七日である。なお同藩は二月に代官所から工事の進捗について色々催促されており、かなり「出精」して三月二五日に届けた様子である。ただ洪水で遅延した三か村は「二五日には成就せず」「御届には間に合わない」ので二七・八日に届け出たことになっている。（前掲注6『甲斐の治水・利水技術と環境の変化』）。

し三沢村（現身延町）の御普請場に赴いた野原と常葉村（同）に赴いた原五左衛門へも餞別の歌を作った。以前野原に送り損なっていた名前を織り込む歌を新たに作って書状に認め、吉田に託している（第二三紙）。第二三紙・第二四紙は四月朔日に横目役橋本藤八を河原に見送った際の餞別である。河原での見送りが復旧なった河原の往還道でのことか川舟かは不明だが、他にも河原で見送ったとの記事が見られ、京ヶ島村地先の河原は送迎の場だったことを伝えている。橋本の出立を以て、京ヶ島村地先・中川原の丁場は解散となった。

おわりに

甲州における延享の手伝普請は全体を見渡すと成功とは言いがたい。鳥取藩の普請場では工期が遅れ代官所から催促されたこともあり、人夫賃を大盤振る舞いしたので働きに出た地元の者たちは大変潤ったが、結局人手不足で施工・設備とも省力省略となり「普請不足」の出来であった。入用を当て込んで石や材木を買い込んだ者は売買停止の発令や施工省略による過剰在庫で大損害を受けた。御普請場での消費物資は食品や日用品まで江戸から持ち込まれ、地元の潤いとはならなかった。賃銭の需要を見込んで銭相場に投じた者は「御手伝銭」の流入で銭相場が崩れ、これまた損失となった[40]。さらに「普請不足」が祟り、出来たばかりの堤防は延享五年（一七四八）六月の降雨で決壊してしまった。

岡藩の手伝普請は鳥取藩よりはるかに小規模とはいえ、京ヶ島村では「年久しく相保ち」と言われる程度に成果を残した[41]。善左衛門の姿勢は、代官所による御普請の時と比べると一歩退いた

40　前掲注6『甲斐の治水・利水技術と環境の変化』。なお「一宮浅間宮帳」によれば甲金一分に銭一貫六〇〇文まで下落した。貨幣博物館所蔵の寛延三年（一七五〇）相場書によれば甲金一分に銭一貫一二四文である。

41　斎藤義直家A-h-①-25。

所にいて、施工や経営を普請請負や村請(むらうけ)にせず岡藩及び代官所の目論見に任せ、自身は出張御小屋の「亭主」として藩士らの接待に努めた様子である。彼が請負や投機に蠢かなかったのは何らかの判断を下したものとも思えるが、何とも言えない(42)。思うに定式普請など代官所による御普請では、善左衛門は工費や工事範囲、工法について厳しい交渉をしなければならなかった〔本書II-1西川「水害への対応と治水技術」参照〕。それが手伝普請ではそのような交渉の必要がなく、善左衛門は岡藩の姿勢が村側に好意的になるよう努めるのが可と考えたのではないだろうか。また保村人足とのトラブルのような事態に陰ながら対処し、抑えにまわる役割を負っていたのだろう。そして延享五年の岡藩の手伝普請は京ヶ島村に良好な成果と良い記憶を残した。そこに善左衛門の行為がかなり貢献したものと思われる。御普請世話人の面目躍如である。寛延元年（延享五年七月改元）一一月に京ヶ島村名主善左衛門らは岡藩の役人中に宛てて御普請竹木根伐持運賃の二割増し分の請取を差し出した(43)。定値段の運賃では村方難儀として請求し認められたものであろう。善左衛門の狂歌付き合いが村に実利をもたらしたのである。

　最後に、狂歌付き合いが善左衛門にとって実利的な期待でのみで行われたのか、彼の気分を忖度してみる。狂歌書付綴の末尾（第二五紙）は再び三月晦日に戻り、小頭の吉田長左衛門から贈られた歌で〆めとなる。これに善左衛門は「河原で立ち別れの節に下され、直ぐに別れ々々になった。急なことで返歌は無し。」と註記を付けた。ほぼ総ての歌に返歌を付けた彼だが、吉田からの餞別にだけは返しを付けられず、そのまま別れとなった。善左衛門が返歌を書くはずの余白はそのまま残された。彼にも歌詠みの矜持があり、また未完に終わった交誼を惜しむ気分があったのだろう。吉田の歌を日付の順を繰り下げて末尾に置いたのはその現れと思われる。惜別の気分は

42　正徳三年四月の触出により川普請について町人や有力百姓の請負が禁止されていた（前掲注32大谷『近世日本治水史の研究』）。

43　斎藤義直家D-c-③-8-2。

岡藩士も同様だったらしく、京ヶ島村から江戸に帰着した山室勘介はさっそく四月八日付けで善左衛門宛てに書状を出し、逗留中の厚意を謝して一首を贈った。[44]善左衛門は七〇日余にわたる手伝普請の日々を、狂歌同人の催主としても過ごした。彼の唯一確認できる文芸活動である。それは御普請の出来とともにほぼ満足のいくものだっただろう。

44　斎藤義直家E-④-5-3。

斎藤義直家文書Ａ－Ｉ－⑤－９（狂歌書付綴）

（第一紙）
「　　花の衣更着
おもしろや谷のこほれ■にに旅寝して　ミやこの春の心地
こそすれ

（第二紙）
「　甲州の山里にて町の気色をよめる
　　　　　　　　　　　　　　　　　　大江始包
山高みまた消へ残る雪なから　里は霞の色そえならぬ
　　徒然々々の余此里の風情をすきみ侍るまゝ懸御目候
介時
　衣更着初九鳥

（第三紙）
「花紅葉まだ見ゑ初ぬ春なれば　雪と霞の錦なりけり
　　　　　　　　　　　　　　　　　亭主
　行春をミやこに住や京ヶ島
　　　　　　　　　　　嘉吟丈

　　君は衣更着馴て古郷と
　　　　　　　　　　　　亭主
　其後鈴木平次様下山ゟ芦沢仁右衛門様へ来ル歌
春なれど何たのしミもあらばのみ　下山里に秋風ぞ吹
　御返し
名に振し花の京もあきはてゝ　下山里ぞ恋しかりけり
　　亭主御慰め申間
下は山上ハ都の京ヶ島　よしや芦沢花の衣更着

（第四紙）
「　御丁場初を名主善左衛門祝言
中川原早川除の衣更着や
　　御奉行芦沢仁右衛門様わき
なミもしづかにハさぐはる駒

（第五紙）
「東より来る西島京島の　御普請勤金を望月
早川の瀬を中川えつゝませて　金の堤で〆ル足沢

「（第六紙）中川原金ハなかせと善左衛門　はり立保（ほ）ひらなんと望月

是ハ翌日長右衛門致方悪敷、殊ニ保村人足我儘申、善左衛門呵候故御奉行芦沢仁右衛門様狂歌

早河の流れをせきのきさらきや末なか（か脱カ）れとおもふいしつミ

山室勘介

「（第七紙）甲州京ヶ島村へ不慮□に逗留し侍に春雨に千草の潤るを見て下山より保村の間を含て

下山やはや川上の京ヶ島　千草塩らし保（ヨシ）川もつれつ

同所の常昌院と言しお寺に末開紅梅の有しに今花の盛りを見て

常昌院（ノリサセウ）は古木の末開紅　開て過る内の常心

是ハ吉田長右衛門殿井蛙丈

山や川島と村々千草まて　春の徒然に君の慰
名も高き上ミの吉田ぞ花のあた　めでゝぞよめる今の歌人

「（第八紙）甲州京ヶ島の名主善左衛門と言ける人の物語に先祖は福寛にくらし自他村々の飢人を救し事もありしに恩は罪て報するとやらん今に至て壱銭の用にもならす□れ己か耕作のよく実のりなば昔の福寛も又来らんと祝言て家内六人をこめて

善庄にまき置種子を源在て　亀万年もよき稲おまつ

井蛙

「（第九紙）御賄も難被成ハら屋の内に
御見苦敷所ニ緩々との御逗留ハ前世ゟ之御縁にや可有御座候と憚をもかへりミず万の端々申上候得者　御深情ニて数なく（ざる）ぬ爪の末まて御祝言（コトブキ）被下難有拝読して御恥鋪なから御せし

一京

吉田より祝言作の稲なまつ　善庄亀居（い）源二長久

「（第一〇紙）野原和藤太殿風引病中御いたハり進申候へハ御■快気
して御祝被成
旅なれバ京にもセようき物を　みミの情に頼（より）くらしけり
返し　一京
旅なればしづがわら屋にふしおきて　野原仮屋ときミかた
のしみ
「（第一一紙）風がなる人のこざりければふくミ有とおもいて
けふこぬはきみか心にやたつらん　よしあしさわる君は有
とも
（付札）「少々風も引二月廿六日ニハ丁場へ不参候へハ芦沢仁右衛
門様丁場より御手かミ如此」
貴下
一首斎藤様被下
「（第一二紙）甲州御普請捗取殊ニ下山は大普請之所大方五分方致出
来女子共迄石砂持歩ひ出情いたし御救ニも成候由■■
御喜悦之旨、二月廿九日於御広間中川修理様御留守居
毛利勘左衛門殿江御直ニ若狭守（神尾春央）様被仰渡恐悦之趣中川
宮内様より芦沢仁右衛門様江御状至来之節善左衛門一
首
中川■や御手伝の御普請ハ　修理ぞ首尾能ク太夫御手柄
「（第一三紙）五十（イワ）枕名残のそてをしほりつゝ　又もやみんとふりかへ■（ふりかへりけり）
■■
御返し
御情も今はあたなり袖しぐれ　またあふまてはよもやかわ
かじ
「（第一四紙）三月廿九日ゆきふり候にて
弥生雪花をしらしてふりつもり　梢に残る山は白たへ　一京
けふ
御両所様
「（第一五紙）返し

春ふかき浅茅かうへのあは雪は　峯は嵐に花やちるらん
　　　　　　　　　　　　　　　　　　　　　　両人
　　御亭主様
（第一六紙）
「
春すきてけうしやけふの白たへは　木々の梢の花と見へけり
ものさむくふるや三春の末のころ　花かと見へし木々に積雪
（第一七紙）
「　三月廿九日河野幾左衛門殿御立御見贈ニ出て川原ニ而
　　別れ候時善左衛門一首
御名残あだになるのか京ヶ島　また幾度かあわんとぞ思ふ
（第一八紙）
「　京ケ島を祝言て
平安に春も賑ふ京ヶ島　すへなゝかれや万代までも
（第一九紙）
「　翌晦日御立ゆへ餞別

　　京ヶ島を御祝言て
平安に春も賑ふ京ケ島　末なかゝれや万代までも
　　吉田長左衛門様を祝言返し
天照神の御末（か）の吉田殿　長ク左カ右む平安の春
　　辰三月廿九日　　　　　　　　一京
（第二〇紙）
「　甲州京ヶ島村へ久しく逗留し泊るに旅宿の亭主情深き
　　ゆへ七十日に及ひし日を夢のことく暮し侍るによつて
七十の夜は夢のまとおもひしも　宿は亭主（アルジ）の情深さに
　　　　　　　　　　　　　　　　　　　　　　井蛙
（第二一紙）
「
御名残惜や弥生のほとゝぎす　京ヶ島と花をちらして（居と花に別るゝ）
（第二二紙）
「　餞別
御普請の甲斐や河内京ヶ島　芦沢の君すくふ里哉
芦沢や流久しき源の　君の立身（りつしん）末ハ万代

神掛て恵も深き芦沢や　幾世こゑてもめくり逢はん人ト

是ハ廿九日晩御酒上候座ニて善左衛門祝言

晦日朝御肴料御包被下上書に仁右衛門様

あかでのミともに名残や花のそと

わき　善左衛門

さかゑんきみや末ぞ万代

（第二三紙）
「前方御立被成候原五左衛門殿ハ常葉へ、野原和藤太殿ハ三沢村御普請江被参候ニ付晦日ニ御立之吉田長左衛門殿ニ書状誂遣て

能事を君は三沢て御手伝　大夫御手柄野原畑ホ起

春緑り常葉の松や川原まで　原人ト栄ふる千年磐昌

宿緑家原や野原人ト遠ざかり　名残うたての京ヶ島居越ヲ

四月朔日に横目役橋本藤八殿御立ニ付見見（衍）送ニ出て河原ニ而遣ス

（第二四紙）
「御横目役橋本藤八殿四月朔日御立ニ付御見贈ニ出て河原ニ而遣ス

豊国ゑけふそ御帰城橋本の　藤八公や名残惜さよ

（第二五紙）
「三月晦日京ヶ島村出立之節名残

満ミての春三十日に立や此里を　なこり惜しさにしはしとゝまる

是ハ吉田小頭吉田長左衛門殿河原ニ而立別候節被下直ニ別れ々々、急ニ付無返歌

第3章　山村における病とまじない

赤澤春彦

はじめに

災害には旱魃や大水、地震といった自然災害だけでなく、疱瘡やコレラといった流行性の疾病も含まれる。流行性の疾病が政治や経済だけでなく、人々の生活様式にも大きな変容を迫ることは、二〇二〇年の新型コロナウイルスのパンデミックをめぐる一連の騒動からも明らかである。また、流行性の疾病に限らず病や怪我は生活の中で常に起こりうる災いである。それではこうした病や怪我といった災いに対して近世の山村に生きる人々はどのように対処していたのだろうか。

近世の人々は病にかかると、医師に診てもらうか、宗教者に呪術を施してもらうか、大きく二つの方法をもって対処していた。しかし、人々はむやみに医者や宗教者を呼ぶことはせず、まずは自ら様々な処置を試みるのが常であった。その一つが「まじない」すなわち呪術的な行為である。科学技術が発展した現代では単なる迷信として片付けられがちであるが、前近代の社会では自らを襲う様々な災いを取り除くためのある種の生活知であり、現代社会でも「おまじない」に関心を寄せる風潮は根強く存在する。例えば、男女和合は昔から人々の心をくすぐり、様々な占いやまじないがあったが、現代でもＷｅｂで「恋愛成就　おまじない」と検索すれば無数のサイトが示される。このようにまじないとは時代によって変化を見せながらも普遍的にあり続けているものである。

ただし、呪術の歴史的展開をみたとき、中世後期から近世という時代は大きな転換を迎えた時期であった。それ以前は密教的なものにせよ、神祇的なものせよ、陰陽道的なものにせよ、呪術・呪法は宗教者が秘匿し、口伝や秘伝書によって伝えられる「秘法」であり、人々に公開されるものではなかった。しかし、例えば陰陽道の世界では遅くとも一五世紀ごろから『簠簋内伝』という安倍晴明の撰を謳う暦注書（日の吉凶を示した書物）が民間宗教者に流通するようになる。[1]さらに近世に入り、一七世紀後半になると出版技術の急速な進歩や識字率の向上によって秘術が広く公開されるようになる。[2]すなわち呪術は一七世紀に大衆化の時代を迎えるのである。

1　病に対するまじない

早川入にもまじないの知識が及んでいたことを示す史料が京ヶ島の斎藤家に残されている（斎藤義直家文書Ｅ-３-８-２）。[3]この史料は二紙にわたる書き付けに四点の文書が包まれており、このうちの二点に様々なまじないや呪符が記されている（同Ｅ-３-８-２-１、写真１・２。Ｅ-３-８-２-４-１、写真３）。[4]二点とも年代は記されてないが、同梱の史料に慶応四年（一八六八）の文書が二点含まれているため、幕末期に作成された蓋然性が高いだろう。前者をＡ、後者をＢとして、それぞれの内容を見てみると、以下、一九点のまじないが列記されている（便宜上、通し番号を振った）。

1　例えば、南会津地方の修験の院家には中世後期から近世に広く流布した暦注書『簠簋抄』の写本が残されており、呪術や暦注などの知識が山深い地域にまで及んでいた（久野俊彦・小池淳一編『簠簋傳・陰陽雑書抜書』岩田書院、二〇一〇年）。

2　横山泰子『妖怪手品の時代』（青弓社、二〇一二年）。

3　斎藤義直家文書は山梨県立博物館に寄贈され、同館にて保管・活用されている。

4　なお、他の三点の史料は年未詳「四季乱百合（俳句二七句の書付）」、慶応四年（一八六八）三月「四季乱百合（俳句五四句の書付）」、同年「毎年功徳日（観音功徳日の書付）」で、Ａ・Ｂとの直接的な関連は見受けられない。

A
①生子ノ夜なきの符（生れ子の夜泣きの符）　咒九十二
②女ち出さる時の符（女乳出ざる時の符）　咒八十四
③同乳はれたる時の符（女乳腫れたる時の符）　咒八十五
④病人不食ニのむ符（病人不食に呑む符）　咒百二十一
⑤しらちの符（白血の符）　咒百四
⑥同符（白血の符）　咒百五
⑦後物をりさる符（後物（後産）降りざる符）　咒百二
⑧みゝのきこへさるにのむ符（耳の聞こえざるに呑む符）　咒百十五

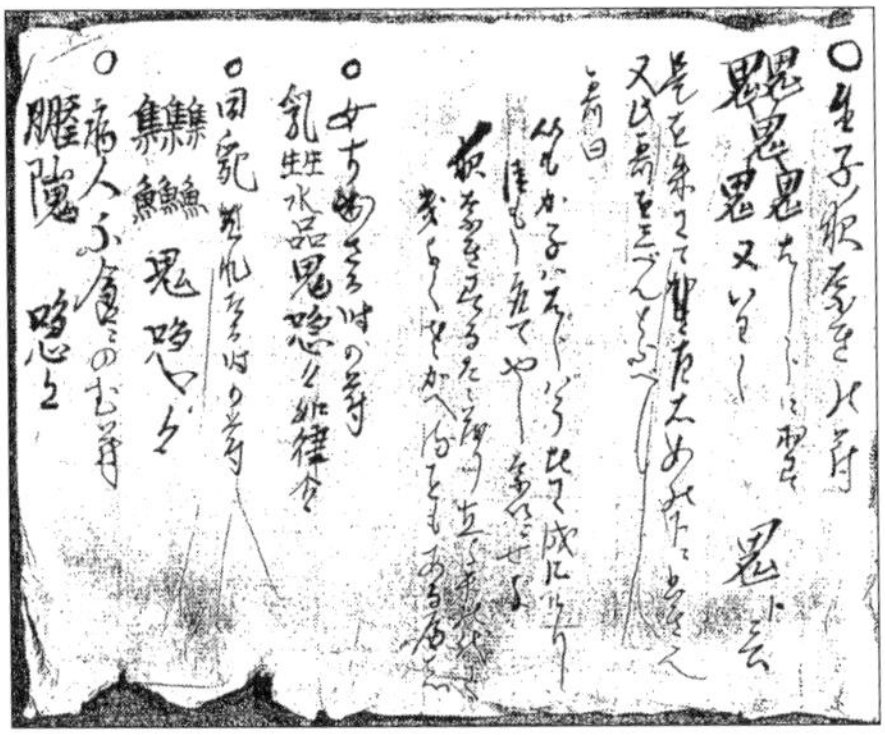

写真1　斎藤義直家文書 E-3-8-2-1（前半）

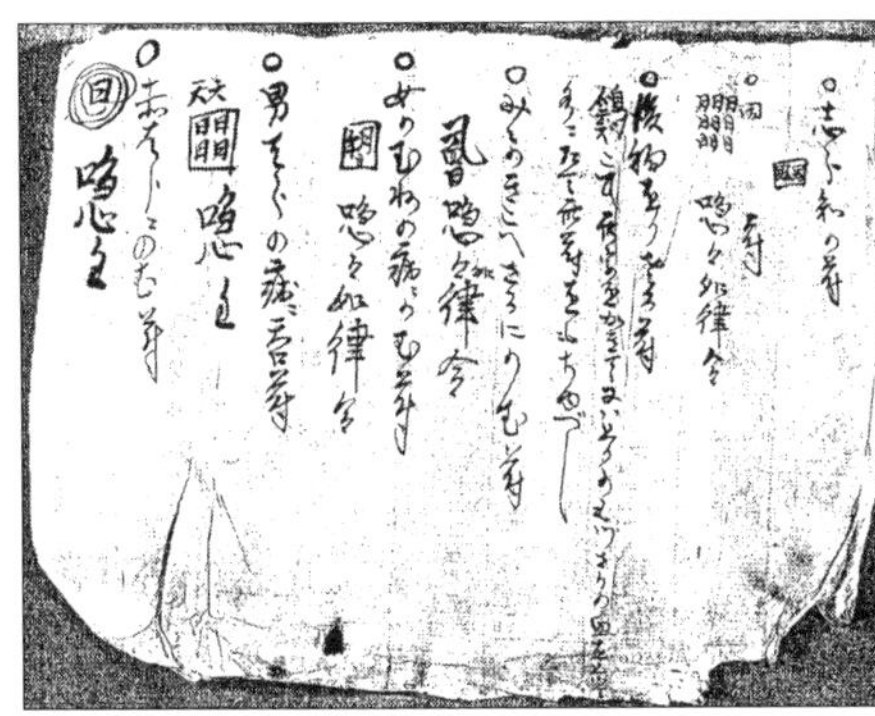

写真2　斎藤義直家文書 E-3-8-2-1（後半）

⑨女のむねの病ニのむ符（女の胸の病に呑む符）

＊ただし、この符は「女腹の病に呑む符」（咒百十八）に同じ

⑩男はらの病ニ呑符（男腹の病に呑む符）咒百十九

⑪赤はらニのむ符（赤腹に呑む符）咒百二十

B⑫くさのまちなひ（くさのまじない）

⑬虫くひばのまじなひ（虫食い歯のまじない）

⑭出者類之まぢなひ（腫れ物のまじない）陰十四

⑮やり長刀の忑を虫くハせぬまちなひ（鎗・長刀の柄を虫に喰わせぬまじない）咒二百二十八

⑯田虫木にうつすまぢなひ（田虫を木に移すまじない）　陰三十七

⑰虫はのましない事（虫歯のまじないの事）　咒五十八

⑱馬のはらのやまひの事（馬の腹の病の事）　咒五十五

⑲やけとのましなひ（火傷のまじない）　陰二十五

＊なお、末尾の「咒九十二」「陰十四」などは後掲の『増補咒咀調法記大全』の記載番号を示す。例えば「咒九十二」は同書所収の「まじない調法記」の九十二番、「陰十四」は「をんやうじ（陰陽師）調法記」の十四番のことを指す。

すべてを翻刻・紹介したいが、紙幅の都合により一例として①「生子ノ夜なきの符」を見てみよう。

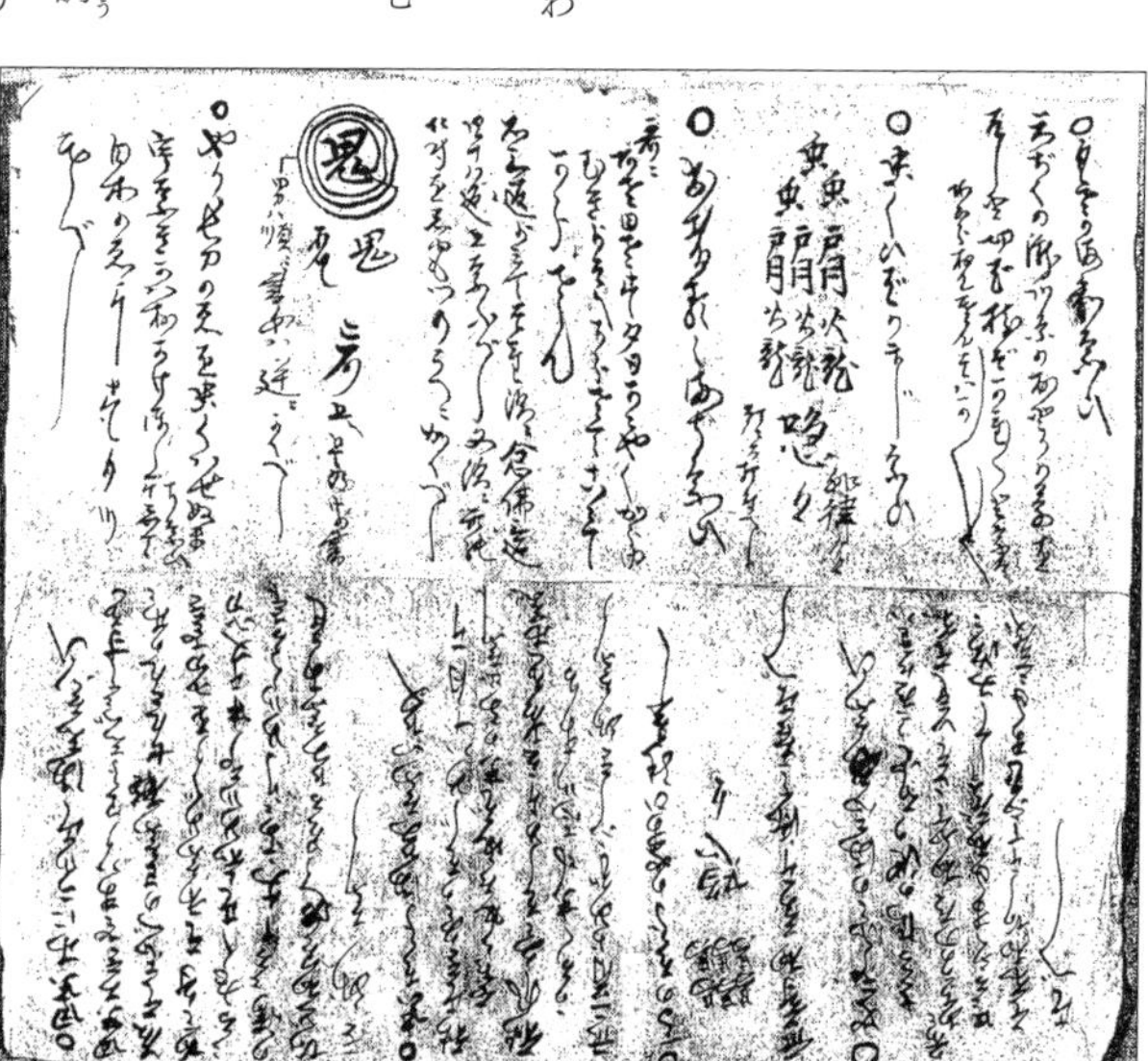

写真3　斎藤義直家文書 E-3-8-2-4-1

○生子ノ夜なきの符

鬼鬼鬼　はしら（柱）におす

又いわく　　鬼ト云

是を朱にてかき左右め（目）の下ニ書く也

又此哥を三べんとなふ（唱）べし

哥曰

いも（妹）か子ハはらバう比に成にけり

清もり（盛）取てやしない（養）ニせよ

夜なきするた〃もり（忠盛）立よ、末の代に

きよ（清）くさか（盛）へることもあるへし

これは赤子の夜泣きをなだめるまじないであるが、呪符を柱に貼り付け、「鬼」という朱字を子供の左右の目の下に書き、さらに「いも（妹）が子は…」の歌を三遍唱えるというものである。

まじないの方法や種類をみると、呪符を呑むあるいは貼るものが一二件（②～⑪、⑬⑱）、歌や呪を唱えるものが三件（⑫⑰⑲）、両方を行うものが二件（①⑭）、その他のまじないが二件（⑮⑯）である。⑫と⑮以外はすべて病に関するもの、さらに⑱は馬の腹痛なので、これを除けば、一九件中、一六件が人の病気や身体の不調に対する呪術である。最も多いのは婦人病で五件（③④⑤⑥⑦）、次に腹痛（三件、⑨⑩⑪）、虫歯（二件、⑬⑰）、以下、食欲不振（④）、耳の不調（⑧）、腫れ物（⑭）、田虫（⑯）、火傷（⑲）が一件ずつである。婦人病は白血（おりもの）、後産の不具合、母

乳の不調に対するまじないであり、斎藤家に若い妊婦がいたのかもしれない。宮本常一によって紹介された長崎県対馬の豆酘村（現対馬市）の旧家で見つかった「諸呪覚」（一八一八年）にも出産に関わる呪術が多く見い出されていることに鑑みれば、妊娠や出産に対する知識や呪術が地域を超えて希求されていたことがわかる。(5)またA・Bに見られるまじないは総じて重篤な病気や怪我に対するものではなく、日常的な疾患に対するものであることから、医師や宗教者を呼ぶ前にこれらのまじないを試し、それでも改善しない場合は彼らを呼んだのだろう。

2　斎藤家のまじないはどこから来たのか？

それではこれらのまじないは早川入のみに見られるものなのだろうか。実は⑫⑬を除き、すべて俗に『重宝記（ちょうほうき）』と呼ばれる書物から転写したものである。『重宝記』は民衆が生活の中で実践する知識や教養をまとめた書物の総称で、その項目には日常知識・規範、往来物、教養、礼法・服飾、算法・経世、医方・薬方、農業・工業、商業、地誌、料理・食物、遊芸・遊里など多岐にわたり、それぞれ『何々重宝記』と題して盛んに出版された。その中には暦注や呪術に関する書も多いが、斎藤家のまじないは次の四点に確認できる。(6)

a『咒咀調法記（咒調法記）』元禄一二年（一六九九）京寺町松原上ル丁菊屋七郎兵衛板
b『続咒咀調法記（陰陽師調法記）』元禄一四年、同所菊屋七郎兵衛板
c『増補咒咀調法記大全』安永一〇年（一七八一）同所菊屋喜兵衛板
d『新撰咒咀調法記大全』天保一三年（一八四二）京寺町五条上ル山城屋作兵衛板

5　宮本常一「諸呪覚」（『近畿民俗』一五、一九五一年）。

6　いずれも長友千代治編『重宝記資料集成　第十六巻　俗信・年暦1』（臨川書店、二〇〇六年）に所収。

すべて木版刷りで横半帳の形式をとる。それぞれ別の書林による版本や重版があるが、内容はほぼ変わりがない。aとbが最も古く、cは基本的にaとbを合冊して、いろは順に索引を付して便宜を図ったもの[7]、dはcからいくつかの項目を削除・追加して、いろは順に配列・編集したものである。特にdは挿絵図版を多く採用し、明治四三年（一九一〇）まで版を重ね、さらに昭和六年（一九三一）に活字本を刊行していることから近世後期から近代にかけて庶民の生活知として日常的に使用されたことがうかがえる。つまり、「宗教的な知識を現実の生活の諸場面に即して利用できるように並べ[8]」たのが、『咒咀調法記』という書物の性格なのである。

先に挙げた斎藤家文書Aの①はa、cに掲載されており、以下のように記されている（写真4）。

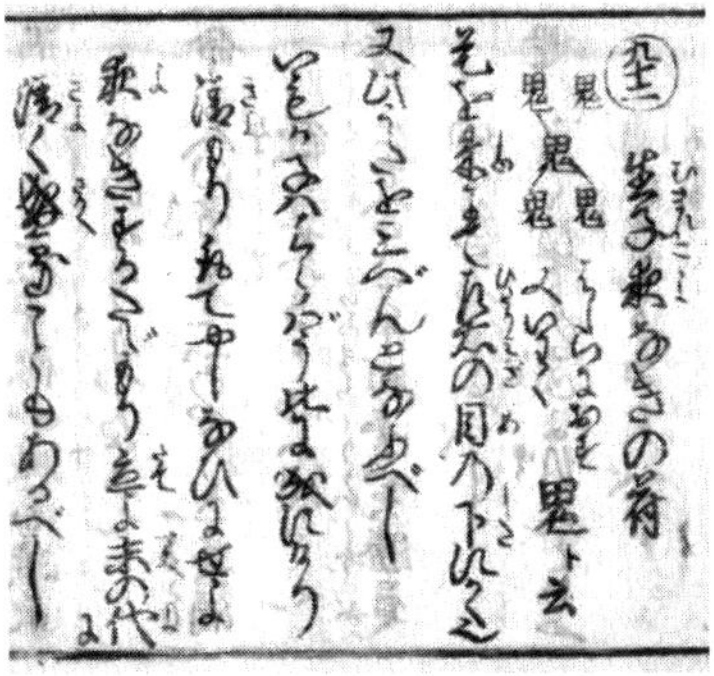

7 ただし、若干の削除や補訂がある（前掲注6解題）。

8 小池淳一「書物と呪術・秘伝」（島薗進・高埜利彦・林淳・若尾政希編『シリーズ日本人と宗教 近世から近代へ5 書物・メディアと社会』春秋社、二〇一五年）一三一頁。

写真4 『増補咒詛調法記大全』（京都大学図書館所蔵）

九十二 生子（うまれこ）夜なきの符
（鬼鬼鬼鬼鬼）　はしらにおす　又いわく　鬼ト云
是を朱にて左右めの下にかく也
又此うたを三べんとふべし
いもか子ハはらバう比に成にけり
清もり取てやしなひにせよ
夜なきするただもり立よ、末の代に
清く盛ることもあるべし

若干、字の異同はあるが文言は①と同一である。①以外の呪符やまじないも、ほぼ版本の記載を写したもので、特に呪符は形や文言を違えず正確に書き写されている。ただし、a～dのいずれにも載っているわけではなく、それぞれ照合すると次のようになる。

a『咒咀調法記（咒調法記）』①～⑪⑮⑰⑱
b『続咒咀調法記（陰陽師調法記）』⑭⑯⑲
c『増補咒咀調法記大全』①～⑪⑭～⑲
d『新撰咒咀調法記大全』②③⑤⑥⑦⑱

⑫と⑬を除く全てがC『増補咒咀調法記大全』に載ることから、ここから抜き書きしたと見て良いだろう。『増補咒咀調法記大全』は「まじない調法記」（a）を整理・追加した二三四項目、「をんやうじ調法記」（b）を整理・削除した一一五項目、合計三四九項目を載せるが、その内容は、干支や日の吉凶、日常生活上の禁忌・まじない（家の造作、商売、口舌・訴訟、竈神、衣類など）、食べ物に関する禁忌・まじない（飯、餅、醤油、味噌、酢、魚類、果菜、食べ合わせなど）、人間関係のまじない（男女和合、愛憎、失せ人、盗人など）、災害（地震、雷、火事など）、旅行に関する禁忌・まじない、家畜や動物・虫に関する禁忌・まじない、病や怪我に対するまじない、に大別される。このうち、最も多いのは病や怪我に対するまじないであるが、花部英雄氏によれば同書は同系統のまじない本と比較して符や歌が多く呪術的要素の濃いものが多いこと、またそれだけでなく民間療法を用いたものも多く掲載されており、呪術と医療知識とを分けることなく同じ生活の知識として利用していたことを示しているという(9)。

こうした生活知たる『増補咒咀調法記大全』から斎藤家の幕末期の当主、もしくはその周辺の

9　花部英雄『まじないの文化誌』（三弥井書店、二〇一四年）。なお、本書には『増補咒咀調法記大全』の翻刻も掲載されている。

人物が、自家あるいは村人のために、必要な事項を筆写して控えておいたのだろう。三四九項目ものまじないから一七項目を選んで転記したということは、当時の斎藤家やその周辺では婦人病や虫歯、腹痛に悩まされていた者がいたか、あるいはこうした病がよく起こっていたことが想定できる。このように『咒咀調法記』から必要なまじないを選択して筆写する行為は小池淳一氏によって福島県会津地方の事例が紹介されているが、氏はこうした『咒咀調法記』の読まれ方、すなわち個々のまじないをそれぞれの必要性に応じて利用することを可能にしたのが近世という時代であったという[10]。

また、斎藤家で選択され、筆写されたまじないをみると、これらの病は必ずしも山村固有のものではない。とするならば、こうした点から山村の特質を導き出すことは難しいといわざるを得ない。むしろ、こうした書物を書写する行為は、小池氏が説くように書物の内容そのものが有用であるという認識が根本的な動機として存在していたということであり、病や怪我への対処は山村も平地の村や町場も大きな異同はなかったのである。

10 前掲注8小池論文。

3 早川入の陰陽師

こうした書物に載るまじないが効かなかった場合、あるいはより効果的な呪術を求める時に人々が頼ったのが宗教者である。その担い手には修験（しゅげん）、梓神子（あずさみこ）、神事舞大夫（しんじまいたゆう）、万歳（まんざい）、陰陽師（おんみょうじ）など様々な民間宗教者がいたが、早川入にも陰陽師の存在が確認できる。

定

一　易卜筮傳

一　卦爻傳

右者任懇望令伝授候

職業之砌者

安家御役所可願出者也

弘化二乙巳九月日

陰陽道草辺取締

甲州鰍沢組

秋山政儀

門人

甲陽巨摩郡茂倉村

望月政山殿

本史料は早川入の茂倉(もぐら)村の旧家が所蔵する文書である。弘化二年(一八四五)、同村の住人望月政山なる人物が易・卜筮伝(ぼくぜいでん)と卦爻伝(かこうでん)、すなわち占いの伝授を受け、陰陽師として活動できるよう「安家御役所(陰陽師の本所(ほんじょ)(管轄役)である土御門(つちみかど)家)」の免状を受けられるよう申請している。発給者の秋山政儀は鰍沢(かじかざわ)宿の住人で、巨摩(こま)郡の陰陽道取締役を務めていた陰陽師であり、望月政山はその門人であったことがわかる。

近世の陰陽師については林淳氏や梅田千尋氏の研究に詳しいが、これらの先論によれば、天和三年（一六八三）に安倍晴明の子孫である土御門家は本所として全国の陰陽師の支配権を幕府に認められた。以降、土御門家が発給する免状によって陰陽師として認定され、活動できるようになる[11]。ただし、その免状は陰陽師の知識や技能を保証するわけではなく、一種の「営業許可証」であったため、いわば免状を獲得しさえすれば誰でも陰陽師になり得た。免状を獲得する際は、まず各国諸地域の触頭（ふれがしら）を介して申請し、本所土御門家へ上申される（なお、甲斐国の場合は江戸の土御門江戸役所預かりとなっていた）。また、江戸時代の陰陽師は基本的に百姓や町人身分の者がほとんどで、本百姓として名請地（なうけち）（検地帳に登録された耕作地）を持ち年貢を納めていた者も多かった。茂倉村の望月政山もまた同村の長百姓（おさびゃくしょう）であった。

甲斐国における陰陽師の状況については西田かほる氏の論考に詳しい[12]。その成果によれば、甲斐国の陰陽師は近世前期には山梨郡と巨摩郡の一部にのみ存在し、西後屋敷村（現甲州市）と小笠原村（現南アルプス市）に拠点があり、前者には享保九年（一七二四）段階で博士・万歳が一〇〇名、後者には元文元年（一七三六）段階で陰陽師が一一家存在していた。これら陰陽師が集住する村には共通点があり、一つは交通の要所だったこと、もう一つは陰陽師の間に血縁関係などの繋がりが見いだせるという。また、近世前期の陰陽師は周辺の村から秩序を乱す存在として見なされ、それが彼らへの差別的な言動として現れるようになる。しかし、こうした状況は近世後期になると大きく変わり、百姓や僧侶、御師（おし）（特定の神社や寺院に所属して信者や参詣者に案内や祈祷の世話をする宗教者）や女性も陰陽師の免状を取得するようになる。その背景には土御門家が天明期を境に小頭が率いる集団単位から、陰陽道を職分とする個人単位の人的支配へ掌握方式を変えた結果、

11　林淳『近世陰陽道の研究』（吉川弘文館、二〇〇五年）。梅田千尋『近世陰陽道組織の研究』（吉川弘文館、二〇〇九年）。また、最新の近世陰陽道の研究は梅田編『新陰陽道叢書　第三巻近世』（名著出版、二〇二一年）を参照されたい。

12　西田かほる「甲斐・信濃の陰陽師」（前掲注11『新陰陽道叢書　第三巻近世』）。

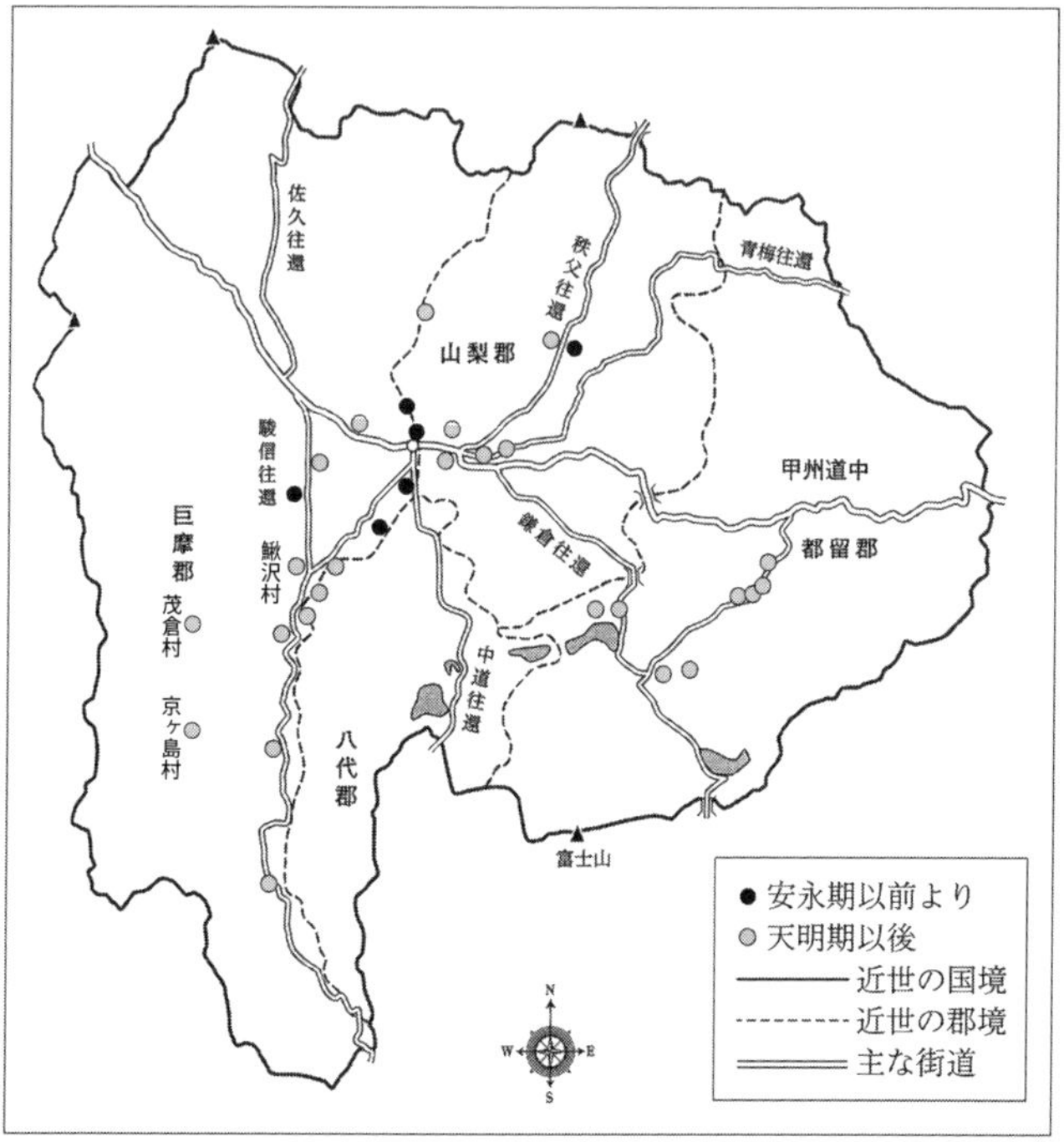

図　西田かほる「甲斐・信濃の陰陽師」（梅田千尋編『新陰陽道叢書 第三巻近世』名著出版、2021年）図1に加筆

陰陽師の担い手が多様化したことが指摘されている[13]。これに伴い、甲斐国内の陰陽師の分布も広がり、鰍沢宿にも安政三年（一八五六）に名前は不明だが陰陽師の存在が認められる。その陰陽師は「甲斐国方案内之者」、つまり甲斐国の陰陽師を取り仕切る一人であった。陰陽師は地域組織と師弟関係によって活動を成り立たせており、茂倉村の望月政山も鰍沢宿の秋山政儀によって編成されていた一人なのだろう。残念ながら望月政山の陰陽師としての具体的な活動内容は明らかではないが、土御門家に認可された陰陽師が早川入まで及んでいたことは、今後、同地域における宗教行事、あるいは占いや呪術といった宗教的行為を読み解いていく際の手がかりになり得るだろう。

13　前掲注11梅田著書。

おわりに

本章では早川入に残された文書から山村における病とまじないについて検討した。京ヶ島の斎藤家に残されたまじないの書付は、幕末期に斎藤家の当主もしくはその周辺の人物が『増補咒咀調法記大全』という版本から必要な事項を筆写したものであることが明らかになった。斎藤家は京ヶ島村の名主（なぬし）を務めるかたわら、材木の伐採事業にも関わるなど財を有し、[14]かつ狂歌を介して村外と人的交流を持つ家であった。[15]こうした性格を有する斎藤家に京や江戸で流通する書物の情報が入ってきたとしても不思議はない。つまり、これらのような生活知を取得する環境という意味では、町場や平地の村と早川入のような山村とで大きな差はなかったといえるだろう。こうしたまじないの知識は地域ごとに異なる方法が見られる一方で、地域の枠組みを超えて広く共有されていたのである。ただし、まじないは多様な宗教的知識が生活の中で実践と検証を経て、利用され、受け継がれてゆくものである。[16]その過程で地理的環境や気候条件、共同体のあり方、生活慣習、生業などの諸要件によって新たに生み出されたり、改変されてゆくものでもある。つまり、その土地固有の呪術や慣習と地域の枠組みを超えて共有される知識・呪術は対立するものではなく、並存するものとしてとらえるべきものであるといえよう。山深き集落では、何やら怪しげな呪術や慣習だけが存在したのではなく、山村にも呪術の大衆化の波が及んでいたのである。

また本章では呪術の専門的知識や技能を持つ宗教者の一人である陰陽師が早川入にも存在していたことを新たに見出した。彼は百姓として年貢を納める傍らで巨摩郡の陰陽師取締を担ってい

14　赤澤春彦「材木原産地と深川木場材木問屋―甲州巨摩郡京ヶ島斎藤義直家文書を素材に―」（『江東区文化財研究紀要』一五、二〇〇七年）。

15　鈴木努「歌吟む山人―名主善左衛門の文芸とつきあい」（『中央大学山村研究会報告集』一六集、二〇〇七年）、本書Ⅳ-2鈴木「御普請世話人斎藤善左衛門の狂歌づきあい」。

16　前掲注8小池論文。

た鰍沢宿の陰陽師と師弟関係を結んでおり、こうした宗教的ネットワークを通じて外の世界と繋がっていたのである。あるいはこうしたネットワークを介して様々な情報がもたらされたことも充分に想定できる。このように知識や情報という視角から山村を見たとき、従来の「不便な」「無知な」「遅れている」山村像とは別の姿が見えてくるのではないだろうか。

第4章　災害と民俗

松本美虹

はじめに

早川で暮らしてきた人々は、災害をどのように乗り越えてきたのだろうか。自給自足の生活をしていた頃より旱魃や台風、火災による被害は暮らしを脅かしてきた。そのため、旱魃が続く時は雨乞い、台風が多い時は風送り、虫が多量に発生する時には虫送り、疫病流行時は護符を用いるなど、信仰的な行事が行われてきた〔本書Ⅳ-3赤澤「山村における病とまじない」〕。ここでは早川の人々が災害を防ぐために行ってきた雨乞い、道祖神祭り（火伏せ行事）、蟲封じなどの行事を通して、災害を防ぐ民俗について述べるほか、近年の災害被害についても触れていく。

災害と民俗をとり上げる前に、災害の定義について示す必要がある。自然科学の事典では「災害」の定義を自然作用また人為的作用が誘因で、地域の人間社会生活環境に損傷や危害をあたえ、人命に関わる現象もしくは人命に関わるおそれのある現象としている[1]。つまり、その場に人間がいて初めて問題となる現象であり、人間がいない場所で地震が起き、人間の生活に影響がなけれ

1　松澤勲『自然災害科学事典』（築地書館、一九八八年）。

ば災害とは言えない。災害は「民俗存亡の危機」と「人間生命の危機」と言える。

災害を人文科学の研究対象として位置付ける研究は少なかったが、一九七九年、『歴史公論』に「江戸時代の災害」特集が組まれ、同年に安政江戸地震の地震戯画の図像学的分析から民俗信仰の構造を探った書籍の翻訳が出版された(2)。これは歴史学の災害研究と言える。その後、一九九〇年代より災害に遭遇した人々の活動に関する記述が目立ち始める。そして、一九九五年に発生した阪神・淡路大震災以降、災害が民俗学の研究対象となってきた(3)。

本章を執筆するにあたり、二〇二一年八月に早川町内の各地域に在住する方に現地にて聞き書きを行った。新倉（あらくら）については八月二七日・二八日に居村道夫氏より、茂倉（もぐら）については八月二八日に望月利子氏と望月八重子氏より、雨畑（あめはた）については八月三〇日に望月一誠氏より、奈良田（ならだ）については八月二八日に深沢實氏より、お話を伺った。また、黒桂（つづら）については藤本勝氏よりいただいた文章を参考とした。

1　早川を襲った近代の災害

（1）台風

風送りによって台風を防いでも、台風は訪れる。台風による被害は何十年経過しても、集落の人々は記憶している。実際に台風が訪れた際、かつての台風被害をもとにどのような行動を起こすことができるかが重要となってくる。

2　『歴史公論』第五巻第一〇号（雄山閣、一九七九年）、C・アウエハント著、小松和彦ほか訳『鯰絵―民俗的想像力の世界―』（せりか書房、一九七九年）。

3　鈴木岩弓「災害」（『日本民俗学』二七七、日本民俗学会、二〇一四年）。

i　ゴジュウナナサイ（五七災）

昭和五七年（一九八二）に起きた台風被害は、早川町では「ゴジュウナナサイ（五七災）」と呼ばれている。台風により崩落する箇所があり、令和年代になってからも崩落している。

昭和五七年八月二日未明に愛知県の渥美半島に上陸した台風一〇号は、北陸地方をほぼ横断し、同日午前に日本海に抜けた。台風の影響で、日本列島の中央部は豪雨となり、土砂崩れ、河川の氾濫などの被害が続出し、山梨県内にも影響があった。

山梨県内で住宅の全半壊、流失があったのは四一棟、床上浸水五三四戸、床下浸水五九一戸、被害世帯五七五戸、二、三〇〇名となった。同日午後六時現在、県の消防防災課は被害総額一六〇億四二五九万円に上るとみている。同日午後九時現在、警察の集計によると三〇都府県で死者五九名、不明者二四名。県は同日、災害対策本部に準じる災害対策連絡会議を設置した。同日午後八時、望月幸明知事（当時）は厚生省（当時）と協議し、早川町に災害救助法の適用を告示した。また早川町の旧西山小学校では、林間学校の児童二〇〇名のうち急病の四名を自衛隊のヘリコプターで救助した(4)。

当時の奈良田の様子について、自衛隊と共に地域の人々を支援した深沢實氏に伺った。奈良田では、集落に住む人々は公民館に避難した。自衛隊が奈良田ダムの水がない箇所にヘリコプターを止め、地域の人々を救助した。そのほか早川町の奈良田橋から早川町に隣接する平林村（現富川町）を通る丸山林道、発電所にも入り、食糧を用意していた。

台風一〇号は県内農業に多数の被害をもたらした。幼穂期の水稲は水浸しとなり、トマトやキュウリは冠水し、出荷最盛期のモモやブドウは強風で落果し、果樹自体も横倒しとなった。また主

4　『山梨日日新聞』一九八二年八月三日。

要道路が破壊されたため、モモやブドウの出荷ができないなどの被害も出た。

ii　サンジュウヨンサイ（三四災）

昭和三四年（一九五九）に起きた伊勢湾台風による被害は、早川町では「サンジュウヨンサイ（三四災）」と呼ばれている。

八月一四日午前七時、台風七号は富士川沿いに北上し、甲府盆地を襲った。甲府、峡北（甲府盆地の北西部）、峡東（同じく東部）などにわたり、瞬間最大風速四三ｍの暴風雨が吹き荒れ、家屋の倒壊、損傷、流失が続出し、農作物などに大損害を受けた。被害額は県警本部の推定で六〇億円に達し、当時、甲府空襲を除く自然災害としては空前の損害と言われた。同日の朝、県は緊急部長会議を開き、災害救助隊本部を設置した[5]。

八月一五日午後九時現在、県警本部の調べによると死者四一名、行方不明者四八名、家屋全壊九〇五戸、床上浸水二三一八戸、床下浸水五四三五戸であった[6]。台風七号の影響で、茂倉では製材所が川に流された。

（2）大雪

早川は現在までに、何度も大雪により交通が途絶する被害があった。中でも平成二六年（二〇一四）二月一四日未明に降り出した大雪は観測史上最高を記録し、県道南アルプス公園線と県道雨畑大島線が通行不能となり、早川町全域が孤立した。全集落の交通が途絶え、雨畑、西山地域は長時間停電が発生。国は豪雪非常災害対策本部を立ち上げ、自衛隊による支援を開始。茂倉で

5　『山梨日日新聞』一九五九年八月一五日。

6　『山梨日日新聞』一九五九年八月一六日。

は一度目の積雪は約七〇cm、二度目は約二〇〇cmとなった。役場より各家に非常食と灯油が配られた。[7]

時代は遡るが昭和二四年（一九四九）に大雪が降った際、奈良田では一m以上の積雪があった。近年、空き家の増加により一人当たりの雪対策への負担が増えているほか、高齢化により雪かきが困難な状況となっている。

（3）火事（大火）

茂倉では、昭和一一年（一九三六）に茂倉全体を焼失した大火が起こっている。一二月八日午前九時五〇分、茂倉の下方にあった農業用乾燥室より出火し、午後一時までに七一戸二五一棟が全焼した。罹災民は分教場、分教場の隣にある七面堂（しちめんどう）、七面堂の近くにあったハタケゴヤ（畑小屋）、茂倉と同じ三里（みさと）村の大原野（おおはらの）部落の民家等に分かれて避難した。当時の茂倉の人口は三〇〇～四〇〇名程度であった。

午後七時頃に新倉から来た三里少年消防団により炊き出しの握り飯が、続いて東京電灯の新倉発電所の社宅より防寒具類、バケツなどが届けられた。四〇〇余名の罹災者のうち、乳児を除いた小児の多くは新倉方面に預けられ、乳児、老人は七面堂に泊まった。そのほかの人々は焼け跡のトタン板で屏風を造り、暖を取った。翌日九日の朝の温度は零下三、四度であったため、極寒での避難であったことが伺える。

臨時村会が九日に開かれ、罹災救護法の申請、村の基本財産による全被災者の一か月の生活補償、一〇棟の仮設住宅の建設などが検討された。県や近隣市町村からは救援物資が届けられ、南

7　早川町公式ホームページ／町政情報／こんにちは、町長です。／平成二六年三月／史上空前の大雪と戦う https://www.town.hayakawa.yamanashi.jp/town/mayor/2014-0224-1401-55.html（二〇二二月三月一三日閲覧可能）。

巨摩郡原村村長からは見舞金五〇円が贈られた。

茂倉は十谷峠（じっこく）と御岳山（みたけ）に挟まれた山復にあり、茂倉と新倉をつなぐ道路は道幅が狭く、応援が到着するのに手間取ったため、三時間程度で焼失したと考えられる。さらに六一五〇坪に二五一棟が壁を接して建っており、すべての建物が茅葺き屋根であったため、消火が間に合わなかったと考えられる。また当時は三里村に消防士がいなかったとのことである。(8)

その後の復興について。茂倉には家屋を建てることができるダイク（大工）と呼ばれる人が七名ほどおり、十谷と大原野の大工と協力して家屋の建築を進め、一年ほどで復興を果たせた。使用した用材は、山で切った材木に楔を打ち込んで運搬した。材木を乾燥させずに用材としたため、現在でも家屋にゆがみが起きている。

大火の影響は、石膏を産出する茂倉鉱山にも及んだ。鉱山は操業中止となり、ウシロヤマ（後山）からマエヤマ（前山）に場所を変え、昭和一三年に再開した。(9)

茂倉では過去にも天保元年（一八三〇）、明治一五年（一八八二）に大火があり、今回は記録上三回目となる。

8　『山梨日日新聞』一九三六年一二月九日　早川入りに大火三里村茂倉部落全焼。同一〇日　飢と寒気に脅える焼野原の部落民。

9　小島孝夫・鈴木彩子『成城大学文芸学部文化史学科　文化史実習Ⅱ（民俗学）平成28・29年度成果報告書　山梨県南巨摩郡早川町新倉・茂倉の民俗』（成城大学文芸学部文化史学科、二〇一八年）。

2　信仰の民俗

（1）雨乞い

雨乞いとは、雨が降るよう願う儀礼である。雨が多く降ることは稲などの作物を育てる上で死活問題のため、古代より国家規模の雨乞いが行われてきた。村落でも雨乞いは共同で祈願する重要な行事で、各戸の参加が義務づけられていた。

　高谷重夫の『雨乞習俗の研究』によると、雨乞いの最も古い記録としては、平安末期成立の『扶桑略記』推古天皇三三年（六二五）の条であり、高麗僧恵灌に命じ、雨が降るように祈らせたとある。雨乞いは寺で鉦、太鼓を鳴らし、念仏踊りが行われる事例があるため仏教的儀礼と見られる面があるが、仏教の伝来によって始まったわけではなく、それ以前より雨乞いは行われていたと考えられる。[10]

『日本民俗大辞典』では、代表的な儀礼方法としては下記をあげている。①村人が山または神社に籠り、祈願②作り物の龍や神輿、仏像を水辺に遷し祈る③雨乞いの面を出して祈る④大勢で千回、一万回の水垢離（みずごり）をとる⑤水神が住むと言われる池などをさらって水替えする⑥水神の池や淵の水をかき回す⑦水神の池や淵に牛馬の首など不浄と言われるものを投げ込む、または汚物を洗う⑧地蔵を水に漬ける⑨釣り鐘を川や池に沈める⑩太鼓を打ち、大勢で雨乞い踊りを踊る⑪特定の聖地から代参が水種をうけて川や田に注ぐ⑫山に上がり大火を焚く（千駄焚き（せんだたき））などが行われる。[11]

　柳田国男は雨乞いについて、『踊の今と昔』にて念仏踊りという視点で、雨乞いと虫追いの踊りは桜の時期の「ヤスラヒ」祭の念仏踊りと同じ系統の慣習だと述べている。念仏踊りは雨乞いのほかに疫病、流行病が発生した時にも踊られている。[12] 行われる場所としては、神社の境内、道祖神の付近があげられる。

　ここで、聞き書きを行うことができた茂倉、奈良田の事例をみていく。

10　高谷重夫『雨乞習俗の研究』（法政大学出版局、一九八二年）。

11　福田アジオ他編『日本民俗大辞典 上』（吉川弘文館、一九九九年）、柳田国男「千駄焚き」（『定本柳田国男集』二一、筑摩書房、一九七〇年）。

12　柳田国男「踊の今と昔」（『定本柳田国男集』七、筑摩書房、一九六八年）。

i　茂倉

望月利子氏は子どもの時、昭和期に実施された雨乞いを見ており、大人たちが太鼓、鉦で音を出しながら題目を唱えていたのを覚えていた。

雨が少ない日が続いた時に雨乞いを行っていた。音頭取りと呼ばれる題目を唱える人、バケツ、団扇太鼓、鍋、瓶を叩く人がいた。音頭取りは他の参加者よりも先に声を出すが、題目の最後の「アミヨー（雨を）降らせたーまいなあ」と言う箇所は音頭だけではなく参加者で言う。題目の中で冗談まじりに人名を言ったり、面白いことを言ったりする。[13]

なぜ、物を叩いて音を鳴らすのだろうか。気を振動させた方が良い、雷を呼び起こすために大きな音を出すという考えがあるらしい。いずれにしろ、天に音が届くのを目的としているとみることができる。

茂倉での暮らしは自給自足が続いていたため、雨が降らないと作物が収穫できずに困る。時間帯としては日中のほかに夜に行われる場合もあり、かつては一晩中行われることもあった。雨乞いの方法は二通りある。一つ目は妙蓮寺の上人にお祈りしてもらう方法、二つ目は集落全体で行う方法である。集落全体で行う場合、一回目の雨乞いで雨が降らない時は標高が高い所に移動して同様の動きを行う。場所は国玉（くにたま）神社、七面堂、十谷峠にあるグランド、御殿山、七面山の五か所である。下記にて順に説明する。

①国玉神社

国玉神社の境内の中央に太鼓を置き、周りに音が鳴る物を持って集まる。太鼓の叩き手と囃子の音頭取りは太鼓を置いた所まで行き、叩き手は太鼓を叩き、音頭取りは囃子を始める。そのほ

13　『やまだらけ』八〇（日本上流文化圏研究所、二〇一七年）。

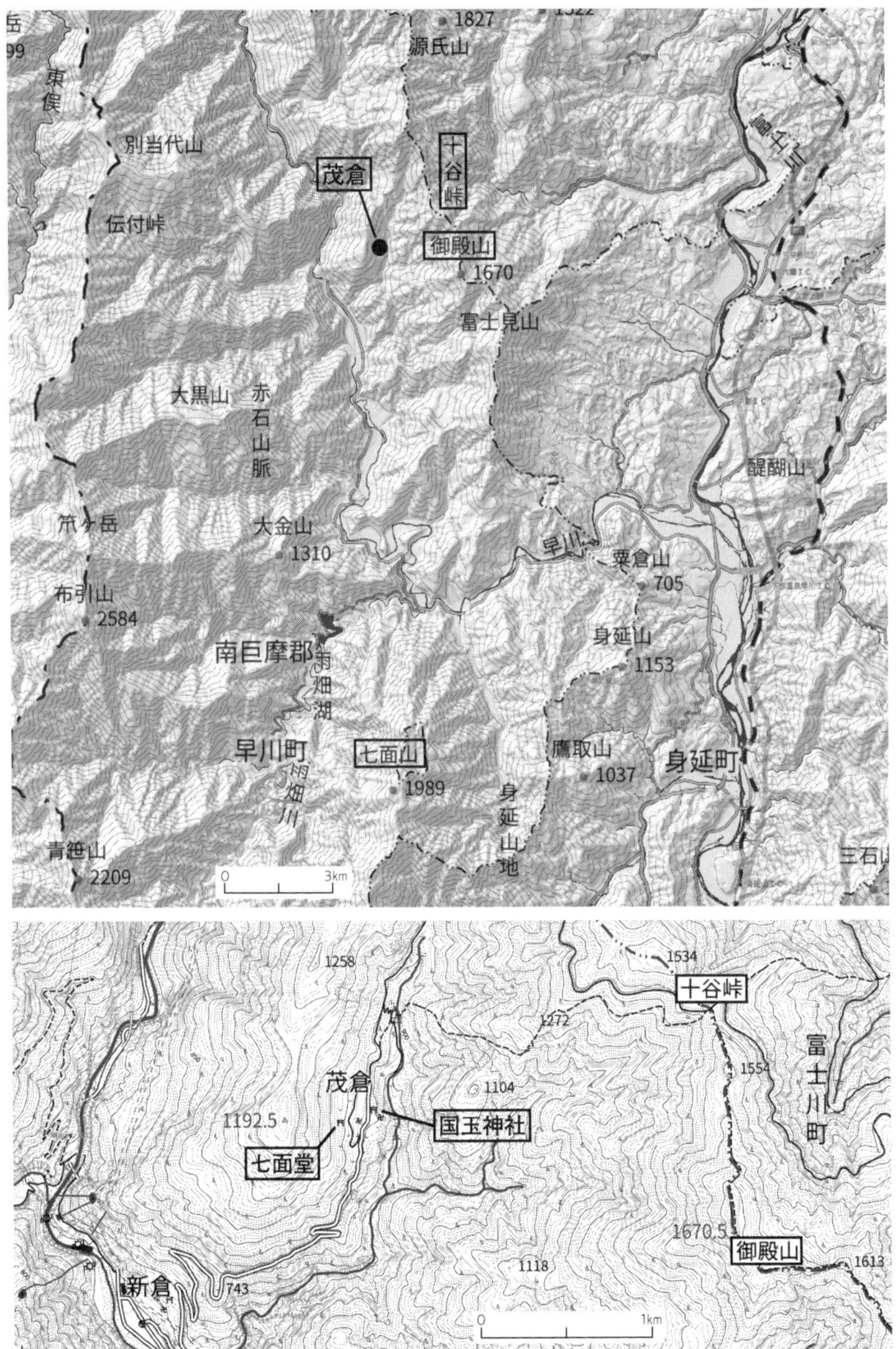

図1・2　雨乞いの場所関係地図（地理院地図Vectorに加筆）

写真1　雨乞いが行われた国玉神社（2022年1月9日、以下特記したもの以外は筆者撮影）

写真2　七面堂（2022年1月9日）

かの人々はバケツ、鍋、瓶などの音が鳴る物を鳴らし、歌いながら太鼓の周りをまわる。そのほかに境内にある大木をまわることもあった。また参加者が多い時は神社の伽藍をまわった。

②七面堂

国玉神社で雨乞いを行っても雨が降らない場合は、七面山を祀るお堂である七面堂で行われた。茂倉の方は雨乞い、お祭りの日以外でも、困り事がある時などに七面堂にお参りをする。

③グランド

七面堂で雨乞いを二回行って三日間程度経過しても雨が降らない場合は十谷峠の上にある「グランド」と呼ばれる平らな面がある所に行き、雨乞いを行った。茂倉からグランドまでは一二〇〇m程度あり、一時間かかる。弁当のほか、蓄音機を背負って行った。昭和七年に整備された所で、平らな面があるため「グランド」という名称がついた。直線走路六〇mの距離があるため、走る練習のほか運動会が行われていた。

写真3 御殿山での雨乞い
（日本上流文化圏研究所提供、昭和期）

写真4 御殿山 祠の囲いをまわる様子
（日本上流文化圏研究所提供、2013年8月）

④ 御殿山

グランドで雨乞いしても雨が降らない場合は、天狗が祀られている御殿山に登って雨乞いを行った。

平成二五年（二〇一三）にグランドにて雨乞いを行った際は雨が降らなかったので、次日に御殿山に五名（女性四名、男性一名）で軽トラックに乗り登った。

⑤ 七面山

神社、七面堂、グランド、御殿山で雨乞いしても雨が降らない場合は七面山に詣り、七面山にある池のまわりを回り雨乞いを行った。

茂倉での雨乞いは、より高い所を目指して移動する傾向がある。また、用いられる物としては太鼓などの音を鳴らす道具がある。音を鳴らすことで天にいる神に分かってもらうためだろうか。茂倉の場合、音頭取りが冗談のように題目に人名を混ぜて唱えており、それを他の人々は楽しんで聞いていたようだ。

雨乞いが行われる一方、雨が降り過ぎた時はヒヨイアゲ（日良い上げ）が行われた。作物を育てるためには雨が降らなくても降り過ぎても困るということが分かる。

ii　奈良田

夏の行事として行われる。奈良田の場合、老人と若者で行う内容が異なる。老人は寺に集まり題目を唱え、若者は早朝に川で禊ぎをして白根三山（しらねさんざん）に登り、頂上で松の枝を集めて燃やし、下山後に川で禊ぎをする。松の枝を燃やすのは、煙を出して雲を発生させるためだと考えられる。そのほか、女性が雨乞いに関する題目を一心不乱に唱える場合もあった。

奈良田の雨乞いでは、山上で木の枝を燃やしている。これは雨乞いの最後の方法として行われる、千駄[14]の木を焚く千駄焚きという方法を想起させる。千駄焚きは山の頂上の一番天に近い所で火を焚くため、雲焼き、雲焙りと呼ぶ地域もある。木や萱を千把焚くのは労力を要するため、通常は簡易的な方法で雨乞いが行われていたと考えられる。ただし効果がなく、あらゆる方法を行った後の手段として千駄焚きが行われた。千駄焚きは燃料、人員が多量に必要となるが、どちらも豊かであった時代には現在より手軽に実施できた可能性がある。

新倉では昭和三〇年頃に道祖神の付近で雨乞いが行われていたらしいが、詳細な情報を得ることはできなかった。そのほか雨畑では、山梨県道雨畑大島線付近にある正徳寺でお経を唱える雨乞いが行われていたらしい。

雨が少なく旱魃が続くと作物が枯れるため死活問題である一方、人々は雨乞いの行事を楽しんでいる面もある。自然相手に畑を耕してきた人々の心を癒すために、雨乞いが行われてきたのではないだろうか。また、雨乞い後に雨が降ることで雨乞いの効果を実感でき、必要であればまた行おうという考えにつながる。日照りが続いても対策を講じないのではなく、常に行動を起こし

14　一駄は馬一頭に負わせる荷物の量で、千駄とはたくさんという意味。

てきた暮らしを伺うことができる。

（2）道祖神祭

『日本民俗大辞典』によると道祖神祭りは、火を防ぐ火伏せ行事として行われる。火伏せとは、火の災厄を避ける意味があり、火除(ひぶ)せ、火除(ひよ)けともいう。出火を恐れ、家内のカマド、囲炉裏(いろり)などの火がある所に神仏や火の神を祀ってきた。火伏せの神には秋葉(あきば)神社（静岡県浜松市）、愛宕(あたご)神社（京都府京都市）、古峯(こみね)神社（栃木県鹿沼市）があり、代参講により集落の代表が神社からお札(ふだ)をもらって講員に配り、神棚に祀られる。[15]

　道祖神は境の神の総称と言われており、道の辻に建てられ、旅の安全を願い供物が供えられる。ドウソジンのほか、ドウロクジン、サエノカミ、サイノカミなどと呼ばれているが、同じ神である前提で報告されることが多いため、関係や分布は明確とは言えない。ムラ（村）の境にある道には荒ぶる神がいるため、道切りの儀礼を行うほか、病が流行った時に注連縄(しめなわ)を張る場合が多い。辻固めのお札を集落の入口に掛ける習慣は、集落の境から先に病を入れさせないという意味があるが、境に信仰的なものを配置するという意味では類似の民俗とみることができる。山梨県は、全国的に道祖神に関する祭りが多数行われている地域である。

　また、小正月の火祭行事で、道祖神の付近で山のように重ねた藁と共に正月に飾った松飾りなどを燃やした火で繭を模した繭玉団子を焼いて食べると無病息災になるという伝承が薬袋(みない)にあり、早川町が養蚕が盛んであった地域であることをうかがい知ることができる。

　ドンドヤキのほかドンド、ドンドンヤキと呼ばれており、ドンドが付かない名称としてはオン

15　福田アジオ他編『日本民俗大辞典 上』（吉川弘文館、一九九九年）。

ベヤキ、サイトヤキ、サギチョウ、ホッケンギョウ、サンクロウなどがある。正月飾りの処理と共に、正月の神送りとして考えられる場合が多く、厄落としとして行われる地域も多い。

関東・中部地方では「道祖神祭」として行われる所があり、早川町での道祖神祭はこちらに当てはまる。早川町では各集落で道祖神がまつられており、小正月の時期に道祖神祭が催されている。約一週間前より道祖神の付近に松飾り、子どもが書いた書初めなどが集められ、ドンドヤキの準備が行われる。そのほかに竹に書初めや色紙(いろがみ)を貼り付けた飾りであるヤナギマキが制作される。集まる時間、人数は各集落で異なる。

i　茂倉

以前は毎年一月一四日であったが、現在は一月一四日に近い土曜・日曜に行われている。集落が火事にならないようにヤナギマキを建てる。

道祖神の祭りの準備はワカイシュ（若衆）が担っていたが、平成一〇年（一九九八）に解散した。そのため、かつてのワカイシュが平成一一年（一九九九）に保存会を発足したが平成一七年（二〇〇五）に解散した。ワカイシュの中には昭和町など集落の外に出て暮らしている人もいた。コワケイシュ（小若衆）は中学二～三年生、ワカイシュは二五歳以下で、ワケイシュカシラ（若衆頭）は二五歳の長男のみが務めたが、次男も頭を務めることができる時期があった。

ワカイシュがいた頃は当日の朝、子どもたちが道祖神の近くにある井戸から水を汲み、ワカイシュに持って行っていた。コワケイシュは相撲の土俵、ヤナギマキを制作していた。かつてはワケイシュが祭りの担い手として活躍していたが解散したため、平成二七年（二〇一五）頃より女性

写真6　茂倉の道祖神
（2021年8月28日）

写真5　茂倉の道祖神と共に建つ石碑群（2021年8月28日）

写真8　茂倉のシシマイ（獅子舞）
（2022年1月9日）

写真7　茂倉の道祖神とドンドヤキ
（2022年1月9日）

も参加している。

そのほかに餅つきも行われ、餅米がない時はうるち米に代えて餅つきをしている。

道祖神祭の当日は午前一〇時に仙嶽山妙蓮寺にて総会が開かれ、一一時にお堂前で上人による水行の後、題目があげられる。そして、午後より道祖神前にてシシマイ（獅子舞）が舞われる。

①ヤナギマキ

ヤナギマキは、竹で作った柳を模した飾りである。

茂倉で制作されるヤナギマキは五五〇年から六〇〇年ほど前、または茂倉集落ができた頃から行われていたのではと言われている。秋葉山と関係があり、火祭りの意味があるようだ。制作には、男性がヤナギマキの末端を持ち回す役と色紙を巻く役、女性がヤナギマキの先端を持ち、倒れないようにバランスを保つ役を担い、三人一組で作る。

一月三日から公民館にて女性がサル（猿）・ヒウチイシ（火打石）・キンチャク（巾着）やナンバン（唐がらし）等の形を布などで制作する。一月七日の朝九時より、男性がヤナギマキに使用する竹を切る。その後、参加者で書初めや色紙を切り、色紙を四点ほど糊で貼り付け、乾かす。ヤナギマキは三段となっており、ヤナギマキの柱となる鉄パイプに縄を巻き付けて竹を差し込み、上から九、一六、二二と合計四七本の竹を括り付ける（写真10～14参照）。一〇時までにヤナギマキを作り、一一時過ぎに道祖神の付近に建てる。

ヤナギマキは建てて一か月ほど経過した一月末の日曜に倒すが、昭和三五年（一九六〇）頃までは二月一日に倒していた。屋根の上に竹の輪を置き、一年ほどそのままにしておく。余ったヤナギの輪は墓に持って行き、人が集まる時や七月一五日に行われるギオン（祇園）の時に燃やす。

高齢化で参加者が減り、ヤナギマキを建てるのは危険が伴うため、令和四年（二〇二二）より行っていない。

②獅子舞

ヤナギマキの下で笛、太鼓と共に獅子舞が舞われる。山梨県内のドンドヤキは、茂倉と同様に獅子舞が舞われる場合が多い。

③ドンドヤキ（どんど焼き）

獅子舞の後、ドンドヤキを行う。正月に飾っていた松飾り、子どもの書初めなどが燃やされ、火が高く燃えると書初めを書いた子どもの字が上達すると言われている。

翌朝に焼け残った灰を持ち帰り、小豆入りの十五日ガユを食べたお茶碗を洗った水に灰を入れる。そして「ナガムシ来るな、ヘビ来るな」と言いながら家の周りに撒く。ナガムシとはムカデの意味で、これにより家に虫が入るのを防ぐ効果があるようだ。

ii　各地の道祖神の祭り

・新倉
毎年一月一四日に行われる。一週間前に公民館で色紙や習字の紙を竹ひごに巻いてヤナギマキを作り、道祖神の近くに建てる。当日、正月お飾りと共にヤナギマキを燃やす。燃やした火で団子を焼いて食べると風邪をひかないと言われている。ヤナギマキを燃やす催しをドンドヤキ（どんど焼き）と呼んでいる。最後にヤナギマキの竹を防火の呪いとして家の屋根に載せる。かつては二～三時間程度かかっていたが、現在は人数が七～八名と減少したため、一時間程度で終了させるようにしている。夜は餅を焼いて食べる。ドンドヤキを燃やす際は、ヤナギマキも倒す。その後、竹を各家に配り、残りは正月飾りと共に燃やす。

・黒桂
毎年一月一五日に行われる。ヤナギマキの竹の輪を一本ずつ各戸に配り、屋根に上げる。この竹の輪には火事にならぬようにという意味が込められている。

毎年一月一四日に「デク転がし」が行われる。江戸時代より始まったと言われ、小学生から中学生までの男子が羽織袴を着て顔に化粧し、悪霊を追い払うため、区長、厄年を迎える家をまわる。厄年は男性が二五歳、四二歳である。

・雨畑

一月四日に消防団が集まり、ヤナギマキが柳に見えるよう、切った竹に色紙などを飾る。その後、一月一四日に竹を抜いて輪を作り、屋根に載せる。竹は部落の戸数用意すると言われており、五〇個程度用意され、屋根の上に上げたり物置などに載せる人もいる。

・中洲（なかす）

道祖神の横に設置される。午後五時半頃よりドンドヤキが行われ、獅子舞も舞われる。

・早川

早川町郷土資料館付近にある道祖神の横に設置される。

・保（ほう）

保の中にあるキタムラとハナムラという場所に、それぞれヤナギマキと結界が設置される。キタムラでは地域の人々が共同で使用している建物の隣にヤナギマキを設置し、ハナムラでは道祖神のまわりにオシンメ、縄による結界が張られる。キタムラとハナムラは、徒歩一分程度の距離である。

写真9　新倉の道祖神
（2021年8月27日）

写真10　黒桂のヤナギマキ
（2022年1月10日）

写真13 早川のヤナギマキ
（2022年1月10日）

写真12 中洲のヤナギマキ
（2022年1月10日）

写真11 雨畑のヤナギマキ
（2022年1月10日）

写真15 保（ハマムラ）の道祖神
（2022年1月10日）

写真14 保（キタムラ）のヤナギマキ
（2022年1月10日）

（3）虫送り・蟲封じ・風送り

ここでは畑に被害をもたらす虫、ネズミを寄せ付けないように行う催しを指す。虫送りは稲につく害虫を追い払う行事で、虫追い、虫祈祷、サネモリオクリ（実盛送り）、ウンカ送りなどと呼ばれている。

農薬による害虫駆除が行われるまでは、日本各地の農村で盛んに行われた。対象となる虫はウンカが多く、被害が大きかった西日本では特に盛んに行われた。実施時期は、稲の成育の重要な時期である五月〜七月頃であった。村人が地域の寺社に集まり神事や法要を行った後、松明の火を焚きながら鉦を鳴らし太鼓を叩き、大声で唱え言を唱えながら幟（のぼり）を建て、札を掲げ、行列を組み、水田を巡り、稲についた虫を集め、村境まで送り出すという方法が一般的である。いずれも川の向こう側など村落の外へ出し、生活圏を清浄化する傾向が各地域で見られる。

ご紹介する行事に「虫送り」という名称はないが、虫除けとして行われる蟲封じなどは同様の行事に分類できる。

i　古屋の蟲封じ

畑の作物に虫が付くと育たなくなるため、虫が来ないよう、虫除けとして蟲封じのお札を畑に刺した。蟲封じのお札は毎年八月一六日に浄蓮寺にて住職が作り、川辺で死者の霊を弔う川施餓（かわせが）鬼（き）で配られる。お札は住職が頭の中でお経を唱えながら墨をすり、色紙にお経の一部で「我復於彼中」「我時語衆生」と書かれている。色紙のお札と共に、折った白黒のお札を集落の当番が用意した竹に縛る。黒地に白字で文字を記して折ったお札（写真17参照）は購入したお札であり、他人の手で作られたものなのでお経を唱える必要があると考えているようだ。[16]

畑に刺したお札は雨風で破れて形が崩れてしまうが、お札が雨で溶けて畑の土に入り、虫を抑えて欲しいと思っているとのこと。

上：写真16　畑の隅に刺された蟲封じのお札
下：写真17　蟲封じのお札
（上下とも2022年8月16日）

ii　**奈良田の風送り**

旧暦八月二〇日に風送りが行われる。風が吹いたり、虫、ネズミが発生して作物が害に合わないように祈願した。ヒノキ、スギの枝で人が乗れるカゴを作り、題目を書いた紙を中に入れた。準備する人は女性が多かった。カゴを川まで運び、川に流した。

iii　**茂倉のオデイロマツリ**（汚泥路祭り）

お盆の前後に、台風除けの祭礼としてオデイロマツリが行われている。台風の被害から畑の作物を守るために、オデイロサマ（汚泥路様）にトウモロコシが倒れないように祈願する。茂倉ではお盆の前後だが、一般的には二百十日にあたる新暦九月一日に行われている。

16　『やまだらけ』八〇（日本上流文化圏研究所、二〇一七年）。

かつて主食として育てられていたトウモロコシの種を種苗会社が取り扱わなくなったため、以前より育てていたトウモロコシと外部のトウモロコシを交配させて育てるようになった平成一九年（二〇〇七）頃より、オデイロマツリは行われなくなった。

オデイロマツリでは、複数の縄から一本の縄を綯い、道祖神の付近にあるヒノミヤグラ（火の見櫓）から七面山方面にある梨の大木に巻きつける。縄は各家から一ボ（長さの単位で、ヒトヒロ＝一・五m）ずつ出し、合計二〇ボの縄を家より高い位置に結ぶ。大人が縄を綯い、子どもが木に巻き付けていた。

iv　茂倉の風の神送り

風祭とも呼ばれている。一般的には台風除けのほか、風邪をもたらす悪霊を払う祭礼とされている。

茂倉では約六五年前まで、風邪予防の祭礼として二月八日と一二月八日に行われていた。風の神送りでは、ジグザグに切った紙に米を入れて四辺を合わせてひねり袋状にして棒に付けたヒボを石垣に挿し、それを子どもが取り、「風の神を送りなえ」と言いながら、お経を唱える妙蓮寺の上人と共に風の神を追い払う場所である村の外れまで持って行く。その後、ヒボは木の下などに捨てられた。ヒボを捨てる所はトシノアケと呼ばれ、毎年変えていた。虫送りで使用されるヒボと類似しているが紙の形状が異なる。そのほか、上人は各家もまわる。

（4）紙札

i　退散状

明治期に茂倉で疫病が流行した際、かつての御役所であった市川役所より退散状をもらい、病人の枕元で「汝疫神、退散退散」と大声で叱咤した。[17] 退散状は公的施設である市川役所が発行しているが、紙片に神仏名や種子が描かれた護符と同様に利用されている。

退散状は下記のように記されている。

普天之下　卒土之濱　無非王民　汝疫神　速可去　於不去奏八雲神社　以神兵可為征伐者也
　壬申四月七日　市川局庁
新倉村
疫神
（普天の下　卒土の浜　王民にあらざるはなし　汝疫神速やかに去るべし　去らざるに於いては　八雲神社に奏し　神兵を以て征伐なすべきものなり）

意味としては、疫神よ、速やかに去らない場合は八雲神社より神兵を出し、征伐すると読むことができる。[18]

ii　火難除守護の札

茂倉では秋葉神社など、火難除守護に関する紙札が家内に貼られている家がある。かつてカマ

17　退散状の原文では市川役所ではなく「市川局庁」と記されている。以前は「市川代官所」であったが、明治期に入り改名した。現在の山梨県西八代郡市川三郷町にあった御役所。日付にある「壬申」より、明治五年（一八七二）と特定できる。

18　『早川町誌』（早川町、一九八〇年）。

写真18　火除けに関する紙札
(2021年8月28日)

写真19　辻固めの様子(2022年8月15日／赤沢地区)
左端の木にお札を掛けている

ド、囲炉裏を使用していた時はそれらの付近に貼られていたと思われるが、現在では台所に貼られているようだ。

iii　辻固め

赤沢(あかさわ)と小縄(こなわ)では悪い病気や悪い人が入ってこないよう、集落の入口に辻固めのお札を掛けている。

赤沢では集落の入口二箇所に木のお札があり、毎年一月三一日に新しいお札に替えている。かつては道路を挟んだ二本の木の間に縄を張り、縄にお札を取り付けていたが、車の往来が多くなったので片側の木に縄とお札を掛けている。お札の字は、当番が作った木板に妙福寺の上人が書いている。

写真20　辻固めのお札
(2022年8月15日／赤沢地区)

写真21　厄神社（八王子大権現）（2021年8月30日）
左から若宮八幡宮、鬼子母神さん、厄神大権現（厄除け）、天神天満宮、地神

（5）厄除け

i　雨畑の厄神社

「八王子大権現」と呼ばれる厄神社では毎年一月七日に式典が開催される。

正徳寺の上人が来てお経を読み、直会が行われる。厄年の人はもちろん、厄でなくても家族に厄年の人がいれば、来て参加する。

厄神社には厄神大権現のほか若宮八幡宮、鬼子母神、天神天満宮、地神もお祀りしている。

おわりに

早川の人々が、災害が多い地に定住し、災害を防ぐ試みを行っていた背景には、鉱山があったことをあげることができる。特に茂倉は、茂倉鉱山の開発により人が定住した背景がある。

焼畑が盛んであった奈良田は山道が険しいため、生活物資を人力で運ぶ必要があった。「早川入」の開発は、補給路の確保により展開してきた地域と言える。

また、経済的な理由による定住は、漁村でも例をあげることができる。明治期と昭和期の三陸大津波について論じた山口弥一郎は、津波で被害を受けた後も現地に戻る理由として経済的関係をあげている。津波の被害者はほとんどが漁業者であるため、津波の可能性を理由にその地での生活を棄てることができなかった[19]。

旱魃や台風、火災、疫病など人の力では防ぐことのできない災害に対し、早川の人々は状況に合わせて信仰的な行事を行い、乗り越えてきた。科学的には説明できない行為であったとしても、災害を防ぐ行事を行うことは心の安定につながったと考えることができる。雨乞いなどは実際に行った後に雨が降るなど、人々が納得するような事象が多々あったため、効果があると判断され、近年まで行われてきたのではないだろうか。

このような災害を防ぐ行事は有名なものを除いて既に廃れている地域が多いが、早川の場合はかつて数十年前に行われていた行事ではなく、平成二五年に実施された茂倉の雨乞いのように一〇年以内に行われている行事がある。畑に雨を降らせて欲しい、火災に遭いたくないという共通した考えを持っているからこそ、近年まで続いてきたのだと考えられる。また、茂倉の人々は雨乞い行事を楽しんでいる面もあり、外部の方が写真・動画撮影することで人に見られているという意識も生まれる。自分たちのために行うことで、外部の人たちも楽しんでいる。

災害を防ぐ行事は、実際に災害に遭った際の予行練習に類似している。自分たちの先祖が開拓した地域を守るため、いつ来るか分からない災害を防ぐ知恵として生まれたのだろう。普段から集まる場を持ち、お互いを知ることは災害時の結束力につながると考えることができる。

19　山口弥一郎著／石井正己・川島秀一編『津浪と村』（三弥井書店、二〇一一年）。

コラム5　歴史学と民俗学のはざまで

西村敏也

1　私と文献史学・民俗学

まずは、私と文献史学・民俗学との関わりや想いについて書いてみたい。中央大学山村研究会（以下、山ゼミ）が活動を始めた一九九一年当時、私は、紛れもなく文献史学を学ぶ大学院生であった。もちろん学部でも文献史学を学び卒業し、その延長線上にある大学院へ進学し文献史学を学んでいたのである。ただ、高校生の頃、民俗学者の柳田国男の作品、例えば『遠野物語』や『日本の昔話』を読み、民俗学という、いわばもう一つの「歴史学」に興味を持っていたことも事実であった。大学進学後は、文献史学を学びつつも、民俗学への興味から「中央大学民俗研究会」というサークルに入ったが、もしかすると、本業の文献史学より四年間にわたり、一生懸命取り組んでいたかも知れない。そんなこともあって、学部を終えた後、某大学院の民俗学専攻に願書も提出したが（受験はしていないが）、結局は、先に受験して合格を頂いた愛着ある中央大学大学院に進学した。進学した当時は、もちろん文献史学を中心に研究に専念する腹積もりであった。

そんな大学院生活を送っていた当時のこと、フランスのアナール学派の影響から、日本史学においても社会史が一つの潮流として存在し、ご多分に漏れず私も大きな影響を受けていた。レオポルト・フォン・ランケ以来の伝統的な文献史学を批判する訳ではないが、従来の文献史学と違う、民俗学にも接近する学際的な歴史学の新鮮さに興味を覚え、その立場から研究をされていた中世史の網野善彦先生のご著書も読んだ。触発された私は、何か新しいことをしてみたいと常々考えるようになり、大学院の友人の福田英一氏と会えば、そんな話をするようになっていった。その後、いよいよ、後に山ゼミのフィールドとなる山梨県南巨摩（みなみこま）郡早川町での見学会を実施する運びとなった。その頃には、鈴木努氏、荒垣恒明氏、前嶋敏氏、そして、私が以後大きな影響を受けることになる白水智氏という、初期のメンバーが出揃うことになっていた。それにしても、山ゼミは、当時から「そんじょそこらの研究会とは違う」（白水氏曰く）研究会になるという可能性を秘めていたことも解ろう。そして、この文章を書いている今でも、この当時抱いた「山ゼミで何かが始まる」というワクワクするような心躍る感覚をはっきりと思い出すことが出来る。それだけ、私にとって山ゼミは特別な存在であり、学びの場であった。

2　山村研究会と文献史学・民俗学

山ゼミは文献史学の立場にありながら、水田中心史観への疑問という立場から船出し、山村の持つ多様な生業とそれに付随するライフスタイル、文化へと興味関心が及んでいく。その後、継続的に大学から借りたマイクロフィルムカメラを担いでは早川町へお邪魔し、史料撮影を進めていった。その作業は、デジタル化が進んだ現在では想像もつかないような手間のかかるものであったが、それはそれで、良い思い出になっているのだが。撮影された史料と言えば、紙焼きし、それを週一回例会の場で、みんなで読み込んでいった。これまた、地道な作業であった。

ところで、山村にまつわる史料を読みこなすためには、山村の暮らしぶり、習慣、慣行など、民俗学的予備知識があれば心強い。山ゼミや参加するメンバーも、おのずと民俗学への理解も進んでいくことになる。それにしても、大量の紙焼き史料を院生研究室に置かせて頂いたことも手伝ってか、当時、従来の文献史学の立場から研究を進めていた山ゼミ以外の院生の一部からは、煙たがられていたのを肌感覚で覚えている。ただ、粘り強い活動の継続は、それらの人々の考えを少しは氷解させたと感じているのは私だけであろうか。さて、民俗学に理解を示すとは言え、やはり山ゼミにおいては、民俗学は文献史学のための補助的な立場のものであったということは事実であった。

ところが、民俗学に大きな興味を持つ自分にとって、度重なるフィールドワークへの参加は魔物であった。ちなみに、私は、子供の頃から寺社めぐりが好きなようなところがあったので、大学進学後も、宗教・信仰の問題に興味を持っており、卒論も修論も宗教をテーマに書いた。宗教・信仰のテーマは、民俗学も深く関わり実績を産んできたテーマである。山村という地域には、自分の住む地域にはない、宗教・信仰に関する興味ある題材が満ち溢れていた。

地元の方からはさまざまな聞き取りをさせていただいた（1991年8月1日／赤沢地区）

特に、早川町は、日蓮宗総本山の身延山久遠寺がある身延町の隣に位置するため日蓮宗の盛んな地域であり、独特な宗教的世界が展開していた。その事象は、私の民俗学的なアプローチへの好奇心を刺激し続けた。

マイクロフィルム撮影の休憩時（一〇時、正午、三時頃）、有難いことに史料を拝見させていただいている家の方からお茶などの振る舞いを受けたが、この時に民俗的なことを聞き取ることもあった。それは、大事な資料と認識され、山ゼミの「報告集」にも掲載された。ただ、あくまで文献史学の補助的意味合いであって、民俗学のための聞き取り調査とは別物であった。それでも、私にとって、聞き取りは楽しいひと時であった。

このようないきさつから、私は、調査に参加する度、ジレンマに陥った。文献史学は楽しい。しかし、民俗学のための民俗調査もしてみたい。ただ、文献史学の調査であって、そんなことは出来ない。だからといって、個人的に調査へ出かけるような時間的にも経済的にも余裕はない。そして、それを補うほどのエネルギーというか、体力もない。それにやはり、私は文献史学の人間であって、そんなことをしている場合ではない。そのようなジレンマであった。それに、そもそも民俗学的な方法で研究するスキルも持っていなかったのも事実である。それでも、文献史学の補助でない、民俗学的な調査・研究に関心が大いに湧いていたのである。

3　学際的な山村研究会とその良心

とは言いつつも、山ゼミは学際的であり、そしてなんと柔軟性のある研究会であったことであろうか。後になって見返すなら、山ゼミの刊行物には、文献研究の立場からの研究成果であるものの、山村の生活文化、習俗を知るための民俗学的なデータ、ヒントが散りばめられている。それを可能としたのは、学際的であろうとする研究会の方向性で現出来たらと考えるだけで、ワクワクしてくる自分を今感じている。

あり、そして、参加していたメンバー一人一人の柔軟性にあったと考えられる。私が参加していた当時、レギュラーのメンバーの中に、これには興味がない、やっても意味がないなどと言って、そっぽを向いてしまうような人はいなかった。調査中、こんな話が聞ける、こんな民俗的行事がある。そんな情報を得れば、史料を読むことに直接関係ないのに、みんな、飛んで行ったものである。当然、多くの時間を割かれることを知っているにも関わらずである。自分の利益は二の次で、興味のままに対象に向かう、誠実であると同時に良い意味での無邪気さのなせる業であろうか。ただ、そこには何か学問を志すものが持たねばならない良心、モラルのようなものの存在を感じさせる。改めて、素晴らしいことだと思う。

さて、その後の私であるが、民俗学を学ぶために大学院に入りなおし、現在は、文献史学、民俗学双方を標榜して研究を続けている。現在山ゼミの活動に参加できないでいるが、また、いつか山ゼミのフィールドに入ってみたいと思う。遅まきながら、当時のジレンマを解消し、そして当時には思いもしなかった学びを得られるかも知れない。実

V　地域史料をたどって

第1章　山村研究会と早川調査

荒垣恒明

はじめに

本章に求められているのは、本書の土台となっている中央大学山村研究会（以下、「当会」と記す）の調査の足跡についてまとめよ、ということである。現地調査は、本書の屋台骨の意味を持っているのだが、本書のような体裁の論文集の場合、調査履歴が簡単にまとめられることがあっても、その足跡について自覚的に論じられることは案外と少ない。史料を読み込んだ上で記された研究論文がケースに入った展示品が並んだ展示会場だとすれば、現地調査はその前提作業をする段階という意味でバックヤードのようなものであり、本章は、いわばバックヤードツアーのようなものと喩えてもよいだろう。

最近では、博物館や図書館などでのバックヤードツアーといった企画が好評を博すことが多いように、バックヤードというのは、単に表舞台の裏にある準備室というだけでなく、展示室のように人目を惹くことは少なくとも、重要で独自な役割を担っている場所である。研究や論文執筆の前段階と位置づけられる現地調査も、全く同様だと思う。「現地調査は研究のために行う」というのは全くその通りなのだが、調査は単に学術研究のための準備作業なのではない。地味ではあるが、そこには重要で独自な役割が存在しており、これからの時代、その役割はますます重くなっていくと考えている。

本章を執筆することで、少しでもその点をお伝えすることができればと考えているが、歴史研究における現地調査の重要性や独自な意味については、これまでにも注目すべき知見が積み重ねられてきており、特段目新しい内容とはならないかもしれない。しかし現地調査というものは、調査主体のあり方、調査目的、またどのような現場にどのような姿勢で入るのかといった、さまざまな要因からそれぞれに個性を持っている。整理や記録といった調査方法に関しても、それぞれの経験則に応じて独自に考えられていく場合が多く、結果として、参加した者が得る調査経験は、実に千差万別のものとなっていく。今後、一人でも多くの人に、調査について真剣に考えていってもらうきっかけを作る意味でも、それぞれが現地で何を見て何を経験したのかということについて、個別具体的に「調査語り」を積み重ねていくことはとても大事だと思っている。

本章が、本書の深い理解のための良質なバックヤードツアーとしてしっかりと役割を果たすことができていればよいのだが、もし独りよがりの内輪話のように感じられる部分があるとしたら、それは偏に筆者の力量不足が原因ではある。しかし少なくとも執筆の根底には、右の意識が存在していることをご理解願いたいと思う。また当会の調査活動については、初期から活動を共にした白水智がすでに何度も世の中に発信している(1)。その意味では本章は二番煎じか三番煎じでしかないのだが、現地調査が個別具体的であるのと同じく、調査活動の経験から受ける影響や刺激というものも、参加者それぞれに本当に千差万別なものであることから、筆者なりの「調査語り」

1　白水智『知られざる日本　山村の語る歴史世界』（NHKブックス一〇三〇、二〇〇五年）ほか多数。

ということで、ご容赦願いたい。

1　現地調査で出会う史料について

一片の記憶から

さて、当会の調査の足跡を振り返るにあたり、三〇年間の現地調査歴の中で一番強烈に印象に残っている出来事から筆を起こしたい。あれは早川での調査活動を始めて数年が経った頃のことである。現地の方のコーディネートで、早川を考察する上では核となる史料群の調査にたどり着くことができた。箪笥のいくつもの抽斗に、正にぎゅうぎゅう詰めになっている古文書との対面に、内心は狂喜乱舞の状態になったことを、今でもよく覚えている。けれども特に書簡類など一点物の文書の多さと、所蔵者が普段は町外在住だったことから、きちんと整理して写真撮影するには、相当な時間と労力を要するであろうことが容易に想像された。

予想通り、暫くはその史料群の調査に時間と労力の多くを注ぐことになった。この史料群の調査では現状記録の手法を初めて本格的に取り入れたので（後述）、すべてが手探りの状態であった。加えて当時の撮影機材はマイクロフィルムカメラしかなかったから、調査を終えるまでに果たして何年かかるのか、全く先が見えない状況であった。現地でのある晩のミーティングで、少しでも作業効率を上げるためにも、夜間に史料を借り出して、宿舎で整理や撮影をすることをお願いしてみようという話になった。その際の議論でも一抹の憂慮は示されたような気がするが、まずは交渉してみようということになり、所蔵者のもとには白水と筆者が出向くことになった。

いつも調査は昼間に行っていたが、この時は宿舎での夕食後にアポイントを取ったので、普段とは全く雰囲気の違う真っ暗な集落に出向いた。少し早く着いてしまったので、集落の入り口の所でしばらく時間を潰していた。その薄暗い車中で、白水がしきりと応答のシミュレーションを繰り返していた。約束の時間になってお宅に向かったのだが、交渉の結果は、筆者たちの一抹の憂慮を遥かに凌駕するものであった。白水がお願いの趣旨を伝えていくうちに、所蔵者の表情がみるみる険しくなり、空気がどんどんと重くなっていった。一通り、こちらの話を聞いた後、所蔵者は、概ね以下のようなことを話された。「君たちは、一体、何と非常識なことを言っているのだ。君らが調べている文書について、確かに自分たちには中身は読めないし、その価値も全然分かっていない。けれども、それはご先祖が残してくれた、この家の大切な一部分なんだよ。価値は分からないけれど、そこにあるこの家の天井のシミやクモの巣と同じで、その場所にあるのが当たり前の物なんだ。それを外に持って行きたいというのは、君たち、一体どういう了見なのだ。」と。

この時に矢面に立ったのは白水で、筆者はその少し後ろに大人しく座っていただけだったのだが、所蔵者の厳然たる態度はひしひしと伝わって来た。正直内心では、シミとかクモの巣と同じって、大事にしていないということでしょうに、と頭の中は「?」でいっぱいになったのだが、その時は、白水と一緒になって神妙な表情をしているしかなかった。

後日談という訳ではないが、その後のことを記しておくと、しばらく調査通いを続けていくうちに、所蔵者からもしっかりとした信頼を得ることができ、地元で留守宅の鍵を管理している方に開けてもらって、我々だけで調査を進めることが可能となった。時間はかかったが無事に全点の写真撮影を終え、現在は、散逸の心配が全くない望み得る一番よい環境で保管されている。右のエピソードは、現地調査の経験があれば、誰でも一度や二度は遭遇する場面なのかも知れないが、とにかく筆者には印象深いもので、その後もずっと残響音のように記憶の中に深く残るものであった。本当に若気の至りなのだが、その時の筆者は、〈古文書＝天井のシミ、クモの巣〉説を便法に感じ、正直かなり反発の気持ちを抱いたのである。しかし今、この論集をきっかけに振り返ってみた時、自分はこの説に一〇〇％共感していることに気づく。あの時、所蔵者は決して難癖を付けたのではなく、本心からそう仰っていたのであろうとしみじみと実感する。

所蔵者にとって、シミやネズミに食われた紙面にうねうねと曲がりくねった文字が躍っている古文書は、何を書いているのかさっぱり分からないものなので、普段は納屋や土蔵にある箪笥の中に押し込んでおいたりして、日常生活では全く気にも留めないことが普通であろう。だからといってそれらは全くの不用品として、いつ捨ててもいいと位置づけられているものではない。むしろ何故残っているのか分からないけれど、正に天井のシミやクモの巣と同じく、そこにあって当たり前のものなのだ。決して廃棄物予備軍なのではない[2]。だから、昔から当たり前のようにそこにあって残されてきた古文書群がどこかに移ってしまう、無くなってしまうというのは、いつも窓から見えている風景がガラッと変わってしまうのと、きっと同じような意味合いを持っているのだと思う。

史料を取り巻く地域や人との関係性

改めて考えてみると、現地調査では、右に示したような史料に対する漠然とした意識や感覚に接することが多い。そのために調査を歓迎されることがある一方、調査自体に難色を示されるこ

2 これまでの散逸の主なきっかけが、代替わりによる財産整理、生活拠点の切り替えなど、所蔵者にとって大きなライフイベント、あるいは自然災害による被災といった変動と連動していることが多いということ自体が、この点を雄弁に物語っている。

ともある。調査を通じて、これは価値のあるものなのだと理解してくれて、とても感謝される場合もある（これが一番調査者冥利に尽きる）。それは何故なのかといえば、研究素材としての史料群を求めて現地に入った際、最初に接することになるのは、史料・史料群それ自体ではなく、まずは所蔵者であり、史料への意識であり、史料を取り巻くさまざまな人の関係性だからである。

また現地調査の現場では、史料は、常に研究材料、文化財として残されている訳ではない。それは文化財未満というか一歩手前というか、価値が全く定まっておらず、前述したように、所蔵者にとっても何だかよく分からないもの、けれども捨てられないものといった状態に相対することがはるかに多い。そうした場合、モノとしての史料・史料群だけを相手にすればいいということにはならない。史料・史料群にまとわっているさまざまな地域や人との関係性を疎かにすることなく、糸を丁寧に解きほぐしていくような作業を通じてこそ、それらを歴史史料として掬い取っていくことが可能となる。およそ研究業績とは結びつかない、こうした過程を疎かにしてしまうと、史料・史料群との良質なめぐり会いなど望むべくもない。現地調査を通じて、ずっとそうしたことを学ばされていたのだと思う。それが当会活動から得た一番の財産である。

歴史史料というのは、そもそも人間の生活の中で生み出されるものであるから、考えてみれば当たり前のことなのである。それなのに、史料＝文化財・研究材料という図式に当てはめた途端、この素朴な事実はいともたやすく見えにくくなってしまう。研究材料としての史料と向き合う場合、くずし字の解読、内容の解釈や史料批判（＝史料の位置づけを厳正に検討すること）といったことを的確に進めていくことが主眼となるから、その史料の文化財一歩前の段階での有り様は、段々と意識の外に追い立てられていってしまう（解釈の上で、伝来の経緯の厳密な理解が必要な場合はまた別であろうが）。それは研究を推し進める上では至極真っ当なことである。だが、スイッチの切替のように〈当たり前〉を忘れてしまっていいものなのだろうか。

大変に恥ずかしながら、ここ一〇年近くの当会の活動に、筆者は全く貢献できていない。しかし日常の仕事などの際、当会の調査とは全く異なる現場で、全く性格の異なる史料・史料群が、実は同じように地域や所蔵者と共にひっそりと佇むように残されている場面に何度も接している。調査での現場感覚を研ぎ澄ませて、現在の私たちを取り巻く現状を見直してみると、一調査者としてアクセスをして、現代社会の様々な関係性の網から掬い取っていくべき史料・史料群は、実は想像する以上に分厚く残されているのではないか。そんな思いを強くしている（後述[3]）。

筆者にとって、当会での長年の調査経験は、単に史料調査のノウハウを深めるというだけではなく、史料と壁のシミ、クモの巣との親和性から始まって、右のようなことを考えさせられるきっかけとなるものであった。次節以降で、当会が調査の現場で何をして、何を見てきたのかという点について具体的に記していくことにしたい。

2　当会の現地調査のあり方と方向性について

調査立ち上げの頃のこと

本書の冒頭でも示されているが当会は完全な有志団体であり、その調査活動の最大の特色は、完全手弁当でハンドメイドな形で実践してきたという点にある。普通、こうした形での調査の場合は資金も人手も限られるから、効率のよい調査をやろうとするものである。ところが、当会は阿

3　ここでいう史料・史料群とは、調査先の集落に残された前近代の史料やそれに連なる近代文書についてはもちろんのこと、もっと広義に、調査者の居宅の隣の家の物置きにひっそりと残されているかもしれない物、あるいは自分の両親、祖父母、親戚が何となく残した物など、過去の痕跡が記録されたあらゆる物を念頭に置いている（もう少し時間が経てば、それらも確実に歴史史料となるはずである）。

呆の集団だったのか、結果的に逆張りというか全く反対の方向に舵を切ってしまった。すなわち、調査における手間暇を惜しまなかった（もちろんその時々に出来る範囲で、という限定つきではあったが）。この点が当会の調査活動の一つの特色というか柱になっていった。身分も将来も全く保証されていなかった学部生、院生を中心とした組織で、よくもまあその道を選んだものだと、今振り返っても不思議な感じがする。

創立当時のことについては福田英一のコラムを参照願いたいが（本書コラム6福田「中央大学山村研究会創立のころ」）、創立メンバーが早川を目ざしたのは、福田が読んでいた論文で、戦国時代の穴山氏による当地の支配について取り上げられていて、[4] それを当会の第一回の例会で講読したのが直接のきっかけである。論文で読むだけではなく、実際に現地に行ってみようと考えたのである。福田と共に当会を立ち上げた西村敏也が民俗学にも関心が強く、奈良田集落が民俗学ではよく知られたフィールドだったことも、一つの強い引きになっていたと思う（本書コラム5「歴史学と民俗学のはざまで」）。早川には信号があるのか、果たして奈良田には日帰りで往復できるのかなど、今思えば相当に呑気で牧歌的なことを言いながらの、西村、福田、鈴木努、荒垣による初めての早川訪問だった（一九九一年三月）。ある意味では本当に物見遊山で、史料現物を見ることなく帰京したのだが、この最初の訪問時に町役場を訪ねた際に、その後ずっと現地でコーディネーター役を務めて下さることになった望月敏明さんと知り合うことができたのは、今振り返れば一番の成果だったといえる（前述のように人との出会いは、現地調査では決定的に大事な要素である）。

早川での史料調査が本格始動したのは、その次の現地訪問からである（一九九一年七月）。この時から、奥能登の時国家調査（神奈川大学日本常民文化研究所主宰）で経験を積んでいた白水が参加

4 笹本正治「早川流域地方と穴山氏」、「甲斐における近世初頭大鋸・杣制度の一考察」、初出はいずれも一九七五年）。

して、現地の古文書との関わりが本格化する。まずは、史料集『新編甲州古文書』所収の穴山氏や徳川氏の発給文書の町内における所在を確認し記録することが手始めとなった。しかし現地での史料の残り方として、戦国時代までの支配者が出した古文書が一点ぽつんと存在することは稀であり、多くの場合、江戸時代の古文書（これを地方文書という）と一緒に〈群〉として残っていることが普通である。だから筆者たちも、最初のお目当ての穴山氏の古文書を所蔵するお宅に伺うと、「こんなもんもあるよ、あんなのも出てきたよ」と言われて、江戸時代の古文書と徐々に接していくことになった。

写真1　現地調査にて近世も近代も一緒に出てくる史料（1993年8月14日／薬袋地区）

歴史的な調査のために地方の集落に入って、このように江戸時代以降の史料の塊に出会うことは実は稀なことではない。ここで歴史的な背景を詳述することは避けるが、（地域によって時代的な差異はあるが）一七世紀以降、人々の生活拠点である村落が支配制度の末端に位置づけられ、近隣村との争論の裁定、さまざまな請願など、さまざまな社会的な営為が、原則的に暴力や実力よりも文書を基に進められていくようになったことが関係して、支配に関わるものからかなり私的なことまで、とにかく実に多種多様な史料が、極めて雑多な形で地域に残されることとなった。近現代以降も、そうした所在状況が意図的かつ体系的に改められる機会はなかったから、本当に一部の幸運な史料・史料群だけが、史料館や博物館など史料保存機関に収蔵され安住の地を保証されている以外は、基本的には所蔵者の私的所有のままで「放置」されてきたというのが実情である。

だから当会のような組織が史料の所在確認のために現地に入ると、当初目的としていた以外のさまざまな史料を目にすることとなり、さらに地元の皆さんとのやり取りを続けて、地道に所在情報を集めていくと、時に芋づる式に史料・史料群と行き当たることになる。史料群自体は、文化財としての価値が意識されているような状況になければ、基本的には非現用の書類のまとまりであり、目視のレベルでは単なる埃をかぶった紙の塊である。しかしそこに記された文字情報は正に歴史の宝庫であり、それを読み解くことで、本書所収の諸論考のように、「その時、何があったか」、「何を考え、どのように行動したか」といった、時間の経過と共に知覚することができなくなる過去の事実を再構築していくことが可能となる。

調査での葛藤と模索

内容を読解するためには、その前段階として、史料の塊を崩して、それぞれにどのような史料があるのかを知るために一点ごとに把握していく必要がある。全体像を確認しながら一点一点に切り分けて、それぞれにＩＤ（＝史料番号）を付していくことになる。この切り分けについて、当会が活動を始めた頃は、史料が作成された年代を基準として古い物から順番に番号を付けていく編年主義が主流だったが、徐々に史料が残された所在状況を基準とする出所主義での整理も試みられるようになっていた。どこに残されていたのかに即して番号を付していくためには、史料群と出会った際の状況をきちんと記録しておく必要がある（現状記録）。そうした記録をする分だけ手間はかかるのだが、史料群が歩んできた来歴を軽視しないこの方法を、当会でも採用していくこととなった。

史料に番号を付けた後、史料の深い読解には相応の時間を要することが普通なので、すぐに一点一点の内容を読み込むことはせず、現地では、どういう史料があるのかを概要目録という形で簡単に記録するか、時間と労力を十分に投下できる場合は、一点一点の史料を史料番号に即してカメラで撮影していくことに力を注ぐことになる（以前はマイクロフィルムカメラ、現在はデジタルカメラの使用が主流）。史料情報の複製を作るという意味でも、本来は史料撮影までをやり遂げることが望ましい。

万事大過なく終えて、撮影した史料をじっくりと読み込むことができるようになって初めて史料は研究素材、ひいては文化財としての意味を持つようになる。読み込んだ結果は、詳細な史料目録の作成、重要な史料の翻刻（くずし字を読んで活字にすること）、研究論文の執筆といった形でまとめられていくことが普通である。

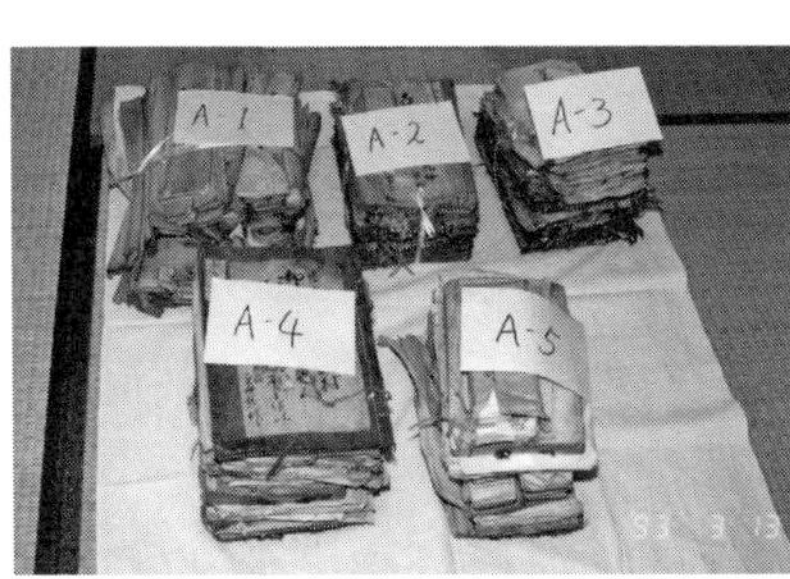

写真2　古文書の整理(1993年3月13日／薬袋地区)

このように価値を捨て置かれた、埃にまみれた紙片を歴史の語り部にまで引き上げることに資するのが史料調査の醍醐味であり、その際、調査者がどれだけ欲をかかず、主観的な価値判断を捨てて、目の前の史料を等価に扱って記録として丸ごと残していけるのかどうかに、その調査主体の力量が示されることとなる。これまで当会は、現地で出会った史料群とはできる限り誠実に向き合ってきたつもりである。時間と手間は要したけれども、その分、史料群を通して人や地域と深く関わる経験を積み重ねていくことがで

図1

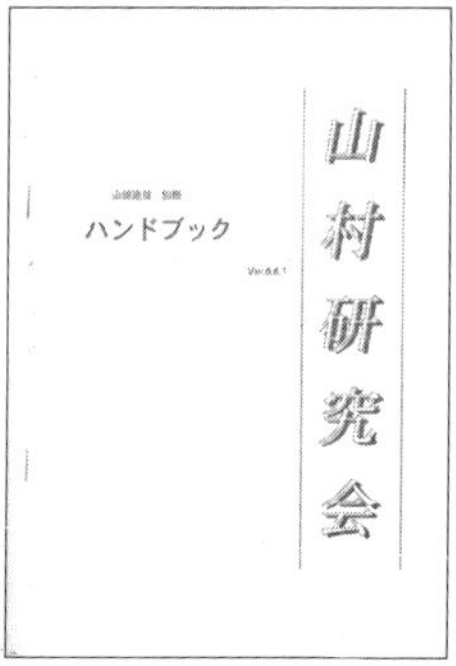

図2

会員の親睦を図るために手作りで刊行していた「山ゼミ通信」（図1）。その別冊として、現地調査のノウハウをまとめたハンドブックを作成したこともある（図2、1996年刊）

きた。だが当初は、明確な見通しというものは全くなかったといっていい。

右にごくかいつまんで史料調査の流れを記したのだが、一読しても地味な内容で心躍るものではないだろう。そうなのである。現地調査での作業というのは、それはそれは地味で根気のいる作業の連続なのである。今でこそデジタルカメラやノートパソコンといったデジタル機器を現地で十全に活用できるようになったから、多少、調査環境は改善しているが（それでも「多少」のレベルの話であり、根気がマストである点は変わらない）、当会が活動を始めた頃は、ようやくワープロが手ごろな値段になってきたという時代だったから、今の何倍も調査には時間と手間を要した。手書きで目録を採って、マイクロフィルムカメラで史料撮影をするしかなかった時代には、史料番号を編年で取るか、現状記録をした上で出所を基準で取るのか、どちらの方針を選ぶのかがそれこそ死活問題だった。

だから、今後現地での史料調査をどのように進めていくのかといった大きな問題には、とても簡単にぱっと結論を下すことはできなかった。早川で当初お訪ねした所蔵者宅の文書群は、それ以前に自治体史編纂（当時の静岡県清水市）で調査が入った際に一通りの整理がなされており、すぐに散逸するような状態にはなかった。だが『早川町誌』編纂の際に作成された史料カード、現地での聞き取りから、自分たちが目にしていた史料群は本当に氷山の一角で、各集落には相当多くの未整理の史料群が残されていることが段々と分かってきた。

それなりに調査の経験を積んでいくと、目の前に現れた史料の塊を見ると、どのくらい手間と時間がかかりそうかということが何となく分かるようになる。正直、大きな葛藤が生まれた。そもそも当会は有志の研究団体なのである。あえて指導者を置かない院生・学部生の集団が、現地の史料群にそこまで責任を持つ必要があるのか。それは地元自治体がやるべきことなのではないか。山村の歴史研究を進めるために、適当なタイミングでフィールドを変えてもいいのではないか。

この時点では、さまざまな方向性が模索されたように記憶している。皆まだ若く、収入も将来の安定も全く保証されていない中での活動だったから、今後のことは実に切実な問題だった。だから当時は、大学での例会や現地調査の際に実によく議論していた。わざわざ現地に来ているのに、宿舎で夜明けまで議論が盛り上がってしまい、翌日の調査で全く使いものにならないということもあった。今となっては、そこで何が議論されていたのかはほとんど覚えていないが、その時の模索が、現地調査や調査地、史料群との向き合い方を、自分たちの頭で考えていく最初のきっかけになったと思っている。

「丸ごと」関わることの重要性

結果として、当会は早川と長い付き合いをもっていくことになるのだが、それは最初から皆で

写真3 各地区を巡廻して開いてきた古文書講読会（2019年3月30日／赤沢地区）

決めたことではなく、いろいろな葛藤を抱えながらも、目の前に次々と現われる史料群の持つ何ともいえないリアルさに圧倒され、戸惑い考えながら整理作業を進めていくうちに、そこに何が書かれているのか知りたいという本来の欲求が抑えきれなくなり、気がついたら身動きが取れなくなってしまったというのが実情だったと思う。そして少し格好をつけて言えば、段々と会員個々に小さな使命感が生まれていった、ということなのではないかと感じている。

もちろん、当会に初期から加わった白水には、とにかく丸ごと記録するという、渋沢敬三主宰のアチックミューゼアムの伝統を引き継いで、良質な実践を積み重ねていた神奈川大学日本常民文化研究所による時国家調査での体験があり、そこでの空気感は、白水を介して当会にも十分に伝わっていた（白水はいつも「見てしまった以上は、何とかせねば」と口癖のように言っていた）。だが当会は、特定の指導者を置くことをせず、アジールのような自由な空間を作ることを原則としていたから、白水が強烈なリーダーシップを発揮していたという印象は全くなく、むしろ筆者たち生意気な後輩たちが、若干頼りないが気の合う兄貴分を下から何かと突き上げて、皆で考えながらワイワイとやってきたという記憶しかない。それがよかったのだと思う。そのために当会にはどんな人でも出入りできる素地が作られ、本書のような、さまざまな立場の書き手による、ある意味ゆるい空気感の文理融合に結び付いたのではないだろうか。

改めて、調査のたびにただガヤガヤとうるさいだけの当会の活動を、結果として受け入れてくれた早川の皆さんには本当に感謝の思いしかない。山々に囲まれた景観に山村を実感しながら、真夏の母屋や土蔵で、汗とほこりでドロドロになりながら調査をして、時には怒られ、時には歓待され、さまざまなお話を伺い、時には大酒を飲んでと、そんな付き合いを積み重ねていく中で、当会の面々は実に多くのことを学んでいったのだと思う。

おかげで現地調査や地域というものを、丸ごと体感するという貴重な体験を得ることができた（あくまで主観的にだけれど）。もし当会がさまざまにフィールドを変える活動をしていたら、それはそれで見えてきた別の世界がきっとあっただろうとは思う。おそらく正解というものは存在しないのだろうが、もしフィールドを変えていたら、町内の三〇以上もの史料群と向き合うことはなかっただろうし、所蔵者からカミナリを落とされることも、その体験を内省する意識も生まれなかったと思う。その意味では感慨深いものはある。

ただし、何ごとも愚直にやっていれば結果は自ずとついてくるという単純な話ではないから、ここに示した当会の実践はなかなか参考例にはならないのかもしれない。それでも、あえて（主観的ではあれ）「丸ごと調査する」（＝その時の調査主体の興味関心で調査対象を選別しない）、「丸ごと地域と関わる」（＝所蔵者はじめ地域の皆さんとの関係性を軽んじない）という姿勢が、分厚い経験を調査者にもたらしてくれるのだ、という点については強調しておきたい。当会の活動を美化したいからではない。昨今の、あらゆる局面で余裕がなくタイトな社会状況の中では、「丸ごと」の重要性に意識が向かなくなるという傾向が、実際に存在するのではないかと思うからである[5]。その点を踏まえた時、あくまで一調査団体の事例でしかないが、ここに当会の足跡を示しておくことに

5　現地で何をするのかという問題以前に、さまざまな状況判断から、もしかすると現地に入る労力を回避する傾向が非常に強まってきているのかもしれない。この問題が深刻であるのは、現状では、そうした判断は妥当なものであり、誰もそれを責めることはできないという点にある。

は一つの意義があると考えている。

3　フィールドとしての山村について思うこと

早川での〈山村体験〉をふり返る

以上のように、当会は早川に長く通い続けることになったのだが、筆者個人としては、研究上のテーマとして山村を明確に意識して調査に参加し始めた訳ではなく、研究史の中で「貧しい」とレッテルを貼られることが多かった山村が、本当はどんな場所で、どんな生活空間なのかを、とにかく自分の目で確認したかったのである。実感として、そこには「水田ができない貧しい山村」という表現では括ることのできない確かな世界が広がっていた。当たり前の話だが、そこには人が生活する集落があり、地域の皆さんと接していく中で、「貧しい」という言葉ではとても表現できない、自分たちの地域や歴史に対する自負やこだわりにふれることとなった。当会が調査に入った当時の早川では、すでに十全に山を使って生活をするような状況にはなかったけれど、聞き取りの際に伺ったいろいろなお話からは、山が不便な場所というよりも、さまざまな活動の舞台であることを実感した。そんな経験を重ねていくうちに、調査で撮影してきた古文書を読む時には、常に早川の山並みを頭の中に思い浮かべるようになっていったように思う。

筆者は生まれも育ちも東京で、祖父母の代には東京に拠点を移してしまっていたから、盆暮れに戻る帰省先もなかった。だから早川という山村は本当に異世界のような空間で、調査地では驚かされることばかりであった。標高千メートル近い集落に史料が残されていると聞いて、その調査地に向かう際には、路面の舗装が半分崩壊した、本来はオフロード車で行くべきような道を、狭いミニワゴンの車中でヒーヒー揺られながら、この先に人が住む集落が本当にあるのかと何度思ったことか。目的地に着くと、眼下にはどこまでも鬱蒼とした山林が続き、見上げると突き抜けるような青空が広がっていた。天空の城のご近所のように思える場所にも、人は集落を作って何世代にもわたって生活してきたことに素朴に感動しつつ、そんな集落にも古文書が残っており、他所でも見慣れた検地帳などを目にすると、こんなところにまで支配の痕跡があるのかと、権力の執念（と同時に空疎さ）に妙に感心したものである。

　そんな個人的な感慨も含め、調査地での見聞から得られることはとても多かったのだが、本論集の執筆をきっかけに振り返った時、当会設立当初から長期にわたって山村に通い続けたことの意味の大きさを改めて深く感じている。一六世紀に、今日に通じる日本社会の基本的な枠組みが固まったとする「村町制」という考え方がある。いつから早川に人が定住していたかはともかく、「早川入(はやかわいり)十九ヶ村」という地域の形が成立するのは、中近世移行期、すなわち一六世紀から一七世紀初頭のことだと考えられる。実際、調査に入ったお宅の文書や区有文書の中で古い物が残っている場合、起点となる史料はその時期の作成であることが多く、こうした史料の残り具合ということも、おそらく同様の歴史的事情を示している。

　そんな歴史をもった早川であるが、当会が調査に入り始めた時期というのは、戦後の高度経済成長に伴って、多くの若年層の人口が流出した帰結として、高齢過疎化が地域全体の問題として意識されるようになった頃であった。実際、集落在住の史料所蔵者には高齢の方が多く、まだ振り込め詐欺などという言葉はなかったが、調査の趣旨を理解してもらうまでには結構警戒される

写真4　現地の方々から得られる情報も史料整理に生かす（2010年8月24日／夏秋地区）

ことがあった（ただ通い続ける中で、孫の世代であった我々を懇切にもてなしてくれるようになった）。すでに集落を離れてしまった所蔵者も多く、その人たちはまだまだ現役世代で、生活拠点は別の場所にあることも多かったから、お盆の時期を中心に帰省して在宅されている時に合わせて調査することもあった。お盆やお彼岸の時期は、いつもとは違う賑わいのある集落を目にして、現住の人が少なくなりつつある現状をごく間近に感じることとなった。

先にも少し述べたが、史料調査の合間には、昔のことを知っている方から実に多くのお話を聞かせていただいた。筆者の聞き取りは、とても民俗調査の態をなしたものではなく、ただの茶飲み話の延長戦のようなものだったが、それでも印象に残っているのは、敗戦直後の食糧難の時代が焼畑の最盛期で一番フルに山を使っていたことと、高度経済成長期に入る直前の昭和三〇年代が地域に一番活気があったことが、かなりの話者が共通して語っていたことである。そんな山村が元気だった時代には、こんな行事があってね、〇〇したもんだよ、などという話を聞いていると、「ああ、山村の歴史世界の生活や風習は遠くのものになりにけり[6]」と、個人的にはしみじみと感じ入ったものである。

それはおそらく筆者だけの感慨ではなかったと思う。活動開始から暫くの間、「民映研」（民族文化映像研究所）のことが話題になることがよくあった。日本各地に残されていたかつての暮らしぶりを知るため、設立メンバーの一人だった姫田忠義の主宰する記録映像の上映会に、一番足繁

6　「歴史世界」という言葉は、当会の中では早田旅人が使い始めたと記憶しているが、これを白水は初めての単著の副題に使っている（注1参照）。本章では、それほど厳密に定義を考えている訳ではなく、歴史学や民俗学が考察対象とする、前近代の生活空間全体といった程度の意味で用いている。

く通っていたのは白水だった。白水はまた、「観文研」（日本観光文化研究所）刊行の冊子『あるくみる　きく』の熱心な読者であり、古本でほとんどのバックナンバーを揃えたと時々嬉しそうに話していた。そんな白水の話すことに、筆者以外のメンバーもそれぞれに程度の差はあっても感化を受けていたと思う。そんな空気感の中で、当時の筆者は、そうした映像や冊子に記録された世界は、忘れられた日本として、遠く彼岸に押し流されてしまったものだという感慨しか持っていなかった。

山村の三〇年、変化とその意味

ところが、である。最近、折々に実はそうではなかったのではないか、と感じることがある。当会調査の初期に撮られた写真を目にして、ぎょっとすることがある。写り込んでいる自分たちの異様な若さにではない。これは民映研の映像の一コマなのではないのか？と見まがうような山村の風景が、そこには記録されているからである。ちょうど同じ頃の調査で、所蔵者の方から、昔ほど盛んではないけれど、今でも養蚕はやっているよ、ちょうど昨日まではカイコの棚を広げていたから、一日早ければ見せてあげられたのにね、と言われたことがある。筆者はその時「オカイコ」の意味が理解できなかったのだけれど、あの時はまだ日常生活の中で養蚕をする場面が存在していた訳である。

考えてみれば、史料調査の合間に現地の人たちから、戦中から戦後、高度経済成長期前の山の様子を直接聞く体験を持つことができて、時には昔ながらの食事を再現してもらって、おいしく実食できたという経験は、ほとんどの方が鬼籍に入られた今となっては、実に贅沢で得難いことだったのだといえる。毎回の調査のたびには気づくことがなかったけれど、三〇年というスパンで改めて振り返ってみると、当会が早川で活動を開始して暫くの間は、歴史世界の痕跡は、微かではあれ手の届くところにしっかりと存在していたのではないかと感じている。

コラムの中で福田も回顧しているように、当会が早川での活動を本格化させた時期は、日本の「失われた二十年」とほぼ重なっているが、この時代には社会が決定的に変質した。山村に関していえば、高度経済成長期による産業構造の変化によって受けた影響の最後の一押しというか、最後の帰結がさまざまに顕在化し、それが今に及んでいる。あまり使いたくない言葉だが、〈過疎から限界集落へ〉、〈空き家から廃屋へ〉と問題点が推移して、人口減少を経て地域全体の縮小自体を問題にしなければいけない段階に至っているのである。当会は、現在の状況の起点となる最後の一押しが始まる頃に現地に入ることとなり、その後ずっと通い続けたために、結果として、調査活動を続けていく中で大きな変容を目撃し体感することになったのではないかと思う。

これをもう少し俯瞰で捉えれば、そこで目撃された大きな変化というのは、今や山村だけの問題ではなくなってきている。社会全体で進む少子高齢化に伴って、これから急速に人口減少が進んでいき、将来は全国の自治体の数は半減するであろうともいわれている。筆者たちが早川に入った時、すでに目立ちつつあった集落からの人や世帯の流出、農作物に被害をもたらすサルやイノシシといった野生動物たちの人間の生活圏への食い込みは、現在では地域限定ではない全国的な問題として、連日マスメディアを賑わせている。あの時、将来を案ずる住人が示していた一〇年後、二〇年後の地域への憂慮は、今や日本全体の将来の問題として位置づけられている。早川を始めとする山村だけが問題を抱えていたのではなく、高度成長期以後の社会変化のいわば一番割を食った山村では、一歩先行して将来に向けた課題が顕在化してきていたということなのだろう。

問題を当会が調査を続けてきた歴史史料のことに引き戻して考えた時、ここにも社会の変質の大きな影響が見て取れる。当会が調査に入った当初の段階から、すでに所在不明になっている史料・史料群はいくつも存在していたが、散逸はさらに進んでしまっている。本当に残念なことだけれども、所蔵者の代替わりや居宅の引き払いのために、当会が調査した史料群の中にも所在不明になってしまい、当会が撮影したマイクロフィルムだけが唯一の記録となっているものもある。そして現在進んでいる散逸は、これまでとは異なる深刻さを含んでいる。先にも少しふれたが、地域や所蔵者と共に佇む形で残されている史料・史料群は、実はかなりたくさん存在するのだが、地域自体の揺らぎを意識せねばならない時代に至った今、それらは大事な寄る辺を失うこととなり、結果として近い将来にかけて、個別の現象としてではなく、おそらく社会の中で総体として散逸が進んでいく段階に入るのである。山村での状況をふまえた場合、すでにその時代に至っていると考えるべきであろう。

4　「知る」権利の砦を守る史料調査

転換点にある現在

与えられた紙面も尽きてきた。そろそろ稿を閉じる準備に入らねばならない。ここまで、当会三〇年の活動についてつらつら書き連ねてきたことをふまえて、手前味噌な結論を先にいってしまうと、今ほど当会のような実践が求められている時代はないのではないか。「限界集落」とか

「縮小社会」といった言葉が行き交う時代において、歴史学の分野で具体的な行動として何ができるのかについて、それぞれが考えていく段階に至っていると思う。

現在生じている変化というのは、本書が主題とする自然災害にもめげず、数百年にわたって生活してきた領域から撤退していくという動きである。地域が縮小していけば、当然そこで展開していた生活も文化も廃れてしまう。水を遣らなければ草木が枯れてしまうのと同じく、現在の生活と文化という水脈が廃れてしまえば、その地域の歴史の痕跡は、瞬く間に枯れてしまうのである。

話の次元は少し変わってしまうのだが、地域の縮小に加えて、現在は世代交代の波が押し寄せて来ていることも厄介である。すでに一九世紀の日本社会を生きた世代は廃れ、続けて昭和戦前期も確実に同じ段階に入っていくだろう。そして早晩、大量消費社会以降しか知らない世代だけで社会が構成されるようになるのである。現状で進んでいる世代交代は図太い境界線のようなものであり、現当主の両親に当たる世代が、逡巡して簡単に捨てられずに残してきた物が、今後は、パワーショベルが天井をシミごとベリベリと剥がす如くに消失していくはずである。

時国家文書の調査を主導した網野善彦は、日本の歴史を文明史的な観点から捉え、南北朝期と高度経済成長期に巨大な区切りがあることを指摘した。ここでその議論の当否を論ずることはできないが、高度経済成長期以降の全般的な大量消費社会（＝作るより買う、直すより買い換える）への移行、それに伴う前代までの生活文化に依らない生活空間の成立が、実に大きな変容を引き起こしたことは確かであろう。その社会変容が極限まで進みつつある結果、あまり望んではいない形で、私たちは歴史世界から総体的に離脱しつつあるのである。民俗学者の柳田国男や宮本常一は時代の曲がり角に相対して、それぞれに独自の営為を積み重ねていった訳だが、それは決して他人事ではないのだと思う。私たちは当事者として、自らが直面している分岐点にしっかりと向き合う必要がある。しかし向き合うべき変化は、突然の大災害のように激烈なものではないから、ともすれば認識しにくいものであり、当会の活動を振り返って改めて気づくのと同じく、ある段階に至って初めて変化の位相に驚かされるのだと思う。だからこそ、現場で何となく気がついた者が連携しながら、実践を積み重ねていくことが重要なのだと思う。大きな変容ではあるが、社会のフェーズが完全に変わるまでには、暫し時間はあるように感じる。

次世代のために実践を！

社会全体の縮小と海溝のように深い世代交代の余波を受けて、史料・史料群が、地域や所蔵者と共に佇む状況が揺らいでいるのなら、社会が史料を保存する〈器〉となって、社会全体にとって共有の記録として残っていくように、切り替えていく道を探っていくべきである。もちろん、古文書の保全が実現すれば万事落着し、生活文化を残すことができるという訳では到底ないが、文字史料は、過去の事実にたどり着くための有力なパスポートというべきものである。現状を漫然と見過ごしてその総量を減らしていくことで、次世代以降の人々が、過去の時々に起きたことを知る権利を先細りさせてはいけないだろう（これは歴史認識以前の歴史の認識に関わる問題である）。そして史料を残していく際には、当会での実践のように、調査に入った際の価値判断で調査対象を取捨選択するのではなく、とにかく丸ごと記録していく姿勢を堅持し、調査の範囲についても、大きな網を仕掛けるが如くにできるだけ広く捉えていくことが大切だと思う。[7] これは言うは易し

7 大きな網を仕掛けるといっても自分の漁場や狩場でする訳ではなく、この網は、人々の関係性の中で広げていくものだから、当然ながら信頼関係がなければただの迷惑行為である。先に調査地では、出会いや人との関係性が決定的に大事だと記したのは、この点とも関わってくる。

で本当に大変なことだが、できる限りその方針を堅持することが、結果としてその調査の報告や記録の寿命を延ばすことにつながるし、次の世代に託せる歴史情報の厚みも保証することになるのだと思う。

現地調査という実践は、消えてしまった、あるいはこれから消えようとしている領域をぐんと押し広げていく営為なのであり、その固有の意義についてはもっと共有されるべきではないかと思う。歴史に関心のある者は、今こそフィールド（＝地域や所蔵者と共に史料が佇んでいるさまざまな現場）に出るべきだと、と声を大にして言いたい。

目先の目的に囚われず地に足をつけた活動を続けることは、結果としていろいろな気づきを調査者に与えてくれる。ヒリヒリとした体験にあふれた調査の現場というのは発見の宝庫であり、そのことを以前に白水は、「フィールドは現在の異世界、過去の異世界、そして自分という存在と出会う場であった」という風に述べている。[8] 見ている視線の先は違うかもしれないが、この感覚は筆者にもとても分かる感じのものである。異世界との出会いというと、何十時間も飛行機に乗って異国の地に降り立たなければ果たせないようにも感じるが、それは〈意識を持たなければ見えてこない世界〉の別名でもあり、その意味では、地域や身近な場所に所在する史料、それを取り巻く人間関係との邂逅も、足許にたたずむ異世界との出会いの連続なのである。調査者が有意な経験をしつつ、それが結果として史料散逸を止めるフックとなっていくようなループが恒常的に生まれてくれれば、それはどんなにか幸運なことであろうか。

8　「歴史学のフィールドワークと『現在』」（『歴博』一二八、二〇〇五年）。

おわりに

だいぶ行き当たりばったりのバックヤードツアーになってしまった上に、最後に少しだけ大仰に書いたのは、一つ心残りを感じているからだ。当会の実践、それを通じて得た経験はとても貴重なものであったけれど、トータルでいえば、同好の有志の熱意に支えられた活動、という範疇を越えることができなかったのは、実はかなり大きな反省点である。楽しみながらわいわいやっていくことで、社会に新しいムーブメントを起こすというのも目ざす道としては興味深い。しかし、次世代が事実を知る権利を堅守するというのは、将来における良き社会づくり、あるいは新しい思想の萌芽を根底のところで支える要素なのだから、本来はもっと社会全体として、その意義が共有されていって然るべきものであるだろう。そうした現状を意識して、学界レベルでもさまざまな議論がなされていることは承知しているが、結果としては、意志ある者の熱意によって支えられている現状が変わっていないというのは、全く不健全な状態だと思う。もっとその意義を広く深く共有し、若い世代にも体系的に継承していく新しい仕組みを、何とか作っていくことはできないものだろうかと思う。

三〇年を経て、当会は終活の時期を迎えつつあるようだが、本章を書いてきて、完全な店じまいの前に、もう少しやるべきことがあるのではないかと感じるようになってきた。それは、当会の実践を踏まえて、最後に「山ゼミ・エンディングノート」（山ゼミは当会の通称）を残すということである。その内容は、単なる調査法のマニュアルではなく、調査を自分事としてとらえる要点を伝え、調査地での森羅万象に向き合った際、寄る辺となる言葉で綴っていくことができればと思う。すなわち…、と調子に乗って続けていると、いつまで経っても脱稿することができなくなってしまう。与えられた紙面はとうに超過した。この続きは、スペックが落ちつつある頭と体を使って、当会も筆者も、もう少しだけ現場で足掻いた上で書き綴っていくことができればと思う。

コラム6　中央大学山村研究会創立のころ

福田英一

『中央大学山村研究会報告集　一号（一九九一年度）』で確認すると、中央大学山村研究会（以下、山ゼミ）が本格的に活動を開始した一九九一年度の会員は九人である。大学院生七名、学部生二名で、大学院生のうち四人（白水智、久古秀樹〔教秀〕、荒垣恒明、福田英一）が中世史、二人（池田真由美、西村敏也）が近世史、一人（鈴木努）が古代史をそれぞれ専攻している。学部生二名（前嶋敏、森山由香里）のうち一名（前嶋）は大学院で中世史を専攻したので、過半数の会員が中世史を専攻していたことになる。これはまったくの偶然であった。その後、民俗学や近代史専攻の院生も会員に加わるのだが、初期メンバーの過半数が中世史を専攻していたということから、山ゼミで調査・通読していく古文書が主に近世文書であったとはいえ、創立時の山ゼミは常に中世史研究の動向を意識するものであったように思う。

そこで、山ゼミの年度活動報告集にこれまで記述されたことがなかった創立時の頃の中世史研究の潮流や人的交流との関連で、山ゼミの山村研究に対する姿勢や研究方法を述べてみたいと思う。それはその後の山ゼミの研究方向を決定づけたように思うからである。もっともここで記すことは創立当初に時期を限定した上でのまったくの私見であり、他の会員とりわけ西村敏也や池田真由美のように近世史を専攻し、関東近世史研究会などの学外の近世史の研究会でも研鑽していた会員には別の見方があるだろうことを最初にお断りしておきたい。

　私の大学入学が一九八六年、大学院入学が九〇年、山ゼミの創立が翌九一年であるから、私が日本史の勉強を始め中世史研究を志した時期はちょうど日本のバブル経済の始まりから崩壊の時期と重なることになる。山ゼミ設立時の他のメンバーも同時期、あるいはこの前後に日本史研究の世界に踏み入ったのである。その後、日本経済は「失われた二〇年」といわれるような長期にわたる不況・停滞期に突入していくのだが、その間、山ゼミが主要な研究対象としてきた早川町でも過疎化・高齢化が急激に進行し、人口は二、二六九人（一九九〇年）から九九四人（二〇二一年三月一日現在。町としては全国最少の自然人口）に急減している。山ゼミは主要な調査対象地域がおかれた厳しい現実に直面しつつ活動してきたことになる。

山ゼミの活動に関連する限りでごく簡単に一九八〇年代後半の中世史研究を振り返ってみたい。一九八六年の『史学雑誌　――回顧と展望――』の中世（日本）の石井進執筆部分では、「数年来の新しい中世史研究の流れは、ここに来ていよいよ大きな広がりを加えてきた。」として、黒田日出男、保立道久、網野善彦らの研究業績を紹介し、世上これらの論著を「社会史」と総称している旨を述べている。また、一九八六年に発刊が始まった『日本の社会史』全八巻（岩波書店）について石井は、そのシリーズの名称が当初「日本史における社会と国家」と題されており、それが版元側の強い要望で「社会史」と銘打つことになった由の「仄聞」を記している。つまり、創立メンバーの多くが日本史の勉強をはじめた八〇年代後半は、社会史と総称される新たな中世史研究の潮流が盛り上がった時期であった。とりわけその牽引役の一人と目されていた網野善彦の著作は、中世史を学ぶ学生・研究者のみならず一般の読者をも広く獲得していた。『増補　無縁・公界・楽　日本中世の自由と平和』第一刷（平凡社）が刊行されたのは一九八七年である。次々と公刊する著作の中で網野は繰り返し「百姓は農民ではない」ことを主張し、日本の社会発展の原動力を水田耕作一元論で語ることを批判し続けた。また、石井は、「『開発』や圃場整備事業の著しい進行で過去の歴史につながる景観が一変してゆくなかで、ここ数年、各地で中世荘園の復原的調査・研究へのとりくみが進んでいる。」と指摘し、豊後国田染荘（たしぶのしょう）や丹波国大山荘（おおやまのしょう）の調査報告書をあげている。一九八〇年代後半から大きく進展した景観論といわれる研究領域では「荘園・村落の景観を構成する水田とその畦畔、集落や屋敷、水路や用水地、堂宇や墓地、石造物・棟札や寺社什物などの文化財から講・年中行事・祭礼や伝承などの習俗・民俗に至るまでもが悉皆的に記録された」（高木徳郎『日本中世地域環境史の研究』校倉書房、二〇〇八年）。このような動向も中世史専攻の会員が山村の現地調査に関心を抱く大きな動機の一つとなっていたように思う。

山ゼミ発足時に会員に共有されていた問題意識は網野の

主張そのものであった。それは『報告集一号（一九九一年度）』の「中央大学山村研究会の基本姿勢――山村への問題意識と会のあり方――」（執筆担当：福田）を一読すれば明らかである。少し長いが一部を引用する。

> 戦後歴史学は、日本社会の歴史的成立を考えていく上で、前近代社会においては水田耕作における生産力の発展こそが歴史発展の主要な原動力であるという認識から、農民の水田経営とそれに対する権力支配のあり方を主たる考察の対象に据えてきた。分業・流通論もそれに規定されるかたちで進められてきた。そこでは山野河海を生活の場とする人々とそれに対する支配、また山野河海それ自体の領有のあり方の考察は、二義的な意味しかもたないとされてきたのである。
>
> しかし、日本列島の地理的状況からも、山野河海を主たる生活の場とする人々が多く存在したことは自明のことであって、すでに民俗学などではこうした人々の研究に多くの蓄積をもっている。歴史学がこのような人々の存在を歴史発展の上で副次的なものとする限り、日本社会の特質を真の意味で明らかにすることは不可能であり、また現代の山漁村の抱える問題を根底から理解することもできないのではなかろうか。
>
> もちろんこうした状況は、網野善彦氏をはじめとするすぐれた研究者がつとに指摘するところであり（以下、略）

この問題意識には「経済発展から取り残された遅れた山村」「水田ができない貧しい山村」といったイメージを克服する意図が言外にあったのである。

山ゼミの活動への網野の影響は、その著作からだけではなく、創立当初から会の指導的立場にあった白水智を通じて深く及んでいた。白水は創立当時、大学院博士課程に在籍しつつ神奈川大学常民文化研究所（常民研）の網野のもとで奥能登の時国家文書の史料調査に従事していた。白水を除く会員は古文書調査などまったく未経験であったし、崩し字もほとんど読めない状況であった。常民研の調査や福井県史の編纂などを通じて網野らに深く学んだ白水から、私たちがさらに古文書読解や史料調査法を学び、また、西

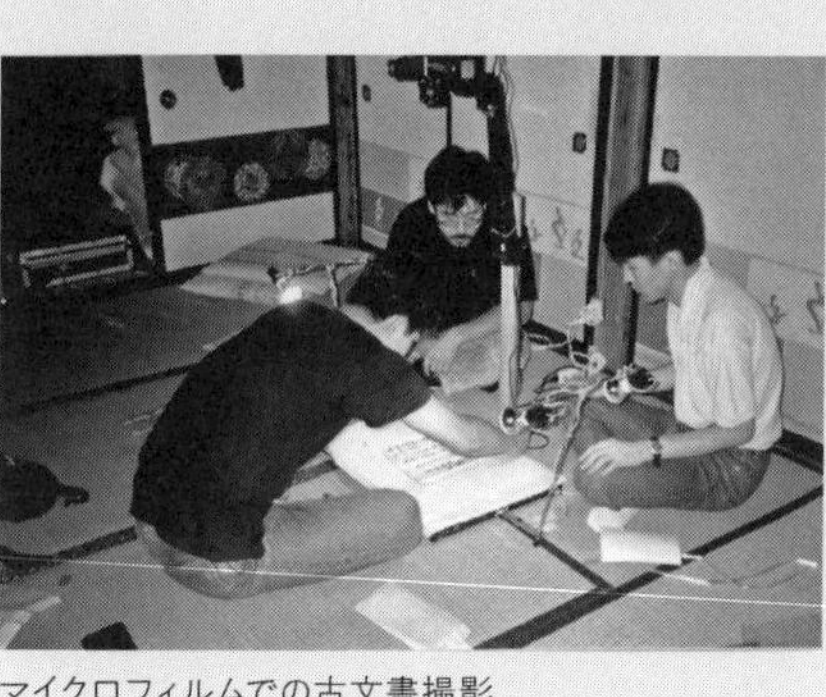

マイクロフィルムでの古文書撮影
（1992年8月／薬袋地区）

村や池田を通じて他の大学・研究会の近世文書の調査・整理法についての情報を得ながら、山ゼミなりの古文書調査・整理の手法を開発していったのである。その中で重視していたのが、調査対象地の方々と誠実に向き合うこと、そして一点一点の古文書を徹底して読みぬくことであるが、これは網野がもっとも大切にしていたことであったという。

網野はまた、民俗学にも深い関心を寄せ、宮本常一を高く評価し、民俗学の成果を歴史学が摂取することの必要性を説いていた。私たちもまた白水に誘われつつ民俗学の世界にも踏み込んでいくことになる。山ゼミの活動でも地域の方々からの生産・交通・習俗・慣習・祭祀・信仰などの「聞き取り」は重要な柱をなしていた。西村はすでに学部時代に民俗研究会という学生サークルに所属して活動していたので、この民俗学的手法を取り入れた現地調査が、近世史専攻の会員と他専攻の会員とを違和感なく結びつける接着剤になっていたのかもしれない。

私は当初、山村の立地上の特性に興味を惹かれていたのだが、史料を読み進めながら考えているうちにむしろ山村を成り立たせている総体的なネットワーク、特にその背後にある都市（消費地）との関係に関心を移すようになった。「遅れた」「貧しい」という見方は主観的であるし、何を指標にどのように評価するかによって如何様にも結論付けることができるだろう。山村の特性がどう生かされて他地域・他集団と連携（相互依存）が成り立っていたのか。その歴史研究はやはり、これからの山村の未来を展望する上での一つの足場になるように思う。

第2章　災害跡地を歩く

中央大学山村研究会

はじめに

前章で述べたように、山村研究会は、単に文字（テキスト）としての古文書を読むだけでなく、常に早川という現地のフィールドに具体的なイメージを重ね、確認することを基本にしてきている。その背景には、過去に災害のあった現場、災害をめぐって紛争の起きた現場にも足を運んで、古文書に書かれていた状況をできるだけ肌感覚で掴んでおきたいという思いがあった。それは論理的な意味でというよりは、そうしなければ納得できない、腑に落ちない落ち着かなさを感じていたからである。

以下に紹介するのは、流木をめぐって争論となった京ケ島（きょうがしま）・保（ほう）の両地区に関わる川原（本書Ⅳ-1田中「災害の幸い」）と、笹走（ささばしり）から梨子（なしご）に抜ける荒金道（あらがねみち）の途中の崩落箇所（本書Ⅲ-4寺島「山の地震誌」）である。かつて争論が闘わされた現場がどのような場所であったのか、その現況報告をご紹介したい。

1　京ヶ島川原の流木争奪地を訪ねて――聞き取りと巡検から――

二〇一三年（平成二五）八月二七日、当会では早川町で開催した古文書講読会とあわせて、同町京ヶ島地区の川原を中心に巡検を行った。今回の目的は、講読会で取り上げた史料(1)に出てきた「中川原」と呼ばれる場所を、実際に現地で視察することにあった(2)。

写真1　広い川原と二俣の流路（2013年8月27日、寺島宏貴撮影。写真5まで）

京ヶ島地区東側にある八幡神社の奥、早川・中川原を一望できる高台に出てみると、その下には畑地が広がり、川原よりに低木が繁っている。川の水量は非常に少なく、川原の広さが目についた。さらに、享保一三年（一七二八）九月の史料(3)に「七月八日の満水で川筋が二つに分かれ、京ヶ島の山岸に近い場所に新たな川筋ができた」と記されているように、流路が二俣に分かれていることが実際に確認できた（写真1）。

一九三七年（昭和一二）生まれの地元住民の話によると、昔は川のすぐそばまで草が生い茂り、今日のような広い川原はなかったとのこと。川原といえば石がごろごろあるという先入観を持つだけに、この話は意外な感じがした。川の水量も多く、魚もたくさん釣れ

1　斎藤義直家文書A-m-②-1-8。

2　京ヶ島河原の巡検は『中央大学山村研究会報告集』二三集（二〇一三年）に収録されている。

3　斎藤義直家A-f-⑤-29-19-3。

たそうで、戦後まもない頃は二、三時間で魚籠いっぱいにカジカが獲れたのだという。

早川が今のような景観になったのは、上流に電力会社のダムができてからのことである。それによって河床が下がり、川原が広くなってきた。昔の川は、手前の畑地や低木のある台地と同じくらいの高さだったようで、大きな石もたくさん転がっていたが、すべて庭石として持っていかれてしまったとの話もうかがった。逆に、昔とあまり変わりないのは山であるとのこと。終戦直後には、たくさん木を伐ったそうだが、また育って昔の景観に戻ったようである。

さらに地元の方からは、早川町千須和（せんずわ）地区で「川木拾い」が行われていたと伺った。以前は住民の間で流木拾いが行われており、それはある程度の収入になっていたという〔本書Ⅳ-1田中「災害の幸い」〕。境目争論も明治期までは存在したようだが、流木が資源とみなされなくなるにつれ、自然と川木拾いも行われなくなった。なお、早川町大島（おおしま）地区の大野和夫さんの話によると、流木拾いのことを「川狩り」と称していたという。

川原に打ち上がった木は燃料として使用する。流れ着いた薪は均等に積み上げていって四〇ほどの山をつくり、くじびきでどの山をとるか決める。大きいものは、川原の利用権の有無によって取り分をきめる慣習であった。小さいものについては不公平を出さないよう、均等に山分けしたのだという。右の慣習は、享保一三年一〇月、昔から税を納めて利用してきた場所であることを理由に、保村が流木の利用権限を主張していることからもうかがえる(4)。

その後、当会会員のみで川原へ下りて、巡検を行った。川原には、低いながらもコンクリートで造られた堤防があったが、それ以外に人工物は見当たらず、地元の方のお話がなければ、あたかも昔から川原があったかのように思わせる場所であった。さらに、二俣の流路を間近で確認す

4　斎藤義直家A-j-③-1-5。

写真2　流路が二俣に分かれている部分

写真3　巡検時、そこかしこに転がっていた流木

写真4　川原の流木

写真5　川原は広大で、流れは徒渉できるほど浅かった

るとともに、多量の流木が川原に流れ着いていることを確認できた（写真2〜5）。間近で見る早川は非常に浅く、徒歩でも渡ることができそうである。これが、古文書では度々満水になる川と同じものとは、にわかには信じがたかった。

2　荒金道の巡検

荒金道は享保二〇年（一七三五）の笹走村明細帳によれば、道程四八〇間（約八六〇ｍ）で早川入への在郷往還道である。駿州往還切石宿（現身延町）から西へ夜子沢川沿いに山中に入り、間遠峠を越えて中山、江尻窪、梨子を経て笹走村から先、早川入諸村を結ぶ早川往還の一部をなす。ただし険阻な地形と崩れやすい地質のせいで交通の維持に多大な困難を伴う道筋でもあった。

当会では二〇一一年度から「過去に起きた早川での災害」をテーマとして、被災や復旧など災害に関する史料の講読を進めている。年代の古い順に読んでゆく最初のあたりに、荒金道の被災と復旧に関する史料があった。それは代官所が宝永五年（一七〇八）三月付けで発した廻状で、前年一〇月の大地震（宝永大地震）により荒金道が大破し笹走村だけでは修覆できないので早川入一七ヶ村から人足を出すように、と下命している。その際に代官所は人足出しを「重ねての例にはしないから」と奇妙な念押しをしていた。この史料から①荒金道の実態、②念押しの理由、という二つの疑問点が生じた。②については史料講読を重ねることとし、①の解決には現地を見るのが必要と考え、その他の課題と合わせて巡検を企画することにした。[5]

二〇一二年三月一一日に巡検を実施した。「早川町歴史巡検」として六名が参加し、荒金道・笹

5　荒金道巡検の記事は『中央大学山村研究会報告集』二一集（二〇一二年）・同二五集（二〇一六年）に、また荒金道の普請に対する考察は同第二一集・同第二四集（二〇一五年）に収録されている。本書Ⅲ-4寺島「山の地震誌」も参照。

図1　荒金道巡検の経路

走地区（本妙寺、道祖神など）・天久保地区（集落跡）・大島地区（水路跡）を巡った。

　巡検当日、当会発足以来お世話になっている望月敏明氏に挨拶の後、紹介を得た望月藤雄氏（小縄）を訪問し、荒金道について地元に伝わるお話を聞かせていただいた。藤雄氏からは、笹走から身延町梨子地区へ通じる道が荒金道と呼ばれていること、笹走から塩之上方面への道は荒金道とは呼ばないことをうかがった。つまり荒金道は早川往還の一部のみを指す呼び方らしかった。また現在の自動車道路の道筋が車道整備以前の道筋とほぼ重なっており、途中に荒金沢と呼ばれる大きな崩落箇所があることも教わった。荒金沢は今も崩れているから行ってみれば分かるとのことで、藤雄氏宅を辞した後、早速現地に向かった。

　笹走集落の上手に十字路があり、梨子に向かう東への道を取ると荒金道である。左手に山、右手に谷を見ながら進む。見慣れた冬枯れの景色が続き、とある左カーブを曲がると不意に、荒れた光景が現れた。べこべこに凹んだガードレールが目に入った。沢より五〇mほど手前から、路肩に掻き寄せられたらしい小石が積み上がり、路側帯が見えないくらいになっていた。路面も小石がかぶさり、砂利道のように見えた。ガードレールは上から激しく殴られたように潰れて傾いており、沢の正面の箇所は支柱ごと流されたようで基礎の穴だけが残っていた。その先のガードレールは谷側に折れていた。笹走集落を出てからほんの数分、ここが荒金沢らしい。そこで車を路肩に寄せ、徒歩で観察した。

荒金沢はそれほど大きくはなく奥行きも短いが、急な沢だった。沢は東西に分かれて二筋あり、山肌を深くえぐり込んでいた。二筋とも山側の路肩からすぐの所に砂防ダムが設けてあったが、既に埋まっている様子だった。路肩の擁壁も砂防ダムのような造りになっているが、これも木の枝混じりの砂礫で溢れていた。東側の沢の脇の斜面ははるか高いところまでコンクリ吹付で養生され、平成一五年度の治山事業による施工の標識があった。それほど急傾斜ではないが相当に崩れやすいのだろう。沢の手前五〇mあたりから路面に礫が散らばっており、沢を中心にした一帯は崩れやすい地質になっているようだった。

写真6　荒金沢（笹走方面から。2012年3月11日。鈴木努撮影、以下同）

写真7　荒金沢（梨子方面から。2012年3月11日）

道は笹走方面から沢の少し先までゆるい下り坂になっており、沢から東の方、梨子の方向に水を含んだ砂の流れた痕が広がり、まだ湿っていた。当時の天気記録を見ると、三月九・一〇日は降雨があり、その水を含んで黒みを帯びた砂の筋が路面を覆っていた。谷側は砂礫と角礫の混じった

写真8　荒金沢（下流側、埋没した砂防ダム。2015年8月10日）

土砂が掻き落とされてテラスのように堆積していた。その土砂の合間を細い流れの水が下っていた。この細い流れが常の姿で、降雨があればたちまち土石を含んだ流水が沢から路面に溢れる、そういう様子を窺わせた。

それから再び車を走らせ、いったん梨子方面に抜けて、今度は東の方から荒金沢を見てみることにした。一〇〇mほど東に進むと遅喰川（おそくいがわ）という谷川に橋が架かり、そこが町境である。その先しばらくはコンクリ吹付で法面（のりめん）を保護した崖道が続き、梨子集落に近づくと緩やかに開けた景色がひろがる。地図上では梨子など身延町側に崩落地の記号が多いが、急峻な土地との印象はなかった。そのあたりから再び荒金沢に向かって車を返した。遅喰川のあたりに大きな落石があり、壁面はまだ水が染み出していたが、見慣れた山道の景色である。さらに進むと道がぐっと下りになり、荒金沢に着いた。

沢の荒れ様は周囲に比べ群を抜いていた。もっとも巡検の前年（二〇一一年）、山梨県には八月の台風一二号、九月の一五号での豪雨により土砂災害が多かった。特に一五号は浜松から上陸し早川町をほぼ横断していった。早川町では一九八二年の台風一〇号以来の大災害だった（当時の町長挨拶による）ということで、荒金沢の荒れようも台風被害の爪痕だったようだ。それでも現代の荒金道はよほどしっかり路盤が造られたらしく、崩落のなかで交通を維持している。しかし近世の荒金道にその堅牢さは望むべくもなく、おそらく崩れやすい斜面に桟道や棚道などを設え、崩れる度に修理を重ねたのだろう。距離的に笹走の集落に近く、同村に管理を委ねるのも納得できる。と同時に、崩落地での道普請は危険な重労働であり、周辺の諸村が忌避したのも理解できる気がした。

二〇一五年八月一〇日に荒金道へ二度目の巡検を行った。目的は、当時の講読史料の関係地として身延町清沢地区を訪問、および新人会員のため早川町の赤沢（あかさわ）地区（伝統的建造物保存地区）・京ヶ島地区（地先の川原）・新倉（あらくら）地区（糸魚川（いといがわ）・静岡構造線露頭）・茂倉（もぐら）地区・笹走地区（荒金道）を巡るというもので、八名が参加した。

三年半ぶりの荒金沢は、季節もあって繁茂した植生が崖地や沢を覆い、荒れた印象がだいぶ和らいでいた。路面の落石は掻き落とされ、よく手入れされていた。ただ、折れたガードレールは三年半前に見たままの形で残っており、山間部の細道にはなかなか整備が及びかねる様子が見て取れた。踏査をしながら道路から谷側のテラスに下りてみた。路肩まで盛り上がった砂礫の斜面を伝い、ごろごろした角礫と流木が散らばるテラスに下り立った。テラスの末端は砂防ダムの壁面になって落ちており、これが埋まりきった砂防ダムであることがわかった。

この時の巡検は荒金道の踏査で日程を終えた。丈夫な道路を手入れし続ければよい現代と、道自体が度々失われ一から道普請をやりなおす近世とでは、負担や苦労の大きさも違うだろう。その辺は時代の利点を素直に受け止めよう、などと考えながら帰路に就いた。

コラム7

獣害への対応

中西　崇

はじめに

早川町では、獣害対策として電気柵で囲われた畑をよく目にする。また、町が猟友会に猪鹿の駆除も依頼している。しかし、こうした取り組みにもかかわらず、せっかく育てた農作物が「猿にみんな食われちもうだよ」という嘆きの声も聞かれる。

早川入での人間と獣（猪・鹿・猿など）との付き合いは、おそらく早川入に人間が住み始めて以来、ずっと続いてきたことだろう。獣は、狩れば肉や皮などを活用できる自然の恵みである一方、農作物に被害をもたらすという点では、自然がもたらす災いでもある。早川入の古文書には、猪鹿猿が「発向」（出没）しているという記述が散見され、毎年多かれ少なかれ被害を受けていたと考えられる［本書Ⅲ-3成畑「災害と作物被害」］。

猪と人との関わりを研究している新津健は、江戸時代の甲斐国では、獣害への対応策として、①鉄砲（火縄銃）で追い払う・退治する、②猟師を雇う、③村人総出で追い払う、④猪鹿囲い（猪垣）を設置する、⑤番小屋を設けて泊まり込みで追い払う、⑥下草刈りや林を切り拓くなどして猪鹿が棲みにくくする、⑦狼札を購入して祈る、があり、①が最も一般的な方法、④が「対策の極み」だと述べている[1]。

本コラムでは、新津の研究を手がかりとして、江戸時代の早川入に暮らす人々の獣害への対応を、古文書に基づいてみていきたい。

①鉄砲（火縄銃）で追い払う・退治する

江戸時代の村の鉄砲は、猟師が狩猟に用いる猟師鉄砲と、害獣対策に用いる拝借鉄砲（威し鉄砲）に大別される。古文書からは、江戸時代の早川入では、草塩村・雨畑村・榑坪村以外の村々には鉄砲があったことが判明する[2]。いくつか具体例をみてみよう。

京ヶ島村には戦国時代から名主家に鉄砲が一挺あったと伝わり[3]、貞享五年（一六八八）には名主家に鉄砲が一挺あることが確認できる。[4] その後、延享三年（一七四六）から宝暦一四年（一七六四）までの間に三挺増えて計四挺となり[5]、明和四年（一七六七）も計四挺となっている。[6] 塩之上村にも、寛文四年（一六六四）には鉄砲が一挺あり[7]、この鉄砲を害獣対策で使用する時の「塩硝」（火薬）代として、寛政五年（一七九三）八月六日に甲銀八分を村入用から支出している。[8] その後、天保三年（一八三二）までに鉄砲は猟師鉄砲・拝借鉄砲各一挺の計二挺に増えている。[9]

保村では、安永六年（一七七七）年に九挺の鉄砲があり、猟師鉄砲一挺・拝借鉄砲二挺以外の六挺は村人が各自で購入した威し鉄砲と記録されている。[10]

薬袋村は寛政元年（一七八九）時点で拝借鉄砲が三挺あり[11]、幕末の安政七年（一八六〇）まで、数に変化はない。[12]

奈良田村には文化三年（一八〇六）の時点で鉄砲が五挺あり、これは徳川家康によって「御巣鷹飼筒」として許可されたものだという。[13]

湯島村には、同じ文化三年（一八〇六）に「猪鹿防のため」の鉄砲が二挺ある。[14]

京ヶ島村の四挺、薬袋村の三挺、奈良田村の五挺は、他地域の事例と比べても、村の規模と周辺環境からすれば標準的な数といえ、保村の九挺はなかなかの充実ぶりであるが、一方、塩之上村で一～二挺、湯島村で二挺というのは、やや心許ない感じがする。

②猟師を雇う

慶応元年（一八六五）に、奈良田村の猟師が湯島村の求めに応じて湯島村で「鹿防之手当」として狩猟を行っていた。[15] 奈良田村は狩猟が盛んであったこと、湯島村には鉄砲が二挺しかないことから、以前から奈良田村の猟師が隣村の湯島村で「鹿防之手当」をしていたと推測される。ただし、湯島村以外では、村外の猟師を雇った獣害対策は確認できていない。新津健によれば、雇った猟師への謝礼はかなりの高額だという。

③村人総出で追い払う

京ヶ島村では、夜に村人総出で「猪鹿おい」（猪鹿追い）を年に何回もしていた。しかし、サボる者もいたようで、宝永二年（一七〇五）には、サボった場合には罰金一〇〇文と取り決められている。[16]

薬袋村では、橋を掛けたり道を作ったりするのと同様に、村の共同作業として「猪鹿狩」を行うと、宝暦七年（一七五七）に村民一同であらためて確認している。[17]「猪鹿狩」では、昼間に村人総出で猪鹿を追い立て、村にある三挺の拝借鉄砲で猪鹿を仕留めていたのであろう。

早川入の村々でも、村人総出で追い払いを行っていたが、罰金の規定や参加義務を村で取り決めていることから、村人にとって、これらは避けたい負担であったのだろう。

④猪鹿囲い（猪垣）を設置する・⑤番小屋を設けて泊まり込みで追い払う

宝永五年（一七〇八）、塩之上村の七名の村人が、塩之上村と京ヶ島村の入会地（馬草や薪などを取る共用地）付近にあった京ヶ島村の六左衛門の畑に勝手に道を作っていた。これを六左衛門が見つけて作業をやめさせたところ、七名のうちの一名が六右衛門の「猪鹿おとしたゝき板」（猪鹿威し叩き板）を盗み取り、林の中に隠してしまう事件があった。その二日後には、楮を伐りに出かけた六左衛門父子が、塩之上村の大勢の百姓に襲われる事件も起きた。[18] この一件は、笹走村・薬袋村・大島村・草塩村が仲介に入り、塩之上村が京ヶ島村に「楮の株を伐りません」「小屋をやぶりません」「わち（輪地）をやぶりません」「畑を荒らしません」と約束することで落着した。[19] おそらく、塩之上村の村人は、六左衛門の楮を勝手に伐り、小屋と輪地を壊し、畑を荒らしてしまったのだろう。

新倉に残る猪垣の跡（2010年2月21日、鈴木努撮影）

「輪地」とは、猪垣のことである。早川入では、新津健が紹介するような、集落や田畑を丸ごと囲む、村ぐるみで設置・維持する大規模な猪垣は確認できないので、この輪地は、入会地付近にあった六左衛門の畑だけを囲む、小規模な猪垣だったと推測される。また、猪鹿威し叩き板も登場することから、「小屋」は、猪鹿を追い払うための六左衛門の番小屋と考えられる。制作年代は不明であるが、新倉（あらくら）には猪垣の跡が今も残っている（写真）。

塩之上村では、天保八年（一八三七）六月二七日・七月一二日・八月一〇日に、一日あたり甲銀七分の給料で「猪鹿ふせぎ人足」を四人ずつ雇っている。彼らが猪を仕留めた場合、鹿一頭につき甲銀一匁五分の褒美金も支払われている。この年は、のべ四六人の「猪鹿ふせぎ人足」が雇われ、鹿三頭が仕留められている。[20]「猪鹿ふせぎ人足」は、山中に設けられた番小屋に詰め、時には村に二挺ある鉄砲で猪や鹿を撃っていたのであろう。給料や褒美金の設定から、こうした「猪鹿ふせぎ」に村人は無給では参加してくれなかったとみられる。

⑥下草刈りや林を切り拓くなどして猪鹿が棲みにくくする

早川入の焼畑が獣害対策として実施されたことは確認できないが、林を切り拓く焼畑は、猪鹿が狼などの外敵から身を守る場所を減らすことで集落周辺への猪鹿の出没を抑えることにつながった側面はある。

⑦狼札を購入して祈る

薬袋区有文書に昭和一一年（一九三六）以降の「三峯神社基本金受払元帳」があることから、[21]狼をまつり、猪鹿避けに効力があるという三峯（みつみね）神社への信仰が、昭和には薬袋地区にあったことがわかる。早川入の文化交流圏を考えると、三峯神社信仰の起源が江戸時代までさかのぼる可能性は十分にあろう。

おわりに

新津健が「対策の極み」とする猪垣は、集落や耕地を囲むには数㎞の長さが必要である上、完成後も日常的な見回りと修繕工事が不可欠で、村人にとって重い負担となる。そのためか、早川入では村ごと囲む猪垣はなく、個人用の小規模な猪垣にとどまっていたとみられる。また、村人総出での獣害対策も、村人には不評であったようである。

山深い早川入の村々で獣害をゼロにすることは極めて困難であり、実際、早川入の人々は、多大な労力をかけてまで獣害ゼロを目指してはいなかった。

早川入で最も有力な換金作物である煙草は、葉にニコチンを含むため獣害に遭わない。樹皮を紙すきに用いる楮も、その樹皮は獣害に遭いにくい。焼畑をすれば、獣の出没を抑えることにつながる。獣害に遭いにくい作物を植え、過度な負担とならない範囲で獣害対策をし、ある程度の獣害は受け入れて生活する。それが、江戸時代の早川入の獣害への対応だったのではないだろうか。

（1）新津健『猪の文化史　歴史編―文献などからたどる猪と人―』（雄山閣、二〇一一年）。なお、本コラムで取り上げる新津の研究成果は、この本によっている。
（2）『山梨県史史料叢書　村明細帳　巨摩郡編』一二五～一八四、二〇八～二一二頁。『早川町誌』五六六～五六八頁。
（3）斎藤義直家文書A-h-④-5-2。なお、この史料については荒垣恒明「史料紹介　宝暦十三年「猟師鉄炮御吟味書上控」―山村における鉄炮について考える―」（『中央大学山村研究会報告集』一一集、二〇〇二年）に詳しい。
（4）斎藤義直家D-b-④-2-10。
（5）斎藤義直家A-h-①-46。
（6）斎藤義直家D-c-②-11-12-1。なお、鉄砲の区分は、名主家の「拝借鉄砲」一挺と「定預り猟師鉄砲」三挺となっており、名主家に古くから伝来する鉄砲が拝借鉄砲、その他が猟師鉄砲という区分になったようである。
（7）望月かめ代家文書A-①-35。
（8）望月かめ代家B-①-35。
（9）望月かめ代家A-⑥-26。
（10）『山梨県史資料叢書　村明細帳　巨摩郡編』一二五～一八四頁。
（11）水野定夫家文書92。
（12）水野定夫家155、水野定夫家167、佐野政夫家文書181。
（13）奈良田村「指上明細帳」（『早川町誌』五六六～五六七頁）。なお、「御巣鷹飼筒」は、御巣鷹山の御用勤めのため、山中での用心のために携行する鉄砲の意であろうか。実際には猟師が狩猟に使用していたと考えられる。
（14）湯島村「御尋ニ付品々明細書上帳」（『早川町誌』五六八頁）。
（15）水野定夫家183。なお、この古文書については白水智「犬を使った狩猟の史料―水野定夫家文書（一次）一八三号の紹介―」（『中央大学山村研究会報告集』一三集、二〇〇四年）に詳しい。
（16）斎藤義直家D-a-①-22-10。
（17）水野定夫家66。なお、この古文書と前注の古文書は、二〇一一年六月一一～一二日に当会が実施した早川町現地報告会「山村の歴史を考える～薬袋地区の獣害を考える～」の講読史料でもある。報告会の詳細は『中央大学山村研究会報告集』二一集、二〇一二年）に掲載されている。
（18）斎藤義直家A-j-②-17-1。
（19）斎藤義直家A-g-①-11-6。
（20）望月かめ代家B-①-53-2。
（21）薬袋区有文書A-c-②-21。

終章　災害から読み解く早川入の山村世界

早田旅人

はじめに

序章で述べたように、本書は早川入(はやかわいり)をフィールドに、山村に生きた人々の歴史を、災害を切り口として文理融合・学際的な視野で叙述を試みたものである。各章・コラムではそれぞれの視点から山村の生活や環境の具体相が描かれているが、それらを通して主に近世の早川入はどのような山村像として見えてくるだろうか。本章では、本書の総括として、収録された各章の成果に拠りつつ、そこからうかがえる早川入の山村世界を描いてみたい。

1　早川入の生業から

■多様な生業　まず、山村における人々の暮らしをイメージするため、早川入における生業の様子を素描し、その特質を考えてみたい〔本書Ⅲ-3成畑「災害と作物被害」〕。

近世の早川入の耕地の大部分は焼畑を含む畑で、水田は僅かであった。畑では麦、稗(ひえ)、粟、きび、蕎麦などの穀類や、換金作物として煙草、茶、荏（油荏）、楮などが作られていた。早川入の村々の年貢は金納であったため、換金作物は年貢納入のための作物という側面も持っている。

穀類は自家消費の食糧として栽培されたが、特に小規模経営の百姓では耕地からの農作物だけでは自家消費の食糧に不足し、砂金採取、採薪、木挽や桶などの木工品生産、杣職や人足稼ぎ、鮎漁、出稼ぎ、山菜や木の実の採取など、農業以外の多様な稼ぎから現金や食糧を得て生活をしていた。なお、換金作物の主力である煙草の作付け面積は普通畑の一〇%前後と、それほど展開しているわけではなく、金納年貢のためにも早川入では農業以外の現金収入の諸稼ぎが広く展開していたと考えられる。また、焼畑は雑穀の耕作期間を終えると、雑木を植え、その雑木は薪や炭、家根板材などとして売却され、収益をもたらした。(1)

こうした山村の生業の多様性は、その人口も平地の村々とは異なる動向を見せることになったと思われる。早川入では一八世紀から明治維新にかけて人口はほぼ一定を保っていた。しかし、たとえば北関東の下野国（栃木県）では一八世紀中ごろ以降、一九世紀前半までに人口が四割も減少し、一九世紀中ごろから再び増加に転じる動向を見せている。(2)この人口減少がみられた時期は、いわゆる「農村荒廃」と呼ばれる深刻な過疎化が問題となっていた時期であり、下野国はその動向が顕著な国の一つであった。「農村荒廃」については、当該期の米価下落・農業不況により主穀生産地帯の村々の百姓がよりよい稼ぎを求めて江戸へ出た生業選択の結果であると指摘されている。(3)同時期の早川入で人口減少がみられないのは、多様な生業の複合により、主穀生産地帯に比べて米価動向の影響の直撃を受けにくい、あるいはそうした動向に対して有利な側面があったためではないかと思われる。早川入が属する西河内領について『甲斐国志』が「水田少ク民衆シ

1 『早川町誌』（早川町、一九八〇年）九七二頁（資料一九）。

2 関山直太郎『近世日本の人口構造』（吉川弘文館、一九五八年）。

3 平野哲也『江戸時代村社会の存立構造』（御茶の水書房、二〇〇四年）。

（水田少なく民多し）[4]と指摘した特徴には、このような背景があったのではないだろうか。

■水田への関心　ただ、享保八年（一七二三）には早川入一九か村のうち八か村にしか存在しなかった水田が、近世後期には新田開発や「畑田成」などで新たに田が開かれ、安政四年（一八五七）には一七か村と、ほとんどの村で田が開かれるようになっていた。幕末期には米価高騰により全国的に水田が再開発される動向がみられるが、早川入の水田開発もこうした動向を背景にしたものと考えられる。すなわち、早川入の人々も米価の動向に無関心・無縁であったわけではなく、稲作も視野に入れた生業選択・戦略を組み立てて生活していたことがうかがえる。また、比較的平地が広がる京ヶ島村では、慶安元年（一六四八）に名主斎藤家の見立てにより用水路開削と用水堰建設が行われ、水田が開発されていた。この水田や用水施設は度々洪水被害にあうが、御普請による修繕や加護を願う水神の祭礼が行われ、その維持には多大な労力と配慮が払われた〔本書Ⅲ–2柴﨑「山村の災害と歴史語り」〕。山村でも平地の多いところでは水田稲作が希求されており、水田稲作から目を背けていたわけではないことには留意しておきたい。

■孤立回避への努力　早川入の人々は山間地域の自然環境に即して多様な生業を、柔軟、戦略的に営んでいたのであるが、このような生業の多様性は、山村が外部に開かれていなければ成り立たない。京ヶ島村の中川原往還の普請では、道の維持が金山や材木の御用、廻状の継ぎ送り、馬草や薪などの運搬、耕作場への通行など、支配・生産・生活の上で重要であることが幕藩領主に訴えられた。その上で道普請と川除普請をセットで要求することで、幕藩領主に普請費用を負担させる御普請を勝ち取った〔本書Ⅱ–2高野「災害復旧にみる往還の御普請と利用」〕。山村は孤立・閉鎖を避けるべく常に主体的な努力を払っていたのである。

4　松平定能撰『甲斐国志』巻之一（一八一四年）（甲斐叢書刊行会編『甲斐国志　上』第一書房、一九七四年、一三頁）。

2　災害との闘い

災害との直面は人間が地球上で生活を営むうえで不可避の事態である。早川入では当地の自然環境に即した災害が発生し、それと闘いつつ生活を営んできた。その闘い方、営み方に山村の生活の特質がうかがえる。

■水害と治水　早川入の古文書で最も多く確認される災害が気象災害で、水害、風害、旱害、雪害などが挙げられる。冷害は天候不順から発生するので、史料上で「長降り」と表現される場合には冷害が発生していた場合もあると思われる。これらの気象災害のうち、最もよく史料に残された災害が雨による水害である。早川入が位置する南アルプスは、およそ一〇〇万年前、現在の伊豆半島が日本列島に衝突したことで急速に隆起して形成された。山頂高度は三〇〇〇mを越え、急峻な地形が生まれた。こうした地形に規定され、早川町では日本の平均的な降水量より一三〇%多い降水がみられる。ただ、冬季は降水量が少なく、梅雨期と秋雨期・台風襲来期の降水量が多いことが特徴といえる。こうした地形と気候により、繰り返し水害と土砂崩落などの災害に見舞われてきた〔本書Ⅰ－1長谷川・佐々木「早川の災害と地形」〕。水害の記録が多く残されるのは、こうした自然的な条件が背景にあるが、水害では堤防・笈牛（おいうし）などの制水施設や用水堰の破損、耕地や道、屋敷や田畑の流失・冠水などの被害が発生し、その復旧・維持に向けて多くの文書が作成されるため、記録として残りやすいのである〔本書巻末「早川災害史年表　近世編」〕。

水害の多発する早川入であるが、一方で豊富な森林資源や石材が産出される自然環境を背景に、戦国時代から治水技術が集積、継承、展開されてきた。薬袋（みない）村の水野家や京ヶ島村の斎藤家は、治水工事に関わる資材や労働力の手配を行い、その請負人になるなど、村を越えた治水技術・ネットワークの中心となっていた。山村民は地域における治水の要となりうる存在でもあったのである〔本書Ⅱ-1西川「水害への対応と治水技術」〕。特に京ヶ島村の名主斎藤家は、治水技術を知悉した知識と経験を背景に、幕藩領主に対する粘り強く巧みな交渉を行い、領主に工事費用を負担させる御普請を勝ち取ってきた。また、交渉のなかで山間地を「悪所」と表現して山村民の窮状を強調し、領主の憐れみを誘うような山村ならではの嘆願テクニックも駆使していた。こうした駆け引きも山村で災害を生き延びるために磨かれたしたたかさといえる〔本書Ⅲ-1白水「災害をめぐる山村と領主」〕。一村の堤防が決壊すると下流域の村々へも広く被害が及ぶ平野部では、被害や受益範囲の広さから治水組合による村々共同の堤防普請や、領主による御普請が行われやすい。しかし、谷沿いに集落が点在する早川入では、一村の堤防の決壊が複数の村々の被害に及ぶことは少ないため、御普請が行われにくく、普請の負担は一村に大きくかかる。御普請が実施されるか否かは京ヶ島村にとって死活問題であり、御普請獲得に向けた名主斎藤家の思いは並々ならぬものがあったと思われる。また、斎藤家は用水路開削、堰建設、水田開発、用水・川除施設の普請、その加護のための水神祭礼に至るまで、村の治水・用水について主導的立場にあった。こうした同家の働きは、御普請の実施や川原の土地の権利など、村の利権確保につながる根拠として村内外に主張、共有され、同家は「治水の家」として由緒や威信を形成していくことになった〔本書Ⅲ-2柴﨑「山村の災害と歴史語り」〕。

■飢饉への耐性

次に多く確認される災害は、旱魃をもたらす日照りである。史料上では「旱損」

と表現されることが多い。日照りは農作物に被害をもたらし、食糧確保や年貢納入に大きな影響を与えるため、史料に記録されやすかった。雨に頼る畑作の依存度が高い早川入では日照りへの懸念は大きく、近年まで雨乞いが行われていた〔本書Ⅳ-4松本「災害と民俗」〕。近世で確認される旱魃被害は、早川入から西河内領全域まで広範囲に及び、二、三年継続する傾向があり、大きな脅威となっていた。ただ、京ヶ島村で行われる水田稲作は用水により水が供給され、旱魃でも被害が出なかったようである〔本書Ⅲ-3成畑「災害と作物被害」〕。平野部では、旱魃時に上流の村と下流の村で用水の配分をめぐる水争いが起きることがあるが、早川入ではそうした村落間の水争いは確認できない。このことは、豊富な早川の流量とともに、分散した各村が独自に水源を持ちやすい山村ならではの水田稲作の特徴によるといえるかもしれない。

　旱魃や冷害などがもたらす災害に飢饉がある。山村は米生産高を基準に村の規模を示す石高が低いこともあり、貧困で食糧に乏しく、飢饉に弱いとの印象を持たれがちである。しかし、近年、そのような山村イメージは見直されつつある。(5)天保飢饉において、甲斐国内では餓死者が記録されているが、早川入では記録されていない。雑穀や山林資源を活用した幅広い食糧の選択肢、農業以外の多種多様な生業による飢饉への耐性の強さがうかがえる。ただ、山村には日傭（ひよう）・賃稼ぎで生活を送る買食い層もおり、「日用の夫喰尽き果て、中には壮年のもの共妻子を引き連れ離散いたし候もの」(6)がいなかったわけではない。このことは山村における生業の多様さと関わり、山村民の階層性や格差の問題として留意しておきたい〔本書Ⅲ-3成畑「災害と作物被害」／コラム2山本「近世山村の飢饉」〕。

　一方、天保一四年（一八四三）に幕府代官が飢饉対策として求めた貯穀のための郷蔵（ごうぐら）設置に、早

5　白水智『中近世山村の生業と社会』（吉川弘文館、二〇一八年）。

6　望月かめ代家文書E-21。

川入の村々は消極的であった。これまで貯穀は百姓持ちの蔵に貯められていたが、代官は郷蔵の新設か、百姓持ちの蔵を使用する場合は蔵の封印を求めていた。郷蔵の新設は新たな負担であり、百姓持ちの蔵を使う場合でも蔵が自由に使えなくなるうえ、貯えた雑穀も自由に使えなくなり、村々は猶予願いを出してこれを忌避した。村には自律的な貯穀の慣習があり、必ずしも領主による一律の指示に従う必要がなかった。平地の生活を基準とした代官行政の画一的な飢饉対策は、山村の生活や習慣にそぐわず、村の危機を救うものとはならなかった可能性がうかがえる〔本書コラム1岩橋「貯穀と早川入の村々」〕。

■獣害対応　気象災害以外で山村に特徴的な災害として獣害があげられる。猪・鹿・猿の「発向（はっこう）」と表現され、早川入では毎年多少とも発生し、山深さゆえに日常的で避けがたい災害であった〔本書III-3成畑「災害と作物被害」〕。早川入では鉄砲による追い払い・退治、猟師の雇い入れ、村人総出による猪鹿追い、所持畑を囲む小規模な猪垣（ししがき）など、対症療法的な獣害対応が確認できるが、集落ごと石垣で囲む猪垣のような大規模で負担の大きい対策はみられない。また、早川入で名産とされた煙草や楮は獣害にあいにくい商品作物であり、獣害対策の観点からも意味のある作目選択であった。早川入では獣害が日常的で避けがたいゆえに、ある程度の獣害は受け入れつつ、過度な負担とならない範囲で現実的で柔軟な対応をとったと考えられる〔本書コラム7中西「獣害への対応」〕。

■地震と道の維持　地震については、早川入の古文書では南海トラフの巨大地震である宝永四年（一七〇七）の宝永地震、安政元年（一八五四）の安政東海地震・南海地震、および飯田市付近が震央とされる享保三年（一七一八）の地震が記録されている。宝永地震では早川往還の荒金道（あらがねみち）が崩壊、寒水の湧出による稲の損耗や、山々が崩れて風雨の際に早川が満水となり河床が高くなるといった被害が記録されている。また、安政地震では薬袋村辺が崩れて早川が堰き止められ決壊、山林での土砂崩れの被害があり、続く凶作による物価高で百姓の生活は困窮したという。いずれも山崩れや道路の破損、地下水の噴出といった地変が見られ、最低でも震度五弱程度の揺れがあったことが推定される〔本書コラム3加納「山村と地震」／巻末「早川災害史年表　近世編」〕。

宝永地震で笹走（ささばしり）村を通る荒金道が大破した際には、同村のほか、奈良田（ならだ）村と雨畑（あめはた）村を除く早川入の一七か村に人足を出して修復にあたるよう、支配役人が動員を命じた。ただ、この人足動員には「今回限り」と条件が付けられていた。従来、笹走村は領主から課される諸役負担を免除される代わりに、荒金道の管理を一村で請け負っていた。そのため、本来、笹走村が負担すべき荒金道の修復に人足を出すことについて、村々は不満を抱いていた。その不満が人足動員を「今回限り」とする条件が付された理由であった。しかし、山村にとって道は外部とつながる重要な交通施設であり、一七か村は条件を付けながらも人足負担を認めざるをえなかったのであろう〔本書III-4寺島「山の地震誌」〕。山村の道はその立地から崩壊・破損の危険性も高く、維持には配慮と労力が注がれた。とりわけ荒金道は険阻な地形と崩れやすい地質により、維持には多大な困難がともなったと思われる〔本書II-2高野「災害復旧にみる往還の御普請と利用」／V-2「災害跡地を歩く」第2節〕。

■危機を緩和する山　山は自然災害に限らず、百姓経営の危機に際しても大きな意味を持ったと考えられる。京ヶ島村では、名主斎藤家が持ち山である尖り山（丸山）を、村民の困窮時や村民の希望があった際に割り渡して無年貢で焼畑耕作をさせていたという。本田畑でのたばこ栽培が禁止された際にも、村民からこの山が耕作地として望まれ、割り渡された。結局、土地は栽培に適さず荒地となり、斎藤家に返されることになったが、斎藤家の持ち山は村民の困窮時に活用されるバッファーのような役割を持っていたと考えられる〔本書Ⅲ－2柴﨑「山村の災害と歴史語り」〕。一般に、近世の村役人家は年貢を村の責任で納める村請制を背景に、村民の経営危機の際には自らの富を融通して救済することが期待されていた。村民の経営破綻による年貢の不納分は、村役人の負担につながるからでもある。(7) 斎藤家による村民への山の提供もそうした村役人家による村民救済の一環として理解できよう。ただ、この山は普段は薪松などが生い立つ荒地となっており、そのことで年貢が低く抑えられ、斎藤家も山を持ち続けられたと思われる。こうした名主の働きや山の活用が、災害や困窮による山村民の経営危機を緩和した可能性も指摘できよう。

3　災害から見える山村の文化と心性

■山村民の文化的力量　近世以来、山村や山村に住む人々は、時に平野の人々から「愚か村」と表象されたり、「無学文盲」とみられたりすることがあり、近代以降も「遅れた地域」などというイメージが形成されてきた。(8) しかし、延享四年（一七四七）の大風雨にともなう御手伝普請を契機に、豊後国（大分県）岡藩士と交流した京ヶ島村名主斎藤善左衛門からは、そうしたイメージとは正反対の山村民の姿がみられる。延享五年春の約二か月間、善左衛門宅には幕府に命じられた御手伝普請のため、岡藩士が出張・滞在した。その間、善左衛門と彼らとの間で狂歌のやり取りを通した交流が行われたが、それらの狂歌は多様な古典文学を踏まえたパロディであり、善左衛

7　深谷克己『百姓成立』（塙書房、一九九三年）。

8　樫村賢二「『秋山紀行』と愚か村話」（『信濃』五一－一、一九九九年）・関戸明子「秋山郷における秘境イメージの形成と流通」（『群馬大学教育学部紀要 人文・社会科学編』六五巻、二〇一六年）。

門が古典に対するかなりの知識と、狂歌や俳諧の素養を持っていたことがわかる〔本書Ⅳ-2鈴木「御普請世話人斎藤善左衛門の狂歌づきあい」〕。前述のように斎藤家は「治水の家」として治水技術や知識を有していた。善左衛門の文学的素養は個人的な趣味によると思われるが、狂歌の交流を通して普請担当藩士たちと情誼的な人間関係を築いており、治水事業を円滑に進めるうえで一役買ったと考えられる。御普請獲得をめぐる領主との駆け引きとともに、決して「愚か村」「無学文盲」とは呼べない山村民の文化的力量が見て取れる。

また、塩之上村では、弘化四年（一八四七）に現在の長野県北部で大きな被害を出した善光寺地震に関係する文書が書き写されていた。この地震は早川入に直接的な被害をもたらしたわけではないが、他地域の災害にも広く関心を持ち、情報を得ようとしていたことがわかる。山村は決して情報や文化が閉ざされた空間ではなかった〔本書Ⅲ-4寺島「山の地震誌」〕。

■生活知としての呪術　科学技術が発達した現代では単なる迷信と思われる呪術や祈りも、前近代では真剣な願いであり、生活知・技術であった。京ヶ島村名主斎藤家には、日常的な病気に対する多くのまじないや呪符を記した幕末期のものと思われる書き付けが残されている。これらは『重宝記』と呼ばれる生活上の知識や教養をまとめた書物からの転写であり、出版された情報を筆写して導入しようとした生活知といえる。おそらく自家あるいは村民のために必要な事項を筆写したのであろう。出版業が成立し、出版物による知識が普及したのが近世である。生活に有用な情報を出版物から積極的に得ようとする人々の姿勢は、山村も平地の村や町も変わりはなかった〔本書Ⅳ-3赤澤「山村における病とまじない」〕。

ただ、マジカルな力で災害を抑止しようとする心性は、全くなくなるわけではない。早川入では近代以降も、雨乞いや道祖神祭、虫送りなど災害を防ぐためのさまざまな習俗や行事が続けられてきた。特に災害を防ぐ行事が廃れている地域が多いなかで、ごく近年まで雨乞いが行われていたことは、天水に頼る畑の多い山村・早川入の地域性がうかがえる〔本書Ⅳ-4松本「災害と民俗」〕。

■マンノウガン　現代でも大雨による土砂崩落での通行止めや停電など、災害が多発する早川町であるが、町民は災害を意識した生活をしており、普段から日用品の買いだめや畑作物の保存などの備えをしている。また、手近にある材料と少しの工作で不便を乗り切る工夫をして災害を乗り越える人も多く、町民には「災害を災害と感じない強さ」がみられる〔本書コラム4柴田「現代の早川に暮らす人々の災害の乗り越え方」〕。早川入には、生活に関わる事は何でもできる知恵や技術を持った人という意味の「マンノウガン」という言葉があり、山ではマンノウガンでなければ暮らしていけないと言われてきた(9)。マンノウガンは、多様な生業や手段を講じて生活を営んできた山村の歴史と特性が凝縮された言葉といえる。現代の町民の災害の乗り越え方にみる「災害を災害と感じない強さ」は、マンノウガンを受け継いだものとはいえまいか。

■災害を幸いに　「災害を災害と感じない強さ」の心性は、災害に幸いを見出したたかさにも通じる。水害が多発した早川流域であるが、水が引いたあとの川原に積み上がる流木を人々は競って拾い集めた。流木は売却すれば相当の利益を生み出し、その取得をめぐり村でルールが定められたり、裁判が起きたりするほどであった。こうした流木を拾う慣行は「川狩り」と呼ばれ、早川入では近代以降でもみられた。労せずして村の前に運ばれてくる流木は、人々が災害に見出した幸いといえよう〔本書Ⅳ-1田中「災害の幸い」／Ⅴ-2「災害跡地を歩く」第1節〕。

9　早川町教育委員会『奈良田の生活と自然のつながり―焼畑を中心に―』（一九八七年）・小島孝夫「「あきらめない」という生き方―山梨県南巨摩郡早川町茂倉の総人足の試みをめぐって―」（『成城大学民俗学研究所紀要』四四号、二〇二〇年）・「ようこそ！まんのうがん体験」（早川体験型観光推進協議会（NPO法人日本上流文化圏研究所内）ホームページ http://taiken.joryuken.net/welcome）。

さらに、災害に幸いを見出すだけでなく、積極的に幸いへ転換しようともした。京ヶ島村では水害で大破した堤防などの御普請による修復を幕藩領主へ出願し、実現させていた。御普請では公費から杣の手間賃や運材日雇賃が支出され、村民がそれらに従事して賃金を受け取った。御林の木を伐採した際には、伐採者が末木や枝葉をもらえる役得も慣例として認められていた。京ヶ島村は幕藩領主との駆け引きにより御普請を実施させ、災害を稼ぎ口の創出へと転換させていたといえる〔本書Ⅲ-1白水「災害をめぐる山村と領主」〕。御普請の恩恵は、延享五年（一七四八）の御手伝普請に関わらなかった雨畑村が「他村は御手伝普請かたがた渡世なしやすく、当村の儀は右体の儀も御座なく、至極難儀[10]」と羨むほどであった。御普請は人々から稼ぎ口と認識され、投入された金が人々の「渡世」を支えたのである。

また、材木伐採は村に稼ぎ口や収益をもたらすため、伐採を願う声は多かった。しかし、御林のみならず百姓稼山にも許可が必要であり、しばしば災害や困窮を理由として伐採が出願された。雨畑村では延享三年に百姓稼山での材木伐採を出願していたが、代官所が百姓稼山と御林の境目を明確にする調査を開始したため伐採できないでいた。しかし、その間も雨畑村は不作による困窮や水害による畑の欠損、御林への飛火を恐れて焼畑がしづらいことなどを理由に伐採を出願し続けた。結局、許可されたのは寛延三年（一七五〇）の調査終了後であったが、同村は災害を口実に材木伐採につなげようとしたのである〔本書Ⅳ-1田中「災害の幸い」〕。

御林への災害も伐採の口実とされた。元治元年（一八六四）七月に、草塩村の長百姓直蔵が、奈良田・保・芦倉・雨畑各村にある御林について、雪害や獣害による傷みや安政元年（一八五四）の地震による岩崩れなどで、朽ちかかっている木が多いとして間伐を願い出た。直蔵は間伐した

10 『早川町誌』九七二頁（資料一九）。

材木は幕府に三万両の利益をもたらし、若木や苗木の成長にも良く、「地元村は申すに及ばず、隣村まで日雇稼ぎの潤助[11]」になると訴えた。御林の被災を口実に間伐で稼ごうとする直蔵や、そこから「潤助」を得ようとする村々にも、災害を幸いにしようとする山村民のしたたかさがうかがえる。

さらに、天保一五年（一八四四）の江戸城本丸の焼失に際しては、膨大な利益が見込めると踏んだ雨畑村の尾崎源次郎が、御林と百姓稼山からの再建用材の伐り出し、江戸廻送までの請負を幕府に出願し、請負に成功している〔本書Ⅳ-1田中「災害の幸い」〕。安政六年の江戸城本丸の焼失では、草塩村の直蔵らが再三にわたり御林と百姓稼山からの御用材請負を願い出た。復興需要を見込み、他所の災害も貪欲に商機にしようとするしたたかさといえよう〔本書Ⅲ-4寺島「山の地震誌」〕。

■「人欲」による災害リスク

しかし、そうした貪欲なしたたかさは、激しい森林の伐採と資源の枯渇を招くことにもなる。一八世紀中ごろの早川入では、幕府の御用木や商品として大量の木が伐採され、集落近くの里山にほとんど木がなくなり、南アルプスの稜線近くの奥山に分け入って伐採されるまでになっていた。こうした激しい伐採が土砂崩れなどの災害を招いた可能性も指摘できる。長野県北部の山村地帯である秋山郷では、一九世紀前半に木工品生産のため針葉樹を伐り尽くしたことについて「人欲は限り無し」と言われていた[12]。奥山まで伐り尽くした早川入の人々の「人欲」も秋山郷と同様であったろう。近世の山村民は、都市など地域社会外との関りのなかで、「人欲」により自然へ災害リスクを生み出しかねない影響を与えていたのである。それでも近世を通じて林業を続けることができたのは、近世には人間が自然に働きかける力を上回るほ

11　望月かめ代家文書B-②-35。

12　島田汎家文書五二七（文政八年秋山様子書上帳）、前掲註（5）白水著書第二章。

どの森林資源の許容度が高かったことを意味していよう〔本書I-2小山「古文書に描かれた森林の様相から災害リスクを考える」〕。

おわりに

本書は災害を切り口に山村の歴史を明らかにするものであるが、歴史学をはじめとする諸学問がひとつの町に密着して地域の成り立ちをたどった成果としての意味もある。最後にその観点から、当会のあり方と本書の関係、および本書のもう一つの意義と課題を述べて筆をおきたい。

当会は創立当初の会員の多くが中世史専攻であったこともあり、当時、中世史研究で盛行していた社会史の影響を受けて発足した。特に山村を研究対象とする問題意識は、社会史研究の牽引役の一人とされていた網野善彦の影響が大きかった。網野は「百姓は農民ではない」と主張し、民俗学の成果の歴史学への摂取の必要性も説いていた。そのため、当初から山村民を「農民」とか「林業者」などと先入観をもって規定することから自由であり、民俗学を含めた学際的な研究への志向・関心を持ちつつ活動を展開してきた〔本書コラム5西村「歴史学と民俗学のはざまで」／コラム6福田「中央大学山村研究会創立のころ」〕。山村をめぐる多様な関心を切り捨てず、柔軟で自由な活動を展開してきたことで、文・理の枠を超えて多様な分野を専攻する会員が集まり、本書のような学際的な研究成果につながったといえよう。

また、当会は何ら後ろ盾を持たない有志団体にもかかわらず、あるいはそれゆえ、目先の研究成果にとらわれず、三〇年間早川町をフィールドとしてきた。その間、試行錯誤しつつも文書群ごとの悉皆的な現状記録・出所主義での史料の整理・撮影・目録作成といった地道な調査を続けてきた。それが可能であったのは何と言っても史料所蔵者をはじめ、早川町の方々のご理解とご協力の賜物である。そして、それにより会員は調査の心構えや手法、研究視角を鍛えられ、地域や史料に対する認識を深めることができ、本書のような実地に即した研究につながったといえる。

以上を踏まえれば、本書のもう一つの意義は、これからにかかっているのかもしれない。当会が活動してきた時間は、日本の「失われた二十年」とほぼ重なる。全国的な地域社会の縮小・揺らぎは早川町でも意識され、その影響は当会が調査した史料群も含め、地域史料の散逸という形で見られるようになってきた。こうした事態は次世代以降の人々の過去を知る権利の先細りにつながり、より良き社会づくりのための手掛かりを失うことに直結する〔本書Ⅴ-1荒垣「山村研究会と早川調査」〕。そうであるならば、当会が試行錯誤しつつ実践してきた史料調査の成果が地域で活用され、その先細りをいくらかでも防ぐことに本書のもう一つの意義がかかっていよう。さらには当会の実践の意義が本書を通してより多くの人々に共有され、早川町のみならず、各地の史料散逸の抑止にいささかでも寄与し、地域の歴史や自然を見つめ直す契機となること、これも本書が望むところであり、課題といえよう。

本書の中で中心的に利用されてきた斎藤義直家文書は、京ヶ島地区の旧家に伝えられてきた早川町内で最大規模の文書群であった。当会が1995年3月21日に初めて調査に入り、その後全点の撮影と目録作成を行ってきた。目録は細部の訂正などを経て2022年3月30日に完成したが、この間、2004年には斎藤義直氏から山梨県立博物館（県博）に寄贈されることとなり、同文書は現在同館の所蔵となっている。

現段階では県博の閲覧可能史料のリストには入っておらず一般にはアクセスすることができないが、当会に完成目録のデータ提供依頼があり、これを提供したため、近い将来、当会で付与した目録番号そのままで公開する予定とうかがっている。

原本史料を確認したい場合には閲覧できるようになると考えられるので、県博に赴いてご活用いただければ幸いである。

早川災害史年表　近世編

高野宏峰責任編集

〔凡例〕
＊中央大学山村研究会が調査した史料などから災害の記述を抜きだし、早川町域の近世における災害史の年表を作成した。
＊年表では旧暦を使用するが、〔　〕で新暦（グレゴリオ暦）の月日を付したところもある。
＊主な災害は▼で注記した。また、主要な参考史料を末尾に注記した。

年代		災害の種類	関係村落	災害の様子	本書内で関連する章
延宝四	一六七六	水害	塩之上村	洪水が起き、田畑大荒地となる。	
延宝八	一六八〇	水害、風害	黒桂村	風雨により早川が大満水となる。	
天和元	一六八一	水害、風害	黒桂村	風雨により早川が大満水となる。	
元禄一二	一六九九	水害、風害	黒桂村	風雨により早川が大満水となる。	
元禄一六	一七〇三	水害	湯島村、黒桂村ほか	四月一三日〔五月二八日〕湯島奥山早川へ切れ満水となる。	
宝永元	一七〇四	水害	黒桂村	早川が大満水となる。	
宝永四	一七〇七	地震（▼宝永地震）	笹走村、京ヶ島村、黒桂村ほか	一〇月四日〔二八日〕の大地震で早川往還の荒金道が崩れる。大地震以来、寒水が湧き出し、稲が柄腐れとなり損毛となる。大地震で山々が崩れ、以後風雨の節は特に早川が満水となり川床が高くなる。	I-1、III-4、V-2、コラム4
正徳三	一七一三	水害	京ヶ島村、黒桂村	七月五日〔八月二五日〕の出水で早川が中川原にて二瀬となり、人馬の通用ができなくなる。早川が大満水となる。	II-2、III-3
正徳五	一七一五	水害	京ヶ島村、黒桂村	三月〔四月〕の出水で早川が瀬替りし、山岸へ流れが付き寄る。早川が大満水となる。	II-2、III-1
享保三	一七一八	地震（▼遠山地震）	黒桂村ほか	七月〔八月〕の大地震で山々が崩荒となる。	

和暦	西暦	災害	村	内容	出典
享保四	一七一九	日照り	大島村	近年、大島村で日照りが続き、飲水にも難義する。	
享保五	一七二〇	日照り、凶作	西河内領村々	大旱損が起り、諸作が被害を受ける。	Ⅲ-3
享保六	一七二一	水害	黒桂村、京ヶ島村	閏七月一四日〔九月五日〕より二〇日まで長雨にて早川が満水となる。秋に早川が満水となり、瀬別れとなる。	Ⅱ-2、Ⅲ-2、Ⅳ-1
享保七	一七二二	水害	黒桂村	秋に度々早川が満水となる。	Ⅳ-1
享保八	一七二三	雪害、水害、凶作	粟倉村、初鹿島村、小縄・高住・赤沢村、千須和村、薬袋村、塩之上村、榑坪村	昨年冬から二月〔三月〕まで、大雪・大雨により、麦不作となる。	Ⅲ-3
享保九	一七二四	水害	京ヶ島村	早川が中川原往還に乗りかかりそうになる。	Ⅱ-1、Ⅲ-1、Ⅳ-1
享保一〇	一七二五	日照り、凶作	京ヶ島村	夏中日照りにて諸作が旱損となる。	Ⅲ-3
享保一二	一七二七	水害	大島村、京ヶ島村、草塩村、保村	七月〔八月〕の大水により早川の川除が損傷し、川向きが悪くなる。九月〔一〇月〕にも大水が出て早川が瀬替りし、用水堰が欠落する。	Ⅲ-1、Ⅳ-1
享保一三	一七二八	水害、凶作	京ヶ島村、黒桂村	四月〔五月〕から五月〔六月〕の出水で早川の川除が損害を受け、七月八日〔八月一三日〕の満水で早川が二瀬に別れ往還不通となる。八月四日〔九月七日〕の出水で高水となって川除普請は中断し往還不通のままとなる。八月一二日〔九月一五日〕の満水で田畑の作物が冠水する。七月〔八月〕から九月〔一〇月〕に早川が大満水となる。	Ⅱ-2、Ⅲ-1、Ⅲ-2、Ⅲ-3、Ⅳ-1、Ⅴ-2
享保一四	一七二九	水害、風害、凶作	京ヶ島村	秋の大風雨で諸作損毛となる。	Ⅲ-3
享保一五	一七三〇	水害	京ヶ島村	八月二九日〔一〇月一〇日〕から三〇日に早川が満水となり川除が損傷する。秋に早川が大満水となる。	Ⅳ-1
享保一六	一七三一	水害、風害、日照り、凶作	湯島村、新倉村、大原野村、早川村、黒桂村、	昨年冬は寒気はなはだしく、五月〔六月〕は長雨が降り続き、一五日〔六月一九日〕から一九日までの出水で早川	Ⅱ-2、Ⅲ-3、Ⅳ-1

			西之宮村、保村、草塩村、京ヶ島村、笹走村、樽坪村、千須和村、塩之上村、薬袋村、大島村	が満水となり、川除普請は破損し、麦作は流失か皆損同然となる。夏には旱損が続き、八月九日〔九月九日〕から一〇日の満水で川除土手が大破し、本途田畑と九軒の屋敷が川欠・砂入りで損傷する。八月一一日の晩から一二日の風雨で満水となり、田畑の諸作が吹き倒れ、本途田畑が水に浸かる。秋の満水でも早川が瀬替りし往還不通となり、諸作が大損毛となる。	
享保一七	一七三二	水害、虫害、凶作	京ヶ島村	五月〔六月〕の長降りで諸作が大損毛となり、田作は虫害となる。六月四日〔七月二五日〕に早川が満水となって押し別れ、普請が中破となる。自普請を行うが、一七日〔八月七日〕から二〇日迄の大雨で早川が満水となり、普請が流され往還不通となる。	Ⅱ-2、Ⅲ-1、Ⅲ-3、Ⅳ-1、Ⅴ-2
享保一八	一七三三	水害	京ヶ島村	八月一九日〔九月二六日〕の大水で早川が瀬替りし、晦日の満水で堀川口川上の対岸の岩へあたった水筋が川巾ほどになり、京ヶ島村前の笈牛・石垣などを押し流し、早川は残らず京ヶ島村前の岩山に打ち付け、奥村への往還が不通となる。	Ⅱ-2、Ⅴ-2、Ⅳ-1
享保一九	一七三四	水害	京ヶ島村	七月二九日〔八月二七日〕の大出水を普請は持ちこたえたが、八月六日〔九月三日〕から八日朝にかけて早川が満水となり、普請が押し流される。	Ⅱ-2、Ⅲ-1
享保二〇	一七三五	水害、日照り、凶作	京ヶ島村、草塩村	五月二六日〔七月一六日〕以来照り続き畑作が損毛となる。六月二〇日〔八月八日〕から二二日迄の大雨で早川が満水となり、京ヶ島村と草塩村の枠・蛇籠などが掘り倒されるか流失する。早川が二瀬に別れ、京ヶ島村分中川原往還は不通となる。早川が付き寄せて草塩村分早川筋東往還は不通となる。七月二〇日〔九月六日〕の満水で普請が押し流され、耕作地が脅かされる。	Ⅱ-2、Ⅲ-1、Ⅲ-3、Ⅳ-1、Ⅴ-2
元文元	一七三六	水害、風害、凶作	京ヶ島村	八月一六日〔九月二〇日〕朝から一七日晩までの大雨と一七日の大風でたばこ作・稗作など諸作物が損毛とな	Ⅱ-2、Ⅲ-1、Ⅲ-2、Ⅲ-3、Ⅴ-2

				る。一七日から一八日の早川の満水で田畑囲いの川除が破損し、往還不通となる。	
元文二	一七三七	雪害、水害、風害、凶作	京ヶ島村、保村、西之宮村、黒桂村	昨年冬から照り続き、春に雪・雨・風により麦が損毛となる。五月〔六月〕の長降りによる出水で早川が耕地に崩れ寄り、享保一二・一六年の御普請が埋まり、掘崩れる。	Ⅲ-2、Ⅲ-3
元文三	一七三八	水害、日照り、凶作	京ヶ島村	五月一九日〔七月五日〕から二〇日の出水にて川除が流され田畑が少し崩れる。五月〔六月・七月〕にたびたび出水があり、早川が二瀬に別れて往還不通となる。五月二七日〔七月一三日〕と六月二七日〔八月一二日〕の出水で仮普請が流され、二八日に新川が本瀬となり、往還不通となる。旱損が続き六月二六日・二七日の雨で少し立ち直るも、その後は照り続き、さらに出水にて堰口が損傷を受け用水がなくなる。七月二二日〔九月五日〕夜と二七日昼の風雨で田作やたばこ作が損毛を受け、二二日から晦日までの長雨での湛水により、稗作が穂腐れとなる。	Ⅱ-1、Ⅱ-2、Ⅲ-1、Ⅲ-2、Ⅲ-3、Ⅴ-2
元文四	一七三九	水害、凶作	京ヶ島村	昨年秋作より当年の麦作が大損毛となる。秋の出水で用水路が押し切れる。	Ⅱ-1、Ⅲ-1、Ⅲ-2、Ⅲ-3
寛保二	一七四二	水害、凶作	京ヶ島村	八月一日〔三〇日〕の大雨で、田方では稲が穂枯れの恐れ、畑方では稗・大豆が水損し、たばこ作は「水酔」となる。このときの大雨出水で、普請が流され田畑に崩れかかる。	Ⅲ-3
寛保三	一七四三	水害、日照り、凶作	京ヶ島村、草塩村、西之宮村	五月二九日〔七月二〇日〕の出水により中川原で早川の川向きが悪くなり、田畑際も危うくなる。五月〔七月〕下旬から六月〔八月〕の日照りで、諸作が旱損となる。夏にたびたび出水があり、早川が瀬替りとなる。	Ⅲ-1、Ⅲ-3
延享二	一七四五	水害	京ヶ島村	五月一四日〔六月一三日〕まで長降りで田岸が危うくなる。夏にたびたび出水があり、中川原で早川の川向が悪くなったが普請は持ちこたえる。この洪水の引水で普請が破損し田畑が少々崩れる。	

延享四	一七四七	水害、凶作	京ヶ島村、雨畑村	八月〔九月〕の大荒にて刈生山畑・道橋などが欠損する。秋に国中地域で出水があり川通が大損毛となる。秋に早川が満水となり瀬替りする。	Ⅳ-1、Ⅳ-2、Ⅴ-2
寛延元	一七四八	水害、凶作	京ヶ島村、雨畑村	五月〔六月〕の出水で、蒔付の諸作が押し流され、刈生畑も欠損となる。六月〔七月〕も欠損となる。六月の早川の満水で、中川原往還不通となり、用水堰も埋まる。九月〔一〇月〕の出水で、応急修理の用水堰全て埋まる。	Ⅱ-2、Ⅳ-1、Ⅴ-2
寛延二	一七四九	水害、日照り、凶作	京ヶ島村	夏に日照りが起き、その後の長降りで烟草が立腐れる。秋も長降りで稲が穂枯れか青立となる。	Ⅲ-3
宝暦七	一七五七	水害、風害、凶作	京ヶ島村	四月中旬から五月中旬の長降り（特に四月二六日〔六月一二日〕～五月五日〔六月二一日〕の大雨）で田畑屋敷所々へ涌水のため、麦被害、田も大痛みとなる。七月二五日〔九月八日〕から二七日までの風雨で煙草・諸作が吹き倒れ、窪地の作物は湛水により損毛する。夏に早川が満水となり用水堰が崩れる。	Ⅲ-3
宝暦一〇	一七六〇	水害、凶作	京ヶ島村	七月一九日〔八月二九日〕の出水で用水堰が埋まり、稲作出穂が枯る。	Ⅲ-3
宝暦一三	一七六三	水害	京ヶ島村	秋に早川が満水となり瀬替する。	Ⅱ-2、Ⅴ-2
明和元	一七六四	水害、風害、凶作	京ヶ島村	春に出水があり川筋が付寄り田が欠け込む。六月三〇日〔七月二八日〕から七月一日〔七月二九日〕にかけて川除が流され、田が欠け込む。七月一五日〔八月一二日〕晩から一七日昼の大風雨で煙草・大豆・粟・稗などが損毛となる。八月一日〔二七日〕から四日の風雨で早川が満水となり、田畑諸作が損毛となる。八月二日〔八月二四日〕の出水で普請が流失し、用水口などが崩れる。	Ⅱ-2、Ⅲ-3
明和二	一七六五	水害	京ヶ島村	秋に早川が満水となり瀬替りして道筋へ支障がでる。	Ⅱ-2、Ⅲ-1、Ⅴ-2
明和三	一七六六	水害	京ヶ島村	秋に早川が出水して普請が流失する。	Ⅱ-2、Ⅲ-1

明和四	一七六七	水害	京ヶ島村	八月一五日〔九月七日〕の大雨出水で中川原にて早川が田地際に寄り付く。秋の満水にて道除と田畑一同の御普請を申請する。	Ⅱ-2
明和五	一七六八	日照り、凶作	七面嶽より早川通十谷村峰まで山裾村方	旱魃が起き、秋作が損毛となる。	Ⅲ-3
明和六	一七六九	日照り、凶作	〃	六月〔七月〕から八月〔九月・一〇月〕まで日照りが続き、畑作が皆損となる。麦作・諸作皆損にて飢人数多分となる。	Ⅲ-3
明和七	一七七〇	日照り、凶作	笹走村、榑坪村、千須和村、薬袋村、塩之上村	旱損で年貢上納年送りとなる。	Ⅲ-3
明和八	一七七一	日照り	薬袋村	旱魃が起きる。	Ⅲ-3
安永七	一七七八	水害	京ヶ島村	八月一日〔九月二一日〕から五日の出水で用水が押し埋まる。	
天明二	一七八二	水害、凶作	笹走村、榑坪村、千須和村、薬袋村、塩之上村、京ヶ島村、草塩村、雨畑村、大島村、小縄・高住・赤沢村、初鹿島村	大雨・長降りにより、夏秋とも凶作になる。	Ⅲ-3、コラム2
天明三	一七八三	水害、凶作	〃	大雨・長降りにより、夏秋とも凶作になる。出水で早川が切れ込む。	Ⅱ-2、Ⅲ-3、コラム2
天明五	一七八五	水害	京ヶ島村	秋の出水で早川が切れ込む。	Ⅱ-2
天明六	一七八六	水害	京ヶ島村	秋の出水で普請が流失する。	Ⅱ-2
天明七	一七八七	水害	京ヶ島村	出水で普請が流失する。	Ⅱ-2
寛政二	一七九〇	水害、日照り、凶作	千須和村、薬袋村、塩之上村、初鹿島村、小縄・高住・赤沢村	何年にもないほどの旱損で諸作が皆損毛となる。八月〔九月〕には早川の大満水で自普請川除が破損し、田畑山崩れ・川欠け等が発生する。	Ⅲ-3
寛政三	一七九一	水害、風害、日照り	笹走村、榑坪村、千須和村、薬袋村、塩之上	夏中に旱魃にみまわれる。八月〔九月〕に二度の大雨風で早川が大満水となり、川除は損害を受け、田畑は山崩・川	Ⅱ-1、Ⅱ-2、Ⅲ-1、Ⅲ-3

			村、初鹿島村、小縄・高住・赤沢村、大島村、雨畑村、京ヶ島村、草塩村、保村、西之宮村、早川村、大原野村、新倉村、湯島村、黒桂村	欠となる。秋に早川が満水となり、通路に支障がでる。	
寛政五	一七九三	水害	京ヶ島村	春の出水で早川が切れ込む。	Ⅱ-2
享和二	一八〇二	水害	京ヶ島村	七月〔八月〕の出水で中川原の道除普請が流され通路に差し支える。	Ⅱ-2、Ⅴ-2
文化二	一八〇五	日照り、凶作	湯島村、大原野村、新倉村、早川村、西之宮村、黒桂村、保村、草塩村、京ヶ島村、塩之上村、薬袋村、千須和村、榑坪村、笹走村、初鹿島村、小縄・高住・赤沢村、大島村、雨畑村（他二三か村）	六月上旬より旱魃となり、畑方は皆損毛、田方も湧水の場所皆損毛となる。	Ⅲ-3
文化三	一八〇六	凶作	早川入村々（薬袋村、京ヶ島村ほか）	去丑年より凶作が続く。	Ⅲ-3
文化四	一八〇七	水害	榑坪村	近年は大嵐で早川の満水が続き、川除と道橋が大破する。	
文化五	一八〇八	水害、凶作	薬袋村	畑方が水損を受ける。	Ⅲ-3
文化七	一八一〇	雪害、凶作	笹走村、榑坪村	去年の一一月〔一二月〕中旬より二月〔三月〕までたびたび大雪が降り、麦作が皆損同然となる。	Ⅲ-3
文化一三	一八一六	水害、風害、凶作	京ヶ島村	閏八月一日〔九月二二日〕から四日までの風水で秋作損毛となる。	Ⅲ-3
文政四	一八二一	日照り、凶作	薬袋村	畑方が旱損を受ける。	Ⅲ-3

文政六	一八二三	水害、風害、凶作	薬袋村、塩之上村	六月一九日〔七月二六日〕より二一日までの大雨で早川が大満水となり、早川通の畑が流失し、早川が瀬替りする。また八月〔九月〕・九月〔一〇月〕の大風雨により自普請が困難となる。	Ⅱ-2、Ⅴ-2
天保七	一八三六	凶作	東西河内領八五か村	前代未聞の凶作で百姓の夫食がつきはてる。	Ⅲ-3、コラム2
天保八	一八三七	水害	〃	八月〔九月〕中に二度の洪水が起きる。	コラム2
弘化三	一八四六	水害、風害	保村	七月七日〔八月二八日〕の大風雨で普請が流失する。	
安政元	一八五四	地震、凶作（▼安政東南海地震）	薬袋村、京ヶ島村、千須和村、奈良田村、保村、雨畑村、塩之上村	一一月五日〔一二月二四日〕の地震で薬袋村辺が崩れ早川が堰き止められ、六日に決壊して薬袋村・京ヶ島村・千須和村が多く流されたとの風聞があった。この稀なる地震とそれに続く凶作で物価高になり百姓は生活困窮となる。	Ⅰ-1、Ⅲ-4、コラム4
安政二	一八五五	水害	京ヶ島村	七月二六日〔九月七日〕より二八日までの大雨で出水があり、普請が流失する。	

【主な災害】

▼宝永地震：宝永四年（一七〇七）一〇月四日、東海道沖から南海道沖を震源域として発生した南海トラフ巨大地震。四九日後の一一月二三日に富士山が噴火（宝永の噴火）。正徳元年（一七一一）の年貢割付状（榑坪区有文書37）に、「亥地震山崩引」と記されている。

▼遠山地震：享保三年（一七一八）七月二六日、遠山郷（飯田市南信濃和田）の直下を震源域として発生した内陸地殻内地震。一一年前に発生した宝永地震の誘発地震と推定される。

▼安政東南海地震：嘉永七年（一八五四）一一月四日、駿河湾から遠州灘、紀伊半島南東沖一帯を震源とする巨大地震が発生した（安政東海地震）。翌五日も、紀伊半島から四国沖を震源とする巨大地震が発生した（安政南海地震）。両地震は安政改元前の発生ではあるが、文久元年（一八六一）の史料には「去ル安政元寅年稀成地震災」（望月かめ代家文書B-②-79-4）と記載されている。明治以前の改元は年の途中で改元が決まってもその年の一月一日まで遡って元号が適用されるので、歴史年表上は表記のように称されている。

【主要な参考史料】

延宝四年（一六七六）：天和元年酉・望月かめ代家文書A-①-56

延宝八年（一六八〇）：元文元年辰九月・黒桂区有文書（『早川町誌』六八九頁）

天和元年（一六八一）：元文元年辰九月・黒桂区有文書（『早川町誌』六八九頁）

元禄一二年（一六九九）：元文元年辰九月・黒桂区有文書（『早川町誌』六八九頁）

元禄一六年（一七〇三）：元文元年辰九月・黒桂区有文書（『早川町誌』六八九頁）

宝永元年（一七〇四）：元文元年辰九月・黒桂区有文書（『早川町誌』六八九頁）

宝永四年（一七〇七）：宝永五年子三月・斎藤義直家文書A-j-②-15-1／宝永五年子三月・斎藤義直家文書A-j-②-15-2／正徳元年卯一一月・榑坪区有文書37／享保一九年寅八月・斎藤義直家文書A-f-⑤-29-11／元文五年申一〇月・斎藤義直家文書A-h-①-6-1／元文元年辰九月・黒桂区有文書（『早川町誌』六九〇頁）／元文三年午七月・斎藤義直家文書D-c-①-7-2

正徳三年（一七一三）：正徳三年巳七月・斎藤義直家文書A-j-③-5-5／元文元年辰九月・黒桂区有文書（『早川町誌』六九〇頁）

正徳五年（一七一五）：正徳六年申四月・斎藤義直家文書E-⑦-8-1／元文元年辰九月・黒桂区有文書（『早川町誌』六九〇頁）

享保三年（一七一八）：元文元年辰九月・黒桂区有文書（『早川町誌』六九〇頁）

享保四年（一七一九）：享保四年亥一月・斎藤義直家文書D-c-②-3-2

享保五年（一七二〇）：享保六年丑四月・斎藤義直家文書D-c-②-10-4-1

享保六年（一七二一）：元文元年辰九月・黒桂区有文書（『早川町誌』六九〇頁）／元文五年申一〇月・斎藤義直家文書A-h-①-6-1

享保七年（一七二二）：元文元年辰九月・黒桂区有文書（『早川町誌』六九〇頁）

享保八年（一七二三）：享保八年卯四月・水野定夫家文書28／享保八年卯四月・水野定夫家文書195

享保九年（一七二四）：享保九年辰七月・斎藤義直家文書A-i-①-4-9

享保一〇年（一七二五）：享保一〇年巳九月・斎藤義直家文書A-j-①-21

享保一二年（一七二七）：享保一二年未八月・斎藤義直家文書A-c-③-4-4／享保一二年未一〇月・斎藤義直家文書A-i-②-7-1

享保一三年（一七二八）：享保一三年申五月・斎藤義直家文書E-⑦-8-23／享保一三年申七月・斎藤義直家文書D-c-③-4-2／享保一三年申九月・斎藤義直家文書A-m-②-1-6／享保一三年申八月・斎藤義直家文書D-b-③-4-5／元文元年辰九月・黒桂

区有文書（『早川町誌』六九〇頁）

享保一四年（一七二九）：享保一四年酉一一月・斎藤義直家文書D‐c‐②‐10‐2

享保一五年（一七三〇）：享保一五年戌九月・斎藤義直家文書E‐⑦‐8‐24／元文元年辰九月・黒桂区有文書（『早川町誌』六九〇頁）

享保一六年（一七三一）：享保一六年亥九月・望月かめ代家文書A‐①‐55／享保一六年亥八月・斎藤義直家文書A‐f‐⑤‐29‐4／享保一六年亥八月・斎藤義直家文書A‐g‐②‐15／享保一六年亥一〇月・斎藤義直家文書A‐f‐⑤‐29‐21／享保一六年亥一一月・斎藤義直家文書A‐f‐③‐6‐4／享保一六年亥一一月・斎藤義直家文書A‐f‐⑤‐2‐2／元文元年辰九月・黒桂区有文書（『早川町誌』六九〇頁）

享保一七年（一七三二）：享保一七年子七月・斎藤義直家文書E‐⑦‐8‐34／享保一七年子八月・斎藤義直家文書E‐①‐14‐1

享保一八年（一七三三）：享保一八年丑九月・斎藤義直家文書E‐⑦‐8‐33‐8／享保一九年寅八月・斎藤義直家文書A‐f‐⑤‐29‐11

享保一九年（一七三四）：享保一九年寅八月・斎藤義直家文書A‐f‐⑤‐29‐19‐1／享保一九年寅八月・斎藤義直家文書A‐f‐⑤‐29‐8

享保二〇年（一七三五）：享保二〇年卯六月・斎藤義直家文書E‐⑦‐8‐11／享保二〇年卯六月・斎藤義直家文書A‐f‐④‐4‐1‐2／享保二〇年卯七月・斎藤義直家文書E‐⑦‐8‐19／享保二〇年卯一一月・斎藤義直家文書E‐⑦‐8‐25

元文元年（一七三六）：元文元年辰八月・斎藤義直家文書A‐g‐②‐10／元文元年辰九月・斎藤義直家文書A‐i‐②‐3

元文二年（一七三七）：元文二年巳四月・斎藤義直家文書A‐c‐③‐4‐7／元文二年巳一一月・斎藤義直家文書A‐h‐①‐6‐2

元文三年（一七三八）：元文三年午六月・斎藤義直家文書A‐c‐③‐4‐3／元文三年午七月・斎藤義直家文書A‐f‐⑤‐29‐10／元文三年午八月・斎藤義直家文書D‐c‐①‐7‐18

元文四年（一七三九）：元文四年未八月・斎藤義直家文書A‐j‐③‐5‐7‐2／元文五年申四月・斎藤義直家文書A‐e‐②‐15

寛保二年（一七四二）：寛保二年戌八月・斎藤義直家文書A‐b‐③‐1‐15‐1／寛保二年戌八月・斎藤義直家文書A‐b‐③‐1‐15‐2

寛保三年（一七四三）：寛保三年亥五月・斎藤義直家文書E‐⑦‐8‐33‐2／寛保三年亥五月・斎藤義直家文書A‐f‐②‐2‐5‐2／寛保三年亥六月・斎藤義直家文書E‐⑦‐8‐33‐7／寛保三年亥六月・斎藤義直家文書E‐⑦‐8‐33‐3‐1

延享二年（一七四五）：延享二年丑五月・斎藤義直家文書A‐f‐⑤‐29‐19‐3／延享二年丑六月・斎藤義直家文書E‐①‐12‐5

延享四年（一七四七）：延享五年辰六月・尾崎源次郎家文書（『早川町誌』九七二頁）／文化一一年戌八月・斎藤義直家文書B‐c‐①‐1／寛政五年丑八月・斎藤義直家文書A‐h‐①‐25

寛延元年（一七四八）：延享五年辰六月・尾崎源次郎家文書（『早川町誌』九七二頁）／寛延元年辰一一月・斎藤義直家文書A-i-②-8-3

寛延二年（一七四九）：寛延二年巳一〇月・斎藤義直家文書A-f-④-5-1／寛延二年巳一一月・斎藤義直家文書D-c-②-7-1

宝暦七年（一七五七）：宝暦七年丑五月・斎藤義直家文書A-j-②-19-1／宝暦七年丑八月・斎藤義直家文書D-b-④-2-6

宝暦一〇年（一七六〇）：宝暦一〇年辰七月・斎藤義直家文書D-c-③-5-5

宝暦一三年（一七六三）：明和元年申七月・斎藤義直家文書A-j-①-5-2

明和元年（一七六四）：明和元年申七月・斎藤義直家文書A-j-①-5-2／明和元年申七月・斎藤義直家文書A-j-②-10-3／明和元年申八月・斎藤義直家文書A-j-①-25-6

明和二年（一七六五）：寛政五年丑八月・斎藤義直家文書A-h-①-25

明和三年（一七六六）：寛政五年丑八月・斎藤義直家文書A-h-①-25

明和四年（一七六七）：明和四年亥一一月・斎藤義直家文書A-e-②-3／寛政五年丑八月・斎藤義直家文書A-h-①-25／安永九年子一二月・斎藤義直家文書D-c-②-10-1-4

明和五年（一七六八）：明和七年寅二月・水野定夫家文書77

明和六年（一七六九）：明和七年寅二月・水野定夫家文書77

明和七年（一七七〇）：明和八年卯二月・望月是宏家文書A-①-8

明和八年（一七七一）：明和八年卯一〇月・水野定夫家文書（二次）A-②-26

安永七年（一七七八）：安永八年亥四月・斎藤義直家文書A-h-①-24

天明二年（一七八二）：天明四年辰三月・佐野今朝男家文書84

天明三年（一七八三）：天明四年辰三月・佐野今朝男家文書84／天明四年辰四月・佐野今朝男家文書20／天明四年辰四月・斎藤義直家文書A-f-⑥-11／寛政五年丑八月・斎藤義直家文書A-h-①-25

天明五年（一七八五）：寛政五年丑八月・斎藤義直家文書A-h-①-25

天明六年（一七八六）：寛政五年丑八月・斎藤義直家文書A-h-①-25

天明七年（一七八七）：寛政五年丑八月・斎藤義直家文書A-h-①-25

寛政二年（一七九〇）：寛政三年亥正月・佐野今朝男家文書31

寛政三年（一七九一）：寛政三年亥正月・佐野今朝男家文書31／寛政三年亥三月・佐野今朝男家文書33／寛政三年亥八月・佐野今朝男家文書35／寛政三年亥八月・水野定夫家文書（二次）A-②-35／寛政五年丑八月・斎藤義直家文書A-h-①-25
寛政五年（一七九三）：寛政五年丑八月・斎藤義直家文書A-h-①-25
享和二年（一八〇二）：享和二年戌一一月・斎藤義直家文書D-c-③-5-6-3
文化二年（一八〇五）：文化二年丑八月・佐野今朝男家文書77、78
文化三年（一八〇六）：文化三年寅六月・佐野今朝男家文書64
文化四年（一八〇七）：文化四年卯九月・望月是宏家文書C-④-1
文化五年（一八〇八）：文化五年辰九月・水野定夫家文書113
文化七年（一八一〇）：文化七年午四月・斎藤義直家文書A-a-②-4-5／文化七年午四月・斎藤義直家文書D-c-②-10-1-2
文化一三年（一八一六）：文化一三年子九月・斎藤義直家文書A-c-②-31
文政四年（一八二一）：文政四年巳九月・水野定夫家文書151
文政六年（一八二三）：文政六年未六月・佐野政男家文書（新出）102／文政六年未一〇月・望月かめ代家文書B-②-43
天保七年（一八三六）：天保八年酉一一月・望月かめ代家文書E-21
天保八年（一八三七）：天保八年酉一一月・望月かめ代家文書E-21
弘化三年（一八四六）：弘化三年午七月・斎藤義直家文書A-l-⑦-1
安政元年（一八五四）：嘉永七年寅一一月・甲州文庫資料甲093・6-142／文久元年酉七月・望月かめ代家文書B-②-79-4
安政二年（一八五五）：安政二年卯八月・斎藤義直家文書A-c-③-4-10

赤澤春彦（あかざわ　はるひこ）
1976年生。摂南大学国際学部。
人生の転機となった場であり、「研究すること」とは何かを考える時間を共有する仲間がいる所です。

松本美虹（まつもと　みこ）
1985年生。武蔵野美術大学 民俗資料室。
山ゼミは古文書への向き合い方を学べる場です。また、机上での学びだけではなく、現地でのフィールドワークもできるので有難いです。

西村敏也（にしむら　としや）
1966年生。武蔵大学人文学部。
学問がもつ奥深さ、面白さ、そして難しさや責任の重大さ、すべて山ゼミで学ぶことができました。山ゼミとその仲間たちに感謝です！

荒垣恒明（あらがき　つねあき）
1968年生。成城学園教育研究所。
無二の経験、大いなる感謝、不義理への慚愧、無数の宴に塵ほどの達成感――そんなものが雑然と詰まった亜空間、それが自分にとっての山ゼミです。

福田英一（ふくだ　えいいち）
1967年生。
山ゼミは私にとって、現地調査のイロハを学んだ道場のような存在でした。感謝しています。

中西　崇（なかにし　たかし）
1978年生。聖光学院中学校高等学校。
古文書の１語にこだわる深い読み。文書調査での真面目な作業と、上下無しのフリーダムな夜の宴。山ゼミは、大学院生時代の第２の母校でした。

早田旅人（はやた　たびと）
1974年生。平塚市博物館。
現代社会における歴史学の意味を考えさせられる現場の一つです。

柴﨑啓太（しばさき　けいた）
1981年生。山梨県立都留高等学校。
私にとって、史料を厳密に読むことの大切さと、史料をみんなで読むことの楽しさを教えてもらった場です。

成畑　誠（なりはた　まこと）
1951年生。地方公務員定年退職後、主夫。
2016年度より末席に名を連ねております。ありがたいことです。現地調査・史料整理に余り参加できず忸怩たる思いです。

山本智代（やまもと　ともよ）
1983年生。錦城学園高等学校。
山の魅力と、宝箱を開けるような史料の読み解き方を山ゼミで学び、人生がより豊かになりました。

寺島宏貴（てらしま　ひろたか）
1981年生。国立国語研究所 研究資料室。
日々「山村とは何ぞや？」と楽しげなメンバーと早川に行ったら、温泉・山菜・蕎麦にありつけました。そんな写真も沢山あります。

加納靖之（かのう　やすゆき）
1975年生。東京大学 地震研究所／地震火山史料連携研究機構。
いろいろな文字、文書、災害記述、文書の読み解き方、考え方に出会えて毎回勉強になります。山ゼミのメンバー間のやりとりに刺激を受けています。

田中悠介（たなか　ゆうすけ）
1989年生。一橋大学大学院 社会学研究科 博士後期課程。
平野の稲作地域に育った私にとって、史料に記された山村の暮らしは、「あたりまえ」を疑問に思うきっかけでした。

柴田彩子（しばた　あやこ）
1977年生。弘前大学非常勤講師。
早川町で地域づくりの仕事をしている時に出会った山ゼミ。古文書の中の話が、現代の地域に生きていると教えられました。

鈴木　努（すずき　つとむ）
1966年生。神奈川大学日本常民文化研究所客員研究員。
行間を読む、というか「何を考えてこういう書き方をするのか」を考えるクセがつきました。山ゼミと仲間のおかげ、独りでできることじゃありません。

●執筆者紹介（執筆順）

※内容は、生年、現所属（本書初版刊行時現在）、中央大学山村研究会（山ゼミ）への思い

長谷川裕彦（はせがわ　ひろひこ）
1961年生。明星大学教育学部社会コース。
山ゼミの「研究対象に想像力豊かに切り込む」姿勢は、地形発達史研究のそれと全く同じでした。共同研究は「楽しい！」の一語に尽きます。

佐々木明彦（ささき　あきひこ）
1970年生。国士舘大学文学部地理学教室。
観て読んで考える総合力が研究対象を詳らかにするうえで大事であることを、山ゼミに参加して改めて思いました。

小山泰弘（こやま　やすひろ）
1967年生。長野県林業総合センター 育林部。
樹木と対話を続けてきた私にとって、史料の読み解きは異世界。でも古文書から樹木の生きた証が理解できる世界を知り得たことは目からウロコ。

西川広平（にしかわ　こうへい）
1974年生。中央大学文学部。
「歴史を学ぶことは、現代社会を知ること。」今は昔となりましたが、学部生の頃、この一節を身をもって実感できたきっかけが、山ゼミでした。

高野宏峰（たかの　ひろみね）
1970年生。中央大学大学院博士後期課程。
かつてはボランティアにて自然と関わっていました。栄村文化財レスキューをきっかけに山ゼミに入り、自然と歴史の関係を実践的に学んでおります。

白水　智（しろうず　さとし）
1960年生。中央学院大学。
研究会創始の頃の「そんじょそこらの研究会でないものにしたい」「長く続けられる会にしたい」という念願は、いつの間にか叶っていました。

岩橋清美（いわはし　きよみ）
1965年生。國學院大學。
山ゼミは史料を読みぬく面白さを実感できる場所、自由に楽しく深く史料に向き合える場所です。

謝　辞

本書は、私たちの史料調査活動を支えてくださった早川町の皆様をはじめ、多数の方々の長年にわたるご支援があって出来上がったものです。とりわけ史料所蔵者の皆様はもとより、早川町の望月敏明様・望月公隆様・大倉はるみ様・辻一幸町長、また長年にわたり研究会例会開催場所を提供してくださった中央大学日本史学研究室には格別の便宜をお図りいただきました。心より御礼申し上げます。本当にありがとうございました。

● テキストデータ提供のお知らせ

視覚障害、肢体不自由、発達障害などの理由で本書の文字へのアクセスが困難な方の利用に供する目的に限り、本書をご購入いただいた方に、本書のテキストデータを提供いたします。
ご希望の方は、必要事項を添えて、下のテキストデータ引換券を切り取って（コピー不可）、下記の住所までお送りください。

【必要事項】 データの送付方法をご指定ください（メール添付　または　CD-Rで送付）
メール添付の場合、送付先メールアドレスをお知らせください。
CD-R送付の場合、送付先ご住所・お名前をお知らせいただき、200円分の切手を同封してください。

【引換券送付先】 〒606-8233　京都市左京区田中北春菜町26-21　小さ子社

＊公共図書館、大学図書館その他公共機関（以下、図書館）の方へ
図書館がテキストデータ引換券を添えてテキストデータを請求いただいた場合も、図書館に対して、テキストデータを提供いたします。そのデータは、視覚障害などの理由で本書の文字へのアクセスが困難な方の利用に供する目的に限り、貸出などの形で図書館が利用に供していただいて構いません。

山村は災害をどう乗り越えてきたか
―山梨県早川町の古文書・民俗・景観を読み解く―

2023年2月13日　初版発行

編　者　中央大学山村研究会
編集代表　白水　智
発行者　原　宏一
発行所　合同会社小さ子社
〒606-8233 京都市左京区田中北春菜町26-21
電話 075-708-6834　FAX 075-708-6839
E-mail info@chiisago.jp　https://www.chiisago.jp

装　幀　上野かおる
印刷・製本　モリモト印刷株式会社

ISBN 978-4-909782-13-7

テキストデータ引換券
山村は災害をどう乗り越えてきたか
―山梨県早川町の古文書・民俗・景観を読み解く―